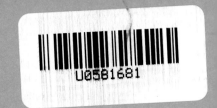

中国通史

第二册

范文澜 著

人民出版社

陕西临潼出土秦武士俑

湖南长沙出土西汉漆鼎

湖南长沙出土西汉丝绵袍

甘肃武威出土
东汉铜骑俑群

甘肃武威出土东汉铜骑俑

新疆民丰出土东汉“延年益寿”锦

广西贵县出土东汉玻璃杯盘

湖北武昌出土南朝青瓷莲花尊

云岗石窟大佛

第二编说明

本编自一九五三年开始属草，中间因作辍无常，积久未能竣事。不少读者，经常来信询问，愧无以对。现在初稿付印，我首先向读者感谢对本书的关切并深致歉意！

本编起公元前二二一年秦统一，讫公元五八九年隋灭陈，相当于中国封建社会中期的前段。在这一大段里，主要是叙述秦及两汉建成了全国统一的伟大国家，从而在经济、文化、军事等方面都呈现前所未有的发展。但由于封建国家的统一，不能不在某种程度上仍旧保留着割据的状态，因之，自东汉末年起，爆发了统一与割据两种势力的斗争，再加上汉族与非汉族的斗争，造成长期战乱的局面，黄河流域遭受破坏极其惨重。汉族政权的被迫南迁，使得长江流域的开发加速起来。北魏后期，黄河流域经济逐渐恢复。两大流域的合并，大大扩展了中国封建经济的基地，推动社会进入封建中期的后段。

每一个统治全国的朝代，政治上都有它自己的特点，按朝代来叙述史事，是有便利处的。王莽的新朝，曾创立许多新制，但不久东汉基本上恢复了西汉的旧制，新朝制度全部作废。本编为叙事便利计，将新朝附于西汉朝，不特立专章。三国、十六国分裂，是东汉、西晋两朝末年割据战争的继续。它们立国不能和一个朝代相比，因之，三国附于东汉，十六国附于西晋。若干小朝廷组成的南北朝，事同割据，但两朝各有较大的特点，按统一朝代例，也为特立专章。

本编草稿经中国科学院历史研究所第三所金毓黻、张遵骝、余元安、王忠、蔡美彪诸同志勤加磨勘，帮助我改正许多错误。不过，这还是很不够的。切望出版后，得到全国史学工作者的严格批评，帮助我作更多的改正。

本编所附图表，是张遵骝、王忠、蔡美彪三同志选制的，并且得到北京历史博物馆、北京图书馆、人民出版社诸同志的热心帮助，我谨向他们表示感谢！

范　文　澜

一九五七年六月

本书这次再版只作了一些文字上的修改。原来有一些历史地名和其他疏误，承复旦大学历史系谭其骧先生、中国科学院地球物理研究所顾震潮先生来信指出，现乘再版之便，斟酌改订，谨向他们致以深切的谢意。

范　文　澜

一九六三年一月

目　录

第　二　编

秦汉至隋统一时期

第 二 编

秦汉至隋统一时期

第一章

专制主义的、中央集权的汉族统一国家成立时期——秦

——前二二一年——前二〇七年

第一节　秦怎样建立汉族的统一国家

前二二一年，秦始皇二十六年，诸侯割据称雄的封建国家结束，专制主义的中央集权的汉族统一国家开始了。这是古代历史上特出的伟大事件。自秦朝起，中国形成了一个以汉族为主体的统一的大国，不管豪强公开割据或外族侵入建立政权，最后总是还原为汉族作主体的统一国家。

皇帝是秦始皇新创的名词，是地主阶级的总首领。以皇帝为首的内外各级统治机构，是用来压迫广大劳动民众的。但在表现上，却被当作各方面利害冲突的调节器，皇帝被当作各阶级、阶层的最高保护人和公正人。能够起这样的作用，就是好的皇帝和统治机构。一个皇帝在历史上应得的评价，只能依据他的表现来

加以判断。如果表现得好（当然不可能有完全的好），那就是符合当时社会的需要，他的专制主义的广大权力，也就得到当时社会的承认，他所发起或完成的某些有益事业，也就作为积极的因素而被珍重。秦始皇正是这样的一个历史人物。尽管他是个暴君，但是，他建立地主政权代替领主政权，建立统一的大国代替割据的小国，比起秦以前的封建时代来，显然是进入了新的时代，他和他的统治机构，显然比前一时代的封建国家起着较多的作用。因此，他创建的许多制度，是符合当时社会的需要的。后来延续二千年之久的封建体制，基本上是秦制的逐步演变。秦是一个值得重视的朝代。

秦朝首尾仅十五年，秦始皇在帝位十二年，做成了许多有利于统一的重大事业。

一　建立中央集权制度

皇帝独裁——皇帝自称为朕（音镇 zhèn），表示至尊无二。政事不论大小，全由皇帝一人裁决。秦始皇规定一天看章奏（竹简）一百二十斤（秦一斤合今半市斤），不看完不休息。

郡县——分天下为三十六郡。后又征服百越，增设闽中（治冶县——福建福州市）、南海（治番禺——广东广州市）、桂林（广西）、象郡（北部包括广东雷州半岛等地）四郡。全国共四十郡。郡各管县若干。郡守县令由朝廷任命，随时可以调动。秦法：立军功的人，按斩敌多少，做大小官吏。韩非子说：这等于让斩首立功的人做医师木匠，一定不能成事。秦始皇时，秦国功臣武夫做地方官，当不在少数。这对中央集权是有益的，但政令残暴，势必引起山东被治人民的怨恨。

官制——中央官制有左右丞相（辅佐皇帝处理国政）、御史大夫（辅佐丞相）、太尉（掌全国军政）、将军（掌征伐）、廷尉（掌刑法）、治粟内史（掌财政经济）、少府（掌山海池泽的税收，供皇帝本人的费用）、博士（备顾问）等官。地方官制有郡守（掌一郡政事）、郡尉（辅佐郡守并主军事）、监御史（监视郡守）、县令长（掌一县政事，一县大抵方一百里，万户以上称令，不满万户称长）。县以下乡官有三老、啬夫、游徼（音叫 jiào 十亭为一乡，有三老掌教化，啬夫掌狱讼、赋税，游徼掌捕盗贼），又有亭长（十里一亭，有亭长，掌捕盗贼）。县吏、

秦阳陵虎符

乡官、亭长多是本地有产业的人，韩信“家贫无行，不得推择为吏”，足见家贫有德行的人也得为吏。上自朝廷，下至乡、亭，构成地主阶级的巨大统治机器。掌管这部机器各个部分的人是流动不定的大小官吏，不是世袭固定的贵族。这部机器的操纵人便是皇帝。

二　推行共同的文字——“书同文”

“田畴异亩（亩大小不同），车途异轨，律令异法，衣冠异制，言语异声，文字异形”，这就是战国时期封建割据的情状。秦统一后，这许多异大体都化为同了。周朝文字笔画繁重，称为大篆，或称籀（音宙zhòu）文。战国时东方齐鲁地方文化发达，通行一种比较省便的字体，汉朝人称为古文、蝌蚪文、或孔壁古文。李斯订定文字，依据

秦始皇二十六年诏版（拓本）

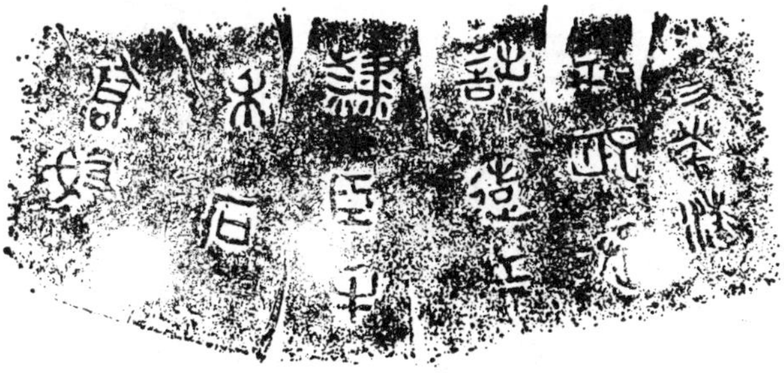

陕西西安出土秦高奴铜权铸文（拓本）

籀文古文，笔画力求简省划一，称为秦篆，或称小篆。李斯作《苍颉篇》，赵高作《爰历篇》，胡母敬作《博学篇》，都是用小篆写的学童课本，不仅教字体，同时也教语法。传说狱吏程邈，得罪拘禁狱中，造成一种笔画更省便的文字，叫做隶书。隶书字体方形，便于书写，到汉朝行用极广。各地区方音不同，有统一的文字，方音便成次要的困难。经大规模的移民，也减轻了方音的局限性。

三　划定共同的地域

秦朝疆域东至海，南至五岭（大庾、骑田、都庞、萌渚、越城）。自西北临洮（甘肃岷县）起，大体循秦、赵、燕旧长城至东北辽东止，筑长城万余里，防匈奴等游牧族内侵。这是当时确定了的中国疆域，疆域内的居民基本上是汉族。秦以后的中国就在这个基础上逐渐向

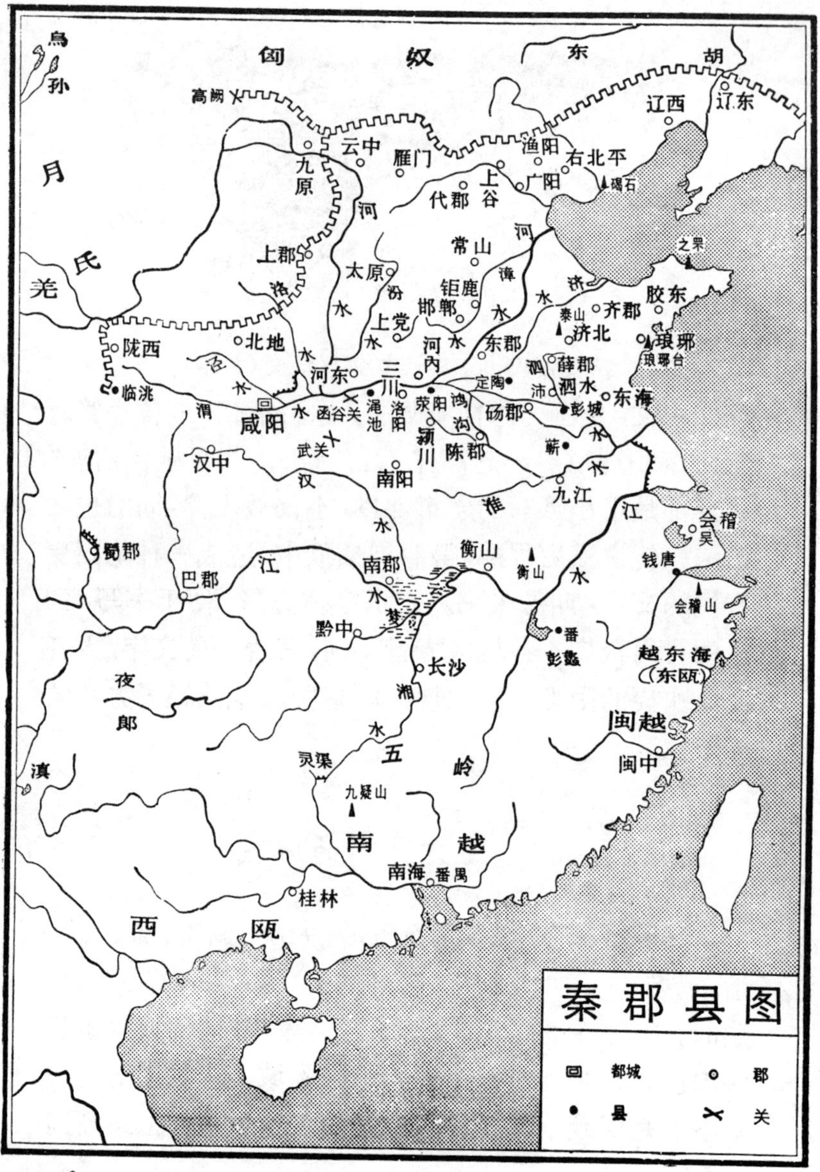
乌孙
匈奴
东胡
月氏
羌
高阙
云中
九原
雁门
渔阳
右北平
辽西
辽东
上谷
广阳
碣石
代郡
河
上郡
常山
太原
钜鹿
邯郸
之罘
胶东
齐郡
泰山
济北
琅邪
琅邪台
上党
河内
东郡
陇西
北地
临洮
河东
三川
定陶
薛郡
泗水
东海
彭城
荥阳
渑池
洛阳
砀郡
咸阳
函谷关
武关
汉中
颍川
陈郡
蕲
九江
南阳
淮
会稽
吴
蜀郡
巴郡
南郡
衡山
钱唐
会稽山
黔中
番
彭蠡
越东海
(东瓯)
长沙
夜郎
闽越
闽中
灵渠
五岭
滇
九疑山
南越
南海
番禺
桂林
西瓯
都城
郡
县
关
秦郡县图

外扩展。

四　促进共同的经济生活
——“车同轨”

秦始皇在经济上作了如下的措施，意义极为重大。

修驰道——以秦京咸阳为中心，全国修筑驰道(行车大路)。驰道宽五十步（六尺为步），用铁椎筑土坚实。驰道中央宽三丈，是皇帝独用的专路，种松树标明路线。专路两旁人民得自由行走。驰道的修成，对陆

甘肃临洮秦长城遗迹

路交通有很大的便利。

通水路——战国时期各国筑堤防，阻塞水道。秦始皇决通堤防，疏浚鸿沟（河南汴河，今湮）作为水路中心，通济、汝、淮、泗等水。在吴、楚、齐、蜀等地，也大兴水利工程，行船和灌溉。特别是史禄凿渠，表现出伟大的创造力。前二一四年，秦始皇发大军五十万人经略岭南，令史禄通运粮水道。天才的水利工程师史禄在湘江上游江中筑石堤（广西兴安县城东南约三里处）。堤形象犁头，分湘江为南北两渠。北渠向北流通湘江。南渠经过兴安县城，向西流与桂江上游大溶江合流。南渠所经都是高地，史禄用人工开凿渠道，长六十里。渠中设若干个斗门，南北来往船只可以逐斗上进和下降。载重大船自湘江上溯，通过北渠，进入南渠，安然过山，运输上大省人力。这是开发岭南的重要航路，汉、唐、宋、明相继修筑，航路和农田灌溉愈益完善，史禄创始的功绩是不可淹没的。二千年前有这种灵巧的工程，号称灵渠，确是名实相符。秦始皇曾令方士徐市（市即黻的本字，《后汉书·东夷传》作徐福）率童男女数千人，航海求三神山。足见当时航海术不仅沿海岸南北往来，并已能大规模远航大海中。海上内河与陆上驰道，构成相当发达的交通网，大有助于经济闭塞状态的破坏。

去险阻——战国时各国利用险要地形筑城郭，齐、韩、楚、魏交界处又有长城巨堑，分裂疆土，阻碍交通。

秦统一后，国内长城巨堑以及城郭要塞，一并平毁，减少了割据称雄的凭借。

划一币制器具——秦始皇按秦国制度统一全国度量衡。前二二一年，颁布统一度量衡诏书，凡制造度量衡器，都得刻上这个四十字的诏书，陶制量器不能刻字，用刻了字的十个木戳，印在陶量上连成一篇诏书。隋时掘得秦始皇时秤权，有丞相隗状（隗音葵 kuí）王绾（音碗 wǎn）二人列名，想见度量衡器由官府遵照诏书负责监制，不许民间私造。战国时各国车轨宽狭不同，秦规定车宽六尺，一车可通行全国。战国时币制紊乱，秦规定货币为两等：黄金称上币，重一镒（二十两）；铜钱称下币，重半两。战国时田亩大小不同，秦规定二百四十方步为一亩，后世一直沿用秦亩制不改。

大移民——秦始皇初灭六国，便迁徙天下豪富十二万户到咸阳，一部分散到巴蜀等地。这些豪富都是领主残余和富商大贾，在本地兼并土地，放高利贷，迫贫民为奴隶，霸一乡一县甚至一郡，妨碍统一。豪富被迁徙到新地区，失去旧有威势，经营土地，只能成为地主，经营工商业，也得从头做起，留在本地的田地住宅，分散到别人手中，贫民可能获得暂时的喘息。将军蒙恬（音田 tián）率大军三十万人击走匈奴，取河南地（河套及甘肃省黄河以南），筑四十四个县城（《史记》作三十四县，《汉书》作四十四县），徙内地罪人去居住。汉族文化和先进生产技术带到游牧地区，变牧地为耕地，

秦“八斤”铜权

秦二升半铜量

秦“半两”钱

扩大了北方边境。又征发曾犯逃亡罪的人及赘婿、小商贾为兵，取南方桂林、南海等郡；又发五十万人守五岭，与土著杂居。汉族文化技术传入南方，岭南开始成为中国的领土。秦朝大移民，在传播文化、发展生产上，都起着积极的作用。

确定土地个人私有制度——东周后半期开始有两种土地所有制度，经长期斗争，至前二一六年（秦始皇三十一年），“令黔首（民）自实田”，土地个人私有制也就是封建地主占有土地制以法律的形式确定下来了。这是徙天下豪富十二万户以后五年颁布的法令，在这个法令下，地主和有田农民自动陈报所有土地实数，按定制缴纳赋税，取得土地所有权。秦自商鞅以来，崇本抑末，所谓末业是指民间小工商。后来小手工业被提升为本业，李斯称百姓成家立业，该致力农工。只有小商贾是末业，受到法律的抑制。秦徭役法，首先征发有罪吏、赘婿及贾人。所谓赘婿，一说男子赘入妇家，一说贫民典身给富人，过期不赎，没为奴隶称赘婿。如第一说，是惩罚男子怠惰不自立门户，如第二说，是阻止奴隶人数的增加，都含有积极的意义。其次征发曾为商贾的人，再其次征发祖父母或父母曾为商贾的人。此外富强人也得先服徭役，称为闾右（富强人家住在里的右边），最后才征发贫弱人家，叫做发闾左。秦始皇初得天下时，大体上行用此法，所以屡兴大工起大军，还能相对的保持国本，《琅琊刻石辞》说“上（重）农除末，黔首是富”，《碣石刻石辞》又说“男乐其畴（田亩），女修其业（纺织）”。农民一般都拥有一小块私有的土地，虽然“男子力耕，不足粮饷；女子纺绩，不足衣服”，在统治者看来，算是“黔首是富”，在农民看来，比战国时也算是“黔首安宁”了。

五　促进共同文化上的共同心理状态——“行同伦”

在汉族文化地区，代表人们共同心理状态的，主要是适应家族制度的孔孟正统派儒家学说。秦始皇据儒家支派阴阳五行家说，自以为得水德，以十月（亥月，亥属水）朔为岁首。衣服旌旗都以黑色为贵。纪数用六（阴数），如六尺为一步，驾车用六马，车宽六尺，符长六寸，冠高六寸。庶民用黑布包头，称为黔首。号黄河为德水。这些与儒家改制度的学说是可以相容的。崇尚法律（水德），不崇尚正统儒学所讲的仁恩，这与儒家荀子学派也是可以相容的（荀子学说还是着重在王道礼义，但因强调礼的作用，韩非、李斯等人重礼变为重法，荀子学派中除了传经之儒仍保持儒家面目，其余则与法家学派合流）。灭六国后，秦始皇在帝位十二年，出巡郡县凡五次，目的在“以示强威，服海内”，并宣示统一四海的功德。前二二〇年，第一次巡陇西、北地二郡，登鸡头山（宁夏泾源县西，相传黄帝曾登此山），向匈奴表示秦皇帝的威力。前二一九年，第二次东巡上邹峄山（在山东邹县）刻石，又上泰山刻石，又登之罘山（罘音浮 fū 在山东烟台市北）刻石，又登琅琊台（在山东诸城县）刻石。东周时越王勾践灭吴，迁都琅琊，筑高台盟诸侯，尊奉周天子。秦始皇留居琅琊台三月，徙黔首三万户居台下。他这样做，是要表扬勾践尊周，鼓励南方越人内向。又南巡想到衡山，舟行至湘山（湖南岳阳县西南）遭大风，秦始皇怒，使刑徒三千人斫树成光山，向湘神表示皇帝的威力。前二一八年，第三次东巡登之罘刻石。前二一五年，第四次东巡至碣石山（在河北昌黎县）刻石。前二一〇年，第五次南巡至九疑山（在湖南宁远县），浮长江东下，至会稽山（在浙江绍兴县）刻石，祭大禹。相传越俗自勾践时起，男女间关系不严，《会稽刻石辞》特别着重在“禁止淫泆”，宣告用严刑（杀奸夫无罪）来矫正，使不异于中原风俗。秦始皇为“黔首改化，远迩（近）同度（法度）”，五次出巡，与颁布统一的各种制度、订定文字、大规模移民、经济上各种措施结合起来，在荀派儒学和法家刑名之学的思想基础上，促进了全国范围内“行同伦”的巨大任务。不过，荀派儒学特别是法家刑名之学与孔孟正统派儒家学说距离甚远，等到强暴统治失势的时候，荀学和刑名之学不得不逐渐让位于正统儒学。

秦始皇所作上述事业，都有利于统一国家的形成，因之他也成为这个伟大时代的代表人物。但是，他又做了许多民不堪命的坏事，加上他的继承人秦二世无比昏暴，使秦朝成为短促的朝代。

秦始皇想在自己活着的时候，做完一切要做的事，好让子孙世守，二世三世至于万世，传之无穷。所谓“常职既定，后嗣循业”，就是他的唯一愿望。他知道死到底是不可避免的，因而在骊山造大坟墓；他又希望或者可以不死，因而召集方士求神仙，浪费大量财物（如徐市航海求药，又刻石鲸长二百丈），寻求长生不死的奇药。方士妖妄，劝他隐藏，不让臣下知道住处。多造宫室，建筑长城（方士奏图书说“亡秦者胡也”，秦始皇发大军击匈奴，并筑长城），大都是受方士的欺骗。他的宫室和坟墓，规模宏大，空前未有，与长城同为当时劳动人民创造力表现在土木工程方面的奇迹。

造宫室——秦始皇灭六国，图绘各国宫室，在咸阳北照样建筑，共有宫室一百四十五处，藏美女一万人以上。他还以为小，在长安西南造阿房宫前殿，东西五百步，南北五十丈，庭中可以坐一万人，殿中可以建立五丈高的大旗。宫前立十二个铜人，重各二十四万斤，这是初并天下时，收集民间兵器，销毁改铸的。又用磁石作大门，防有人藏铁兵器入宫。征发所谓罪人七十余万人，分工营造，北山的石料，楚蜀的木材，都运输到关中。计关中共有宫室三百所，关外四百余所。这样巨大的工程还没有完毕，秦始皇死了，秦二世继续兴修。后来项羽入关，烧秦宫室，火三月不息，阿房宫全部焚毁。

造坟墓——秦始皇初即位，就在骊山造自己的坟墓。并六国后，征发所谓罪人七十余万人到骊山服役。坟墓高五十余丈，周围五里余，掘地极深，灌入铜液。坟墓中有宫殿及百官位次，珠玉珍宝，不可计数。用水银造江河大海，机械转动，水银流注。又用人鱼膏（据说是一种四脚鱼，生东海中）做烛，在墓中燃烧。令工匠特制弓弩，有人穿坟入内，弓弩自动放射。秦始皇尸体入墓，没有生子的宫女，全数殉葬。不待工匠出来，封闭墓门，工匠都被活埋在里面。

秦时全中国人口约二千万左右，被征发造宫室坟墓共一百五十万人，守五岭五十万人，蒙恬所率防匈奴兵三十万人，筑长城假定五十万人，再加其他杂役，总数不下三百万人，占总人口百分之十五。使用民力如此巨大急促，实非民力所能胜任。虽然形式上不发闾左，但刑法苛暴，很多农民被称为罪人去服各种劳役，

陕西临潼秦始皇陵

实际上等于部分的发闾左。秦始皇末年，农民起义已经接近了爆发点。

秦孝公用商鞅治秦国，此后秦政治是法家学说指导下的政治，国王极端专制，刑罚极端残酷，山东六国称秦为虎狼之国，是名符其实的。秦始皇、秦二世尤重韩非学说，商鞅加韩非，秦政治残暴到无以复加的程度。固然，法家政治在秦始皇时，曾起着富国强兵摧毁领主势力的作用，但到秦二世时，法家政治只剩下完全黑暗的一面，使秦强盛的学说转成为促秦灭亡的学说了。李斯劝秦二世《行督责书》，正是法家学说自然的产物。李斯说，“夫贤主者必且能全道而行督责之术者也。……不能督责而顾以其身劳于天下之民，若尧禹然，故谓之桎梏也。夫不能修申韩之明术，行督责之道，专以天下自适也，而徒务苦形劳神以身徇百姓，则是黔首之役，非畜天下者也，何足贵哉。……是以明君独断，故权不在臣也，然后能灭仁义之途，掩驰说之口，困烈士之行，塞聪掩明，内独视听，……若此然后可谓能明申韩之术，而修商君之法。法修术明而天下乱者未之闻也。……故督责之术设，则所欲无不得矣，群臣百姓救过不给，何变之敢图”。这种阴惨刻毒的民贼独夫思想，与孔孟正统派的仁义学说恰恰处于对立的地位。秦统一后，正统派儒家连同阴阳五行家在朝廷上也有一定的势力，比起李斯为代表的荀派儒学和法家学派来，自然是劣势，但正统派儒家还是进行了激烈的斗争。

荀子学派法家学派与孔孟正统派儒学的斗争，集中表现在中央集权(地主政治)与分封诸侯(领主政治)的争论上，终于爆发了焚书坑儒的大破裂。前二二一年，初并天下，以丞相王绾为首的群臣，都主张在离秦较远的燕齐楚等地分封皇子为王，独廷尉李斯反对分封。秦始皇从李斯议，确定行施郡县制度。前二一二年，秦始皇大宴群臣，博士齐人淳于越倡议，主张学古法，分封皇子功臣为诸侯。丞相李斯斥儒生不师今而学古，各尊私学，诽谤朝政，惑乱民心，建议禁私学。办法是除了史官所藏秦国史记以外，别国史记一概烧毁；除了博士官所藏图书，私人所藏儒家经典和诸子书一概送官府烧毁。下令后三十天不送所藏私书到官府，罚筑长城四年。聚谈诗书的人斩首，是古非今的人灭族，只有医药、卜筮、农作书不禁。民间求学以吏为师。秦始皇从李斯议，实行了焚书法令。前二一一年，方士求神仙不得，畏罪逃走，秦始皇大怒，活埋儒生四百六十余人。这个焚书坑儒的野蛮行为，反映出当时统治阶级内部斗争的极端尖锐。李斯主张中央集权，是适合时宜的，他所代表的儒家荀子学派(与韩非派法家合流)却是一种极端压制人民的政治思想。王绾、淳于越主张分封诸侯，是违反时宜的，他们所代表的儒家孔孟正统派(包括阴阳五行家与神仙家)却是讲仁义的政治思想。政治上学派上的斗争一直发展到大惨杀，把孟子学派的儒生大体杀尽（东汉赵岐说），李斯算是取得了胜利。但是，焚书坑儒，丝毫也不能消灭学派上的分歧，而且还促成了秦朝的灭亡。秦始皇实行李斯的主张，皇位的当然继承人长子扶苏，替孔孟派儒生说话，秦始皇发怒，使扶苏到上郡（在陕西绥德县）监蒙恬军。前二一〇年，秦始皇出巡，在路上病死。李斯怕扶苏继位，自己不得宠信，与韩非派法家宦官赵高用阴谋拥立秦始皇第十八子胡亥为秦二世，伪造遗诏杀扶苏、蒙恬。不久，胡亥赵高又杀李斯。秦失去颇得民心的扶苏与拥有威望的大将蒙恬、丞相李斯，政权落在胡亥、赵高手中。胡亥厉行督责，昏暴无比，是完全的独夫，秦崩溃的条件全部成熟了。

秦在春秋战国时期，被山东诸国看作文化落后的国家，事实上秦在文化方面也有些大的创造。自禹铸九鼎的传说开始，国和家的大事，都在金属器物上铸字，秦国发明刻石，比铸金版、铜鼎、铁鼎之类要方便得多。唐初在今陕西凤翔县发现十个石鼓，每个石鼓上刻着一篇有韵的诗。考古学者根据甘肃出土《秦公毁》上的字体，断定石鼓是秦器。造器时间推定在公元前六、七世纪。与造石鼓同时，还有北宋时出土的秦《诅楚文》三石。秦始皇出巡，在重要地方刻石凡七次。东汉以下，石碑盛行，追溯远源，出于秦国。刻石要有钢刀，刻石鼓用什么刀，也是值得注意的。秦始皇划一全国度量衡器，陶量器上用木戳印四十字的诏书，考古学者马衡说“这实在是中国活字排印的开始，不过他虽已发明，未能广泛应用”。又说：秦穆公时的《秦公毁》，铭文共一百字，也是用戳子印字在土范之上，“这真是活字的创作了”。在公元前六、七世纪，秦国已有刻石和活字，说它比山东诸国文化落后，是不完全合乎事实的。

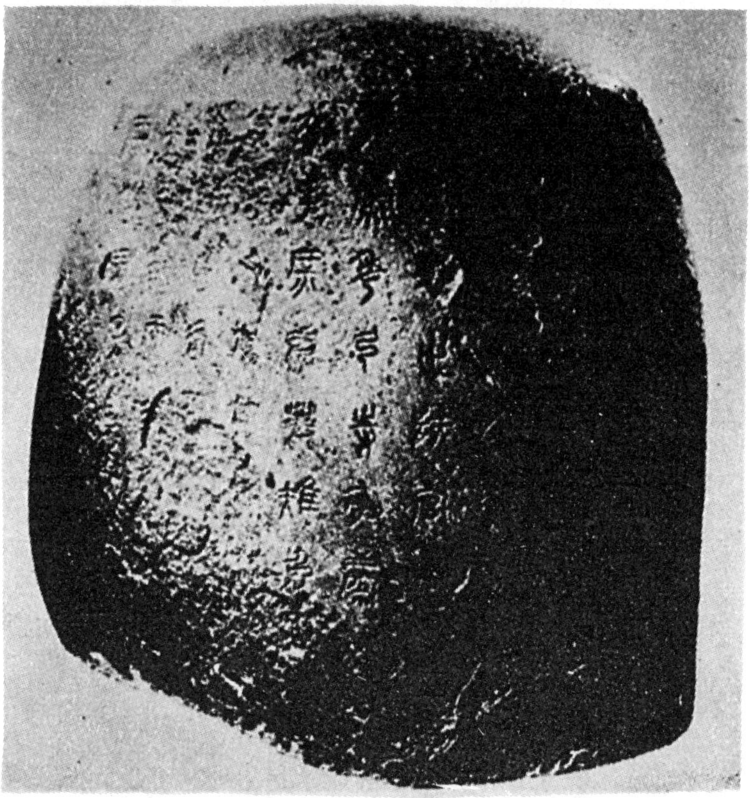

秦襄公时石鼓

秦陶量上用木戳捺印的四十字诏书

第二节　农民大起义与楚汉战争

战国时期，秦是地主统治的国家，山东六国是领主与地主共同统治的国家。到了秦朝，全中国统一，在秦始皇强烈统治下，社会各阶级发生了如下的新变化。

一　统治阶级

地主——前二二一年，“徙天下豪富于咸阳”，严重地打击了大地主大工商和领主残余。前二一六年“令黔首自实田”，在全国范围内确定了地主和有地农民的土地所有权。当年，赐黔首每里六石米两只羊，庆贺黔首的“实田”，想见当时很多人获得土地，其中一部分自然是中小地主。《庄子·杂篇·让王篇》说：孔子劝颜回做官。颜回不愿意，说：“我有郭外田五十亩，够吃的了，有郭内田十亩，够穿的了，我弹琴读书，够快乐了，我不愿意做官”。《杂篇》是道家后学所伪托，所谓颜回的生活，实际是说战国秦汉时小地主的生活，除去道家给加上的“知足不辱”思想，他们生活确是够快乐的。中等地主当然要更好些。中小地主可以做郡县吏和乡官，在政治上是拥护中央集权制度的。中小地主是秦朝政权的主要支持者。

官僚——士的利益在于做官食禄。得禄多的叫做官，得禄少的叫做吏，不得禄的叫做未仕的士。广大士群是官僚的源泉，仕途正常，官僚机构便强固有力；反之，便衰弱以至于崩坏。士为了寻求出路，可以拥护中央集权，也可以主张割据分裂，有时也可以赞助农民起义推倒旧统治者。战国时士出路极宽，对统治者的危害不显。秦统一后，官吏为数有限，一部分官僚又是秦国的武夫功臣，士的出途骤然变小。秦始皇召集学士方士，使议论政事，炼药求仙，博士多至七十人，占星多至三百人，但并不能满足士的要求。春秋以来“臣一主二”（国君多），“何所（处）无君”，士可以游历各国求仕。

秦统一后，臣一主一，大不合于士的习惯。群臣儒生屡议分封皇子功臣为诸侯，其中也含有保存旧习，扩大仕路的意义。秦始皇、李斯最后采用焚书坑儒的野蛮方法，广大士群绝望，转到反对方面，皇帝和官僚变成孤立寡助的少数人。屠杀儒生后一年，东郡（治濮阳，河南濮阳县）地方天空落下陨石，有人在陨石上刻“始皇帝死而地分”七个字，陈胜起义，孔子八世孙孔鲋从军反秦，这说明屠杀士人只是加速秦朝的溃灭。

领主残余——秦始皇徙天下豪富于咸阳，其中一部分是六国旧贵族。他们虽然受打击，但并不因此被消灭。六国旧贵族，如楚怀王的孙儿心逃匿民间，为人牧羊；楚将项梁与项籍逃避在吴中。又如齐国有王族田假、田儋等人，魏国有公子魏咎，韩国有五世为韩相的张良，这些人都是名族强宗，拥有徒党，等待时机发动变乱。

大商贾——秦压迫小商贾，对大商贾如乌氏倮、寡妇清却优礼备至，这说明大商贾是统治阶级的一个部分。

二 被统治阶级

农民——作为国家主体的农民，受尽春秋战国时期战争的痛苦，迫切需要和平与统一。秦始皇刻石文，与秦群臣颂功德，总是说“黔首安宁，不用兵革”，

“人人自安乐，无战争之患”。这一类言辞，多少反映出广大农民的共同意志。贾谊《过秦论》也说：秦始皇时，“民莫不虚心而仰上”。足见农民厌恶战争，对中央集权的秦朝表示真实的拥护。由于秦始皇过度使用民力，特别是秦二世，征发闾左贫弱人大修阿房宫，徭役更苦，赋税更重（据汉人说，征收田租，三分取二），农民除了起义，再也看不见有其他生路。前二〇九年，即秦二世元年，终于爆发了中国历史上第一次大规模的农民起义。秦以前，各诸侯国政治情况不同，农民所受压迫也有较宽较重的不同，农民不可能同时起义。又诸侯并列，互相援助或监视，一国农民起义夺政权，别国君主绝对不允许。自从统一以后，朝廷行暴政，全国农民同时受害，一朝时机成熟，便同时并起。秦汉以下整个封建时代，推倒腐朽皇朝的，总是农民大起义；大起义胜利后，总是出现盛大的新皇朝；起义失败后，总是出现军阀割据的局面。消灭割据局面，重归统一的总是一个较强的割据者或乘机侵入的外族，而推倒腐朽了的统一皇朝和外族统治的又总是农民大起义。归根说来，保持全国统一，扫除腐朽皇朝，驱逐外族统治，推动社会逐步前进的根本力量，总是农民阶级的阶级斗争。

小工商——秦认农与小手工业是黔首本业，认小商贾是末业（包括各种不生产的人）。小商贾一般缺乏反抗性，因为秦对他们压迫较重，所以刘邦起义军中，不少是属于这一类的人。刘邦攻秦峣关（陕西蓝田县东南），峣关守将是屠户出身，刘邦给他一些贿赂便投降了。大概小商贾积有军功，可以做官，但终究是极少数。

奴隶——私家奴隶的儿子（“人奴产子”），同罪人一样，朝廷征发役夫，首先要征发他们。陈胜起兵攻秦，秦二世免除骊山役夫中罪徒的罪和人奴产子的奴隶身分，组成军队，击败陈胜军，可以推想人奴产子有不小的数量。奴隶也是封建统治阶级进行剥削的一种对象，需要给予一些保护，因此，奴隶主要杀死奴婢，必须告官得到允许。汉有大量官奴婢，主要是工奴，汉承秦制，秦朝官府手工业，无疑也使用官奴婢。

小工商与奴隶，都不能和农民比重要性，因为农民是主要生产者，小手工业、工奴的生产比起来是微小的。秦二世无忌惮地迫害农民，强大的秦朝，就在农民的锄、櫌（打土块的椎）、棘矜（枣木棍）下被打倒了。

秦二世夺得帝位后，杀长兄扶苏及公子公主二十二人（秦始皇子女）。又杀世将蒙恬、蒙毅。丞相李斯，曾是得秦始皇信任的大臣谋士，也被秦二世、赵高杀死了。秦二世以为从此可以穷奢极欲享乐一辈子。赵高以为从此可以谋杀秦二世，篡夺帝位。中央集权的秦朝廷，实际只剩下秦二世和赵高两个独夫。前二〇九年，秦二世元年，阳城（河南登封县）人陈胜、阳夏（河南太康县）人吴广率领被征发的闾左九百人在大泽乡（在

安徽宿县大泽乡全景

安徽宿县)起义，冒用公子扶苏、楚将项燕名义，号召人民反秦。陈胜出身“佣耕”(“佣，卖力也”)，是给地主耕田的雇农。他的社会地位很低，没有什么声名，也没有什么政治军事上的才能，可是他一起义，很快就有车六七百乘，骑兵千余，步兵数万人。夺得陈(河南淮阳县)城后，陈胜自立为王，国号楚。派人四出略地，各郡县豪强和民众杀秦官，聚众响应，公认他是起义首领，连孔鲋(孔子八世嫡孙)也来投奔，做个博士官。

在陈胜号召下，旧六国境内广泛地发生了两种反秦武装。第一种是陈胜领导的农民武装，第二种是领主残余领导的割据武装。据赵地称王的武臣，据齐地称王的田儋，据燕地称王的韩广，据魏地称王的魏咎，据楚地称王的景驹，据韩地称王的韩成，都属第二种。还有很多聚众割地或企图割地的所谓豪杰（无赖、土霸），也属第二种。这一种人纷纷起兵，在削弱秦的势力上是有作用的。他们一般有些军事经验，应该成为反秦的有力武装，可是他们的目的，在于掠夺土地，独立称王，谁也不想出力攻秦。这些人彼此互杀，上下相害，忽起忽仆，造成混乱局面，到后来，多被秦将章邯击败或杀死，但割据行为并不停止。

陈胜自己率领的农民起义军，缺乏军事知识，将领中只有一个周章，曾当过项燕军“视日”（推算时辰吉凶），算是最知兵法的人。陈胜给周章将军印，率兵西攻秦。周章沿路收兵得车一千乘，兵数十万，号称百万，攻入函谷关，至戏水（陕西临潼县境）驻军。秦二世大惊，令将军章邯率罪徒和人奴产子击周章，周章军大败逃出关。章邯追击，周章军沿路对抗，在渑池（河南渑池县）又大败。周章自杀，起义军失主将不能再战。吴广骄傲无能，被部将田臧杀死。田臧率军迎击章邯军大败。章邯各个击破起义军，陈胜部将多战死。前二〇八年，陈胜败走，御者庄贾杀陈胜降秦。陈胜自首事到败死，只有六个月。兴起那样勃然，因为他的行动切合当时社会的需要；败死又那样骤然，因为他有不可避免的两个弱点和一个可避免而不避免的弱点。（一）农民起义需要经过一定时间才能锻炼成坚强的军队，陈胜却过早地遇到了秦章邯军。（二）领主残余分子如武臣之类，借陈胜名义纷纷割据，不肯援助。还有一个是可以避免的，但陈胜严重地暴露了这个弱点。那就是陈胜称王后，骄傲自满，故乡穷朋友听说他做了王，

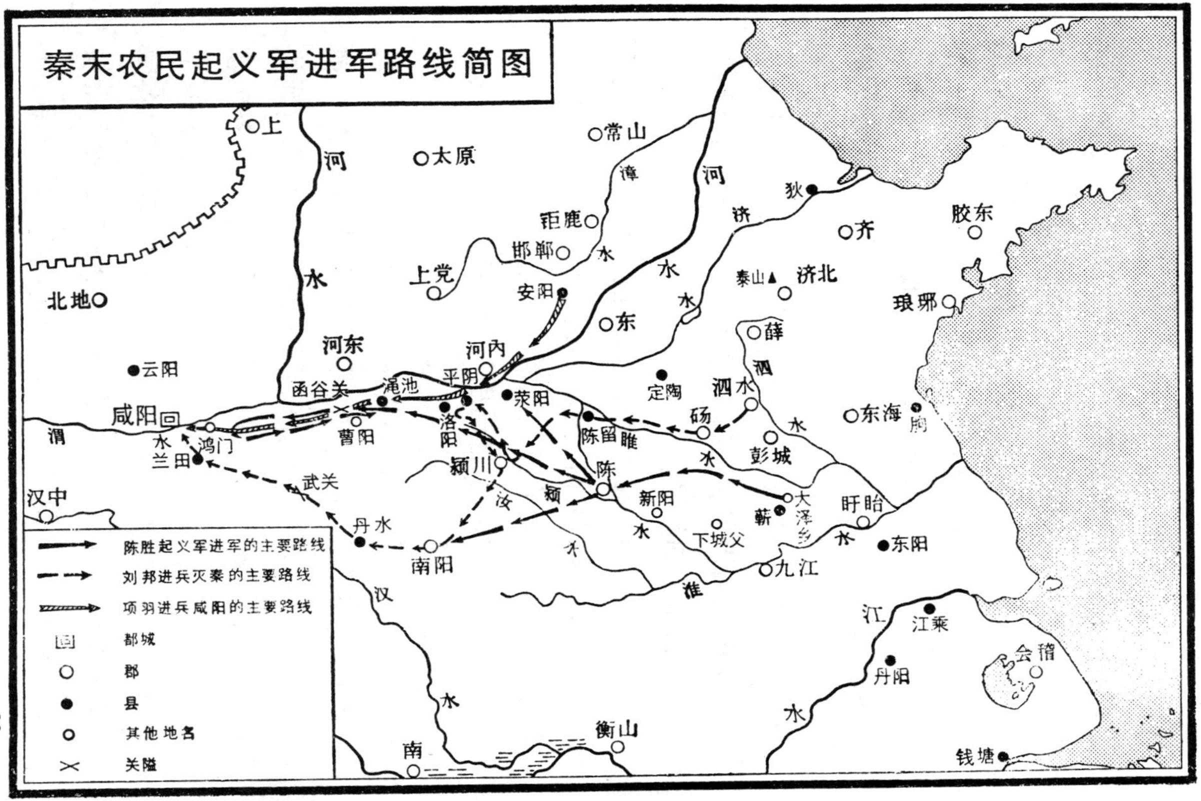
秦末农民起义军进军路线简图
陈胜起义军进军的主要路线
刘邦进兵灭秦的主要路线
项羽进兵咸阳的主要路线
都城
郡
县
其他地名
关隘
上
太原
常山
河
水
北地
云阳
咸阳
河东
函谷关
渑池
平阴
河内
安阳
上党
邯郸
钜鹿
漳
东
狄
济
齐
胶东
泰山
济北
琅邪
薛
定陶
泗水
砀
东海
朐
荥阳
洛阳
曹阳
陈留
睢
彭城
颍川
陈
新阳
蕲
大泽乡
下城父
盱眙
东阳
九江
淮
汝
颍
渭
鸿门
兰田
武关
汉中
丹水
南阳
汉
江
江乘
丹阳
会稽
钱塘
衡山
南

特地来看他，谈些贫贱时的故事，陈胜嫌丢脸，把客人斩首，吓得穷朋友都逃走。他的妻父来看他，也傲慢没有礼貌，妻父大怒回去。他对部下任意杀戮，想提高自己的威权，闹得众叛亲离，没有人敢亲近他。吴广也是骄傲无知，被部将杀死。“骄必败”，陈胜吴广恰恰做了这一真理的实证。不过，陈胜吴广虽然失败，反秦的浪潮却被他们激动起来了，这个浪潮，终于冲毁了秦朝的统治。

陈胜败后，出现代表农民但主要代表领主残余势力的项籍军和代表农民起义的刘邦军，他们一致反秦，最后胜利属于刘邦军。

楚名将项燕的儿子项梁听说陈胜反秦，同他的侄子项籍杀秦会稽郡（治吴，江苏吴县）守，在吴起事，有精兵八千人。项梁从谋士范增的计策，立楚怀王孙心做楚王，仍号楚怀王，自己引兵到定陶（山东定陶县）。项梁几次战胜，便骄傲起来，看不起秦军。章邯集中兵力，大破楚军，杀项梁。章邯战胜项梁，也骄傲起来，看不起楚军，率大军渡河攻赵，围钜鹿（河北平乡县）。前二〇七年，项籍救钜鹿，遇秦军大战九次，楚军拚死战斗，一个人抵得十个人，呼杀声震动天地。当时各国救赵兵有十余军，筑堡垒不敢出战，将士立壁上看楚兵击秦，吓得心惊魄动，面无人色。项籍已大破秦军，各国兵都隶属在他的麾下，号称“诸侯上将军”。楚兵继续进攻，章邯率全军投降。起初山东人民到关中服徭役，被秦官吏虐待，这时候对秦降兵报复旧怨，激起秦兵的愤恨。项籍引兵攻秦，怕降兵入关叛变，在新安（河南渑池县）城南坑杀秦兵二十余万人。秦主力军完全消灭。钜鹿大战是决定秦亡汉兴的关键。没有这一次大胜，农民起义要受大挫折，但大量惨杀秦兵，关中秦民恨项籍残暴，更坚决拥护刘邦，惟恐项籍得势。项籍军事上大胜，政治上大败了。

沛（江苏沛县）人刘邦是个中农，自己当亭长，妻吕雉带子女在家种地。陈胜起事，各地响应，刘邦聚众数十人，杀秦沛县令。沛县吏萧何、曹参等推刘邦为沛公，征发沛子弟，得兵三千人。项梁引兵到薛（山东滕县境），刘邦率众投项梁。项梁给刘邦兵五千人，小将十人，与项籍同为项梁部下的主力军。项梁战屡胜，轻视秦军，被章邯杀死。章邯战胜后，轻视楚军，引兵北击赵，被项籍战败。楚怀王曾与诸将定约，谁先灭秦，谁就做关中王。前二〇七年，楚怀王令项籍救赵，令刘邦攻秦，意思就是要刘邦做关中王。前二〇六年，刘邦自武关入秦。此时秦二世被赵高杀死，秦王子婴又杀死赵高。刘邦用谋士张良计，破峣关，进攻咸阳。子婴出城来投降。刘邦入咸阳，申明军纪，废除秦严刑苛政，与秦民约法三章（犯杀人罪处死刑，伤人及盗贼按轻重治罪）。秦民大喜，惟恐刘邦不做关中王。项籍大破章邯军，引大兵四十万入关，屠咸阳，杀子婴，烧秦宫室，火三月不灭。项籍自以为已定天下，驱逐楚怀王，自号西楚霸王，有地九郡，建都彭城（江苏徐州市）。其余土地都封给诸侯王凡十余人。刘邦被封为汉王，都南郑（陕西南郑县）。三分关中，封章邯等三个降将为王，堵塞刘邦回关中的道路。项籍掳掠秦宫妇女宝物东归彭城，令诸侯王解散军队，各到封地，享受富贵。很多得封的和不得封的领主残余分子认为封得不公平，纷纷动兵互斗，反对项籍这个措施。齐、赵、燕、魏、韩等地出现新的混乱局面。

刘邦乘项籍被牵制在混乱局面里，出兵攻章邯等三个王。秦民恨这三人，痛入骨髓，助刘邦消灭他们，统一关中。刘邦得秦民拥护，又联合诸侯王，与项籍苦战四、五年，屡败屡起。前二〇二年，垓下（在河南鹿邑县境。一说在安徽灵璧县，按当时军事形势，应以在鹿邑县境为是）决战，项籍败死。刘邦立为皇帝，统一中国，开创历史上著名的汉朝。

项籍大封诸侯王，把统一的中国倒退到割据分裂的旧时代里去，这是完全违反历史前进的反动措施。农民起义反秦，得不到田宅就被遣散了，这又是完全违反广大农民愿望的反动措施。项籍残暴无比，凶恶超过秦二世，不仅秦民痛恨，关东一般民众也痛恨。他从垓下逃到阴陵（安徽定远县西北），向一个农夫问路，农夫故意指导他走错道路，因而被汉兵追及。这是人民厌弃他的明证。领主残余分子都有极大的野心，受封的人不满意已得的封地，不得封的人当然更不满意。项籍为广大农民所痛恨，又为领主残余分子所反对，兵力虽强，决不能逃避战败自杀的末路。他的败死，是领主残余势力的一个大挫折，也是农民阶级要求国家统一的一个大胜利。

刘邦出身农民，懂得农民阶级的疾苦，又身为亭长，懂得地主阶级的统治方法。开始起义，便得沛县，以萧何、曹参为首的全部县吏，成为起义军的领导骨干。此后逐步扩大，直到建立朝廷，最基本的人物还是沛县吏。

项籍兵力和声威比刘邦强大得多，刘项间大战七十次，小战四十次，刘邦屡战屡败，身受重伤十二次，最后垓下一战，取得全胜。推究刘项胜败的原因，主要由于刘邦的拥护者是广大农民特别是旧秦国农民，项籍的拥护者只是些野心的领主残余分子。两人所依靠的力量不同，因之后果也不同。刘邦有关中作根据地，萧何替他留守，输送兵卒粮饷，战败后常得补充，有时甚至十几岁的幼童，六十岁的老人也被补充上战场，秦民并不怨恨。项籍战败，不敢回彭城，也不敢渡江回会稽，因为他知道没有民心可靠的根据地。此外，项籍轻易封诸侯王，受封的六国旧贵族忙于维持自己的地位，无力助战，许多贫寒出身的野心家，分不到封地，心怀不平。刘邦用张良的计策，不轻易封诸侯王，使这些人有受封希望，出力助攻项籍。重要的谋士良将，大都在项籍那边失意，跑到刘邦这边来。项籍取胜全凭自己的勇力，不会用人，更轻视贫寒出身的人。刘邦善于用人，如张良是贵族，陈平是游士，樊哙是狗屠，周勃是吹鼓手，灌婴是布贩，娄敬是车夫，韩信是流氓，彭越是强盗，都被恰当地使用，各尽其所长。项籍是个勇夫。刘邦不仅自己多智谋，而且能用别人的智谋。例如韩信夺得齐地，派人见刘邦，请封自己做假齐王。刘邦大骂道，我被项籍围困，日夜望你来援救，原来想自立为王。谋士张良、陈平知道这时候不该得罪韩信，暗中踢刘邦的脚，刘邦觉悟，改口大骂道，大丈夫立功做真王就是了，做假的干什么。即时派张良去封韩信为齐王。一次他在阵上大骂项籍，被项籍射中胸口，不能直立，曲身摸脚，说，恶奴射伤我的脚趾。兵士不知道他受重伤，没有溃散。他是这样机智的人，和项籍斗智不斗力，匹夫之勇的项籍，当然不是刘邦的敌手。

简短的结论

梁襄王问孟子：天下怎样才得安定？孟子答：统一才能安定，不喜欢杀人的人才能统一。荀子也主张天下为郡县，四海成一家。儒家的政治理想，反映出战国时期人民厌恶战争，要求统一的愿望。秦国的政治比山东六国都进步，兵力也较强，所以秦国能完成统一中国的伟大任务。

秦朝结束了西周以来诸侯割据的局面，建立起专制主义的中央集权的封建国家。它把全国划分为郡县，郡守县令都由朝廷任免，中央对地方有很大的控制权。定疆域，书同文，车同轨，行同伦，中国开始成为伟大的统一国家。

秦始皇过度使用民力，虽然很多措施有利于统一，但人民也确实疲惫不堪了。秦二世昏暴无比，征发到闾左，农民被迫大起义，迅速地推倒了秦朝的统治。

当时三个起义首领，陈胜缺乏政治军事经验，虽然失败了，号召反秦的功绩是巨大的。项籍钜鹿一战，摧毁秦主力军，对农民起义是一个大贡献。但是，他代表领主残余势力，要把社会倒退到秦以前的旧时代去，阻挠历史前进的趋势，他只能成为一蹶不振的可怜虫。农民起义的果实自然要落到本身地主阶级化但也代表农民部分利益的刘邦手中。汉朝的建立，使秦朝开始的统一国家，得以巩固起来，农民阶级推动历史前进的力量，这是第一次显著的表现。

秦朝是短促的朝代，但又是极重要的朝代。秦始皇是暴虐的皇帝，但又是对历史有巨大贡献的皇帝。秦是文化的摧残者，但在某些方面又是先进者。

第 二 章

国家统一巩固后对外扩展时期——西汉

——前二〇六年——二三年

第一节 西汉政治概状

前二〇二年，汉高帝刘邦战胜项籍，受诸侯王推戴，做了皇帝，国号汉，都长安(陕西西安市西北)，习惯上称为前汉或西汉。

汉高帝被推戴做皇帝的时候，汉朝廷直接统治的领土仅十五郡，其余土地都封给诸侯王，几乎恢复了战国时期的割据局面。这种做法在当时是必要的，不这样做，不能换得这些人的助攻项籍，不能换得这些人对汉皇帝名义的承认，也就不能换得统一与和平。

有非凡的政治才能的汉高帝，在位七年，做着一件大事，那就是为与民休息准备各种条件。为了与民休息，汉高帝作出下列诸措施：

建立制度——萧何定律令，韩信定军法，张苍定历

陕西西安汉长安城宣平门遗址

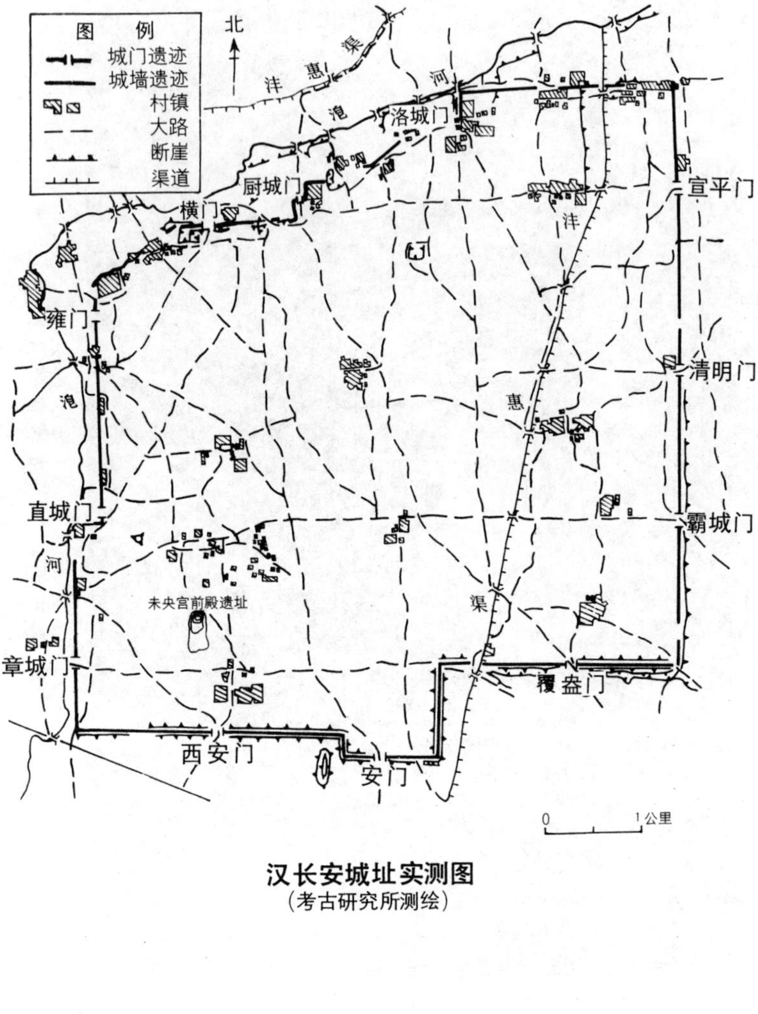

汉长安城址实测图

（考古研究所测绘）

法及度量衡程式，叔孙通定礼仪，汉朝制度很快建立起来，秦制度基本上变成汉制度。萧何做相国，提倡俭朴，处理政事，完全按照律令。民间歌颂他说，“萧何为法，较（明）若画一”。秦项大乱以后，人民饱受战祸，穷苦已极，得在一定的律令下生活，自然感到宁静，人人自安，难动摇了。

招集官僚——汉高帝征召天下“贤士大夫”到京师，分派大小官职，给与田宅。士人有官做，既充实了官僚机构，也免得失意谋乱。当时皇帝还配备不起四匹纯一色的马来驾车，有些将相大臣坐牛车，这种简陋的生活，使一班得官得田宅的士人，满意于自已的所得，不敢象秦官吏那样贪虐。官吏少作一些恶，有利于人民的休息。

压抑商贾——秦时徭役繁兴，商贾乘被征发人困急，重利盘剥，夺取田宅子女。被征发人前有服役死亡的危苦，后有商贾索债的压迫，陈胜振臂一呼，天下响应，这是汉高帝亲自看到的。战争期间，商贾操纵物价，任意踊腾（上涨），米一石贵至五千钱或一万钱，马一匹贵至一百金，人相食，饿死无数。商贾祸不比战祸轻多少，这又是汉高帝亲自看到的。他即帝位以后，令商贾不得着丝织衣服，不得携带兵器自卫，不得乘车骑马，不得做官吏，商贾买饥民子女为奴婢，无偿释免，算赋比常人加倍。这种含有报复性的法令，使富商大贾受到惩罚。叛将陈豨军中，将官都是旧商贾，足见有些商贾破产，挺而走险。商贾受罚，有利于人民的休息。

对匈奴和亲——秦汉间匈奴冒顿（音墨毒mò dú）单于（单音蝉chán）强盛，侵入汉朝边地，最近处离汉都长安仅七百里。前二〇〇年，汉高帝亲将大军三十二万人到平城（山西大同县东），准备击匈奴。冒顿率骑兵四十万人围困平城七日，汉兵不战退回。自此匈奴更加强盛，经常入寇，破坏汉边境。汉无力反击，只好用和亲策，求暂时的安宁。和亲就是对匈奴忍辱退让，但在当时却有利于人民的休息。

与上述诸措施同时，汉高帝又致力于战争的善后措施，获得了社会各阶层的满意。

功臣——从汉高帝起兵的功臣如曹参、周勃等人，没有一个是猛将，也没有一个敢于显出大野心。汉高帝封这些文武功臣一百四十三人为侯，大侯食一万户，小侯食五、六百户。侯国民事由朝廷派官吏管理，侯不得干与。侯是大地主不是领主，西汉前期，他们是朝廷的有力支持者。

从军吏卒——按功劳大小，从军久暂，规定各种待遇：第七级爵公大夫以上食邑，第六级爵官大夫以下有加赐爵一级、世世复（世世免徭役）、复终身、复十二年、复六年、免户赋等优待，又有向地方官吏领取田宅及应用器物的权利。食邑的吏卒显然转化为地主，免役的吏卒得到田宅，也有可能转化为地主。

普通民众——劝告流亡民众归还故乡，领取原有田宅。定田租(征收实物菽与粟)每年十五税一。庶民生育子女,免徭役两年。战争中土地大量荒废,农民在轻税下,可以按人力多少开辟荒地。

奴婢——陈胜起义军中有吕臣率领的苍头军。秦时呼奴隶为苍头,苍头军显然是奴隶起义军。陈胜败后,吕臣归附项梁,做楚国司徒,这说明苍头军是一支有力的军队。苍头军教训了奴隶主,汉高帝即位,便下令:凡庶民因饥饿穷困卖身为奴婢者一律释免,恢复庶民身分。前一九二年(汉惠帝三年)征发王国侯国徒隶二万人筑长安城。徒是罪人,隶是奴隶,想见释放奴隶后,奴隶数量确已减少。

医治战争创伤,归根只是减轻一些租税与徭役。农民起义,付出大量生命财物,才取得统治阶级的这些让步,代价是很高的。但是,不付出这个代价,农民便活不下去。只有用高价换得了这些让步,社会生产才能缓慢地恢复并发展起来。

在封建社会里,领主割据势力常是大乱的一个发动者。特别是汉初,割据势力比中央集权的力量大。汉高帝把割据势力削弱了,这是他政治上的大成功。

消灭异姓王——汉高帝垓下战胜,主要依靠韩信、彭越、英布三个猛将的会师。项籍死后,当时据地称王的人有楚王韩信、梁王彭越、淮南王英布、韩王信(韩国贵族)、长沙王吴芮(音锐ruì)、赵王张敖、燕王臧荼、闽越王无诸(越王勾践后裔)、南粤王赵佗。这些异姓

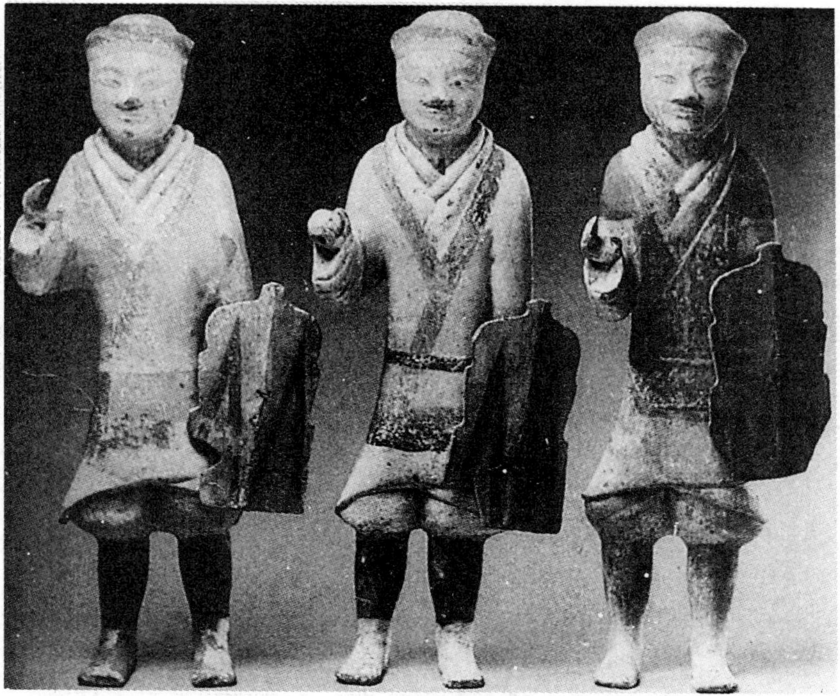

陕西咸阳出土西汉彩绘陶俑

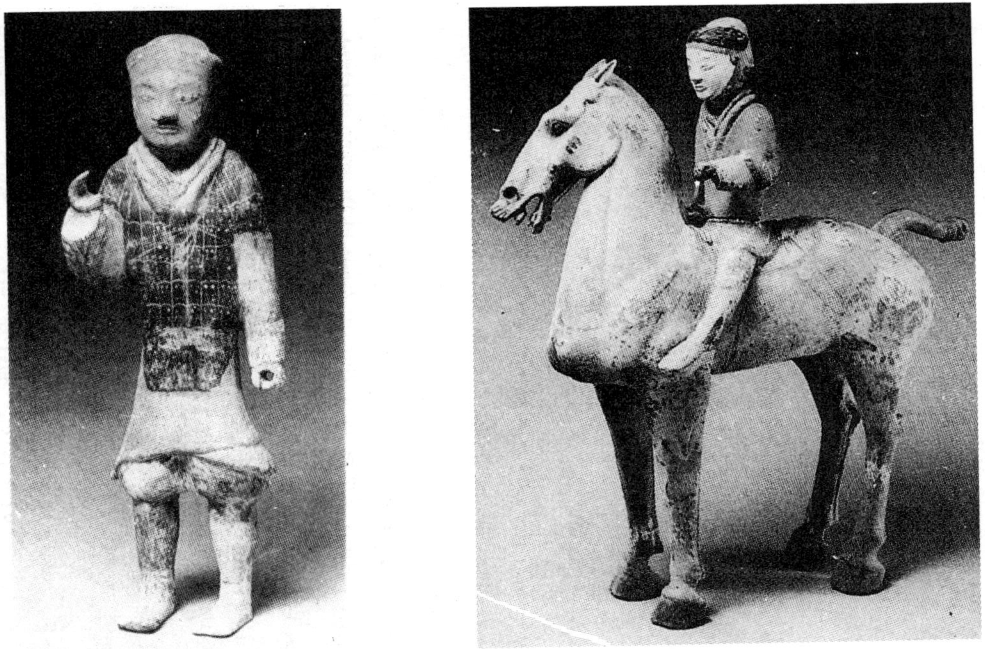

陕西咸阳出土西汉彩绘陶俑

王除了吴芮、无诸、赵佗三人在本国内起着保境安民的作用，其余都是统一的障碍。汉高帝采用各种方式，数年间把障碍各个消灭。楚王韩信被废后叫冤说："狡兔死，走狗烹；高鸟尽，良弓藏；敌国破，谋臣亡。天下已定，我固当烹"。韩信这一类野心家自以为有大功，应当割地称王，但从人民要求统一的观点看来，不消灭这些割据者，即使希望战祸暂停也是不可能的。汉高帝杀功臣，客观上符合人民的利益，因为人民迫切需要休息。

分封同姓王——新起的汉朝廷，实力不能通达到全国，有必要分封诸王。汉高帝一面消灭异姓王，一面陆续封儿子刘肥为齐王、刘长为淮南王、刘建为燕王、刘如意为赵王、刘恢为梁王、刘恒为代王、刘友为淮阳王，又封弟刘交为楚王，侄刘濞为吴王。这些王国的重要官吏是汉朝廷派遣去的，法令也是汉朝廷制定的，诸王多是幼童，在封地内权力远不如异姓王那样大，汉朝廷因此有时间来充实自己的统治力，到一定时期消灭这些半割据的同姓王国。

迁徙豪强——秦始皇迁徙山东豪富到关中，企图铲除领主残余势力。秦项战乱中，证明山东豪富仍拥有强大的实力。汉高帝迁徙六国国王后裔、豪杰名家及齐国田氏、楚国昭氏、屈氏、景氏、怀氏五大族共十余万人入关，给与好田宅，使在关中建立新家业。山东旧豪强被迁徙，新豪强还没有兴起的空隙间，人民获

西汉郡国简图

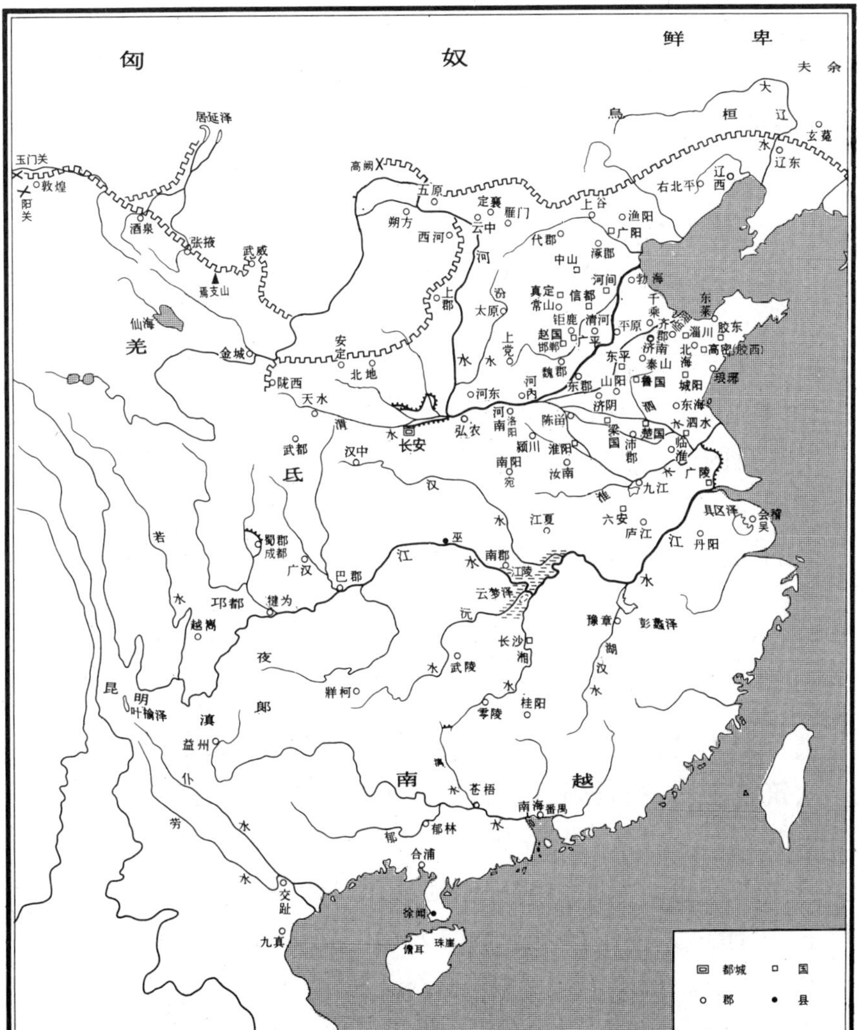
匈
奴
鲜
卑
夫余
乌
桓
辽
玄菟
辽东
辽西
右北平
居延泽
玉门关
阳关
敦煌
酒泉
张掖
武威
焉支山
仙海
羌
金城
陇西
天水
武都
氐
高阙
五原
朔方
西河
云中
定襄
雁门
代郡
上谷
渔阳
广阳
涿郡
中山
河间
勃海
上郡
太原
真定
常山
信都
钜鹿
清河
赵国
邯郸
广平
平原
千乘
齐郡
临淄
东莱
胶东
淄川
济南
北海
高密(胶西)
琅邪
泰山
城阳
东平
山阳
鲁国
东海
安定
北地
上党
魏郡
河东
河内
东郡
济阴
河南
洛阳
弘农
陈留
梁国
楚国
泗水
临淮
沛郡
颍川
淮阳
南阳
宛
汝南
广陵
九江
汉中
长安
渭
水
汉
江夏
六安
庐江
具区泽
会稽
吴
丹阳
江
若
蜀郡
成都
广汉
巴郡
巫
南郡
江陵
云梦泽
邛都
犍为
越巂
沅
长沙
湘
豫章
彭蠡泽
湖
汉
夜
郎
武陵
牂柯
零陵
桂阳
昆
明
叶榆泽
滇
益州
仆
南
越
苍梧
南海
番禺
郁林
郁
合浦
劳
交趾
九真
徐闻
儋耳
珠崖
都城
国
郡
县

得休息的机会。

汉高帝在位七年，规定与民休息的政治方针，给盛大的汉朝奠定了基础。

在汉高帝奠定的基础上，西汉一朝发展与衰落可分为前、中、后三个时期。

前期（前一九四年——汉惠帝元年至前一四一年——汉景帝后三年，凡五十四年）

汉惠帝用曹参为相国。曹参师事道家大师盖公（盖音葛gě），一切遵守萧何所定法令，实行清静无为与民休息的政治。西汉前期黄老刑名之学在政治上居指导地位，秦项大乱以后，这种政治思想确是适合全社会的需要，特别是农民，更感到统治者清静无为的必要。

战国时期，到处是万户大邑。经秦朝残酷的剥削与八年战争的破坏，再加大饥荒，人相食，汉初万户大邑存留不过二三千户，人口可惊的减耗了。汉惠帝两次筑长安城，征发附近六百里内男女夫役，每次都只有十四万五、六千人。京师附近人口如此稀疏，其他地方可以推想。汉景帝时中原地区户口一般增加一倍至三、四倍，大体上恢复战国时人口。吴是南方大国，有县五十三。前一五四年，吴王刘濞反叛，征发全国六十二岁以下，十四岁以上男子，仅得二十余万人，平均一县约四千人，足见较远地区仍是荒凉景象。从人口恢复的迟缓看来，人民要求休息将是何等的迫切。

汉惠帝奖励人口增殖与土地开垦，令民女十五岁至三十岁不出嫁，分五等罚钱。又免力田人徭役终身。汉文帝是著名节俭的皇帝。他亲耕藉田，提倡农耕，免收天下农田租税凡十二年。汉景帝即位，收民田半租。汉高帝定租率，十五税一，半租是三十税一，这确是极轻的租税。西汉在文、景两个皇帝统治下，前后三十九年，终于获致了超过战国时期的经济繁荣。

三十税一制，鼓励了农民的生产积极性，战后广大荒地逐渐被开垦出来，流亡户也逐渐回到故乡来。拥有小块耕地的农民，占农民户口中的极大多数，这是西汉前期社会繁荣的真实基础。

三十税一制也鼓励了商贾、地主兼并农民的积极性。商贾地主使用操纵物价，放高利贷等方法，夺取农民的田宅，夺取农民的子女和农民本身做奴隶。随着兼并的逐渐盛行，各地方都出现豪强势力。《史记·货殖传》所说的“素封”与所谓大富霸一郡，中富霸一县，下富霸一乡一里，就是割据性的大小豪强。西汉后期直到南北朝，豪强常是影响政治的一个严重力量。西汉前期开始成为两汉定制的三十税一制应是造成豪强势力的一个主要原因。

西汉前期对匈奴和亲，避免大战争，再加田租轻微，徭役较少，农民得到五、六十年的休养生息，社会经济繁荣了。但享受繁荣之果的人，不是农民而是以皇帝为首的地主和商贾。汉景帝末年，地方官府的仓里装满了粮食，库里装满了铜钱。朝廷所藏的钱，积累到好几百万万，钱串子烂了，散钱无法计算。朝廷所藏的粮食，新旧堆积，一直堆到露天地上，让它腐烂。朝廷有六个大马苑，养马三十万匹。民间富人家家养马，骑母马出门自觉惭愧。管里门的小卒得吃好饭肥肉。吏任职久长，往往做一辈子。有些官很少调动，世代做下去，官号竟成了姓氏。如管仓的官姓了仓，管庾的官姓了庾。上层统治者自宗室、封君、公卿、大夫以至一般官吏，奢侈安乐，不受法令限制；下层统治者民间豪强，不借官位，专凭暴力，在地方上武断乡曲，兼并土地。实行清静无为政治的结果，使整个统治阶级过着极其饶富的生活。

半割据的诸王国，经五、六十年休息，统治者也很富强了。吴王刘濞采铜铸钱，与汉皇帝有同样富力。前一五四年，吴、胶西、楚、赵、济南、淄川、胶东七国国王联兵反叛，汉大将周亚夫击败七国叛军，灭诸国。此后，朝廷制定更严格的制度，皇子受封为王，只是征收租税，不管政事，王国与侯国无异。七国的灭亡，结束了西周以来合法的诸侯割据制度，加强了西汉朝廷中央集权的力量，汉朝确是统一了。经济繁荣与全国统一，使统治者改变政治方针，自与民休息的前期转入用尽民力的中期。

中期（前一四〇年——汉武帝建元元年至前四九年——汉宣帝黄龙元年，凡九十二年）

汉武帝凭借前期所积累的财富与汉景帝所完成的全国统一，再加上本人雄材大略的特性与在位五十四年的长久时间，对外用兵，扩张疆土，对内兴作，多所创建（主要是水利），把道家思想的无为政治，改变为以儒家学说为装饰的多欲政治。通过汉武帝，农民付出“海内虚耗，人口减半”的代价，造成军事、文化的极盛时期。西汉一朝各方面的代表人物如大经学家大政论家董仲舒，大史学家司马迁，大文学家司马相如，大军事家卫青、霍去病，大天文学家唐都、落下闳，大农学家赵过，大探险家张骞，以及民间诗人所创作经大音乐家李延年协律的乐府歌诗，集中出现在汉武帝时期。这是历史上非常灿烂的一个时期，汉武帝就是这个灿烂时期的总代表。

西汉前期，农民与地主间的阶级矛盾，一般说，还没有发展到激化的程度，地主与商贾间矛盾也是和缓的。主要原因是在于对外不用兵。汉武帝对外连年大用兵，战争使国内各种矛盾都激化起来。

受战争影响最深重的自然是农民。汉武帝为取得大量财物，对农民进行残酷的剥削。田三十亩按一百亩征收租税，口钱二十改为二十三，七岁起算改为三岁起算(汉制，民年七岁至十四岁每人每年纳口钱二十)，贫民生子多杀死。农民穷困破产，富人乘机大掠夺。董仲舒说：富人拥有大片田地，穷人连放个锥尖的地方也没有。富人霸占山林川泽，独享利益，放纵淫侈，一个邑里就有皇帝，一个里里就有公侯，小民怎能不困穷。这种邑皇帝、里公侯大小豪强是朝廷助长的，但也不利于朝廷。豪强势力的过度扩大，引起了朝廷与豪强间严重的冲突。

董仲舒所说的富人，其中一部分是无市籍的地主，特别是地主中的豪强。他们尽量集中土地，役使贫民，掠夺奴隶，损害了朝廷的收入和权力。汉武帝为加强统治，分全国为十三部(州)，每部派一刺史，按照六条

“稻种万石”陶仓　　　　稻　种

河南洛阳出土的西汉陶仓

查问郡县。第一条就是“强宗豪右，田宅逾制（超过制度），以强凌弱，以众暴寡”。看来好象是惩罚豪强，保护贫弱，实际效力却极有限。汉武帝又允许非常刚强所谓“酷吏”的郡守，杀戮某些豪强及其徒党，借以抑制豪强的过度横行。酷吏之一的宁成，革官回家，发誓说，做官不到二千石，经商不到黄金一千斤，不能算作人。他租（强占）得水田一千多顷，雇（奴役）得贫民数千家，不多几年，积钱数千万。人都怕他，说，宁愿碰见母老虎，不要碰见宁成发怒。这说明除去一些例外，酷吏就是做官的豪强，豪强就是不做官的酷吏，归根都是吃农民的母老虎。

董仲舒所说的富人，其中一部分是有市籍（商贾）的地主，特别是商贾中的豪强。商贾剥削农民，最普遍的形式是放高利贷。还有垄断农民必需品的铸钱商和盐铁商，这些大商贾积钱往往多至黄金一万斤。商贾不仅剥削农民，有时也剥削地主，如囤积贵族或官府的需用品，使贵族或官府不得不低头，满足商贾的要求。在市上是商贾，到乡间便成地主。这和放高利贷的无市籍地主，行为上并无区别，不过地主没有市籍，可以做官吏，商贾有市籍，不得做官吏，实际上他们都是地主也都是商贾。因为商贾豪强长于经营，积累财产比地主豪强更多，对朝廷的损害，也比地主豪强为大。汉武帝用没收财产的办法，沉重地打击了商贾，使中等以上商贾多数破产。商贾从农民夺得大量奴隶、田宅和钱财，一转手便成了朝廷的收入。

汉武帝自前一三三年（元光二年）至前八九年（征和四年），进行长期的对外战争，巨大军费都由农民负担。农民在朝廷与富人双重剥削下，在全国范围内，普遍进行小规模的武装反抗，但还没有发展到大规模的武装起义，主要原因之一，就是汉武帝打击了一部分地主豪强和大部分商贾豪强，这些都是农民所痛恨的，阶级矛盾因而发生一定的弛缓状态。汉武帝在临死前三年，表示对战争的忏悔，下诏说，今天的要务在于力农。封丞相田千秋为富民侯，用赵过为搜粟都尉，推行改善的农具和技术。这样，渴望休息的广大农民，开始稳定下来，汉朝统治也就转危为安。

汉昭帝复行无为政治，与民休息，流亡农民逐渐回到故乡来。汉宣帝通达黄老刑名之学，整顿吏治，考核实效，农业又呈兴盛气象。前五二年（甘露二年），匈奴呼韩邪（音耶 yé）单于称臣降服，对外战争停止，西汉极盛时期达到了顶点，由此转入衰亡时期。

后期（前四八年——汉元帝初元元年至公元八年——孺子婴初始元年，凡五十六年）

经汉昭帝汉宣帝三十八年的与民休息和牛犁耕作法的继续推广，农业生产恢复并提高了，同时豪强势力也恢复并提高了。汉元帝时，中央权力开始衰弱，外戚、宗室、公主、王、侯、大官僚等政治上有权力的人，盛行兼并，成为新得势的上层豪强，原来的地主豪强商贾豪强，政治上势力较弱，成为下层豪强。上下层豪强在兼并土地掠夺奴隶时，存在着矛盾，在破坏中央集权时，则是起着一致的作用。上层豪强的代表外戚王莽，用欺骗农民，打击下层豪强的方法，企图解决当时紧张已极的阶级矛盾，当然，王莽是不可能解决矛盾的。

西汉政治有三个时期的变化，与政治相适应的学术思想也有三个变化。前期行黄老刑名之学，符合与民休息的社会需要。中期独尊儒学，罢黜百家。所谓儒学，就是儒学为主、刑名学为辅的董仲舒《春秋公羊》学。《公羊》学的盛行，说明多欲政治代替了前期的无为政治。后期行纯儒学。所谓纯儒学，就是依据孔子所传在周天子统治下承认封建割据合法存在的原始儒家思想，其中以提倡宽柔温厚的《诗》学为最盛行。这正是中央集权衰弱豪强割据势力兴起的反映。汉宣帝教训汉元帝说：我们汉家的制度，一向杂用霸（刑名）王（儒）道，怎能学西周政治用纯儒学呢！乱我汉家制度的一定是你了。

纯儒学政治使上下层豪强得到兼并的便利，连汉宣帝设立的常平仓，也因儒生说是朝廷不要与民争利，被汉元帝取消了。儒生所谓民就是属于下层豪强的商贾和地主。朝廷不要与下层豪强争剥削农民的权利，就是纯儒学的政治主张。

鲍宣给汉哀帝上书说，当今农民有七种损丧：水灾旱灾，一损丧；朝廷横征暴敛，二损丧；官吏假公济私，贪得无厌，三损丧；豪强大姓，兼并不止，四损丧；徭役繁多，农桑失时，五损丧；主管乡里的人鸣起鼓来，农民不分男女，都得抛弃作业，赶到路上去搜捕盗贼，六损丧；盗贼掠夺农民财物，七损丧。单是七种损丧还好，更有七条死路：官吏任意打死人，一死路；刑罚苛刻，二死路；冤狱陷害无罪人，三死路；盗贼横行，四死路；报怨寻仇，互相杀害，五死路；饥饿无救，六死路；时疫流行，七死路。农民有七种损丧，又有七条死路，归根都是公、卿、守（郡守）、相（王国相）贪残成风的缘故。鲍宣这些话，丝毫也不能阻止上下层豪强的肆意兼并。土地高度集中与奴隶无限增加，不得解决，西汉灭亡就无可避免。怎样求得解决呢？汉哀帝用求天求鬼神的方法。汉成帝时方士甘忠可造《天官历包元太平经》十二卷，说是天帝使真人赤精子下来教给他的。大意是汉家该改元变号，重新受一次天命。汉哀帝信从甘忠可的妖术，改建平二年（前五年）为太初元年，改帝号为陈圣刘太平皇帝。恢复前代一切已废的神祠凡七百余所，一年祭神三万七千次。这个方法失败了，王莽使用一部分豪强打击其他部分豪强的方法又失败了。最后农民大起义推倒了王莽的统治，才获得一些微小的改善。

第二节　几个重要的制度

中国成为统一的封建国家，自秦朝开始，到西汉才巩固起来。

要巩固国家的统一，必需在构成封建国家的地主农民两大阶级间，在统治阶级内部各阶层间，求得一定限度的妥协，否则统一是不可能的。西汉取得秦朝失败的经验，创立了几个重要的制度，这些制度都有利于统一，因之汉朝的统治相对地巩固了。

“抚我则后，虐我则仇”，这是农民对统治者的态度。所谓抚，就是还能容忍的剥削；所谓虐，就是不可容忍的剥削。统治者注意这个限度，便有可能取得农民的妥协。

以皇帝为首的统治阶级，其中包括贵族、文武官吏、地主、大商贾四种人，归根只是一个地主阶级。这四种人都含有割据性，只有在皇帝和他的朝廷坚强有力的时候，他们才拥护统一，成为中央集权的支持者。如果皇帝和他的朝廷力量衰弱了，他们便为扩大自己的利益，加紧割据活动，一直到统一被破坏。作为统治阶级首领的皇帝，一方面要满足他们的要求，换取对朝廷的支持，一方面又要限制他们的过度活动，减轻对朝廷的损害。皇帝与这四种人在相互关系上，也就是在剥削农民的权利上，要规定出有效的制度来，以求得统治阶级内部的妥协，是一件困难的事，西汉朝廷到极盛时期才规定了这种制度：

一　分封诸王

汉高帝消灭完全割据的异姓王，代之以半割据的同姓王。这些同姓王国官制与汉朝廷无异，朝廷只派遣太傅、丞相两个大官，其余官吏由国王自己任用。当时国王多是幼童，国内军政用人大权，实际掌握在丞相手中。汉文帝时，国王都长大了，开始驱逐汉官，图谋叛变。汉景帝消灭七个叛国，改定王国制度，国王权力全部被削去。前一二七年，汉武帝行推恩法，允许国王分城邑给自己的子弟，从此大王国分成许多小王国和侯国。汉武帝又设刺史官，按六条考察政事，第一条考察豪强，其余五条考察郡守。六条外还有不成文的一条，就是考察国王，有罪状便奏闻。不法的国王因此受到惩罚。汉景帝以后，皇子可以封国称王，但不可能拥兵割据。这个分土不治民的制度，大有利于国家统一的巩固。

二　朝廷铸钱

战国时币制紊乱，至秦始皇时确定为黄金与铜钱两等。汉改秦制，黄金以一斤（约合今半斤）为单位（一斤也称为一金），铜钱直到汉武帝时才确定用五铢钱。在五铢钱确定以前，铜钱轻重不一，私铸钱盛行，钱法很乱。汉高帝废秦半两钱，行榆荚钱，重三铢（一两二十四铢，一铢约合今二分），令民间（豪强）自铸。自前一九三年（惠帝二年）至前一一三年（汉武帝元鼎四年）间，钱法变了九次，也就是在铸钱问题上，朝廷和豪强作了九次斗争，到第九次朝廷才取得胜利。豪强役使贫民，开采铜、锡矿，用铅、铁杂入铜内，铸劣钱牟大利。《汉书·食货志》说：汉武帝时，盗铸金（伪造黄金）、钱人，罪当死者数十万；豪强率众互相斗杀，不可计数；自首免罪的人多至百余万；不敢自首的人比自首的人还要多。这个记载说明：盗铸金钱的豪强，聚数百万人对抗朝廷，是一个破坏中央集权的巨大势力。前一一三年，汉武帝销废各种铜钱，专令水衡都尉在京师铸五铢钱，通行天下。此后朝廷每年用十万人采铜铸钱，至西汉末共铸二百八十万万钱。五铢钱轻重合宜，自汉至隋七百余年，基本上

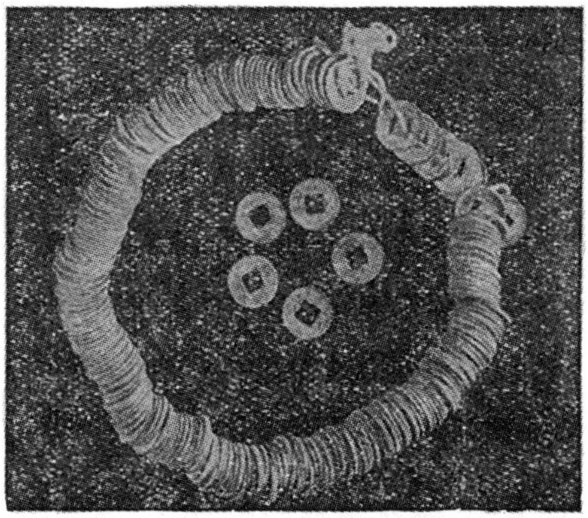

河南陕县出土西汉五铢钱

行用不废。朝廷铸钱权的确立，有利于国家统一的巩固。

三 盐铁官营

冶铁、煮盐与铸钱三大利，朝廷收归官营以前，都被豪强大姓所专擅。一家豪强，奴役贫民往往多至千余人。战国以来，著名大商贾，多营盐铁业，在地方上都是第一等大豪强。秦时有铁官，也可能有盐官。秦朝集中一切权利，山东豪富被迁徙入关，原来的盐铁业当是由铁官盐官经营。汉高帝向豪强让步，三大利都允许民间私营，最大的盐铁商积财多至万金。如大盐商东郭咸阳、大铁商孔仅，家产也各有千金。汉武帝采用各种敛钱法，却不能从盐铁商取得一些财物。前一一九年，汉武帝擢用桑弘羊、东郭咸阳、孔仅三个大商贾做理财官，向商贾夺取盐铁业。这是一个艰难的斗争，汉武帝用刑罚并没收器物来禁止私铸铁器和煮盐，又招歇业盐铁商做盐铁官，换取盐铁商的合作。出铁的郡国设铁官，全国有铁官四十四处(一说，五十处)。产盐地方设盐官，全国有盐官三十二处(一说，三十六处)。从此盐铁官营成为定制，朝廷增加了巨大的收入，有利于国家统一的巩固。

汉武帝确立钱、盐、铁三业官营制度，大大削弱了豪强割据势力，虽然他们还是兼并土地，敲剥农民，向割据称雄、破坏统一的方向发展，但趋势毕竟是比较缓慢了。

四 赋 税

战国末年，七国人口约二千万左右，至西汉末，平帝元始二年即公元二年，据《汉书·地理志》记载，有民户一千二百二十三万三千零六十二，人口五千九百五十九万四千九百七十八，定垦田数八百二十七万五百三十六顷。这些数字当然不一定准确，但二百余年来，户口垦田数在上升则是事实。占人口极大多数的农民需要和平，需要赋税轻徭役少。西汉除了汉武帝时用兵，农民流亡户口大耗损，其余年月，一般是比较和平的，行施三十税一制，田租是轻的，因此农民乐于开辟荒地，拥有一些自己的田宅，过着自给自足的生活，但是赋钱与徭役是重的，因此农民创造出来的财富，通过合法和非法的形式流注到统治阶级方面去。

农民在扩大全国垦田的面积，同时又在失去自己的一份田宅，甚至失去自己的身体和妻子。这个农民方面失去、统治阶级方面获得的过程是由缓到快、由少到多、由不显著到显著的。失与得的关键，在于被当作调节器的朝廷，能不能起着调节的作用。西汉后期，朝廷失去了这种作用。

朝廷规定的赋钱和徭役，主要有下列几种：

口赋——民年七岁到十四岁，不分男女，每人每年出口赋钱二十。汉武帝改为三岁起出口赋，二十钱改为二十三钱。汉元帝时改三岁起为七岁起。

算赋——民年十五岁以上，不分男女，每人每年出算赋一百二十钱，叫做一算。商贾与奴婢，每人算赋加倍。

更赋——更是力役的一种。男子二十三岁至五十六岁，都得服役。每人每年在本郡或本县服役一个月，称为更卒或卒更。每人按一定次序轮流到京师服役一年，称为正卒。雇贫民代本人服役，每月出钱二千，称为践更。每人每年戍边三日，称为徭戍，不能去的人出钱三百，称为过更。照晁错（晁音潮 cháo）说，农夫五口之家至少要有两人服役。照董仲舒说，农民每年平均要服役三个月。这是何等严重的负担。

户赋——每户每年出户赋二百钱。

献费——每人每年给皇帝六十三钱，称为献费。

农民要缴纳赋钱，必需出卖自己的生产物，首先就受到商贾的剥削。汉文帝时晁错说：农夫遇到水旱灾荒或急征暴敛，只好把家里的东西半价卖出去（值一千卖五百），没有东西，只好借加倍利息的债（借一千还二千），最后只好出卖田宅妻子来还债。晁错以为这就是商人所以兼并农人，农人所以破产流亡的缘故。晁错建议：令富人（无市籍的地主）输粟入官，朝廷赏给爵位，有罪可以免罪。他说，这样一来，富人有爵，农民有钱，粟有出路。汉文帝听从晁错的话，定卖爵、除（免）罪等法令。富人剥削农民的粟米器物，不象商贾能在市上卖出去，朝廷用爵位和免罪权利来收买粟米，出路就宽广了，从此富人凭借政治势力，可以放手掠夺。商贾钱多，富人势力大，原来在剥削上处劣势的富人，现在和商贾有了同等的机会。晁错替富人分商贾兼并的利益，形式上却是替农民叫苦。

农民不论从商贾或从富人得到钱，最后总得送给官府。地主有钱，缴纳租赋本不嫌重，朝廷还要给他们多种免赋免役的特权。自汉惠帝时起，优待地主的法令，略举如下：

优待官吏——六百石（中级官）以上官，全家人免一切徭役，只有军赋（更赋）不免。

优待皇帝同姓——凡诸刘全家人免一切徭役。西汉末，诸刘凡十余万人。

优待有爵人——第九级爵五大夫以上，本人终身免役。买五大夫爵，价值粟四千石。

优待武功爵——汉武帝卖武功爵，规定用金钱，不得用粟。第七级武功爵千夫相当于五大夫，本人终身免役。

优待下级官吏——凡下级官吏，本人终身免役。

优待士人——凡士人入太学读书，本人终身免役。

朝廷要得到统治阶级中人的支持，必须让他们分享剥削的权利，同时又要防止兼并的过度迅速。朝廷堵住了铸钱、冶铁、煮盐三条兼并的捷径，兼并者只好走比较缓慢的一条长路。因为在这条路上农民进行抵抗，即使穷困到“衣牛马之衣，食犬彘之食”，还为着保存一小块耕地而坚持斗争。皇帝制定法令，帮助地主商贾向农民进攻，有时也限制或打击他们，给农民一个暂时喘息的机会。这样做，可以延缓分裂局面的到来，有利于国家统一的维持。

五 尊儒立官学

汉高帝用太牢祭孔子，承认儒学在学术上的正统地位。但西汉前期，指导政治的学说是黄老刑名之学，其次是阴阳五行之学，儒学博士不为朝廷所重视。著名儒生如贾谊杂阴阳五行学，晁错杂刑名学，讲纯儒学的大儒只能做博士官。汉景帝的母亲窦太后好读老子书，《诗》博士辕固当面斥老子书是奴仆书，窦太后发怒说，那里来的罪徒书！儒家骂道家是奴仆，道家骂儒家是罪徒，儒道两大学派冲突，对政治统一是有害的。汉武帝完成了学术统一的巨大任务，把道、名、法、阴阳五行各家统一在儒家里面。

汉武帝采用策问（考试）的方法，凡对策公开讲黄老刑名纵横的人一概罢黜不取，独取董仲舒、公孙弘等儒生，都给好官做。董仲舒、公孙弘讲《春秋公羊》学，董仲舒是西汉今文经学中最大的儒者，公孙弘后来做丞相封侯。从此诸子百家被黜，儒学独尊，特别是《春秋公羊》学成为最通显的儒学。

西汉前期，士人的仕途大抵有三条：一条是郎官，家有中等财产（财产十万钱以上，汉景帝改为四万），自备车马服装生活费，可以到京师做郎官，等候朝廷的使用。一条是在本郡做小官吏，不限财产。一条是大官府指名征召。汉武帝采董仲舒、公孙弘的建议，京师立学校，又令郡县推举孝廉、茂才，供朝廷选用。儒学与仕途结合起来，要做官非学儒不可，士人都变成儒生了。

京师的学校（太学），五经博士当教官，有正式学生五十人，叫做博士弟子。全国各郡保荐学生到博士处受业，待遇同博士弟子一样，名额不定。两种学生都是一年考一次，考上、中两等的给官做，考下等的黜令退学。又选通经学的小官吏做地方官府的卒史，职务是用经义装饰政事。从皇帝丞相一直到地方官，都会讲经学，政治思想统一了。汉昭帝增博士弟子名额为一百人。汉宣帝增为二百人。汉元帝增为一千人。又在郡国设五经卒史，地方上开始也有学校（汉景帝时文翁已在蜀郡立地方学校）。汉成帝时太学博士弟子曾增至三千人。自从汉武帝立官学，两汉学术上只有儒家派别间的争辩，不再有儒与非儒不同学派的斗争。这是封建国家统一以后自然产生的结果。这个结果不利于学术思想的发展，但也有助于国家统一的巩固。

贵族、官僚、地主、商贾是朝廷的支持者，同时又是破坏者。分土不治民的制度确立后，贵族不能称兵割据了。铸钱、冶铁、煮盐三大利收归官营后，豪强兼并的速度延缓了。赋税制度重赋役，给地主商贾以兼并的便利，轻田租，也让农民保持一些抵抗的力量。官学制度规定中庸主义的儒学作为官吏的思想标准，同时以儒学为基础，吸收其他有利于统治者的各种学说，使儒学经常适合于统治阶级的需要。西汉创立了这些重要的制度，不仅为两汉所遵守，西汉以后整个封建时代的各皇朝，也只能修改补充，不能废除另创。扩展疆域的汉武帝在创立制度上也充分表现了他的雄材大略，只有他才能压服豪强，收回三大利。

第三节 农业与农民

西汉农业，大体上前期恢复，中期发达，后期因豪强无限止的兼并，农业在发达的基础上呈现衰落现象。三个时期里，数量逐渐增加的一部分农民总是在失去自己的田宅，有些转业为小工商，有些陷身为奴隶，这种情形中期已经严重，到后期更趋严重。

中期农业发达的原因，主要由于汉武帝大兴水利和推广较进步的农具与技术。

汉武帝发动巨大的民力，进行着兴修水利与对匈奴作战两大事业。水利促进农业，农业支持战争，汉武帝取得战争的胜利，是与水利上的成就相配合的。

水利工程是发展农业的一个重要基础，自传说中的大禹以下，治水常是大的政治措施，但巨大规模的治水，却自汉武帝开始。

汉武帝采用郑当时的建议，令水工徐伯测量地形，发卒数万人开漕渠，自昆明湖（陕西长安县西南）到黄河，长三百余里，节省漕运时间一半，并灌溉渠下民田万余顷。汉武帝又发卒万人开掘渠道，自徵县（陕西澄城县）引洛水至商颜山下。洛水岸常崩坏，开渠不成，水工却发明了开井渠法，在地下开水渠，凿井深数十丈，井井相连，自商颜山西引水到山东，长十余里。称为龙首渠。前一一一年，采用倪宽的建议，在郑国渠旁开六条小渠，灌溉高地，称为六渠或辅渠。前一〇九年，汉武帝发卒数万人塞瓠子口（河南濮阳县），亲自到河上，令随从官员自将军以下与卒同负薪。二十余年黄河大决口，终于堵塞了。这是和水斗争最大的一次胜利。自此以后，更大兴水利，奖励朔方、西河、张掖、酒泉、敦煌、北地等郡开渠溉田，如敦煌郡鱼泽障（堡）尉官崔不意，教民力田得谷，汉武帝特改鱼泽障为效谷县（甘肃安西县西）。这都是边郡，武威、张掖、酒泉、敦煌又是新郡，兴修农田水利，大有利于边防的巩固。其他如关中有灵轵（音纸 zhǐ）渠、成国渠、沣（音违 wéi）渠、白渠，溉田数千顷至万余顷；汝南、九江郡引淮水；东海

陕西汉白渠上口

滨引钜定泽水；泰山下引汶水；开掘渠道，各溉田万余顷。至于各地小渠及蓄积山谷水成陂池，不可胜数。普通旱田，每亩约收一石（合今二市斗），水田约收四石（合今八市斗），汉武帝大规模治水，对中国北部广大地区的农业生产，具有重大的进步作用。

汉武帝晚年推行赵过的新田器和耕作技术，农业开始发生大变革。

赵过创代田法，又创制新田器，耕耘下种都有巧便处。所谓新田器就是耦犁和耧车。有了这些新田器，实行代田法，便用力少而得谷多。代田比缦田显然是一个大进步。

代田——用耒臿（音叉 chā）发土后，即在土上散播谷种，不分行列，称为缦田。缦田是原始的耕作法，地力用尽，必需休息（上田一年，中田二年，下田三年，称为莱田），或杂种五谷（黍稷麻麦豆），调剂地力。这种耕作法，障碍着农业生产的发展。赵过代田法，突破了这种障碍。代田法是一亩（直测，横一步，纵二百四十步；方测，横十五步，纵十六步）中每步分三甽，每甽宽一尺深一尺。一步宽六尺，三甽每年换位一次，能常保地力。甽中发出的土置甽旁，称为垅。谷种播甽中，苗逐渐长大，耨草时拨垅土培苗根，到盛暑垅甽都平，根深不畏风旱。

耦犁——自春秋时期起，可信已有牛耕，但极少使用。赵过改善旧法，创制耦犁，推广牛耕。法用二牛挽二犁，二人各扶一犁，一人牵引二牛，共二牛三人。

耧车——耧车是下种器，一人一牛，挽耧下种。

人力犁——用赵过的田器和代田法，比缦田每亩一年多收一石或二石。一般农民无力养牛，有人教赵过作人力犁。人力多一天能耕三十亩，人力少也能耕十三亩（一亩约合今半亩）。

汉武帝提倡新田器和新耕作法，令大农官选取有技巧的手工业奴隶制造新田器，又令全国郡守派遣所属县令、三老、力田（地方小农官）、乡里老农，到京师学习新田器使用法及耕种养苗法。提倡的结果，边城戍卒及河东、弘农、关中诸地豪富家实行代田法，其他地区仍用耒、臿等田器。赵过以前，《淮南子》说，农夫一人用耒耕种，不能过十亩，一岁收谷，不能过四十石。赵过以后，汉昭帝时桓宽《盐铁论》说，内地郡县人口稠密，缺少牛马，用耒耕田，百姓贫苦而衣食不足。这说明推行代田法，主要在关中等地区，能行代田法的又不是贫苦农民而是地方豪富。但赵过创新法的功绩无疑是重大的，因为农业开始走上新的阶段，旧耕作法势必逐渐被舍弃。

西汉三十税一制，便利了豪强兼并。汉武帝兴修水利，提倡新田器和代田法，更增强了豪强兼并的力量，加速了农民阶级的分化。到西汉后期，土地高度集中与奴隶大量被使用，造成豪强在政治上不可抑制的势力。

农民要逃免破产的灾难，只能在耕作技术上求生存。汉成帝时，氾胜之总结农业经验，作《农书》十八篇，对节候、辨土、施肥、选种、下种、御旱等农事，各有叙述(北魏贾思勰《齐民要术》引氾胜之书)。特别是区种法，为氾胜之书的新创。区种法分上农区、中农区、下农区三种。上农区是发土方、深各六寸为一区，每区相隔九寸，一亩得三千七百区。壮男长女一天可作一千区。每区下好粪一升，粟种二十粒，一亩用粟种二升。中农区发土方七寸，深六寸，每区相隔二尺。下农区发土方九寸，深六寸，每区相隔三尺。用区种法的田称为区田。区田法可用在山陵、坡阪、城上、宅旁零星小块土地和浇薄、未垦的土地上，农具、粟种、肥料也比较省便，遇旱灾可挑水灌溉，费力虽多，收获却颇可靠。一家有田十亩，便不愁饿死了。区种法适合于最穷苦的小农经营，对豪强兼并多少起些延缓破产的作用。

汉成帝时已有温室，种冬生葱韭菜蔬，这当然也是农民的一种创造。

农民在开辟耕地，在改进耕作法，在增加农业生产，西汉末年，垦田多至八百万顷，这是农民勤苦劳动的成就。西汉社会繁荣的基础，主要是农民造成的。

晁错叙述汉文帝时农民的生活状况说：农夫一家平均五口人，其中应服徭役的壮男至少有二人，一年里有几个月不能在自己田地上劳动。一家人合力种田不能超过一百亩，收获不能超过一百石。春耕、夏耘、秋获、冬藏、采伐薪柴、给官府服徭役，一年到头，不得一天休息；另外还要有些耗费，如送往迎来、吊死丧、问疾病、养育孤儿幼童，实在是勤苦已极。一遇到水旱灾荒，急征暴赋，那就只好贱卖农产品和借贷钱物，忍受商贾的盘剥，最后只好出卖田宅子孙来还债。晁错所说，正是当时农民一般的普遍的生活状况。他们过着这样勤苦的生活，在继续增长的剥削下，一部分农民失去田宅，破产逃亡。《盐铁论》叙述农民破产逃亡的过程说：贫苦农民不堪赋税徭役的压迫，大抵逃到豪强家里供役使。官吏不敢得罪豪强，赋税徭役加到还没有逃亡的中小人家，小家被迫逃亡，中家变成小家，最后也只好逃亡。逃亡者多数变成下列各种身分的人。

佃农——董仲舒说，贫民耕豪富家田，按收获量缴纳一半作田租（“见税什五”）。

雇农——贫民受雇耕主人的田地，称为佣耕或田客。客与奴地位极相近，《史记》、《汉书》多是奴客并称。东汉崔寔《政论》说，如果没有奴，可以用客，客庸（雇价）每月一千钱，西汉客庸可能也是一千钱。

田僮——是耕田的奴隶。汉武帝曾没收商人的大量田地与田僮，足见一般地主（包括商人）都愿意使用奴隶。佃农要分谷物一半，田客要月钱一千，两汉奴价普通是一万五千钱，耕作技术最高的奴隶，买价不过二万钱，用奴比用客便宜得太多。因此凡是地主都希望农民破产变奴隶。不过这种愿望与地主首领的皇帝（尽管皇帝本身兼做大奴隶主）在赋税徭役的收入上有利害的冲突。皇帝从农民可以取得各种收入，从私家奴隶却仅取得加倍的口算。私家奴隶愈多，皇帝损失愈大，因此政论家和政治家有限田限奴隶的议论和措施。西汉地主确实使用巨大数量的奴隶，但这并不能改变下列一个事实，即奴隶只是破产农民中的一部分，构成西汉社会的主要阶级，不是奴隶而是与地主对立的，占人口绝大多数的小私有生产者——勤苦农民。

破产农民的另一部分，即是所谓“背本趋末”“离乡轻（弃）家”的小工商和佣工。汉景帝时丞相周亚夫的儿子买葬具，雇了佣工搬运回家，却不给工钱，被佣工告发。佣工出卖劳力，比小工商更是一无所有。

第四节　工商业与工商

西汉工商业是在战国时期山东诸国开始发展的工商业和西汉长期统一与农业进步的基础上发展起来的。西汉有较大规模的官营和私营的手工业，也有遍布在全国城市农村中的小手工业和家庭手工业。这些大小手工业的产品，一部分供生产者自己消费，一部分成为商品，经过官营商业的均输和大小商贾的转运，全国出现了比战国时期更多的大城市，国外贸易也有显著的进步。工商业与农业构成西汉社会繁荣的基础，自然，两者比较，农业是主要的。

较大规模的手工业分官营私营两种。官营又分营利与自用两类。私营全是营利。官营规模远比私营为大。

官营手工业

一　营利类

煮盐业——汉武帝从豪强手中收回煮盐业，全国设立盐官。盐官多设在滨海地区。内地如河东郡安邑县出产池盐，蜀郡临邛县出产井盐，巨鹿郡堂阳县出产碱制盐，也各设盐官。盐官雇贫民，发给煮盐盆，按盆数给工价，称为牢盆。煮盐贫民从豪强奴役下转而受盐官雇佣，生活可能好一些，但官盐价比私盐贵（私盐与粟米同价），许多贫民买不起盐，只好淡食。

冶铁业——汉武帝收回冶铁业，在全国重要产铁地设铁官，冶铸农器与兵刃。不出铁的郡设小铁官，销毁旧铁改铸新器物。北京清河镇附近曾发现汉铁官遗址，其中出土的铁器有锄、铲等农具，刀、剑、戟等兵器，也有镜、剪等日常用具。这种制铁处当是铁官所设，散布在适当地方，以便出卖产品，省运输的劳费。冶铁设备有炉（熔铁炉）、橐（音陀 tuó 风箱，称为排橐，用人力。东汉杜诗改用水力鼓动排橐，称为水排）、埵（音朵 duǒ 吹火筒）、坊（土型范）。在铁官里劳动的人有徒，有卒，有工匠。徒是被罚作苦工的罪人（韩信谋反，诈赦各官府徒、奴使当兵，可见徒与奴不同），卒是定期服徭役的民人，工匠中一部分是有技术的奴隶，指导徒卒制造器物。徒卒被役使象奴隶一样，工作效率自然不能符合铁官所定的规程。铁官要补足产量，无限止地征发徭役来助工，只求做出铁器来，不顾铁器是否合用。铁官又要增加收入，强迫农民出高价购买不中用的铁器，有些贫民只好用木器耕田，用手拔草，感到很大的不便。

《盐铁论》说铁官鼓铸铁器，大抵按照规定的式样，多制大器，不合民用。所谓多制大器，就是多造铁犁，少造耒臿。这将迫使农民放弃耒臿，改用铁犁，虽然贫

北京清河镇出土汉铁耧脚及耧车复原模型

陕西宝鸡出土西汉铁犁

河南辉县琉璃阁汉墓出土的铁刀、铁剑

河北满城汉墓出土的铁矛(附：错金铜镦)、错金铁匕首

苦农民大感不便，或因而沦为奴客，但铁犁却逐渐消灭落后的耒臿。战国时期，楚韩等国的“巧冶”应用炼钢(刚铁)术制造某些兵器，但直到汉文帝时，兵器主要仍是铜制。汉武帝设铁官后，推广炼钢术，全国铁官都能炼钢造兵器，其中蜀郡铁官所制蜀刀最著名。近年辉县和长沙发掘西汉墓葬，证明自汉武帝时起，长铁剑及铁刀代替了铜兵器。炼钢成为普通的技术，正是官营冶铁的效果。

铸钱业——汉武帝废各种杂钱，专铸五铢钱，统一全国货币。朝廷铸钱，使用大量卒、徒、奴，因此能获利。豪强非有极好技术，不能私铸。

二 自用类

朝廷拥有不少手工业，制成品专供皇室及军事使用。管理这种手工业的官府，最重要的是管理皇帝私人财产的少府。少府属官有考工，掌制造弓、弩、刀、甲等兵器。制成后刀甲等兵器藏在武库（属京师守卫官执金吾），弩是精巧的兵器，藏在少府另一属官若卢。若卢长官兼管特种狱（诏狱），有权检查武库和审判犯罪的将相大臣。弩藏在若卢，说明弩比钢刀更重要。少府属官又有尚方，掌制造御用刀剑及上等器物。又有东园匠，掌制造皇帝坟墓内殉葬器物。其他如东织室、西织室、左司空、右司空等都属少府。凡少府各官所用人工，主要是徒和奴。少府以外，皇帝又在著名手工业地区设工官。齐国自春秋以来，织工技巧最著名，丝织麻织品通行各国间，号称“冠带衣履天下”。汉皇室在齐郡临淄设服官三所，称为三服官。起初丝织物每年不过十箱。汉元帝时，三服官扩充到各有织工数千人，每年费钱数万万，专制冰纨（音丸 wán）、方空縠（音胡 hú）、吹絮纶等精细丝织物。蜀郡、广汉郡金银工漆工最著名，汉皇室在蜀、广汉设工官制造漆器、金银釦（音扣kòu镶嵌）器。漆器多是饮食用器。《盐铁论》说，文杯（漆器）一具比铜杯贵十倍。又说，制成一个文杯，要经百人手，制成一张屏风，要费万人功，意思是说分工极精细，当然每年费钱一定也不少。少府考工、东西织室每年各费钱五千万，远不及齐三服官，这是因为少府各官主要用徒、奴，三服官主要用民间技术工匠和女工。又陈留郡襄邑县（河南睢县）出好刺绣，汉皇室在襄邑设服官，专造衮龙文绣等礼服。临淄、襄邑两地织工，都在钻研技术，企图发明织花机，代替手工刺绣。前七年（汉成帝绥和二年），诏书说“齐三服官，织绮绣难成”，是临淄织工在试制织花机。公元五九年，东汉明帝率公卿大臣祭天地，各着五色新衣裳。皇帝的衣裳刺绣，公卿大臣的衣裳织成，都是襄邑服官的贡物。襄邑织工发明织花机，不知在何年，至少东汉初这种织物已为公卿大臣所服用；虽然织物精美比手工刺绣还差些，这个发明却极可宝贵。《西京杂记》说，织花机的发明者是陈宝光家，陈宝光妻传授织法。《西京杂记》是伪书，所说不知是否有据。

少府所属各官的制成品，如果不是皇帝赏给臣下，臣下不得私自使用。皇室独占大手工业，一切器物，都自制自用。民间出大量资财，却不能取得制造器物的利益，皇室手工业实际是民间手工业发展道路上的障碍物。

朝廷别一大工官——将作少府（后改名将作大匠），专管土木建筑工程。秦筑长城，造阿房宫及骊山大墓，建筑技术已达高峰。汉高帝时，秦军匠阳城延为将作少府，在首都长安造著名壮丽的长乐宫、未央宫（未央宫周围二十八里）。前二一五年，秦始皇毁天下城郭，前二〇一年，汉高帝恢复城郭，所有县邑都筑起城来。阳城延掌管大规模土木建筑，是一个特出的建筑工程师。

官营手工业至汉宣帝时，工匠制造器械，技巧方面有高度的发展。汉元帝、汉成帝时，手工业很少能追上这个标准。

私营手工业

汉武帝官营煮盐、冶铁、铸钱三业以前，民间豪强分享三业的大利，其中冶铁商获利最大。蜀郡汶山下出产大芋，临邛卓王孙家利用廉价食物，招贫民开铁矿，冶铸铁器，在滇蜀两地交易成巨富。卓家有僮（奴隶）一千人（《汉书》作八百人）。卓王孙曾分僮一百人钱一百万给女婿司马相如，司马相如买田宅也成为富人。西汉至南北朝，工商业和农业，特别是工商业，不论官营或私营，奴隶劳动常以相当大的数量被使用，虽然不应举卓王孙等人为例证，指西汉社会是奴隶制度社会，但西汉至南北朝，确因奴隶制度残余的存在，严重地障碍了生产力的发展。这和隋唐两宋奴隶制度残余更进一步的削弱，因而生产力又得前进一步相比较，显然具有不同的特征。在这个特征上，划分了中期封建社会的前后两个时期。

临邛别一巨富程郑，家里有僮数百人，鼓铸铁器，与滇蜀"椎髻之民"（所谓"西南夷"）交易，财产和卓家相似。卓程两家原先都是山东冶铁商，秦始皇时迁徙到蜀郡，带来了先进的冶铁技术，从此蜀郡成为冶铁炼钢最著名的地区。同时"西南夷"获得较好的铁制工具，也有可能提高自己的生产力。"西南夷"生活穷苦，自秦灭巴蜀时起，向来被卖为奴隶，奴隶主卓、程两家的大量家僮，主要来源就是被卖的"西南夷"人。

宛（河南南阳县）孔氏、曹（山东菏泽县）邴氏都是大冶铁商，邴氏财产值钱一万万。

以冶铁为首的三大业，自汉武帝收归官营以后，私营全部衰落。剩下的民间手工业，一般是规模较小的"作"和称谓"女红"（工）的家庭手工业。《汉书·货殖传》说：通邑大都，一家商人每年卖酒一千瓮，卖醋、酱一千缸，或有船一千丈（船用丈计数），有轺车（马车）一百乘，有牛车一千辆，有漆器一千件，有铜器一千钧（一钧三十斤），有帛、絮、细布一千钧，有染色帛一千匹，有白厚布、皮革一千石（一石一百二十斤），有狐貂皮一千张，有羔羊皮一千石，都算是大富商。制造这些商品的人，当然是很大数量的男女手工业者。当时有这样的谚语：“从贫求富，农不如工，工不如商”。农与工所生产的物品，通过商变成商品，商依附农工取大利。西汉商业比战国有更多的发展，这也就是农业与手工业比战国有更多的发展。

民间手工业特别兴盛的地区，朝廷特设工官。据《汉书·地理志》所载，下列八郡有工官。(一)河内郡怀县（河南武陟县西南）；(二)河南郡荥阳县（河南荥阳县）；(三)颍川郡阳翟县（河南禹县）；(四)南阳郡宛县；(五)济南郡东平陵县（山东历城县东）；(六)泰山郡奉高县（山东泰安县东北）；(七)广汉郡雒县（四川广汉县）；(八)蜀郡成都县（四川成都市）。这些工官与产木地设木官，产橘地设橘官同为收税官，不同于专制宫廷用品的服官和工官。全国民间手工业发达地区，当然不只是上列八郡，但八郡特设收税官，足见生产品不仅供本地消费，主要还是运销他地。

官营商业

官营商业规模巨大，以京师为中心，建立起全国范围的商业网。各地货物借政治力量得以大量流通，政治力量也因货物流通而愈益加强，汉武帝这一措施，对进一步增加全国经济的联系性，起着重大的作用。

大司农是掌全国财政的大官，属官中有掌运输的均输官（郡国也各设均输官）和调剂物价贵贱的平准官。郡国每年向朝廷贡献本地产物，人工来回，费用往往超过贡物的原价，贡物也往往采用劣等货充数。汉武帝创均输法，令郡国缴纳贡物钱及运输费。平准官熟悉各地物价贵贱，通过均输官，令郡国均输官在价低地方买进货物，运到京师，转运到价贵地方出卖。运输时所用工具如车和其他器具，都由工官制造，运输时所用人工，名义上付出僦费（僦音就jiù雇佣工钱），实际是征发民卒，作为农民服徭役的一种。官营商业因有各种便利，每年获得巨大赢利。汉武帝曾一次出游，耗费帛一百余万匹，钱好几万万，就是从商业赢利中支出的一部分。

朝廷设平准官，说是要平抑天下的物价，不让富商大贾牟大利。其实地方均输官收买货物，不是直接从农民、手工业者买来。商贾积储当地货物，高价卖给均输官，私营商业并不因官营商业而受阻碍。

私营商业

在丰富的农产品和精美的手工业产品的基础上，西汉私营商业有很大的发展。这首先由于政治统一，国内商贾往来，不征关税，实现了战国政论家“关讥（检查）而不征”的理想。《史记·货殖列传》说：汉兴，海内一统，关梁开放，山泽弛禁（盐铁业私营），因此富商大贾，周流天下，交易有无，各得所求。汉元帝时贡禹说：商贾求利，东西南北，各用智巧，好衣美食，一岁获二分利息。《盐铁论》说，汉武帝征服百越，“民间厌橘柚”。北方富贵人（所谓“民间”）吃厌了橘柚，想见有很多特产物借商人转运到各地。西汉国内通商，货物顺畅地流通，起着刺激农工业发展的作用。

商业城市

官私营商业并行发展，全国出现了比战国时更多更大的商业城市。其中长安是全国的中心商市，洛阳、邯郸、临淄、宛、成都是一个大地区的中心商市，此外还有许多较小地区的中心商市。这些较小地区的中心商市，依水陆商路的便利，联系到大地区的中心商市，最后总汇到全国中心商市的长安。

长安——关中地区物产富饶，特产有竹、檀、柘，号称陆海。西汉建都长安，皇室、贵族、官吏集中在都城里，附近诸帝陵，居民多是从全国各地迁移来的大官、巨富及豪强。富贵人家生活侈靡，需要大量消费品，商业自然发达起来。巴蜀地区与内地贸易，必需通过褒斜道（褒在陕西褒城县北，斜谷在陕西郿县西南），西北地区畜牧业特盛，与内地贸易，必需通过长安。长安是全国首都，又控制着西北、巴蜀两大地区的商业，本身又是最大的消费城市，因之市区规模特别宏大。据班固《两都赋》、张衡《西京赋》及《三辅黄图》所说，长安有九个市，六市在大路西边，统称为西市，三市在大路东边，统称为东市。前九一年，汉武帝太子刘据起兵杀佞臣江充，驱四市人数万众与丞相军战斗五日。四个市有众数万，足见市上人物非常殷盛。

东西市以外，还有一个槐市，在太学附近。太学诸生朔望在槐树林下聚会，交易各人带来的本郡物产及经传书记笙磬乐器。东汉市上专有书肆，如刘梁在宁阳县（山东宁阳县）市上卖书为业，王充在洛阳市书肆看书成博学。西汉还只有太学附近一月两次的文物市，想见西汉文化的传播不及东汉那样普遍。

洛阳——河南地区的商业中心城市。西周初年，周公因洛阳地处四方的中央，建立洛邑，作为周天子的东都。洛邑居民主要是商国顽民，他们保持着商人以富为贵的旧俗，从事商业和手工业。远自西周以来，洛阳常是著名的商工业城市。战国时更为发达，东与齐鲁，南与梁（魏）楚有商业上的联系。《汉书·地理志》叙述洛阳一带民俗说：周人巧诈嗜利，重钱财不重道德，富人受尊敬，贫人被轻视，大家都爱做商贾，企图发大财。这种民俗正是长期经营商业的表现。

邯郸——战国时赵国旧都，是黄河北岸（包括河内、河东两区）最大的商业中心城市。邯郸北与燕，南与卫郑有商业上联系。燕地物产有鱼、盐、枣、栗。燕国都蓟，是北方大商业城市。它和边塞外乌丸、夫余、朝鲜、真番等族贸易，但更重要的是通过邯郸、临淄与河南、齐鲁两地区相联系。河内区有温（河南温县）轵（河南济源县）两个商业城市，联系西方上党区与邯郸间的贸易。河东区本魏国领土，出产盐铁，有杨（山西洪洞县）、平阳（山西临汾县）两个商业城市。这两个城市与秦及边塞外翟人、匈奴人贸易，在商业上也与邯郸相联系。

临淄——齐都临淄，西周以来，常是东方最大的商业中心城市。齐地出产鱼、盐、漆、布、帛，特别是纺织品最为精美，通销全国。临淄人物殷盛，称为具五民。所谓具五民，就是说，临淄住着从各地方来的人，是一个全国性的商业城市。东海出产的鱼盐，通过陈运销楚地，陈在商业上是次于临淄的交通枢纽。

宛——宛市位置在汉水、长江、淮河三水路与关中地区往来的孔道上，随着秦汉时期对吴、越、南越的继续开发，宛市商业愈趋繁盛，成为南北交界上最大的商业中心城市。《盐铁论》称“宛周（洛阳）齐鲁，商遍天下，富冠海内”。宛市新兴居上，意味着北方与南方经济上发生了密切的联系。

南方特产，通过下列大城市与北方交易。

江陵——西通巫、巴，东有云梦泽。南方所产犀兕革、象齿、翡翠、楠、梓、黄金等珍贵物，通过江陵北运，长安市是主要销售地。

吴——江东大都会，附近出产的盐、铜、鱼在吴市集散。

合肥——地处江淮二水间，皮革、海鱼、木材在合肥集散。

番禺——海外贸易的大都会。南方出产珠、玑、象齿、犀革、果（龙眼、荔枝、橘柚等）、布（葛布）等珍物，为北方富贵人所喜爱，商贾贩运往往致富。

江陵、吴、合肥、番禺等城市，有水路通到宛，宛是南北贸易的重要枢纽。

成都——巴蜀广汉出产盐、铁、布、竹、木、蔬菜、果实等物，与边疆外诸族贸易，自南边买进奴隶，自西边买进马、牦牛。西汉后期，成都成为中国西南部最大的商业中心城市。《汉书·货殖传》叙述成都人罗裒（音抔 póu）致巨富的经历说：罗裒有钱数十万或百万，在长安市做买卖。后来替平陵巨富石氏到巴蜀放债，数年间得钱千余万。罗裒分一半钱送给贵族王根等人，依靠他们的权力，放债更广，没有人敢赖债。罗裒又占有盐井。卖盐、放债。这一事例，说明长安成都两市的关系是极其密切的。中国特产之一的茶（《尔雅》称为槚），西汉时已被蜀人发现，王褒《僮约》说“武都（甘肃武都县）买（当作卖）茶”。武都地方，氐羌杂居，是一个对外的商市。巴蜀茶叶集中到成都，再运到武都卖给西北游牧部落。成都和武都是中国最早的茶叶市场。

《史记·货殖列传》列举著名都会十九个，其中包括洛阳、宛两大市的七个都会在中原地区（河南省）。中原是经济、文化最高的地区，以中原地区与西方关中地区为基础，直接联系全国各大城市，间接联系各郡县小城市。这种大小城市在商业上的联系，有利于全国人民过着共同的经济生活，也有助于统一全国的政治力量，虽然当时商业对国家统一并不起决定性的作用，但也不容否认它起着相当有力的联系作用。

对外贸易

西汉国内不设关禁，商业通行无阻，对国外贸易，法律上却有严格的限制。西汉国外贸易也分官营与私营两类。

西汉设置一个外交兼商务的大官，称为大鸿胪（秦时名典客）。来到中国的外国人归大鸿胪管理。大鸿胪属官有行人（出使外国）、译官、别火（掌刑狱）及郡邸（各郡会馆）。长安藁街有“蛮夷邸”，居住外国使者和

湖南长沙出土西汉轺车模型

广东广州出土西汉木船模型

商人，当然也是大鸿胪所掌管的一种邸。

外国人住在京师“蛮夷邸”，同在边境关市上一样，中国商人不得卖禁品给他们。前一二一年，匈奴浑邪王率众降汉，应该算是汉朝人了，他们在长安市购买货物，汉武帝因商人违犯法律，诛杀商人五百余人。这说明西汉对外贸易，限制极严，外族商人到内地也不能买到禁品。

对外贸易有陆海两路。陆路贸易在边境关市上进行。朝廷指定官员用黄金及丝织品与匈奴交换马、骡、驴、驼、兽皮、毛织物，与西羌交换璧玉、珊瑚、琉璃，与南蛮交换珠玑、犀象、翡翠。《盐铁论》说：中国出一端（二丈）素帛，得匈奴值几万钱的货物，外国物产内流，中国利不外溢，是富国的良策。私商货物经官府允准，给予符传（凭证），也得与外国人贸易。不在禁例的多种手工业制品，大抵经私商手传到外国去。

海路贸易的都会主要是番禺。航海商船却从合浦郡徐闻县（广东徐闻县）出发。海外贸易由少府专营，少府属官之一黄门，设有译长，派出译使携带黄金及各种丝织物，率应募商民入海，购求大珠、璧流离、奇石、异物。《汉书·地理志》记当时海上商路说：船行可五月有都元国，又船行可四月有邑卢末国，又船行可二十余日有谌离国，步行可十余日有夫甘都卢国。自夫甘都卢国船行可二月余有黄支国。黄支国南有已程不国。汉译使到此才回航。别一海路自黄支船行可八月到皮宗，又船行可八月到日南郡象林县。据考证家说，黄支国即建志补罗，在印度南部。如果所说不误，中国因有精美丰富的手工业产品，不仅在陆上开辟出丝路，自东方达到远西的大秦（罗马），就在海上也显示出远航大洋的毅力和雄姿。东周时期，齐国已是“海王之国”，西汉以至明朝，经常保持着这个光荣传统并继续发扬着这个光荣传统。

官营海外贸易，从汉武帝扩展疆域以后才开始，私营海外贸易则是一向在发展。蜀郡是手工业品、农产品饶富的产地。蜀私商对外贸易，一路走滇边到乘象国，再转入印度；一路经夜郎通到南越；一路顺长江经灵渠直达岭南。《盐铁论》称中国运蜀郡的货物到南海交换珠玑犀象等珍品。南粤有蜀枸酱，大夏（西方史料称为巴克达里亚，在阿姆河南）从印度买得蜀布、邛竹杖，想见蜀地私商与海外诸国贸易独多。东汉初年，西域交通阻塞，不能畅通，大秦已有中国钢铁，可能在西汉时，蜀商人从水路私运出海，开始了这种贸易。《汉书·艺文志》天文类有《海中星占验》十二卷，《海中五星经杂事》二十二卷，《海中五星顺逆》二十八卷，《海中二十八宿国分》二十八卷，《海中二十八宿臣分》二十八卷，《海中日月彗虹杂占》十八卷。航海必需观测天象，西汉海中占验书多至一百三十六卷，说明航海已成专门学问，也说明海路商业与陆路商业同样发达。

西汉对外贸易，特别是对匈奴和西域的贸易，包含着防止侵略的意义。法律用死刑禁止兵器、铁器、铜钱输出边境，商人也不敢偷卖这些禁品给匈奴和西域。铁制兵器在当时是中国特产，汉元帝时冯奉世比较汉羌兵力说：按兵法，出兵击敌，兵数加倍，力量才能相当。不过羌人刀不坚利，四万汉兵一个月便可击败三万羌兵。汉成帝时陈汤比较汉胡兵力说：胡人兵刃朴钝，弓弩不利，五个胡兵抵得一个汉兵，近来颇得汉人铸铁法，还是三个胡兵抵一个汉兵。铁制兵器出境，有害边防，铜钱出境将被改制为兵器，严禁都是必要的。一般铁器严禁出境，对匈奴西域是防止改铸兵器，对西南农业部落是促使接受汉朝的统治。《盐铁论》称铁器是农夫的“死生”（生命）。吕后时禁南越关市出售铁器，南越王赵佗被迫三次谢罪。许多非汉族的农业部落，请求内附，自愿改为汉郡县，铁器贸易当是一个重要的原因。

工商业者

西汉工商业发达，从事工商业的人，数量很巨大。官营手工业大抵用下列几种人进行生产。技术工用奴隶（“工巧奴”）。这是周秦以来传统的旧惯例，西汉以迄南北朝，相当凝固地保持着。《盐铁论》说：官府给工巧奴衣食，却不很考核他们的工作效率。工巧奴私自经营产业，积财多至一百金。这种奴隶因有技术，待遇远比普通奴隶高。粗工用徒、卒和普通奴隶。徒卒也是官给衣食，事实上罪人和徭役，官只能给予少量的衣食，让他们不死在工作期限内。煮盐运输用佣工。工作时官给一些工钱，工毕便停给。服官所在地，纺织用女工，大概也给些工钱。少府所属东西织室是用女奴和宫女。私营大手工业用奴隶和佣工。佣工待遇不会比奴隶好多少，当他们被剥削到不能自保时，陆续变成奴隶，同时失业农民不断补充进来，佣工总比奴隶多。官营商业买卖货物用小吏，运输用徒卒或佣工。私营商业用奴和佣工。在官营私营工商业里劳动，即使不是奴隶，总不免被当作奴隶来剥削，这是工商业不能进一步发展的一个原因。大手工业大商业以外，全国散布着大量的小手工业小商业。汉文帝时，贾谊、晁错都主张驱游食之民（小工商）归农，认为背本趋末的人太多了。由于一部分农民被迫转业小工商，小工商数量一直在增加。到西汉后期，照贡禹的说法，农民出了谷租，又出稿税，乡吏额外勒索，更是无法供应，因此几乎过半数的农民放弃了本业，即使赐给他们田地，还是贱价卖掉，宁愿去做小工商。在大工商业压迫下，小工商又不免破产，那就只好做盗贼。贡禹说过半数农民破产失业，未免有夸大处，下列事实却被他说明了，那就是官吏、豪强对农民进行无限制的剥削和压迫，一部分农民抵抗不了这一种灾难，放弃土地，改做佃客小工商，尤其不幸的一部分人，被迫陷落到奴隶群里去。到最后，不得不爆发以农民为主体，有奴隶小工商参加的起义。

第五节　地主、大工商业主、高利贷商人、奴隶主

在西周宗族制度下，自天子诸侯以至卿大夫各级领主，都占有土地和工商业。从事劳动的人，土地上主要是农奴，工商业里主要是奴隶。领主的收入大部分是向农奴征收地租并放高利贷，别一部分是夺取工商奴隶的全部剩余劳动。因此，凡是领主都兼有奴隶主的身分。民间工商业虽然也有一些发展，比领主工商业却相差甚远。春秋战国时期，土地家长所有的家族制度逐渐代替了土地宗子所有的宗族制度，领主和农奴转化为占有多量土地的地主阶级和占有小块土地或无地的农民阶级。地主兼营工商业，工商业者也买进土地成地主，大工商业主很多就是大地主。从农民中分化出来的小工商，并不能逃脱大工商业主的压迫，小工商的增加，也就给地主阶级增加了剥削的对象。秦灭六国，领主政权崩溃，到了汉朝，地主阶级建立起完全属于自己的政权，过去领主曾经使用过的各种剥削方法，为地主所沿袭，用来剥削农民与奴隶。地主和领主一样，很多人兼有奴隶主的身分，但主要的剥削对象

自然还是类似农奴的徒附荫户等农民。自西汉下迄南北朝，这种情况基本上没有变化。

以无市籍的地主为主体，加上有市籍的地主，及大工商业主和高利贷商人，构成西汉统治阶级，他们的总首领便是皇帝。

西汉承秦制，大司农（汉景帝改称秦官治粟内史为大司农）掌天下经费，少府掌皇帝私奉养。天下经费是皇帝以最高土地所有者的资格向全国人征收的，收入主要是田租、算赋、口赋、更赋及盐铁、均输。支出主要是官俸和军国用费。私奉养是皇帝私人的收入（汉高帝所定的献费，可能也是这种收入之一），其中有少府所掌山林、海川泽池、公田、苑囿、蔬果园的产物和商市的租税以及水衡铸钱的赢利。支出主要是宫廷消费和赏赐臣下。西汉末年，桓谭《新论》记载当时收支的一般情况：大司农从百姓赋敛来的钱，一岁为四十余万万，半数用作官俸，半数藏在都内（大司农属官）。供朝廷公用。少府从园池工商收来的税钱，一岁为十三万万（《太平御览》引《新论》"少府所领园地作务之八十三万万以供常赐"。地是池字之误，八是入字之误，入即收入），供皇帝私用。汉哀帝时王嘉说，汉元帝时都内积钱四十万万，水衡积钱二十五万万，少府积钱十八万万。王嘉桓谭所说数字，当有一定的可靠性，依据这些数字，可以看到下列几点：（一）皇帝私人收入相当于国家收入的三分之一。汉元帝节省赏赐费，少府积钱约有都内积钱的半数，加上水衡积钱，超过都内的国家公积。皇帝是无比的大富豪。（二）掌天下经费的大官称大司农，说明农业是社会生产的根本，从事农业生产的人自然是占人口绝大多数的农民，所以农民是天下经费的主要负担者。（三）皇帝私奉养的负担者是农民、工商和奴隶。市租是私奉养收入的一部分，商人发财，对皇帝有利。因此，皇帝与商贾有一致的利害关系。（四）皇室和各官府向来都有奴婢。汉武帝对外用兵，财用不足，需要更多的奴隶供剥削。他对一般无市籍的地主，鼓励献出奴婢，按所献奴婢多少，给予终身免徭役或做郎官等待遇。汉时奴婢价，一人不过一、二万钱，免徭役终身或做郎官都是优厚的赏格，足见皇帝要取得奴婢，也不是很容易的事。商贾利用战争，大量榨取财富，过度妨碍了无市籍地主的利益。前一一一年，汉武帝大规模没收商贾的田宅、钱财和奴婢，获得数以万万计的钱财，成千成万的奴婢，田大县数百顷，小县百余顷，宅数和田数相当。中等以上商贾也就是中等以上有市籍的地主大抵破产。被没收的奴婢，有些留在本地官田上耕作，有些分发到皇帝的苑囿里养狗马禽兽，并分给水衡、少府、太仆（养马、骡、骆驼）、大司农等各官府供使用。当时奴婢数目一定是很大的，而且多数参加了生产。汉元帝时贡禹说：各官府有官奴婢十万余人，良民出租税养活他们，每年费钱五六万万。封建皇帝同时也是占有十万以上奴婢的大奴隶主。农民养活官奴婢，皇帝享受奴隶劳动的全部生产品，这就是皇帝为什么需要奴隶不嫌多的原因。（五）皇帝占有大量公田和苑囿空地，使用奴隶远不能开发这些田地，有时用“假”（借）的形式让贫民垦种，作为皇帝的佃户。

从上述两种收入看来，皇帝是地主、大工商业主、高利贷商人、奴隶主的总首领。他把各种剥削者使用的方法都集合起来，制成为法律或政令，各种剥削者又在这些法律政令基础上创制新的剥削方法，后来又成为法律政令或被默认为惯例。一层一层地提上去，一直到逼出农民大起义。

贵族——贵族有国王、列侯、公主、关内侯等名称。国王、列侯、公主都有封地（国或邑），关内侯只有爵号。有封地的贵族，收入也分公费和私奉养两种：公费是收田租与户赋（每一民户每年纳钱二百），供朝见皇帝、祭祀祖先等事的费用。私奉养是占有田地奴婢及征收园池商市税，供贵族私用。贵族无权干与封地内政事，并必须遵守朝廷的法令。例如贵族犯了贷出钱谷利息过高、欠别人债过期六个月不还、厚葬超过规定、非法收买田宅、强迫已经赎身的妇女为婢、派人到匈奴买塞外禁物、役使民人过久或过多、私出封地境界、杀伤民人、淫乱无道等罪，不能免法律的惩罚。不过，法令只是对无宠无权的贵族有效，有宠有权的贵族，特别是西汉后期的外戚贵族根本不受法令的约束。

贵族公费收入有一定限度，必须力求私奉养有额外增加，才能满足自己的贪欲。增加额外收入的方法：一个是勾结高利贷商贾，大量放债，借债人畏贵族权势，卖妻子田宅来偿还。贵族与商贾同享高利贷利益，受害者自然是农民和小工商。还有权势更大的贵族，如汉哀帝时曲阳侯王根在京师造大第宅，第宅内立两市，自营商业。一个是无限制地占有田地与奴婢。这种情势，到了西汉后期特别显出它的严重性，迫得某些感到危险的大官僚要求朝廷限田限奴婢。前七年，丞相孔光等奏请国王、列侯、公主、关内侯、吏（官吏）、民（一般地主与商贾）占有田地不得超过三十顷。占有奴婢：国王二百人，列侯、公主一百人，关内侯、吏、民三十人。孔光那种略为限制的主张，首先遭到贵族的反对，不得施行。

官僚——官僚是地主阶级的政治代表。秦确立了官僚制度，西汉巩固了这个制度，上起丞相，下至郡县小吏，都是等级不同的官僚，他们也有廉洁的，也有为人民做成大小好事的，但嗜利和暴虐却是一般官僚的本性。官僚嗜利除了直接勒索人民，还用其他方法来满足自己的贪欲。例如汉昭帝死时，修建墓圹，大司农田延年雇用民间牛车三万辆运沙土，每辆雇价一千钱。田延年私增为二千，得赃三千万。又如丞相张禹，买上等田多至四百顷。又如贡禹请禁止近臣（皇帝亲信官）自诸曹、侍中以上各官，不得私自贩卖。足见有权势的官僚，很多兼营商业。朝廷大官嗜利，小官也自然嗜利。一个大郡（十二万户以上郡）太守在任所死去，照例可得助葬钱一千万以上，死了还是嗜利。官僚嗜利成风，作为嗜利的一种手段的暴虐也随着成风。《汉书·酷吏传》说，西汉中期以后，酷吏众多，多到数不清，这也就是贪吏众多，多到数不清。

地主——无市籍地主是地主阶级的基层，丞相至郡县小吏，出身在这个基层。有市籍地主一般不得做官吏，只能依附官吏的权势。地主中大地主如贵族、大官僚、大商贾，人数较少，多数是中小地主。中小地主都想扩大自己的土地，但在通常情况下，一部分地主兼并土地上升了，也有一部分地主因子孙逐代分田下降为农民或遭遇其他原因破产了。如果上升与下降都激剧增加，中小地主数量减少，地主阶级内部和地主阶级农民阶级间的矛盾都将趋于激化，最后会爆发各种形式的战乱。

中小地主要加速上升，必须采取其他途径：一种是做官吏致富，一种是经营商业和放债，还有一种是暴力掠夺贫弱人。这三种一般是交错着的，统称为豪强。自一郡以至一乡一里都有大小豪强。西汉朝廷，常迁徙关东豪强到关中，借以缓和当地农民的反抗。汉武帝没收商贾的田产，严重打击了有市籍豪强；又迁徙强宗大姓，不使聚族而居，无市籍豪强也多少受了些抑制。汉武帝以后，豪强势力一直在增长，前七三年，汉宣帝招募各郡国财产值一百万钱以上的吏民迁居平陵

(汉昭帝墓地)。前四五年,汉元帝造初陵,免徙富人居陵下。从强迫迁徙到自愿应募又到免徙,显示朝廷逐次对豪强让步。汉成帝造昌陵,陈汤奏称:朝廷免徙郡国富民到诸帝陵下,已有三十余年。关东富家愈多,霸占良田,役使贫民,请徙居昌陵,使中产以下得均贫富。汉成帝从陈汤议,前一九年,徙郡国财产值五百万钱以上的豪强五千户居昌陵。五千户不过是大豪强群里的一部分,所谓均贫富,只能给不迁徙的大豪强增加田产,被兼并的贫民依然还是被兼并。

汉宣帝时,涿郡接连来了几任无能的太守,郡里豪强非常猖獗。大姓西高氏东高氏尤其凶横,谁都怕他们,说,宁可得罪郡太守,不可得罪豪强大家。两高氏包庇一群盗贼,称为宾客,抢掠后逃进高氏宅内,郡吏不敢追捕。郡人要张着弓拿着刀才敢走路。后来来了一个正直勇敢的太守严延年,治两高氏罪,诛杀各数十人,才把豪强镇压下去。中央集权与豪强割据两种力量的消长,关键在于加强中央权力。西汉后期中央权力逐步衰落,豪强势力逐步增长,到了末年,上层豪强的首领王莽夺取西汉的中央政权,到了东汉,中央政权成为两个豪强集团的争夺物。

大工商业主与高利贷商人——汉武帝收回盐铁钱三大业以后,原来因盐铁铸钱致富的商人,大都衰落。继起的巨富,以京师为例,有樊嘉、挚网、如氏、苴(音居 jū)氏、王君房、樊少翁、王孙大卿等人。樊嘉有钱五千万，其余诸人各有一万万。这些大商贾多是子钱家（高利贷商人）和囤积商。王君房卖丹，樊少翁、王孙大卿卖豉，算是大工商业，很可能兼放高利贷或囤积居奇。京师以外，成都罗裒有钱一万万，临淄姓伟有钱五千万，洛阳张长叔、薛子仲各有钱一万万。凡是大工商业主尤其是大子钱家大囤积商必须交通大贵族、大官僚，取得政治权力的保护。自此以下的各级商贾，也必须交通各级有政治权力的人，取得保护。高利贷和囤积商，不同于通货物有无的正当商人，正当商人每年取利息十分之二，高利贷囤积商取利息至少是十分之三，有时竟取息十倍。《汉书·货殖传》说：各郡国富民，兼营专利，依靠钱物在乡里称霸，人数多到数不清。所谓兼业，就是见利便图，不专一业；所谓专利，就是储蓄货物，垄断市价，这些正是高利贷囤积商的行为。高利贷商人是极其残酷的剥削者，是社会生产的破坏者，他们遍布全国，与政治权力相结合，组成广泛细密的剥削网。王莽变法，有赊贷一项，说明西汉后期高利贷剥削成为特别严重的一个社会问题。

地主大工商业主高利贷商人构成一个封建统治阶级，他们剥削的对象自然是广大的农民阶级。不过他们又各有数量不等的奴隶供剥削，因之兼有奴隶主身分。

西汉社会生产力比战国时期提高了，统治阶级的收入也增加了。这个巨量收入，用在有利于国计民生或对文化有贡献的事业费，只是较小的一部分。大部分都被统治阶级浪费了。浪费的种类很多，最普遍的是淫侈与厚葬。富贵人活着的时候，尽情享乐，皇帝后宫美女有时多至数千人。有些贵族妻妾多至数百人，豪富吏民养歌女数十人。汉文帝提倡节俭，贾谊描述当时民间富人的淫侈生活说：奴婢市上，奴婢穿着绣衣丝履，等待富人买去当婢妾，富人大贾宴宾客，用绣花白縠装饰墙壁。西汉前期，富人已经如此淫侈，何况到西汉中、后期，皇帝做了最大的淫侈人。正象贡禹所说，天下人民为什么会大批饥饿死，就是由于朝廷提倡淫侈的生活。富贵人死了的时候，在忠孝的名义下，臣子们必须给死者埋藏很多殉葬物。汉武帝死后葬茂陵，陵中埋藏金钱、财物、鸟、兽、鱼、鳖、牛、马、虎、豹及活禽兽凡一百九十种，耗费钱财无数，厚葬的风习愈益盛行。凡富贵人埋葬，宁愿空虚地上以求充实地下，因为地上空了，可以加紧剥削来补充，暂时空虚并不损害活富贵人的地上充

河北满城汉刘胜墓出土
错金铜博山炉

实。这又正象贡禹所说：现在人民大批饿死，死又不得葬，为犬猪所食。甚至人相食。王者受天命，为民父母，难道该这样做的么！

封建社会主要生产者农民的生产力是很小的，自然，剩余生产物也是很小的，这使统治阶级的剥削受到一定的限制。如果地主阶级的统治机构——朝廷能正视这个限制，对统治阶级有些控制力，让农民保有一些剩余生产物，得以维持一家人的生活和进行再生产，这就叫做“治平之世”，西汉前期正是这样的一个“治平之世”。西汉中期农民生产力增进了，剥削也随着增进，特别是汉武帝时，曾经超过了一定的限制，引起农民相当普遍的武装反抗，有些农民则是沦为奴隶或饿死。不过，当时朝廷也做了不少有利于国家人民的大事业，所以西汉中期还是极盛之世。西汉后期，朝廷对整个统治阶级完全失去控制力，并由朝廷为首，不顾一定的

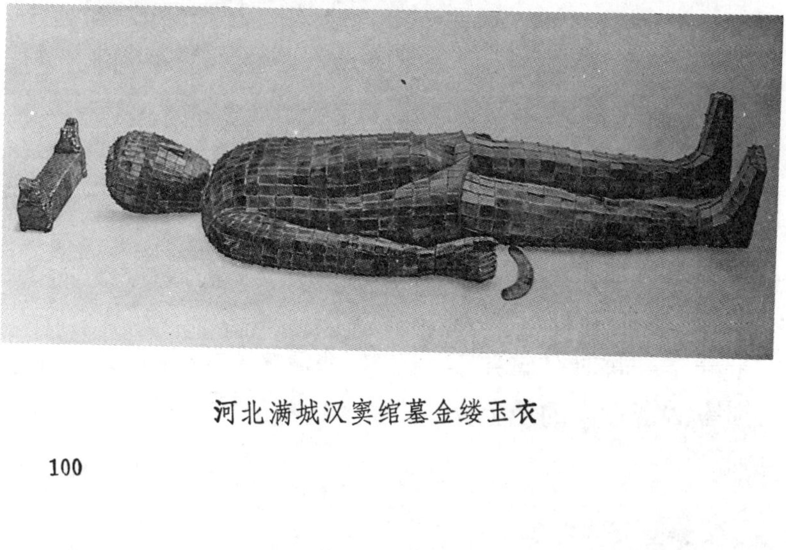

河北满城汉窦绾墓金缕玉衣

限制，放肆地遂行贪多无厌的剥削，虽然当时农民生产力在严重摧残下仍有一些增进，却不能长期担负超限制的剥削，一般农民的生活降到最低限度以下，大批农民饿死或做奴隶，最后被迫大起义，西汉统治机构也就崩溃了。

中国三千年整个封建时代统治阶级的本质总是压榨农民，贪多无厌的。一个朝代里，政治有治有乱，本质并无二致。这就是说，农民生活有时好些，有时坏些，一般说来，农民本人的生产物，几乎全部被榨取去了，必须一家男女老幼全体劳动，并且不遭意外灾难，才能维持最低限度的生活，因此，中国封建社会的经济基础赋有小农业与家庭手工业紧密相结合的特征。

第六节　西汉疆域和文化影响的扩展

西汉经过六、七十年的休养生息，社会经济逐渐繁荣起来，到汉武帝时达到极盛的阶段。繁荣的经济配合着汉武帝的才略，西汉中期成为中国历史上第一次大规模的扩展时期。这一次疆域的扩展，并不是不巩固的军事行政的暂时联合，而是一般地与中心地区黄河流域在经济上文化上联系起来了，这就为现代中国的广大疆域奠定了初步的基础。汉武帝进行战争五十年，在北方击败了强敌匈奴，在西方取得了三十六属国，在西南恢复庄蹻滇国的旧业，在南方消灭了南越赵氏的割据。对国外文化交流更频繁了。

一　对匈奴的战争

匈奴从殷周以来，一向是北境的强敌，秦末到汉初三、四十年间，匈奴族在冒顿单于统治之下，武力达到空前未有的强盛。它东灭东胡，占有内兴安岭辽河上流地区；北败浑庾、屈射、丁零诸部，拓地远至贝加尔湖；西方驱走大月氏，并征服了楼兰、乌孙等二十多个国家，祁连山天山一带都归它统治；南面攻占秦所建置的河南地，与西汉北边郡县连接。亚洲东部沙漠草原，全属匈奴所有。匈奴为着统治这一辽阔的地区，在行政上划分为三部：中部由单于直接统治，东西两部设左右贤王分治。单于驻在地号称龙廷，是匈奴的政治中心。这个巨大的军事行政的联合，拥有骑兵三十万，眼睛都投注在富饶的汉地上。冒顿单于对汉文帝说："诸引弓（游牧骑射）之民，并为一家"。这确是汉民族的一个大威胁。

匈奴是好战的游牧部族，至少在西汉时期，它已经存在着奴隶制度。匈奴人把奴婢叫做"赀"（财产）。奴婢的来源，主要是俘虏。西汉接近匈奴的郡县，人口和财物，都成了匈奴掠夺的对象，西汉必须进行正义的抵抗。

西汉前期，朝廷一直采取和亲政策，对匈奴忍让，企图换取边境的暂时安静。不过匈奴却愈益骄横了，连年入侵边郡，抄掠人口畜产。据史籍所记，陇西（郡治未详。东汉治狄道——甘肃临洮县）、上谷（治沮阳——河北怀来县）、云中（治云中——内蒙古自治区托克托县境）、辽东（治襄平——辽宁辽阳县）等郡经常遭侵袭，特别是云中、辽东，每年被匈奴杀害和掳去的人口在一万以上。匈奴“小入则小利，大入则大利”，西汉完全处于被动挨打的地位。

汉景帝时，由于经济接近了极盛时期，军事抵抗力逐渐加强了，匈奴只能“小入盗边”，双方力量的对比，开始发生变化。

前一三三年，汉武帝开始对匈奴进行长期的讨伐战争。汉武帝讨伐匈奴的全部战略是：在西方，一面切断匈奴与青海羌族的联系（到汉宣帝时，名将赵充国用屯田法确实切断了羌族与匈奴的联系），一面遣使寻求与国（如张骞出使西域），夹击匈奴；在东方，切断匈奴与濊族的联系（前一二八年置苍海郡）；在陇西代郡（治广昌——河北涞源县北）一带集合大军作为主力，给匈奴以正面的打击。此后的许多战役与许多军事措施，都是在这个战略原则下进行的。

前一三三年，汉武帝采纳了王恢的建议，遣马邑（山西朔县）人聂翁壹诱匈奴单于深入掠夺，汉兵三十万埋伏在马邑附近山谷中，准备一举歼灭匈奴的主力。

不料计谋泄露，匈奴迅速撤兵，逃出边境。从此西汉与匈奴展开了长期的频繁的战争。其中有三次是大规模的并且有决定性的大战争。

第一次：前一二七年，将军卫青率大军自云中向西迂回，击败匈奴白羊王、楼烦王，收复秦时河南地。汉武帝依蒙恬旧规模，建立朔方郡（治朔方——内蒙古自治区河套南），招募贫民十万口徙居朔方，作为防边的重镇。匈奴屡遭打击，前一二三年单于龙廷被迫迁往瀚海以北。

第二次：前一二一年，将军霍去病自陇西两次出击，一次逾焉支山（在甘肃山丹县），一次逾祁连山（在甘肃境），斩获匈奴四万余人。同年匈奴浑邪王杀休屠王，领数万人来降，汉安置降众在陇西、北地（治马领——甘肃环县东南）、上郡（治设在陕西绥德）、朔方、云中五郡的塞外，称为五属国。自金城（甘肃兰州市）以西至盐泽（罗布淖尔），匈奴从此绝迹。汉分河西地为武威、酒泉两郡。前一一一年，又增立张掖、敦煌，共四郡。河西四郡的建立，不仅切断了匈奴与西羌的交通，更重要的意义是开辟通往西域的走廊，为中国与欧洲在文化交流上准备了必要的条件。

第三次：前一一九年，汉武帝大发士卒，令大将军卫青、骠骑将军霍去病各将骑兵五万人，随军私马四万匹，步兵、辎重兵数十万人，分道深入漠北，捕捉匈奴主力。卫青出定襄塞外千余里，与匈奴单于接战，单于大败，率数百骑突围远遁，汉兵直追至漠北窴颜山赵信城。霍去病出代郡塞外二千余里，大败匈奴东部兵，斩获七万余人。这次大战，匈奴死人八、九万，不敢再在漠南立王廷；汉死人数万，丧失马十一万匹以上，也不能再次大出兵，双方损失都是严重的，但汉胜匈奴败的局面却最后决定了。

在汉对匈奴长期交战中，出现了一些丧失民族气节战败投降匈奴，象李陵那样的人，但这只是极少数。绝大多数都是有民族气节，在任何情况下，宁死不忘祖国，象苏武那样的人。前一〇〇年，苏武出使到匈奴，被匈奴扣留。匈奴用迫害、诱惑等方法，要苏武投降，苏武早拚一死，坚持不屈，击败了匈奴胁降的诡谋。苏武留匈奴十九年，终于归还祖国，受到全国人高度的尊敬。

汉宣帝时，匈奴统治阶级内部发生严重的纷争，五个单于争夺统治权，最后呼韩邪与郅支两个单于据地对抗。前五二年，呼韩邪单于降汉，愿为汉防守阴山。前三六年，汉西域副都护陈汤在康居击杀郅支单于，呼韩邪单于复得匈奴全部土地。从此匈奴亲汉，不再南侵。此后六、七十年间，汉北部边境呈现了“边城晏（晚）闭，牛马布野”的和平气象。

汉武帝一面打击匈奴，一面加强北部边防。加强边防的办法首先是大量移民。前一一九年，曾一次移民七十余万口。在东起朔方西至令居（甘肃永登县）的地区上，设立田官，督戍卒屯田，官供给牛犁谷种，以前的草原牧场，现在变成了使用牛犁的农业区。特别是河西四郡，到西汉后期，人口已达二十余万，经济文化发展都很快，在对外贸易和交流文化上起着重大的作用。

为确保河西地区的安全，筑新长城，自敦煌郡起接连秦长城，共长一万一千五百余里。这道新筑边城约一丈来高，三尺多宽，十分坚固。每隔五里十里的地方，筑有烽火台，设戍卒了望。遇有敌情，即将积薪苇炬点燃报警。日间的烽表利用桔槔能升到三五丈长的高杆上，远在三十里外都能看到。另外筑有许多叫做障的小城堡，有烽火设备，并驻较多的戍卒。戍卒都从内郡征调来，是农民服徭役的一种。在今天河西地方，长城的遗址看来只是些断壁残垣，但在两千年前，千百万劳动人民，为了保卫祖国，付出巨大的人力和财物，

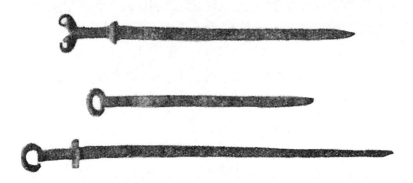

辽宁西丰西岔沟古墓群出土匈奴铁剑刀

内蒙古包头召湾出土汉“单于”瓦当

前苏联阿巴干附近西汉匈奴遗址出土青铜铺首

汉玉门关长城烽燧

汉 玉 门 关 遗 址

艰苦是难以想象的，因之今天残留着的一些遗迹，都是值得珍重的。

二 通西域

玉门关（在甘肃敦煌县西）、阳关（在甘肃敦煌县西南）以西中亚西亚乃至欧洲，汉时统称为西域。天山以南，昆仑山以北，葱岭以东有广大的塔里木盆地（天山南路）。这一带存在着三十六个小国，因为东部接连敦煌，汉势力向西发展，这些小国首先被征服。汉时狭义的西域，就是指的这三十六个小国。

三十六小国大的不过两三万人口，小的只有一、二千人口。它们多数经营农业，生产技术却非常落后。约在前一七七年，匈奴征服了这些小国和伊犁河流域的乌孙，并在焉耆（新疆维吾尔自治区焉耆回族自治县）等国设“僮仆（奴隶）都尉”，对这些小国进行野蛮的奴役和残酷的剥削。

汉武帝要截断匈奴右方的援兵，听说从敦煌祁连间西迁的大月氏，原是匈奴的死敌，因此募人出使大月氏，约大月氏夹击匈奴。前一三八年，历史上著名的大探险家汉中人张骞应募西征。张骞在途中被匈奴拘禁了十年，后来得便走脱，越过葱岭，经大宛（苏联乌兹别克共和国费尔干）、康居（在阿姆河以北，咸海与巴勒喀什湖之间的一带地方），到达大月氏。其时大月氏在妫水(阿姆河)北建立王朝，并击服妫水南的大夏国，游牧生活已经改变为农业生活，不愿东来再与匈奴为敌。张骞逗留了一年多，得不到结果，只好回国。归途中又被匈奴拘禁一年多。前一二六年匈奴内乱，张骞脱身回到长安。张骞出国时带着堂邑父等一百余人，前后十三年，只剩下张骞、堂邑父两个人回来。张骞生还，带来了有关远西诸国的新消息，从而促成了东西文化的交流，他的生还，是人类历史上一件值得纪念的大喜事。

前一一九年，汉武帝组织一个三百人的大探险队，每人各备马两匹，带牛羊一万头，金帛货物值钱一万万，令张骞为首，出使乌孙国。张骞在乌孙分遣副使，到大宛、康居、月氏、大夏等国，汉与这些西方大国开始了正式的交通。此后，汉武帝连年派遣许多使官到安息(波斯)、身毒(印度)、奄蔡(在咸海与里海间)、条支(安息属国，在波斯湾西北岸，底格里斯及幼发拉底二河会合处)、黎轩(又作犂靬，即大秦。这里是指当时附属于大秦的埃及亚历山大城)诸国去。汉文化随着这些使官广泛地传播到遥远的西方。

由于对匈奴战争的胜利，特别是河西四郡的建置，汉武帝更进一步的向西域发展政治势力。前一〇八年，汉出兵击败亲附匈奴的楼兰(新疆维吾尔自治区罗布淖尔西北)、姑师(即车师，在新疆维吾尔自治区吐鲁番盆地)两国，俘楼兰王。前一〇四年，汉武帝因求大

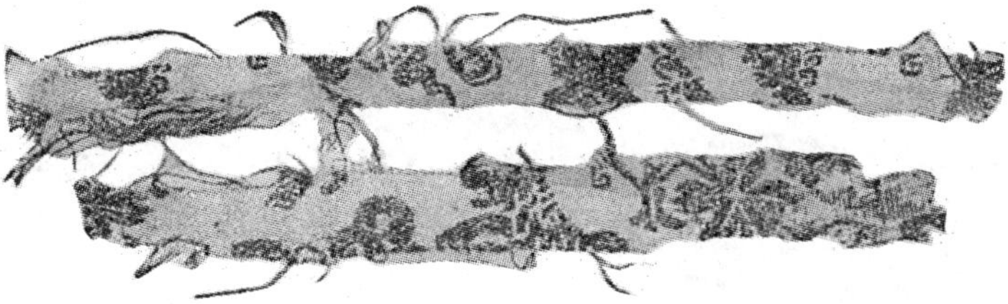

新疆民丰出土汉葡萄纹毛织物

新疆罗布淖尔楼兰墓中出土有希腊罗马式绘画的毛织物

新疆新源查尔哈河乌孙故址出土羊首铜刀

新疆库车汉代冶铁遗址出土的陶制鼓风炉部件

宛汗血马，遣贰师将军李广利率数万人出击。战争前后历时三年，大宛败降。汉得大宛好马三千余匹。大宛被围时，也学得汉人的掘井法。

这次战争之后，匈奴奴隶主在西域的统治权，从此转移到封建制度的西汉方面。经过几十年的经营，前五九年，汉宣帝任用郑吉为西域都护，汉在西域各国的统治愈益巩固起来。

汉对西域战争的胜利，西方道路的畅通得到了保证。河西四郡最西的敦煌郡成为中西交通的总枢。由敦煌西至楼兰，再向西行即分为两道：一缘昆仑山北麓至于阗，称南道，一缘天山南路至疏勒，称北道。另自哈密西行也分两道：一自天山南路西去，会合北道至疏勒，一缘天山北麓西去大宛、康居。自疏勒西去又分两道：一向西南经大月氏、大夏以至安息，一向西北经大宛、康居以至奄蔡。这些道路都是西汉以来中西交通的干线，特别是从疏勒西南行的那条路，通往印度、西亚乃至欧洲，尤为重要。

在这种新形势下，中外文化的交流开始了一个新纪元。

从西方传到中国来的，就物产方面说，家畜有汗血马，植物有苜蓿、葡萄、胡桃、蚕豆、石榴等十多种，这些物产的输入，给中国增加了新财富。就文化方面说，有乐器乐曲的传入。张骞传来《摩诃兜勒》一曲，乐府因胡曲更造新声二十八解，朝廷用作武乐。西汉晚期，印度佛教哲学与艺术，通过大月氏传入中国。希腊罗马的绘画也在一世纪中传到天山一带。这些西方文化特别是佛教哲学的东来，大大影响了东方人的精神生活。

高度发展了的汉文化也大量传播到天山南北以及更遥远的西方。

汉在西域设田官，督戍卒屯田。推行地下穿井的井渠法，使沙漠地区得到灌溉。据《水经注》所载，敦煌人索劢率兵士千余人至伊循城屯田时，曾调集鄯善、焉耆、龟兹等国兵士三、四千人，把发源昆仑山的注宾河（卡墙河）巨流横断，掘渠分水，灌溉农田，许多瘠土变成了沃壤，不过三年，就积粟百万石。这些进步的生产技术，传到西域，对三十六国人民是有利的。

西域各国贵族子弟经常到长安学习汉文化，受到重大的影响。与汉通婚姻的乌孙王，生了个女儿，长成后来中国学弹琴，路过龟兹，被龟兹王留作夫人，并一同到长安学汉人生活风习。这是一个小的故事，但也说明汉文化对西域诸国的影响。

从中国传到中亚以至欧洲去的货物，主要是丝、丝织品、钢铁。炼钢术的西传，更是对人类文明的一个大贡献。

中国的丝和丝织品早在战国时期，已成世界著名的特产。公元前四、五世纪，希腊人称中国为塞里斯（Seres），意思是丝国。自通西域后，汉与中亚的交通更畅，丝的输出也更多了。安息地当中亚和欧洲交通的要冲，丝就靠着安息商人转输到欧洲。

大宛自中国学会凿井术，同时也学会炼钢术。《汉书·大宛传》说：大宛以西到安息国，都不产丝、漆，也不懂得铸铁器，后来汉的使官和逃兵教他们铸铁造兵器。显而易见，中亚各国炼钢术都是在通西域后从中国学得的。

罗马博物学者普林尼（公元二七年——七九年）在其著作中，对中国铁器曾大加称赞，认为是优良的卓越的产品之一。普林尼所称赞的中国铁器，不论是亲见或传闻，中国铁器在当时世界上质量最好，却是事实。

印度迦湿弥罗人纳剌哈里于一二三五至一二五〇年间所著《药学字典》中记有“钢”字，其中之一的Cinaja，译意是“中国生”。这说明中国钢曾传到印度。既然炼钢术或铁器已在公元前一世纪传到大宛，公元一世纪中又见于罗马人的著作中，那么西汉时在陆路上（一自西域，一自云南）和海路上与中国相通的印度，很早获得中国钢是极有可能的，虽然《药学字典》成书在十三世纪。

张骞向西方“凿空”（探险），西汉通西域，东汉再通西域，都是有益于人类进化的事业。

三　向南、西南、东南的扩展

南粤——秦时真定（河北正定县）人赵佗为龙川县

(广东龙川县西)令，汉初割据岭南诸郡称王。汉武帝时，南粤统治阶级内部握有实力的吕嘉一派，杀死南粤王及汉使。前一一二年，汉武帝遣将军路博德、杨仆等率兵十多万人，自湘、赣、黔、桂分道出击。翌年征服南粤国。

西南夷——居住在今四川西南、西康南部和云贵地区的各族，汉时通称为西南夷。他们有的还处在氏族部落状态中，有的已进入到奴隶社会，形成为小国家。这些小国家里，夜郎（贵州西部一带）、滇（云南晋宁一带）和邛都（四川西昌一带）较大。西南夷一向和巴、蜀、南粤有商业来往。前一二二年，张骞说他在大夏国时，见到蜀布和邛竹杖，知道是从身毒得来的，身毒在大夏东南数千里，有蜀地产物，推想自西南夷通往身毒一定不很远。汉武帝听了很喜欢，派遣使官十余人，带着财物，分四路深入西南夷地区，寻求通身毒的道路。前一一一年，汉武帝灭南粤，发兵击西南夷，夜郎、滇等国及许多部落，先后请归附。汉先后设置牂牁（音臧柯zāng gē）、越巂（音髓suǐ）、沈黎、汶山、武都、犍为（犍音前qián）、益州等郡。

东瓯与闽粤——东瓯（建都在浙江温州市）与闽粤（建都在福建福州市）都是汉的属国。前一三八年，闽粤攻东瓯。东瓯为闽粤所攻，东瓯请全国迁居内地。汉武帝允许东瓯人迁居江淮之间。汉灭南粤后，闽粤起兵反汉。前一一〇年汉灭闽粤。

自南海郡西至益州北至武都，汉武帝置十七个初郡(南粤九郡、西南夷七郡及零陵郡)，中央统治势力得到广泛的发展。这些非汉族的各族居住地区，很自然地转化为郡县，武力只是起催促的作用，主要还在于汉族较高的政治、经济、文化影响非汉族的各族，它们感到请改为郡县对自己有利。汉承秦旧制，初郡不收税赋，仅令每人出极轻微的钱或布，称为赍钱、赍布(賨音从 cóng)。原来的大豪酋家连赍钱、赍布也免收。初郡的官吏俸食及用具，都由附近郡县供给，不在本地征取。初郡居民并不因改郡县加重了负担，恰恰相反，改郡县可以得下列各种利益：(一)郡县官吏的封建统治比原来豪酋的奴隶主统治要文明得多，虽然封建统治本身也是带有野蛮性。(二)改郡县后，汉制铁器和一般生活必需品，不受关市限制，可以自由购买，生产力得以提高。(三)与汉族人杂居，汉文化帮助各族逐渐脱离落后状态，向高级文化前进。还有一点是各族得保持旧风俗习惯，汉官不加干涉。初郡顺利地成为汉郡县的一部分，原因在此，初郡要经过几十百年，才变成普通郡县，

云南安宁太极山古墓葬出土
豹猴镂花铜饰物

广东广州西汉墓出土
漆奁盖(摹本)

广西合浦望牛岭西汉墓出土铜凤灯、鸭首铜方匜

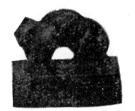

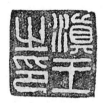

滇 王 之 印

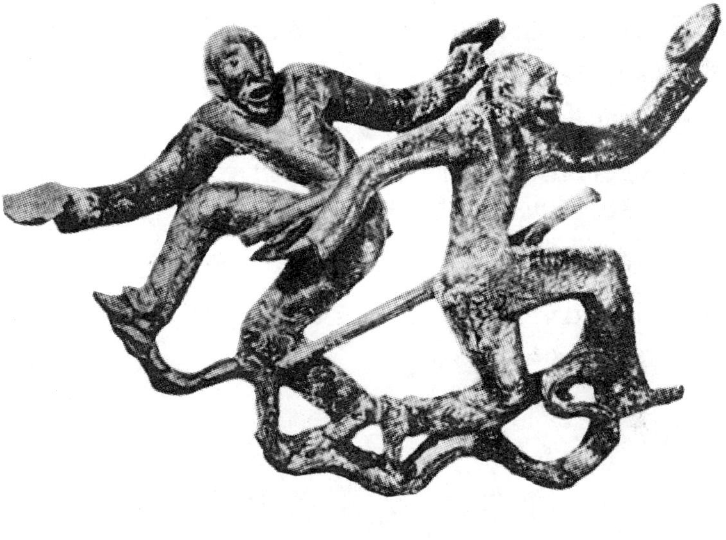

青铜饰品——双人舞盘铸像

云南晋宁石寨山出土文物

原因也在此。

四　汉与朝鲜的关系

朝鲜与中国有久远的关系。汉初，卫满在朝鲜立国，在大同江南岸的王险城建都，统治着朝鲜半岛的西北部分。至卫右渠时，发动对卫氏王朝的战争。前一〇九年，汉武帝遣荀彘率陆军出辽东、杨仆率楼船（水军）渡渤海攻卫氏王朝，前一〇八年，在汉朝境外，原来卫氏的统治地区，设置玄菟、乐浪、真番、临屯四郡。后来汉昭帝废真番、临屯，只存玄菟、乐浪两郡。乐浪海外的倭人（在日本），分立百余小国，通过乐浪得与中国接触，汉文化开始输入日本。

汉武帝在位五十四年，进行了五十年的大小战争，“海内虚耗，人口减半”，人民遭受的损害是非常严重的，但是，当时所进行的大小战争，主要是反对匈奴的侵扰和加强国内的统一，因之汉武帝是中国古代历史上立有大功的一个皇帝。

第七节　王莽的新朝

西汉后期，剥削者与被剥削者，压迫者与被压迫者间的矛盾，愈来愈紧张愈尖锐。最基本的问题是在于土地无限制的集中和农民大量转化为奴隶。问题必须解决，是农民大起义呢，还是统治阶级自己提出办法来。统治阶级害怕农民大起义，曾经提出过一些所谓办法，但是都不能解决问题。

皇帝和上下层豪强谁也不肯对农民让些步，因而谁也找不出什么办法。还在汉昭帝时，有所谓贤良文学的儒生，代表下层豪强力争盐铁私营权，以为这是致太平的本原。朝廷放弃盐铁业，天下就会太平，下层豪强一直坚持着这个办法，某些儒生甚至要求汉皇帝退位，让别的贤人来做皇帝。汉哀帝时，孔光等少数大官僚主张限田限奴隶，允许所谓民的下层豪强得与上层豪强占同样多的田，占奴隶约得最上层豪强的七分之一，以为这是救急的办法。所谓救急，就是限制上层豪强凭借权力与下层豪强争夺田宅奴隶，希望下层豪强因此对农民的兼并也和缓一些。作为统治阶级总代表的皇帝，既不能放弃盐铁大利，也不能限田限奴隶，又必须取得上下层豪强的拥护，只好放纵他们对农民进行无限制的掠夺来和缓统治阶级内部的矛盾。同时求天求鬼神，改年号改帝号，企图用欺骗手段来和缓农民的反抗。这些办法，促使各种矛盾更加紧张起来，皇帝完全陷在绝望的困境里，连最忠于汉朝的刘向也认为汉朝的命运已经完结了。

这时候，上层豪强的代表王莽，分两步提出他的办法。第一步得到统治阶级的拥护，代西汉做了皇帝。第二步所有办法都失败了，受到农民大起义的惩罚。

王莽的姑母王政君是汉元帝的皇后，汉成帝的生母。自汉成帝时起，王家有九个人封侯，连王莽有五个人做大司马，朝廷大权几乎全部归王家掌管。地方官如郡太守、国相、州刺史(即部刺史)都是王家任用的人。元前一年，王莽做大司马录尚书事，取得了政治上最高的职权。王莽大封汉宗室、汉初以来功臣子孙以及在朝大官为王、侯、关内侯，又大封王莽亲信数百人为各级贵族。通过大封爵，得到了刘派王派两种上层豪强的拥护。王莽征集天下通古文今文经学及天文、历算、兵法、文字、方术(医学)、本草(药学)的士人数千人到京师，又扩大太学生名额，学舍能容纳一万八百人。通过士人和太学生，得到了无市籍地主的拥护。曾有吏民四十八万余人上书要求王政君，重赏王莽的功德，足见王莽确实掌握了统治阶级。

王莽对劳动人民也制造了一些好的影响。他的第二子王获杀死奴隶，王莽痛责王获，令自杀偿命。奴隶最迫切的要求是生命有些保障，王莽令儿子偿奴命，影响是好的。公元二年，郡国发生旱灾、蝗灾。王莽献出钱一百万，田三十顷，官吏豪富二百三十人也献出田宅，请大司农分配给贫民。派使者捕蝗。民间捕得蝗虫，按多少给酬钱。全国无灾地区财产不满二万钱、受灾地区不满十万（十万疑当作一万）钱的贫民免纳租税。有疫地区，腾出大房子给病人医治，一家死六人以上，给葬钱五千，四人以上给三千，二人以上给二千。王莽又废汉皇室的呼池苑，改设安民县（在甘肃华亭县境），募贫民迁居新县，沿路饮食及到新县后所需田宅、器具、犁牛、谷种、食粮都由官府供给或借贷。又在长安城中造五个里，有住宅二百区，让贫民居住。王莽这些作为，影响也是好的。

王莽得到统治阶级的拥护，对劳动人民也有一些好的影响，他的第一步行动完成了。公元八年，王莽废西汉刘氏皇朝，建立起国号叫做新的王氏皇朝。

王莽建立起新朝，就得解决土地与奴隶两个基本问题。公元九年，下令变法。他变法的理由是充足的。他说：汉朝减轻田租，三十税一。豪强兼并成千成万的田亩，租给农民去耕种，却要收一半的租税。朝廷对有田人三十取一，有田人对租田人十分取五。怪不得租田人父子夫妇整年劳苦，连糟糠还吃不饱，富家的狗马连米豆都吃厌了。这是乱的原因。他又说：市上有买卖奴婢的圈子，象买卖牛马一样。这些奴婢，很多是被凶恶人用暴力抢掠来的。主人对奴婢可以任意杀死，违反“天地之性人为贵”的经训。王莽依据上述理由，颁布了下列两个解决的办法：

王田——民间田改称为王田，属朝廷所有，私人不得买卖。如果一家男子不满八人，田超过九百亩，应将多余的田分给本族或邻居的无田人，原来没有田的人，按男口每口给田一百亩。

私属——民间奴婢改称为私属（区别于朝廷所有的官奴婢），不得卖买。

犯卖买王田私属罪，重则处死，轻则放逐到边远地区。

要多田人分余田给贫民，只是一句十足空虚用来欺骗农民的废话。王莽时南阳豪强樊重家有田三百余顷，阴子方家有田七百余顷，足见当时并无分余田的事实。王莽变法的真实意图是在停止田宅奴隶的卖买，借以停止豪强对土地人身兼并的继续发展。这当然又是十足空虚的幻想。既有兼并者和被兼并者存在，就不能停止兼并，也就不能停止田宅奴婢的卖买。强迫停止的结果，加速爆发了社会大混乱。正在这个时候，王莽又废除行用已久的汉五铢钱，别造金货一种、银货两种、龟货（大龟甲）四种、贝货五种、泉货（铜制）六种、布货（铜制）十种，共货币六类二十八种。私用五铢钱，与卖买王田私属同罪。王田私属又加一个新货币，使大混乱上再添一个大混乱，迫得农商失业，交易废滞，因卖买田宅、奴婢，铸私钱犯罪被刑罚的人，不可胜数。这一阵骤然来到的社会大混乱，给王莽的打击非常沉重。公元十二年，王莽取消王田私属的禁令，准许置卖王田不算犯罪，卖买奴婢暂不治罪。王莽所谓办法的主要部分完全失败了。

王莽代表上层豪强，也代表无市籍的下层豪强，在害怕农民大起义这一点上，他必须提出办法，但他的阶级性决定他只能提出一些欺骗性的必然失败的办法。无市籍豪强与有市籍豪强（商贾）一向存在着矛盾（禁商贾买田和做官吏），这使王莽转向商贾方面寻求办法，结果是小工商比大商贾受到更多的伤害。

王莽要限制商贾的兼并，主要是要分享商贾的利益，使朝廷取得大量财物。公元十年，下令行五均六管法，一直行到新朝灭亡才停止。

王莽行五均六管法的理由也是很充足的。他说，行五均六管法是想“齐众庶（均贫富），抑并兼”，做到市无二价，贫富相安，强者不得压迫弱者，富人不得要挟贫人。事实上五均六管是王莽把持工商业，实行最大限度的剥削。

五均 西汉时以长安为首，全国有六个大中心城市。王莽改长安东市为京市，西市为畿市，又改洛阳为中市，邯郸为北市，临淄为东市，宛为南市，成都为西市。原来的市令（长安东西市令）、市长（洛阳等五市）改称五均司市师。各郡县设司市，大抵由地方官兼任。司市师或司市统称为市官。

市官下有交易、钱府两种属官。交易官又称均官，职掌是平均物价，抑制商贾囤积居奇。每季第二月，均官订定本市货物价，分上、中、下三等，称为市平。市上卖买五谷、布、帛、丝、緜等生活必需品，如卖方多，买方少，均官按货物实价，全部收买，使卖方不受亏折。如物价超过市平，均官将所藏货物按市平卖出。如物价

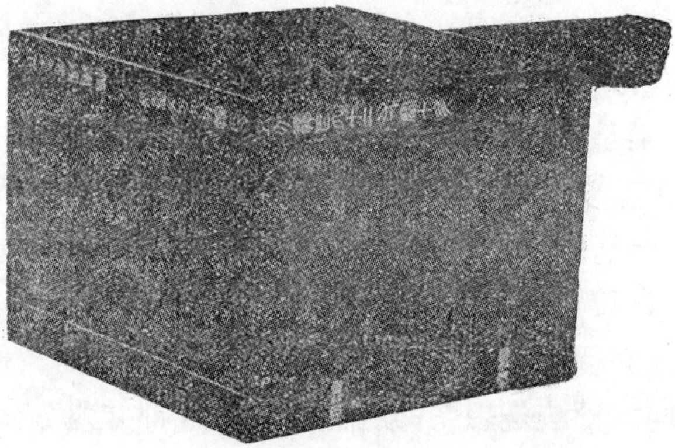

王莽新朝方量

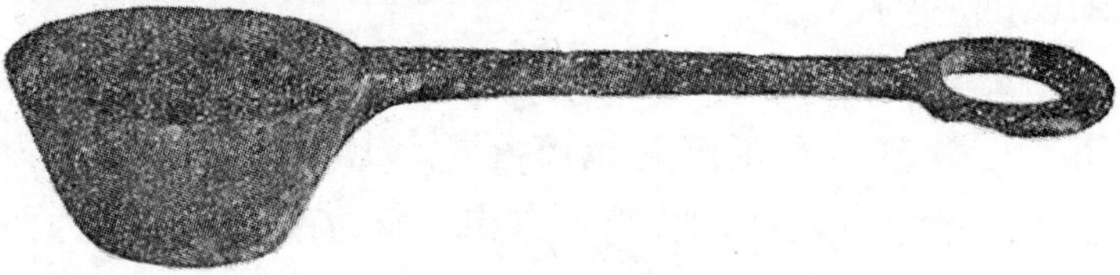

新朝铜撮

比市平低，听卖买双方自由交易。这种做法，似乎是为民谋利，按照王莽的行为，却不免可疑。《汉书·王莽传》说他"令市官收贱卖贵"，从中取利，这倒是可信的记载。钱府官职掌是收税和赊贷。赊贷目的在抑制高利贷商人。贫民遇有祭祀丧葬事，无钱举行，可向钱府赊钱，不付利息。赊钱人付还祭祀钱不得过十日，丧葬钱不得过三个月。贫民想经营产业，缺乏资金，可向钱府贷钱。产业收入，除去经营者衣食费用，钱府取岁息，不超过纯利的十分之一（《王莽传》作月息百分之三）。这似乎是为贫民想办法，但过期还不出来，就会被罚作罪徒。收税大体分三种。一种是大工商业税。凡开采金银铜锡及采取龟贝的工、商，向钱府报数纳税。一种是不生产税。凡田荒不耕，一人出三个人的税，城里住宅不种树木或菜蔬，一家出三匹布。游荡不生产的人，出布一匹，不能出布，罚作苦工。一种是小工商业税。凡在山林川泽里采取鱼鳖鸟兽等物及饲养家畜，又妇女养蚕、纺织、补缝，又工匠、医、巫、卜、祝及其他技艺，又商贩贾人摆摊、开店或在邸（客舍）营业，都得向钱府报数，除去本钱，纳税十一分之一。报数不实，财物没收入官，罚苦工一岁。

五均赊贷法对商贾与高利贷商人，可能发生一些抑制的作用，但小工商税如此烦杂细碎，非常广泛的生产者都受到扰害。贫民去了一个商贾高利贷商人的压榨，却来了一个贪暴官吏的压榨。在王莽看来，五均赊贷可以夺取商贾高利贷商人的利益，在贫民看来，王莽和商贾高利贷商人同样是可怕的压榨者。

六管　官卖盐、酒、铁（主要是农具），收山泽生产税，官铸铜钱，五均赊贷总称为六管。

掌管五均六管的大官叫做羲和。羲和派遣命士到各郡督察五均六管，每郡有数人。命士全是大商贾出身。王莽想利用少数大商贾来抑制多数较小的商贾，但受大害的小工商业以外还有农民。王莽所用大小官吏，不论朝官或地方官，都没有俸禄。地方官和命士相勾结，大获奸利，郡守县令家产多至一千金。地方官获利，送一部分给朝官，得到朝官的庇护，作恶更无所不至。王莽所谓"齐众庶，抑并兼"的五均六管，即使有些办法看来可能是利民的，经过命士地方官吏的污手，也就变成害民的办法了。

六管中害民最显著的是铸钱。王莽大概想破坏商贾的财产，时常改变币制。小工商业和农民本来得不到什么钱，对他们说来，损失不多的钱便有破产失业的危险。王莽改币制一次，小工商业、农民大量破产一次。王莽凡改币制五次，小工商、农民所受灾祸可以想见。因为币制屡改，新币不能即时流行，豪强乘机盗铸，私钱充斥。王莽用重法严禁，一家藏有铜、炭，就被官吏指为铸钱，邻近五家都算犯罪，男女被没收，囚送到长安锺官（铸钱官）当官奴婢，人数在十万以上。当时民众被迫纷纷起义，这样说道：出门去生产，所得还不够纳税，闭门来守家，横祸会从有铜的邻舍飞来。的确，除了起义再没有别的出路了。

暂行即废的王田、私属和坚持不废的五均、六管，王莽主观上是想用来抑制某些豪强，避免民众大起义，结果恰恰是加速大起义的爆发。王莽知道这个事实，接连地发动侵略战争，企图对国内民众表示威武，并缓和阶级矛盾。结果又恰恰是更加速大起义的爆发。

王莽的侵略战争，完全是一种狂妄愚蠢的行动。公元九年，王莽派使官到边外诸国，收回汉朝所给印绶，改授新朝印绶。国王改号称侯。这样，王莽的侵略战争正式开始了。

对匈奴的侵略战争——自汉宣帝以来，汉边境安静，人物殷富；匈奴也逐渐接触汉文化，不侵犯汉边。王莽改换匈奴单于印绶后，又改名匈奴单于为降奴服于。公元十年，募天下囚徒、丁男、兵卒三十万人，分十二路击匈奴。公元十九年，王莽又大募天下丁男、死罪囚、奴隶击匈奴。王莽两次大发兵，都屯驻在边境上，并不出击。看来似乎是毫无理由的妄动，但是决不能用妄动来说明王莽的行动。王莽用募兵的方法，招集内地不能生存可能起义的穷人，送到边境上战死或饿死，只要这些穷人在边境上逐渐死亡，在王莽就算有理由了。

对西域的侵略战争——汉武帝通西域后，西域诸国与汉发生经济、文化的良好关系。王莽贬西域诸国王为侯，又无故侵侮诸国。公元十三年，焉耆国起兵杀西域都护但钦。公元十六年，王莽用西域兵击焉耆，被焉耆击败。王莽下令断绝西域诸国与内地的交通。

对东方的侵略战争——公元十二年，王莽征辽西郡境内高句骊兵击匈奴，高句骊侯率众逃遁。王莽诱杀高句骊侯，又改高句骊为下句骊，引起高句骊、夫余、濊诸族的不断反抗。

对西南方的侵略战争——句町国在西南边外，汉昭帝时封句町国君为王。王莽改句町王为侯，又诱杀句町王。公元十六年，王莽发动二十万人击句町，兵士饿死疫死约十分之六、七。西南地区各族纷纷起兵反王莽。

王莽每次动兵，便大搜括民间财物。他发动侵略战争把募来的兵士送到边境上，把括来的财物收到自己仓库里，觉得是一举两得的便宜事。他连年这样做，直到农民起义大爆发，对外侵略才被迫停止。

王莽用欺骗方法，表示有解决社会问题的办法，因此代替失去了统治作用的西汉做皇帝。做皇帝以后，由于王田法的失败，农民实行起义。由于五均六管法的失败，小工商参加起义。五均六管打击了商贾和高利贷商人，这些人也反对王莽了。由于对外侵略战争的频繁，更催促起义的加速爆发。

作为王莽统治基础的上层豪强与无市籍的下层豪强，也逐渐在离开王莽。公元十年，王莽废汉诸侯王为民，刘派上层豪强分离了。公元十二年，大封公侯以下二千余人，每人得月钱数千，非常穷困，有些人甚至当雇工度日，王派上层豪强消极了。王莽所用官吏不给俸禄，任令贪暴致富。公元十七年，王莽下令没收官吏家财产五分之四，允许下属告发长官，奴婢告发主人，无市籍的下层豪强怨恨了。王莽统治失去了基础，公元二十三年，在起义军攻击下，长安城破。长安市上小工商响应起义军，攻入王莽宫，屠户杜虞斩王莽头。起义军送王莽头到起义军首领更始帝处，有人割王莽舌切碎分食，因为王莽用那条长舌欺骗了很多人。

第八节　农民大起义

西汉农民起义从汉成帝时开始。

最初发动武装起义的是受压迫最严重的罪徒。这些罪徒起义，虽然规模都不大，也很快就被消灭，但并不是偶发的骚扰，而是广大民众对现状不安，人心动摇，大起义行将到来以前的几个显著的征兆。更早的征兆是公元前三〇年，长安城外一个九岁的小女孩听谣言说大水来了，狂奔进城一直奔进皇宫里。城里人见了也相率惊奔上城。一个小女孩可以把长安城登时搅得乱纷纷，足见人心动摇，莫有固志。汉成帝倒是说出了一些原因。他在诏书里说：这大概是苛暴刻毒的官吏在位，百姓们冤屈失业太多的缘故。更重要的原因，他自己是不敢说的。一个儒生谷永说出来了。他说：天下乃天下人之天下，非一人之天下，不该把天下看作一姓的私产。也就是说，腐朽的汉朝该推倒了。汉成帝用减死刑、赦天下罪徒等办法企图缓和民愤，当然都不能有什么效果。

前二二年，颍川郡铁官徒申屠圣等一百八十人，夺取兵器，杀长官起义，不到一月就经过九个县，后来被汉兵打败。前十八年，广汉郡死罪囚郑躬和罪徒六十余人，夺取兵器，攻入四个县，聚众一万人。第二年被汉兵三万人打败。前十四年，山阳郡铁官徒苏令等二百二十八人夺取兵器，杀长官起义，起义军经过十九个郡国，不到一月被汉兵打败。这些起义都是发展快失败也快，说明起义为民众所拥护，但朝廷武力还很强大。

汉哀帝时，社会又表现了大骚动。当时民间无故惊扰，号呼狂奔，路上聚集数千人，口称要祭西王母。又称有直眼人（妖怪）快来。惊扰的地区很广，经历二十六个郡国。京师居民也会聚祭西王母，或夜间拿着火炬上屋，击鼓号呼，互相惊恐，三个月才平静下去。这是民众受压迫过重过久，不自觉的呼号奔走，借以舒泄郁闷的怨气。

由于王莽行施着比西汉更残暴的政治，待发已久的全国性大起义终于爆发了。

当时农民起义遍及全国，正如王莽所说，江湖海泽（起义人聚集地）象乱麻沸汤。起义的原因，也正如王莽所说，百姓饥饿，惶恐不安，不知道怎样活下去。起义的行动，起初只是夺些粮食度日，希望岁熟得归乡里。起义的组织极其原始，一个首领率数千人，或数万人，各部间不按兵法部署，不相联络。青徐二州起义军多至数十万人，其中最大的赤眉军，首领仅用三老、从事、卒史等乡里间小吏名称，不用将军一类的大位号，也不用文告、旗帜。起义的领导有两类：农民自己领导的为一类，赤眉军可作代表；地主豪强领导的为一类，刘秀军可作代表。这一类组织力较强，在反王莽战争中起了更大的作用。别有一类是地主豪强利用农民起义聚集一部分人，分裂国土，割据称雄，造成混乱的局面。刘秀进行战争十余年，才消灭割据，恢复中国的统一。

下面叙述起义军的活动，着重在打倒王莽统治和刘秀恢复统一的事迹，一般起义军以及豪强割据一概从略：

一 农民起义军

第一类——农民领导的起义军

南方起义军——下江、新市、平林

公元十七年，荆州大饥，饥民到野地掘草根，时常争夺互斗。新市（湖北京山县）人王匡、王凤给饥民调解讲和，被拥为首领，有众数百人。南阳人马武、颍川人王常、成丹等来归附，数月间，众增至七八千人。起义军居绿林山（湖北大洪山）中，攻击附近乡村，声势渐大。二一年，王莽的荆州牧（州长）率兵二万人击绿林军，绿林军迎战，大破王莽军，杀数千人，夺得全部辎重。绿林军攻击几个县城，掠取妇女财物，回到绿林山。众增至五万余人。二二年，绿林发生大疫，人死一

半。余众分散，王常、成丹引一部西行，号下江兵；王凤、王匡、马武等北行，号新市兵。新市兵攻随（湖北随县），平林（随县东北）人陈牧等起兵响应，号平林兵。

东方起义军——赤眉

公元十八年，琅琊人樊崇起义，率众百余人入泰山，饥民纷纷来归，一年间众至万余人。同时，琅琊人逄安（逄音旁 páng）、东海人徐宣、谢禄、杨音各率众起义，众数万人，并入樊崇军，合力攻击青徐二州地方。二一年，王莽遣大将景尚等击樊崇军。二二年，樊崇军击杀景尚。王莽又派遣更大的将军王匡、廉丹率精兵十余万人击樊崇军。樊崇军准备大战，各人用赤色涂眉，作为起义军记号，从此被称为赤眉。赤眉军击败王匡，杀廉丹以下将校二十余人。赤眉军战胜后，人数增至数十万，势力扩展到黄河南北两大平原。

北方起义军——铜马等

黄河两岸大平原上（冀、兖二州）有大小起义军数十部，小部众数万人，大部数十万人。其中刁子都有众六七万，城头子路（首领东平人爰曾）有众二十余万。余如铜马（首领东山荒、秃上、淮况等）、大彤（樊重）、尤来（樊崇）、五校（高扈）、檀乡（刁子都被部属杀死，余众号檀乡，首领董次仲）、五楼（张文）、富平（徐少）、获索（古师郎）、高湖、重连、铁胫、大枪、上江、青犊、五幡

山东日照吕母堌

等部，据史书记载，共有众数百万人。

以上三方起义军，大都是被暴政逼迫，无法生活的广大农民。他们并无自立朝廷的志愿，也缺乏组织力和纪律性。但是起义的作用是巨大的。史书说他们掳掠。是的，掳掠是起义军失败的重要原因，但饥寒交迫的广大农民，在当时的情况下，只有实行所谓掳掠，才能维持生活，才能严重地打击各式各样的剥削者。起义军势力到达的地方，剥削者极其残酷地榨取来的财物被没收了，极其野蛮地掠夺来的奴隶被释放了，起义军这样的掳掠在开始时是不可非议的。起义军一般在乡村活动，很少攻入城市，因为剥削者藏身在那里，防御比较坚固。这些城市，昆阳战后，成为豪强割据的凭借，也成为剥削者恢复势力的据点。由于起义军力弱，不能打击城市中的剥削者，所以起义的作用虽然是巨

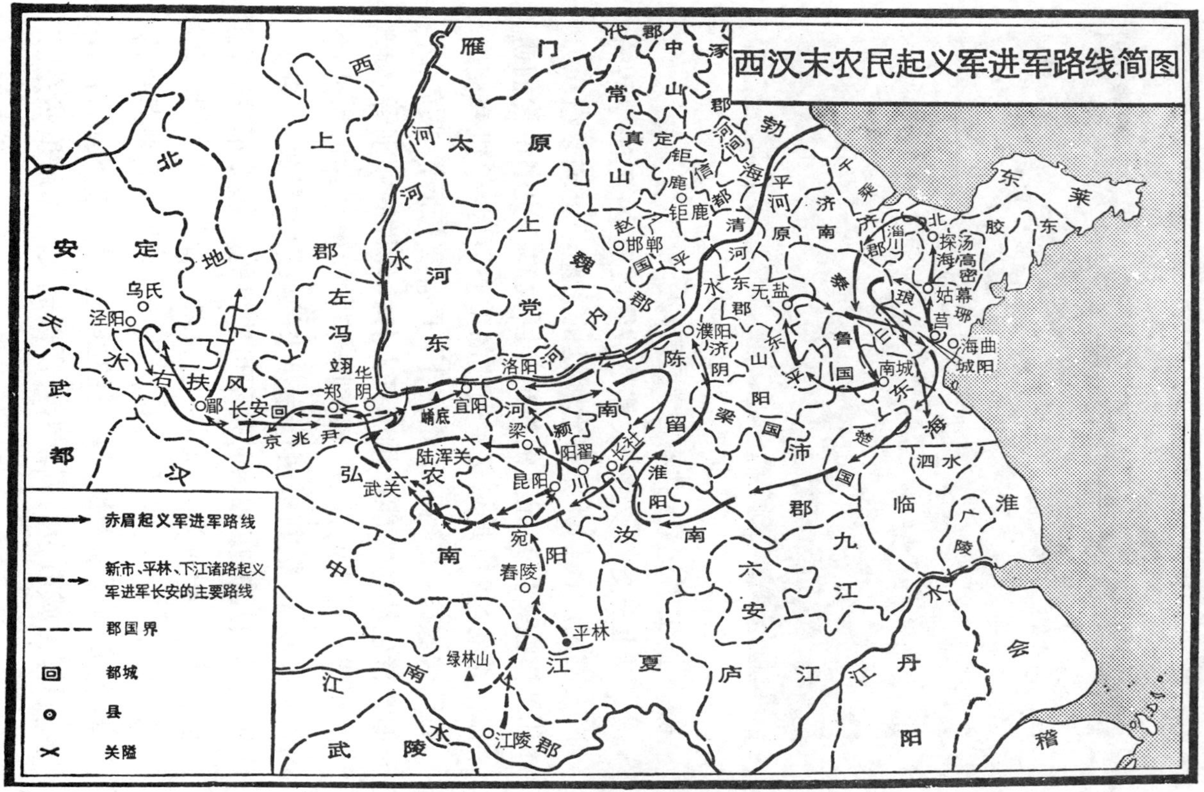
西汉末农民起义军进军路线简图
赤眉起义军进军路线
新市、平林、下江诸路起义军进军长安的主要路线
郡国界
都城
县
关隘
长安
洛阳
宜阳
华阴
郑
郿
泾阳
乌氏
濮阳
无盐
南城
莒
姑幕
昆阳
宛
春陵
平林
绿林山
江陵
武关
陆浑关
崤底
阳翟
长社
邯郸
钜鹿
海曲
城阳

大的，但又是很有限度的。

第二类——地主领导的农民军

公元二二年，南阳郡舂陵乡（湖北枣阳县东）人刘縯、刘秀兄弟起兵反王莽。刘縯刘秀是汉宗室，是南阳著名的大豪强。他们的外祖父是有田三百余顷的大豪强樊重。王莽称帝后，废除汉宗室封爵，并禁止刘姓人做官，刘縯非常愤恨，破家产来交结豪强，成为南阳豪强集团的首领。

刘縯发动族人和宾客七八千人在舂陵乡起兵，豪强李轶、邓晨等率众来会。刘縯自称柱天都部（都统），部属各有将军等名号。当初东方起义军，人数多至数十万，但并无队伍、旗帜、号令，王莽等人把他们看作“饥寒群盗”，以为他们不会做出什么事来。刘縯用兵法部勒军队，攻城略地，散发檄文，宣布王莽的罪状，王莽才感到可怕的压力。

刘縯派人招得新市平林兵，不久又招得下江兵。以刘縯汉军为主，合新市、平林、下江兵，共分六部。刘縯率诸部击杀王莽南阳守将，又击败王莽大将严尤、陈茂军，进兵围宛，声势大振。

二三年，汉兵已有十余万人，诸将议立刘姓人做皇帝。南阳豪强和下江主将王常要立刘縯，新市平林诸将怕刘縯严明，阻止掳掠财物，蛮横地拥立懦弱无能的刘玄做汉帝，号称更始帝。新市平林诸将掌握大权，排斥刘縯刘秀集团，起义军自此发生裂痕。更始帝派遣王凤、王常、刘秀率兵攻下昆阳(河南叶县北)、定陵(河南郾城县西北)、郾(河南郾城县)三县。刘縯等率主力军攻下宛，作为更始帝的都城。

王莽听得严尤、陈茂军败报，令王邑、王寻大发各州郡精兵四十二万人，号称百万，与严尤、陈茂合兵，进击宛。王莽大军经过昆阳，围昆阳城。刘秀劝说王凤王常率八九千人守城，自己率十三骑到郾、定陵发汉兵数千人击王莽军。昆阳城被围数十重，早晚就要陷落。刘秀自率步骑兵千余人作前锋，攻击王莽军。汉兵数千人见刘秀勇猛直前，领兵诸将胆壮起来，相继进攻，连胜连进。刘秀率敢死兵三千人直冲王莽军中坚，王寻王邑自恃兵多，亲领精兵万余人接战，刘秀猛击，杀王寻。王莽军阵乱。城中汉兵乘胜出战，内外合攻，呼声震动天地，王莽军大溃，士卒都逃回本州郡。王邑率数千人逃往洛阳，严尤、陈茂投降汝南郡割据者刘望。王莽的主力军经昆阳一战，完全被消灭。

昆阳之战是决定性的大战，王莽的新朝，跟着这次战败就崩溃了。原来在观望中的各地豪强，包括王莽的某些地方官吏，纷纷起兵割据土地，自称将军，不到一个月，王莽主要的领土，只剩下长安洛阳两个大城。

昆阳之战，一方面是王寻、王邑昏愚不按兵法行动，另方面是刘秀的勇敢善战，但是这些都还不是决定胜败的根本原因。根本原因是在于广大农民憎恨王莽，要推倒他的统治。因为双方军队都是农民组成的，刘秀军勇敢直冲，王莽军阵乱溃散，都是农民反王莽的表现，双方农民共同造成了昆阳之战的战果。当然，没有刘秀的率领，也不可能取得如此巨大的胜利。刘秀是大豪强，但在反王莽这一点上，与农民的利益一致，因此他能利用农民的力量取得胜利的果实。王莽曾发精兵二万击绿林，精兵十万击赤眉，都战败而不曾大败，因为绿林赤眉缺少一个象刘秀那样智勇的率领人。

王莽的失败决定了，更始帝阵营中的分裂也爆发了。新市平林诸将和一部分南阳豪强嫉忌刘缜刘秀盛大的威名，使更始帝杀死刘缜。刘秀在这个危急情况下，表现出异常的智力和忍耐力。他赶快驰回宛，向更始帝谢罪，不和刘缜的旧属往来，也不为刘缜行丧礼，饮食言笑不改常态，只说自己的罪过，不说一句昆阳的战功。这样，更始帝不便再杀他。过了些时，更始帝迁都洛阳，派他到河北镇抚诸州郡。刘秀开始经营河北，逐步造成独立的势力。

二　农民起义军打倒王莽统治

昆阳大胜后，更始帝派遣两路大军。王匡率一路攻洛阳，申屠建率一路攻武关，关中震动。申屠建军入武关，关中各县豪强，起兵自称汉将军，助申屠建军攻入长安城。长安市民众起义响应，攻入王莽宫，杀死王莽。王匡军攻下洛阳。更始帝自宛迁都洛阳。二四年，自洛阳迁都长安。更始帝大封宗室新市平林下江诸大将以及某些南阳大豪强为王，起义军中较小的首领，不按军功大小，只凭大首领好恶，滥封官爵。带兵在外的将官，拥兵割地，专断横行，分裂自主，不相统属。不论朝内朝外，什么法纪都不讲，专讲掳掠得多少。起初民众受不了王莽的压榨，比较起来，觉得还是汉朝好些。不料更始帝为首的一群汉将军压榨得更凶暴，民众又觉得还是王莽好些。因此，本来是正义的南方农民起义军，现在增加社会混乱，失去全国民心，变质为豪强率领的害民军了。

赤眉军在颍川郡集中，分兵为两部。樊崇、逢安率领一部，徐宣、谢禄、杨音率领一部。赤眉军是纯粹的农民组织，虽然屡获战胜，却不愿继续从军，只想回到家乡去。樊崇等怕军队溃散，定计西攻长安。二五年，赤眉军两部合并，分为三十营（一营一万人），击败更始军。更始军诸将计议大掠长安城，逃回南阳一带当盗贼。更始帝不听，诸将内讧，互相攻战杀害。赤眉军将进长安，大会诸三老、从事，立牧牛童子刘盆子为汉帝。徐宣为丞相，樊崇为御史大夫，其余首领各有文武官号，组成了一个朝廷。赤眉军入长安，更始帝和一些官员投降赤眉军。

赤眉军入长安城后，也进行掳掠，樊崇等不加禁止。长安城中粮尽，樊崇等烧宫室街市，出城掳掠关中各县邑，又发掘汉帝后坟墓，收取宝货。长安经更始军赤眉军相继破坏，西京二百年的文物，几乎全毁了。农民在开始起义时，夺取豪强的不义财物，是完全合理的行动，但必须逐步禁止，建立起纪律来，才能得到广大民众的援助，取得起义的胜利。更始军赤眉军不立纪律，主要原因在于领兵诸将爱掳掠，不愿有纪律。更始军向盗贼转化，赤眉军始终保持农民的纯朴性，同是掳掠，赤眉军还是值得同情的。刘秀军诸将也同样爱掳掠，刘秀却专意在建立纪律，因之最后胜利者不能不是刘秀。

在农民起义时期，乡间豪强胁迫佃户和附近农民筑营堡，为豪强当私兵。东汉时营、堡、坞、壁等据点和被迫当私兵的部曲，得以合法存在，大大增强了豪强的割据力量。

三　刘秀取得最后胜利

二二年，刘秀到河北，巡行诸郡县，释放囚徒，废除王莽苛政，恢复西汉官名，官民送礼物，一概不受。他规定了取天下的方针：军事上纪律严肃，赏罚分明；政治上招集人才，争取民心。最后目的是得天下。当时河北形势，农民起义军有铜马、青犊等部数十百万，割据者有邯郸王郎，自称天子，邯郸以北，辽东以西，地方官吏多归附王郎，声势很盛。刘秀攻入邯郸，杀王郎。又击败铜马、青犊等部，得降人数十万。赤眉军入关，刘秀知道更始军必败，预作军事部署，派遣大将邓禹率精兵二万图关中，选择寇恂守河内郡，作为中心根据地。刘秀率兵击败尤来、大枪、五幡、五校等部，河北大体为刘秀所有。

二五年，刘秀称皇帝（东汉光武帝）。邓禹渡河入关中，击败更始军十万人。寇恂等攻入洛阳，刘秀定都洛阳，开始建立东汉朝。二六年，大将冯异代邓禹领兵击赤眉。二七年，冯异大败赤眉军。赤眉军走向宜阳，刘秀亲率大军截断去路，赤眉军刘盆子樊崇以下十余万人全部投降。农民领导的起义军被豪强领导的农民军消灭了。

当时豪强割据，全国分裂，最大的豪强，东方有张步，据青州十二郡，北方有彭宠，据渔阳等郡，西方有隗嚣，据天水等郡，西南有公孙述，据益州全部，南方有更始军残部据郾、宛、邓、淮阳等地。较小的割据者和乡间营堡，不计其数。刘秀为统一天下而战争，次第削平割据者，也平毁了许多营堡，到三六年，大将吴汉攻破成都，灭公孙述，结束了豪强割据，恢复了中国的统一。

赤眉军首领只有徐宣一人曾做过狱吏，樊崇等人都不识文字，历史知识和政治经验是很缺乏的。赤眉军的幼稚行动，决定了它的必然无成。刘秀本人兼有太学生、贵族、豪强三种身分，他的文武部属也全是这三种人。这个以南阳豪强集团为主体的刘秀军，在政治上有优势，在军事上有谋略，再加上禁止掳掠，争取民心，这就决定了它的必然胜利。刘秀既是地主阶级的代表，自然是农民起义军的死敌，但是他也代表着社会的共同要求，完成了国家统一的伟大事业。他在推倒王莽的战争中，在削平割据的战争中，都起了极大的作用，因之他是一个对当时历史有重要贡献的杰出人物。

第九节　经学、史学、历数学、诸子

秦始皇统一了中国。秦二世时农民大起义，推倒秦的统治，很快恢复了统一，建立起西汉朝。这是封建地主阶级新创立的国家，积极建设为经济基础服务的上层建筑，便成为非常重要的急务。秦始皇已经做了许多有益的工作。西汉时期主要是汉武帝又做了更多的工作，巩固封建统一国家的上层建筑大体上都建立起来了。

政治制度，上面已经说过了一些，这里叙述的是西汉其他部分的上层建筑物。

一　经　学

儒家思想是西周以来封建主义的正统思想。经孔子删订六经，聚徒讲学，不仅造成了整套的思想体系，

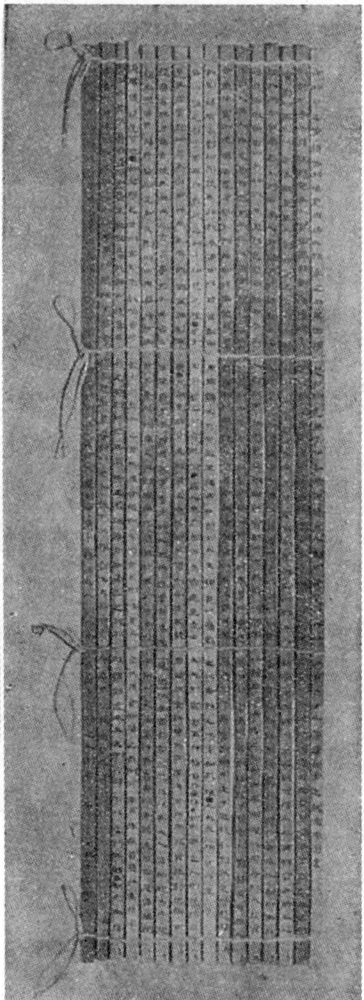

展 开

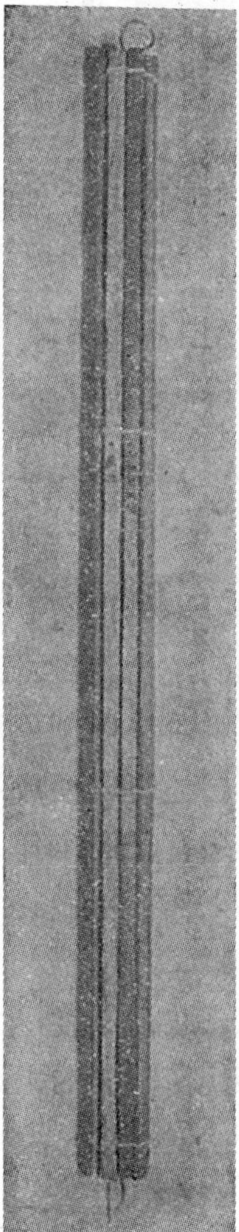

卷 起

甘肃武威汉简(仿制)

而且培养了大批儒学传播者。孔子死后，儒家地位继续上升。战国时儒墨并称显学，但儒家比墨家更占优势。秦始皇焚民间藏书，坑孟派儒生，只许士人学秦朝的法律制度，以吏为师。皇帝宫中却藏有大量图书，朝廷上仍有博士官和儒生（如张苍、叔孙通、伏胜等）或传经或议论政事。秦始皇以为这样就可以整齐学术，统一思想，结果恰相反，儒生参加农民起义，成为推倒秦统治的一个力量。西汉前期，朝廷与诸王国并立，各学派士人（墨家已亡）游诸王国求禄，助国王反抗朝廷。汉景帝灭七国后，全国政治统一了，汉武帝在这个基础上实行学术统一。

前一四〇年，汉武帝即位。他即位后首先举行的一件大事，就是召集全国文士，亲自出题考试，并且亲自阅卷，选取《公羊》学大师董仲舒公孙弘为首列，非儒学的诸子百家一概被罢斥，儒学从此取得了独尊的地位。

公孙弘是个狱吏出身的儒生，长于奉迎，汉武帝为了提倡儒学，前一二四年，擢升他做丞相，封平津侯。公孙弘以前，做丞相的人常是列侯贵族，公孙弘出身贫士，竟得封侯拜相，《公羊》学因此成为最行时的学术。凡是士人和官吏，必须学习儒经，才能得到任用或升迁，儒学独尊的地位更加巩固了。

汉武帝特别提倡《春秋公羊》学，这是因为《春秋》经是孔子正名分（诛乱臣贼子）的著作，是封建专制主义具体应用在政治上的典型，是孔子政治思想的完整表现，其他经书都不象《春秋》那样适用。还有一个特点是《春秋》经文字极其简单隐晦，便于学者在最大限度内加以穿凿和引申。汉武帝选中《公羊春秋》，在政治需要上是完全切合的。适应这个需要，制成整套《公羊》学说的大师，就是被西汉儒生称为“令后学者有所统一，为群儒首”的董仲舒。

西汉前期，朝廷也立儒经博士，承认儒学的正统地位，但指导政治的却还是黄老刑名之学。儒生与黄老刑名学者，经常发生争论，例如汉景帝时，《诗》博士辕固与道家黄生辩汤武革命。辕固据经义，说汤武诛桀纣，做天子，是得民心的正义行为。黄生引道家说，破帽子还得戴在头上，新鞋子终究穿在脚下，认为汤武虽是圣人，到底不该放桀、弑纣。汉景帝下判断说，吃肉不吃马肝（有毒），不算不知味。意思是不要学者再争论汤武革命的是非，也就是不赞成汤武革命。辕固又与道家窦太后辩两家高低。窦太后发怒，令辕固和野猪搏斗，幸得汉景帝给他一把好刀，没有被野猪咬死。这种学派间的斗争，显然阻碍着统治阶级内部的统一，也就减少了上层建筑的作用。董仲舒对西汉统一事业的贡献，就在于他把战国以来各家学说以及儒家各派在孔子名义下、在《春秋公羊》学名义下统一起来。经董仲舒这个巨大的加工，向来被看作“不达时宜，好是古非今”的儒学，一变而成为“霸（黄老刑名）王（儒）道杂之”，合于汉家制度的儒学了。

董仲舒的哲学基本上是《易经》阴阳学说的引申。他认为任何一个事或物，一定是相反的事或物合成的。例如有上必有下，有左必有右，有前必有后，有表必有里，有美必有恶，有顺必有逆，有喜必有怒，有寒必有暑，有昼必有夜，这叫做“凡物必有合”。合的两方面性质不相同，这叫做“合各有阴阳”。阴阳数量可以相等，性质却有一定，阳性尊、阴性卑，这叫做“同度而不同意”。君、父、夫是阳（三纲），臣、子、妻是阴，阴不得独立行事，只能从阳行事，事成不得分功。这叫做“阳兼于阴，阴兼（被兼）于阳”。阴阳不得同时并起，一定要有先后，阳总在先，阴总在后，阳是主体，阴是附属，这叫做“一而不二”。阴阳二物，按一定的时候互相交替，一个起来，一个下去，一个增多，一个减少。起来了的到时候要下去，下去了的到时候又起来；多了的不能多到过度，少了的不能少到绝灭，终而复始，循环不止，这叫做“常一而不灭”。做事不论大小难易，违反天道（一而不二）一定无成，比如目不能两看，耳不能两听，手不能一手画方一手画圆，不一就要生患（心有二中），这叫做“君子贱二而贵一”。天地的精气合起来成一，分开来成阴阳，再分成春夏秋冬四时，配到东南中西北五方成五行。木（东）火（南）土（中）金（西）水（北）顺次叫做“五行相生”（如木生火，火生土……），逆次叫做“五行相胜”（如水胜火，金胜木）。五行统一于阴阳，阴阳统一于天。人受天命而生，同天一样，也有阴阳五行。人是天之副，与天合而为一，这叫做“人副天”。董仲舒哲学的结论是“道(人道)之大原出于天(天道)，天不变，道亦不变”；“与天同者大治，与天异者大乱”。

《易经》的阴阳学与战国以来盛行的阴阳五行学，融合成为董仲舒的《春秋公羊》学。这样，把儒家与阴阳五行家统一起来了。《易经》阴阳学说明阴阳的基本观点是仁与义（“天地之大德曰生……禁民为非曰义”），董仲舒说阳是天之德，阴是天之刑，刑主杀，德主生，天亲阳而疏阴，重德而不重刑。这样，把儒家的仁义与黄老刑名之学统一起来了。董仲舒说天不是为王生民，而是为民立王，能利民的王，天要让他做下去，害民的王，天要夺去他的王位。有道伐无道，是天理也是人理。这样，把儒家汤武革命、天命靡常的学说与阴阳五行家的五德终始说统一起来了。墨学的本旨在于利民，董仲舒说，天使人有义和利两种生活，利(物质)养人的身体，义养人的精神，缺一不可，而义重于利。这样，把儒家与墨家统一起来了，儒家孟子学派说性善，荀子学派说性恶，董仲舒说天有阴与阳，人有性与情(情欲)，性有为善的端绪，但必待教诲而后成为善。这样，把孟荀两派统一起来了。董仲舒的哲学观点是循环的不是发展的，是调和的不是斗争的，有唯物论的因素，但基本上是唯心论；有辩证法的因素，但基本上是形而上学。董仲舒的统一论是各家学说的融合体，正是最适合于西汉政治上需要的一种哲学。

董仲舒根据他的哲学观点，提出许多影响甚大的建议。这些建议，极大部分被汉武帝采纳并得到实行。

（一）大一统——董仲舒说：孔子修《春秋》，把一统当作首要的大事，因为这是天地的常道，古今的通义。现在学士们各持异说，朝廷无法一统，法制屡变，臣民不知所从。请将不属于《六经》、不合于孔子的学说，一概废绝不用，专用儒术。

（二）更化——秦行法家政治，刑罚惨刻，汉律大体沿袭秦律，路温舒《尚德缓刑书》里说，“秦有十失，其一尚存，治狱之吏是也”。董仲舒主张更化，就是要求以仁德代替严刑，也就是要求以儒家学说代替法家学说。他认为限田是更化（改制）的关键所在。他说，秦行商鞅法，准许民间卖买田地，富家田联成一大片，贫民连放个锥子的地方也没有。耕种富家田，要纳税十分之五，穷得只能衣牛马之衣，食犬彘之食。汉朝继承秦法，一切不变。富人贵人凭借势力，与庶民争利，庶民怎能抵得住他们！于是富贵人家，奴婢多得很，牛羊多得很，田宅多得很，产业多得很，积蓄多得很，但是依然贪多无厌，一味压榨求利。庶民天天遭剥削，月月见紧缩，从小穷变成大穷。富贵人家奢侈淫佚，贫苦人家穷急愁苦，这实在是更化的时候了。董仲舒建议限田，不许豪富占田过限；释放奴婢，禁止擅杀奴婢；减轻赋税，节省徭役，让庶民的负担略为宽舒些。董仲舒这个对农民充满同情心的正义性建议，后来得到汉武帝的采纳，但专禁商贾占田，没收他们的田宅和奴婢，不是董仲舒普遍限田的原意。

（三）推阴阳灾异——在落后社会里，占卜术常是人们行动的指南。汉武帝曾召集各种占卜家，问某月某日可不可以娶妻？五行家说可，堪舆家说不可，建除家说不吉，丛辰家说大凶，历家说小凶，天人家说小吉，太一家说大吉。辩论纷纭，不得解决。汉武帝判断说，一切宜忌，以五行家为主。五行家得汉武帝的尊信，成为日常生活的指导者，儒家和它合流，是很自然的。《春秋》经记录天变灾异，原来并不含什么迷信的意义。陆贾在汉高帝时作《新语》，说“治道失于下，则天文度于上，恶政流于民，则虫灾生于地”。足见战国儒者，已开始推灾异。董仲舒取《春秋》所记天变灾异广泛地予以附会穿凿，使《公羊》学彻底的阴阳五行化。这在董仲舒学说里，是最重要的、影响最大的部分，儒学蒙上浓厚的迷信色彩，几乎起着宗教的作用了。但是，这个迷信部分，俗儒可以用来对朝廷奉迎取宠，正直的儒生也可以用来进行谏诤，因为在专制政治的朝廷上，臣下议论朝政，是一种冒险的行为。董仲舒创阴阳五行化的儒学，借天变灾异来附会经义，以此为论据，对称为天的儿子的皇帝表示异议，多少起些减轻危险性的作用（当然，天子也利用天变灾异来斥逐大臣）。自从董仲舒开出这一条道路，《公羊》家以外各家的经师，都认为这是一条最合时的道路，把大量迷信成分加入到经学里，借以取得朝廷的信任。经学阴阳五行化，成为西汉今文经学的基本特点。

(四)断狱——儒家谈德治，向来与法家刑名之学对立。董仲舒据《春秋》经义附会汉朝法律，决断了许多疑难大狱，儒法两家合流了。西汉初萧何定法律凡九章，到汉武帝时，律和令增至三百五十九章。其中死罪律四百零九条，凡一千八百八十二目，又有死罪例一万三千四百七十二条。法令烦多，连掌管法令的官吏也不能全部看完。官吏按罪人贿赂的有无，任意引用一条法令作根据，判轻罪为死罪，或判死罪为轻罪。董仲舒断疑狱二百三十二件，大体上从轻判决，救活了许多人命。他的判词集合成《公羊董仲舒治狱》十六篇，流传久远，至东晋时还有人引用它来辩护自己的冤狱。

孔子以后董仲舒以前的儒学是汉人称为朴学的原始儒学，它的特点是(一)思想上还拘泥于残余的领主制度，不能完全符合新的地主统治的需要；(二)儒家还是各种学派中的一派，不能吸收各种学派，使统一到儒学里面来。董仲舒生在汉景帝、汉武帝时候，西汉政治上统一的条件已经成熟了，学术上统一的条件也成熟了。儒学经董仲舒的加工，因此摆脱了原始阶段，成为阴阳五行化的、完全适合地主统治的西汉今文经学。某些汉儒把董仲舒当作孔子的继承者，因为他创造了今文经学。

董仲舒是西汉今文经学的创始人，是首先变朴学为西汉经学的大师，了解了他的学说，也就了解了西汉今文经学的本质。下面叙述的今文经学的盛况，也就是这种本质的盛况。

汉武帝时官学有五经(《易》、《书》、《诗》、《礼》、《春秋》)博士。后来博士逐渐增加，《易经》分四家，《书经》分三家，《诗经》分三家，《仪礼》分两家，《公羊春秋》分两家，共十四家。称为五经十四博士。

某一经的大师，如果能象董仲舒那样，把本经阴阳五行化，并得到朝廷的尊信立为博士，这个大师的经说，便成为师法。弟子们按照师法讲经，叫做守家法。自汉武帝至西汉灭亡，百余年间，经学极盛，大师前后多至千余人，有些经书的解释增加到一百余万字。例如《书经》大师秦延君，用十多万字解释《尧典》两个字，用三万字解释“曰若稽古”四个字。一个士人从幼年开始学一经，往往到头白了才学会说经。这样又苦又难的经学，太学里却经常聚会着成千成万的学生，甘愿受苦受难从大师受学，因为士人求利禄，只有经学是一条主要的道路。

凡是博士教弟子的经书，都是用汉朝通行的隶书写的，因此叫做今(汉)文(字)经。阴阳五行化的今文经学是一种迷信的、烦琐的、穿凿附会很少有学术价值的学问。朝廷指定它作为士人求仕的道路，以便有效地控制士人，使他们戴着空虚昏暗的头脑，在利禄的道路上一辈又一辈地追求下去。

今文经学反映着统治阶级当权部分的政治利益；和它相对立的古文经学，反映着不当权部分的政治要求，就是要求古文经学也作为入仕的一条道路。

用篆文（战国时文字及秦小篆）写的经书叫做古文经。传授古文经的学说叫做古文经学。它的特点是（一）保持朴学的传统，按字义讲解经文，训诂简明，不凭空臆说，与烦琐的今文经学趋向不同。（二）迷信成分极少或排斥迷信，与阴阳五行化的今文经学趋向不同。（三）少数儒生私家自相传授，在政治上主张复古，与迎合世务的博士学——今文经学趋向不同。还有一个特点是两种经学相同的，那就是都缺乏进步性的思想。自然，古文经学在反对迷信这一点上，比起今文经学来，到底还是进步一些，东汉王充、南朝范缜的学说就是以古文经学为基础而发展起来的。

王莽要夺取西汉政权，政治上收揽统治阶级各部分势力，经学上也对古文经学让步，在太学里立《左氏春秋》、《毛诗》、《周礼》、《古文尚书》四个古文经学博士。今文博士坚决反对古文经学从私学上升为官学，与古文经学的提倡者刘歆进行了剧烈的宗派斗争。刘歆凭借政治力量，暂时压倒今文博士。东汉光武帝取消古文博士，古文又成为私学。东汉时期，私学在士人间盛行，产生不少著名的大师，经学上成绩远超过官学，但总是得不到官学的地位。官私两学的不断冲突，正反映出东汉统治阶级内部的不断冲突。

任何一个有阶级的社会，总是由两个主要的敌对阶级构成的，总是依照对立统一的法则而存在并发展的。两大敌对阶级在相互关系上，如果说，只有一个斗争性，或者说，只有一个同一性，那末，这个社会就根本不会存在。自然，斗争是绝对的，但阶级斗争不管怎样尖锐，并不会引起社会的分裂，因为总还有同一的一面，其间保持着不可割断的经济等联系。

春秋战国时期，出现儒墨道三大学派的政治思想。道家和法家所谓黄老刑名之学只看对立面，对人民进行绝对的压迫。这种学说到秦二世行督责时达到了顶点，秦朝很快被农民起义所推翻。墨家只看统一面，放弃斗争性，劝告两大敌对阶级在同一性上实行尚同兼爱。这种学说自然只是一些天真的幻想。儒家与道墨不同，它主张用礼来节制对人民的剥削，借以和缓阶级间的斗争性；主张仁民爱物、尚德缓刑，借以扩大阶级间的同一性。儒家学说比起道墨两家来，较为接近对立统一的法则，也就是较为接近社会的实际，因之它成为汉以后长期封建社会的政治指导思想，没有一个学派或宗教能夺取它的正统地位。

当然，儒学是为封建统治阶级服务的，但在同一性上即共同利害上，忠实于儒家学说的儒者，常为人民发出诉疾苦、申冤抑的言论，也常为人民做出去祸害、救灾难的事迹，甚至不惜破家杀身对君主犯颜直谏，要求改善政治。他们是封建统治阶级的忠臣。他们懂得“民惟邦本，本固邦宁”的意义，为爱邦而爱及邦本，也就真诚地成为人民的同情者和代言者。古代优秀的人民文化即多少带有民主性和革命性（反对残暴政治）的言论和事迹，很大一部分是与儒家学说有关的。儒学特别是宋明理学，极重伦理道德，对孝悌忠信礼义廉耻等美德的阐发，虽然无不打上统治阶级的烙印，但某些精到处也往往与人民的伦理道德有其同一性。排除它的封建毒素，打破它的阶级局限，批判地吸收它的精华，可以大大丰富人民的精神生活。清理中国古代的文化遗产，继承并发扬古代文化的优秀传统，主要应从研究儒家学说入手。

孔子首创儒学。儒学最根本的政治思想是德治（王道）。能行德治的人才能受天命为天子。天与民同心，天命是民心的反映。国君失民心就失天命而败亡，得民心就受天命而兴起。受天命者代替失天命者，最理想的方式是尧舜禅让，其次是汤武革命。这些根本观点，与道家、法家的主张法治（霸道）、反对革命是对立的。孟子发挥孔子的德治思想，最为透彻，西汉以下的儒学，基本上是孟子学说的衍变。

秦行法家政治，正统派儒学持异议，最后遭到焚书坑儒的惨祸。西汉前期，朝廷并用儒学和黄老刑名之学，但黄老刑名之学仍处优势。西汉中期，儒学经董仲舒改革，成为合时宜的学说，形式上取得优势，但黄老刑名之学仍保持原有的重要地位。西汉后期，儒学取得确实优势，完成了排斥黄老刑名之学的愿望，但所谓德治，无非是朝廷纵容官吏及豪强作恶，刑罚不加，纲纪废弛，人民受尽贪暴政治的祸害，西汉也就灭亡了。

忠实于儒家学说的一些儒者，对着三个时期的政治，曾发出不少反对的议论。叙述西汉儒学，应该看到多数阿世取容的章句小儒，也应该看到少数同情人民的正统儒者。下面列举几条，略见正统儒者的代表性言论。

贾谊《新书·大政篇》说：人君“知恶而弗改，必受天殃。天有常福，必予（给予）有德，天有常灾，必予夺民时（使民失农时者）。故夫民者至贱而不可简（轻视）也，至愚而不可欺也。故自古至于今，与民为仇者，有迟有速，而民必胜之”。

董仲舒创阴阳五行化的儒学，借天道说人事。他在对策里说，“谨案《春秋》之中，视前世已行之事，以观天人相与之际，甚可畏也。国家将有失道之败，而天乃先出灾害以谴（责）告之；不知自省，又出怪异以警惧之；尚不知变，而伤败乃至。以此见天心之仁爱人君而欲止其乱也。自非大无道之世者，天尽欲扶持而安全之，事在强勉（人君改过为善）而已矣”。董仲舒所讲天人之际，本意在利用天变灾异来进行谏诤，剥去迷信部分，实质上仍是孔孟的仁义学说。

汉昭帝时，泰山等地发生怪异事。眭弘上书说：

“先师董仲舒有言：虽有继体守文之君，不害圣人之受命”。眭弘以为汉运已经终了，要求朝廷访求天下贤人，“禅以帝位”，“以承顺天命”。朝廷加眭弘“妖言惑众，大逆不道”的罪名，杀眭弘。董仲舒遵守有德代失德的训条，眭弘为这个训条遭杀身之祸，足见他们是忠实于自己的学说的。

汉宣帝重用治狱之吏，盖宽饶上书，引韩氏《易传》言：“五帝官天下，三王家天下。家以传子，官以传贤。若四时之运，功成者去，不得其人，则不居其位”。他暗示汉宣帝应让位给贤者。朝廷说他自己想做皇帝，“大逆不道”。盖宽饶自杀。

汉元帝用儒生为政，朝纲不振。贡禹上书说：“方今天下饥馑，可无大自损减以救之，称（合）天意乎！天生圣人，盖为万民，非独使自娱乐而已也”。

谷永在汉成帝时上书说：“天生蒸民，不能相治，为立王者以统理之。方制海内，非为天子，列土封疆，非为诸侯，皆以为民也。……去无道，开（立）有德，不私一姓，明天下乃天下之天下，非一人之天下也。……夫去恶夺弱，迁命贤圣（去恶弱的旧君，改立贤圣为新君），天地之常经，百王之所同也”。

鲍宣在汉哀帝时上书说：“民有七亡而无一得，欲望国安诚难；民有七死而无一生，欲望刑措诚难。此非公卿守相贪残成化之所致耶！群臣幸得居尊官，食重禄，岂有肯加恻隐于细民，助陛下流教化者耶！……天下乃皇天之天下也。陛下上为天子，下为黎庶（民）父母，为天牧养元元（民），视之（官与民）当如一……今贫民菜食不厌（饱），衣又穿空（孔），父子夫妇不能相保，诚可为酸鼻。陛下不救，将安所归命乎！夫官爵非陛下之官爵，乃天下之官爵也。陛下取非其官（私用官爵），官非其人（私用小人），而望天悦民服，岂不难哉！……天人同心，人心悦则天意解矣”。

上列诸儒言论，自董仲舒以下，无不附会天变灾异来反对暴政，要求德治。他们拥护封建统治，但希望有德代失德，并不拥护一姓常存。他们同情人民疾苦，但着重在劝告朝廷，并不同情农民起义。所以儒学始终是适合封建统治阶级的政治学说，同情人民是有限度的，拥护封建统治则是绝对的。

二 史 学

儒家的六经，原来是周史官所藏各种历史记录，经孔子删订解释以后，师弟相传，别成一种所谓经学，但历史学并不因经学的盛行而停止本身的发展。如果说，在前一阶段里，孔子左丘明是最伟大的历史著作家，那末，在发展到较高的阶段上，太史公司马迁是更大的历史著作家。自从司马迁著《史记》，中国才开始出现了规模巨大的、组织相当完备的历史著作。

司马迁的父亲司马谈，是汉武帝的太史。司马谈非常博学，精通天文学、《易》学、黄老学。他以黄老学为主，批判儒、墨、名、法、阴阳各家学说，比起当时的一般儒生来，他确是一个卓越的思想家。司马迁十岁以前曾学过耕地和牧畜，十岁读古文书籍，二十岁以后，游历全国名都大邑，采访遗闻佚事。司马谈死后，司马迁继父职做太史，遍读石室金匮（宫中藏书处）里所藏旧史和群书，因此，他是西汉一代稀有的大博学家。司马迁继承司马谈家学，又博通古今文经学，特别是董仲舒《公羊》学，但不受西汉经学的拘束，更不受阴阳五行学的影响，他是西汉一代最大的思想家之一。前九九年，司马迁四十八岁（据王国维说），遭受汉武帝残暴的刑罚（宫刑）。这对司马迁是一种极大的侮辱。司马迁自知在仕途上不可能再前进了，于是发愤著《史记》，希望象孔子著《春秋》那样，传给"后世圣人君子"。他著《史记》不是为了阿世，所以敢于用直笔，他著《史记》不是为了好事，所以态度极认真。他著《史记》是为了"成一家之言"，与经传比高下，所以竭尽他的才力与知识，一心为完成《史记》而述作。

司马迁具备着上述诸条件，再加上他的创造力，以二十余年的时间，写成了《史记》一百三十篇（西汉时已缺十篇），上起黄帝，下讫汉武帝，凡当时存在着的史料，全部综合在《史记》里面。这一伟大著作的出现，标志着孔子以来历史学又大进了一步。

十二本纪、十表、八书、三十世家、七十列传组成

《史记》一百三十篇。本纪仿《春秋》经十二公，按年月标举大事，为全书总纲。表仿周史官旧谱的体制，创世表、年表、月表三种，记事最为省便。书仿《尚书·禹贡篇》及《礼经》、《乐经》的体制，总述古来文化的成就，特别是《天官书》、《历书》、《河渠书》、《平准书》，总结了天文、历数学、地理学、经济学的知识，意义更为重大。自此以后，史家相继述作，二千年来有关制度、经济、文化发展的史料得以大量保存，司马迁创始的功绩是极其巨大的。世家中有西周至战国十七个重要的侯国史（本纪中《秦本纪》也是侯国史），大大丰富了这一段历史的内容。列传中有重要人物传，有特殊事业传，有国境内诸少数族传，有藩属国传，有外国传，叙述的方面甚为广泛。司马迁不受西汉经学的拘束，所以还能看到社会上各种活动的人物，为名医、侠客、大商贾、优伶、刺客、占卜人立传。他为酷吏立传，说豪强兼并，什么道理都不能感化，只有不顾一切，用严刑削平他们。酷吏、游侠、货殖等列传，特别显著地表现出司马迁对被剥削者被压迫者的同情心。当然，司马迁贯穿在全部《史记》里的基本思想，不可能超出地主阶级思想的界限，这就是说不可能超出董仲舒《春秋公羊》学（除去阴阳五行成分）和道家思想的界限。

《春秋》是鲁国史，《史记》扩大为全中国史，《春秋》以鲁君为主，《史记》以历代天子为主（《秦本纪》例外）。《春秋》局限于二百四十二年，《史记》十二本纪上通到黄帝尧舜二千余年。《史记》改变了分国割据的历史概念，建立起历史的统一观和正统观。《史记》十二本纪上起五帝，历三代以至秦汉，一脉相传，这是有极大意义的，它表示国家的统一和人心的统一。春秋战国时有百国春秋，《周春秋》与《鲁春秋》没有尊卑的区别(例如《国语》中《周语》与诸侯国语并列)。没有一个明确的中心。《史记》称天子为本纪，称诸侯为世家，称天子在位年为全国共同的纪年，称诸侯在位年为本国内的纪年，这样，全中国以天子为中心，精神上统一起来了，虽然战国以前，实际的中国是分裂割据的。天子成为全国的中心，天子所属的朝代，自然被认为正统的朝代。在封建时代里，正统朝代与非正统朝代的区别，曾起着一定的积极作用。这里包含天子的族类问题，政治的仁暴问题，疆域的统一与分裂问题，其中族类问题尤为特出。汉族建立的朝代，即使因暴政被广大人民推翻了，但继起的如果是非汉族的朝代，那个被推翻了的汉族朝代，就会被用来作号召广大人民起义的旗帜，一直到推翻非汉族的朝代才停止。反之，非汉族的朝代被推翻以后，绝对不可能用来作号召民众的旗帜。这个自西晋至清朝毫无例外的历史事实，与广大人民承认正统朝代反对僭伪偏闰朝代的传统思想有密切联系。这个传统思想发源于孔子《春秋》，形成于司马迁《史记》，十二本纪正是这个传统思想的正确反映。由于这个正确反映，传统的历史正统观更加巩固，成为封建时代进行民族斗争的一个重大力量。

司马迁《史记》创纪传体通史，东汉初班固《汉书》创纪传体断代史。《汉书》叙事详密，可是缺少司马迁那样比较自由的思想。此后各朝纪传体史称为正史，虽然都不及《史记》和《汉书》，但在各体史书中，仍居最重要的地位。

西汉后期，继司马迁而起的大博学家刘向、刘歆父子，做了一个对古代文化有巨大贡献的事业，那就是刘向创始刘歆完成的《七略》。

汉高帝灭秦，萧何收秦朝廷所藏图书。后来项羽烧秦宫室，图书因得萧何收藏，可能未受损失。汉武帝令民间献书。汉成帝使陈农到各郡国搜集遗书。自汉武帝到汉成帝，照刘歆《七略》说，“百年之间，书集如山”。汉成帝令刘向校经传诸子诗赋，任宏校兵书，尹咸校数算（占卜书），李柱国校方技（医药书）。每校完一书，刘向做成本书提要，连同定本送给汉成帝。刘向校书的程序是先用几个本子校对，校正后写在竹简上，叫做杀青书（竹简在火上炙干，去竹汗，可免朽蠹）。再经过校正，最后写在素帛上，成为定本。刘向校书二十余年，死后，汉哀帝令刘歆完成这个巨大的工作。刘歆继承父业，做成了《七略》（刘向所作书名为《别录》）。《七略》是（一）《辑略》——诸书总论和分论；（二）《六艺略》——儒家经传包括小学（文字学）共九种；（三）《诸子略》——儒、道、阴阳、法、名、墨、纵横、杂、农、小说等十家；（四）《诗赋略》——赋四种，诗一种；（五）《兵书略》——权谋、形势、阴阳（天象气候兼迷信）、技巧四种；（六）《数术略》——天文、历谱（包括算术）、五行、蓍龟（卜筮）、杂占（主要是占梦）、形法（看舆地形势及看人和物的形相）六种；（七）《方技略》——医经、经方、房中、神仙四种。《七略》书已亡佚，班固《汉书》据《七略》作《艺文志》，共有书六略、三十八种、五百九十六家、一万三千二百六十九卷。《七略》综合了西周以来主要是战国的文化遗产，把不值得保存的书籍都废弃了，例如经学博士的讲义，一篇也不录取。它经过选择、校勘、分类、编目、写成定本等程序，并作出学术性的总论和分论，是一部完整的巨著。它不只是目录学校勘学的开端，更重要的还在于它是一部极可珍贵的古代文化史。西汉有《史记》、《七略》两大著作，在史学史上是辉煌的成就。

三　历数学

观象授时向来是最重要的国政。孔子述尧舜禹禅位时的诰语："天之历数在尔躬"，意思是现在该你掌管历法了。不管尧舜是否真说了这句话，历法（虽然很幼稚）在农业上也就是在国政上的重大意义，上古人确实非常重视。天象学历数学因农业生产上的急需，不断在进步。传习这一专门学问的官是太史，所以太史也称为天官。据说，太史的官位等于卿。

生产上的成就（主要是农业）比其他国家高，就成为大国，夏、商、西周正是这样的大国。它们都在历法上有新发见，后一个比前一个进步，因此后一个战胜前一个。春秋时期，建子的周历最通行，但宋国仍用殷历，晋国行用夏历。宋用殷历，由于保守，晋用夏历，是尊重民间习惯（所谓“启以夏政”）并利用它的长处。周历称仲冬月（子月）为春正月，四时很不正常，孔子主张“行夏之时”，就是说周历推岁首（冬至点）在子月是对的，但孟春应在寅月。战国时期，天文历数学比春秋时期更进步。专家多是民间学者，不限于少数史官。世界最古的恒星表甘石《星经》，就是这个时期民间天文学家的贡献。六历（黄帝、颛顼、夏、殷、周、鲁六历）都是历家假托，也是这个时期民间历数学家的成就。

太阳历（岁）可以定四时、节、气；太阴历（月）可以定朔、晦、弦、望。自历法萌芽时起，历家即并用阴阳两历，并探求两历配合的法则（主要是闰月插入法）。春秋时历家已应用十九年插入七个闰月法。最迟在战国时历家已定一岁的日数为三百六十五又四分之一日（三六五·二五），定一月的日数为二九又九百四十分之四百九十九日（二九·五三〇八五日）。这两个数字比一岁实数三六五·二四二二日、一月实数二九·五三〇五八八日都多了一些，因此月朔经三百年要差一天，季节经四百年要差三天。由于推步和算术并不精确，实际上一种历法行用一百多年便朔日或晦日见月出，必须重新测算使再合天象。秦始皇采用颛顼历，以十月为岁首，闰月放在九月后，称为后九月。在六历中颛顼历是比较合天象的一种历法，但到汉武帝时已经不能再用。

前一〇五年（元封六年），司马迁等建议造汉历。汉武帝选司马迁、星官射姓、历官邓平等及民间专家共二十余人造历，其中大天文学家唐都（祖先是楚国史官）大历数学家落下闳（巴郡隐士）是主要的造历者。前一〇四年，新历造成，汉武帝废秦历，采用新历，改元封七年为太初元年，以正月（寅月）为岁首。这个新历法就是历学史上著名的《太初历》（又称《邓平历》、《三统历》）。

《太初历》一岁日数是三六五·二五〇二，一月日数是二九·五三〇八六，比四分历（六历都是四分历，每岁有四分之一的余日）又多了一些，所以行用一百八十九年便不能再用。但在当时《太初历》还是最进步的

汉司南模型

历法，因为它根据天象实测与多少年来史官的忠实记录（例如《春秋》经），得出一百三十五个月的日食周期（称为“朔望之会”，约十一年中有二十三次日食）。自从有了这个周期，历家可以校正朔望，日食现象也不再是什么可怕的天变而是可以预计的科学知识了。

《史记·历书》特别是《汉书·律历志》详细记载《太初历》的观测法与计算法。这是一个极有价值的开端，西汉以后历朝改换历法，都按照《史记》、《汉书》的旧例，详记在正史里，因此积累起丰富的天文、历数学资料。

刘歆用《易经·系辞》的数理来解释科学性的《太初历》（《三统历》），造出一整套的历学理论；又造《世经》，凡经传古史所记大事的年月日，都用《三统历》推算得到说明。这对古史年代的探求是一种贡献，虽然准确性并不很大。

董仲舒创今文经学，司马迁创纪传体通史，邓平、唐都、落下闳创太初历，刘歆创古文经学和年代学，这些文化上的成就与当时经济武力的发展相配合，充分表现出西汉一朝的伟大气象。

四 诸　子

《汉书·艺文志》分诸子为十家，西汉人所著书为数不多，其中属于儒家的董仲舒《春秋繁露》、桓宽《盐铁论》，扬雄《法言》；属于农家的《氾胜之书》（亡佚）；属于杂家的《淮南子》，都是重要著作。

汉武帝时，淮南王刘安在本国招集以道家为首的百家游士，仿秦吕不韦著《吕氏春秋》例，撰《淮南内》二十一篇（又名《淮南鸿烈》、《淮南子》）。《淮南子》虽以道为归，但杂采众家，不成为一家言。战国秦汉诸子百家学说，因汉武帝独尊儒学，散佚甚多，《淮南子》保存一些百家遗说，在这一点上，还是一部值得重视的著述。

第十节　文　　学

任何一种富有生气和真实性的文学，无例外地起初一定是民间创造出来的。但是，它也往往是朴素的，艺术水平不是高级的。当它在民间流行很广，引起某些上层文学家的注意时，它就会被他们采取并加工改造。于是一种新体文学在文学史上出现了，那些上层文学家也就成为著名的创作家。这是极可尊敬的创作家，没有他们，民间文学不能上升到高级文学的地位上来，也不能在统治阶级的书籍里保存下来。

一种新体文学登上高级文学的地位，上层文学家便分化为两部分。一部分（起初是多数）是保守的。他们拘泥于旧体文学，专在雕琢辞句、模拟体制方面下功夫，外形愈修饰愈显陈旧，内情也愈仿古愈见贫乏，熟腔滥调，失去了文学的真价值，结果是由衰微走到死亡。一部分(起初是少数)是创造的。他们发展新体文学，从各个方面添加新因素，推动它达到极盛境界。从此外形又脱离内情，由极盛转向衰微，由新体变成旧体，别一个由民间创造的新体文学又上来，与旧体文学相对立。凡是主要的文学都遵循着这个民间创造、文士加工、新陈代谢的规律在继续前进。此外也有某些旧文体经过形式的改造，可以变成新文体，如楚辞变汉赋、汉赋变六朝俳赋、俳赋变唐宋律赋；又如西汉散文变骈文，再变为东汉骈文，再变为魏晋六朝骈文，再变为唐宋四六文，再变为明清八股文。这些派生或不成为文学的各种体制，配合主要文学，便构成全部文学史。

文学是一条长河。如果说《诗》三百篇是一条上源，经(除《诗经》)传诸子是一条上源，《楚辞》是一条上源，那末，西汉文学汇合了这些上源成为长河的正身。西汉文学正象西汉这个朝代一样，规模是宏大的，创造力是充沛的，许多种文体，都在西汉时期发达起来。下面叙述的，是其中最重要的几种。

楚辞(或称骚体)——屈原创作楚辞，已经到达这一文体的最高峰。后来宋玉、唐勒、景差诸人，继起制作，楚辞已达极盛境界。楚辞是楚国的地方音地方调。项羽、刘邦都不是文学家，《垓下歌》、《大风歌》却是很好的楚辞，因为他们生长在楚国，自然会楚音楚调。反过来说，不会楚音楚调的文士，既缺乏作楚辞的技术条件，更缺乏屈原那样深挚的情感，除了模拟形体辞句，还能作出些什么来呢！现存西汉文士所作楚辞篇数还不少，有新意的只不过贾谊《吊屈原文》、淮南王刘安《招隐士》、汉武帝《秋风辞》等几篇，其余都是些可有可无的作品。楚辞到西汉已进入衰微阶段，虽然作家与篇数是大大增加了。

汉赋（或称古赋）——在屈原楚辞影响下，北方文士创作了赋体。荀卿曾作赋十篇，秦时有杂赋九篇，但汉赋的来源主要是楚辞。西汉赋约一千篇，这说明它是西汉文学的代表也是西汉文学家的专业。在西汉前期，枚乘、贾谊是著名的作者。中期走上极盛阶段，司马相如是最大的辞赋家，后期作者扬雄，用思深沉，构辞精密，也还是辞赋大家。扬雄曾奉诏作赋，限于时日，做得太急促了，成篇后困倦小卧，梦中觉得五脏流出在地上，醒来大病了一年。他作赋是这样深思的，因此他虽然每篇都模拟别人的体制，显得缺少创造力，但用思构辞，还保有自己的特殊性。西汉辞赋家扬、马（司马相如）并称，就在于扬雄的模拟不同于一般庸才陈陈相因的模拟。

自西汉至六朝这个长时期里，赋成为重要文学的一种，因为它善于用美丽的韵语细腻地客观地描写各式各样的大小事物，新事物常有出现，好的作家常能造成新赋。所谓“写物图貌，蔚似雕画”，就是赋在文学上的作用。

乐府歌诗（五言古诗）——歌诗，不管它形体如何演变，永远是文学的一个主流。《尚书·舜典》说“诗言志，歌永（长声）言”。这可以说是古人给歌诗立的定义。相传是卜子夏所作的《毛诗·大序》里有几句话，很能说明歌诗的意义。《大序》说：诗是志的表现。心里有感动叫做志，发出来成言语叫做诗。情在里面动，发出相适应的言语；言语觉得还不够适应，所以加上嗟叹声；觉得还不够，所以再加上长声的歌唱；觉得还不够，那就不知不觉地要手舞足蹈，和在心里的情完全相适应。刘勰《文心雕龙·明诗篇》说：人都有情感，接触外物就要动起来，情动了就要歌唱起来，这是很自然的事。上面那些话，都是说歌诗是与人的生活不可分离的。这也就是为什么歌诗最初的主要创造者，总是广大劳动人民而不是上层文士的缘故，因为真实的富有生命力的志，产生地是在劳动人民的心里。同时，这样的歌诗，总是和民间音乐相结合的，因为歌诗、舞蹈、音乐三者往往密切结合着。凡歌诗到了不能合乐以至不能歌唱的时候，它的衰微期或死亡期也就到来了。西周言志的歌诗，是四言（四字成句）诗，到春秋后期四言诗亡了。当然，活的诗仍在民间成长着，那就是五言诗。汉武帝仿周朝采诗的旧例，设立乐府，广采民间歌诗，选大音乐家李延年做协律（调谐音律）都尉，主持乐府。音乐家张仲春协同作乐歌。丘仲造笛，作为协律的乐器。乐府制作的歌诗可分为两类：一类是朝廷专用的歌诗，造诗的人都是著名文学家如司马相如等多至数十人。《汉书·礼乐志》载《郊祀歌》十九章，就是这一类的主要作品。还有汉高帝时唐山夫人所作《安世房中歌》十七章，与《郊祀歌》性质相类似。这些歌诗都是皇帝对天地鬼神言志，与人民的志有极大距离，因之无法和它共鸣而感到它是好诗，不过比那种模拟《诗经》，僵尸般的四言诗如韦孟《讽谏》、《在邹》等篇，到底还表现出一定的创造力，所以还应该承认它是文学的一种。别一类，也是最重要的一类，是民间歌诗。《汉书·艺文志》歌诗类有吴、楚、汝南歌诗十五篇，燕、代讴、雁门、云中、陇西歌诗九篇，邯郸、河间歌诗四篇，齐、郑歌诗四篇，淮南歌诗四篇，左冯翊秦歌诗三篇，京兆尹秦歌诗五篇，河东、蒲反（同坂 bǎn）歌诗一篇，杂歌诗九篇，雒阳歌诗四篇，河南周歌诗七篇，河南周歌声曲折七篇，周谣歌诗七十五篇，周谣歌诗声曲折七十五篇（声曲折即歌谱），周歌诗二篇，南郡歌诗五篇。看上列篇目，可以想见乐府收集地方诗的广泛。这些歌诗原来是"街陌讴谣"与地方音乐，经乐府加工改造，讴谣上升为高级文学，音乐也上升为相和调（周房中曲的遗声。丝竹相和，执节人唱歌，有平调、清调、瑟调，汉世称为相和三调）、清商调（相和三调中清调的发展）。今存汉世歌诗，两汉混淆，不能确指哪些是西汉乐府的遗篇，但有一点很明显，就是凡两汉歌诗，都有真实的内容，是创造的不是模拟的。清商调流传到六朝，北方统治者尊为“华夏正声”。唐朝新音乐发达，清商调当作“雅声”被保存在琴工里，也就是说，清商调到唐朝才死亡。

乐府歌诗大体是五言诗。它本是民间讴谣，虽为乐府所采取，上层文士仍看作欠雅，不愿做那种新体诗。《汉书·艺文志》歌诗类凡三百十四篇，照《文心雕龙》说，其中没有文士做的五言诗，所以苏武诗、李陵诗、班婕妤诗都是可疑的。不过，新的文学主流既然高涨起来了，任何保守势力都不能阻抑它的继续高涨。汉武帝立乐府采诗，事实上等于提倡五言诗。萧统《文选》所录《古诗》十九首，多是两汉下层失意文士所作，其中《东城高且长》、《凛凛岁云暮》两篇，显然是太初改历以前的诗篇。这说明失意的下层文士首先采取民间新诗体。到了东汉，班固、傅毅、张衡等上层文士开始做五言诗，那些托名苏武、李陵、班婕妤等人的西汉诗，实际上只是东汉上层文士的假托。东汉五言诗色彩还比较朴素，到建安时期，五言诗才文质并茂，走上极盛的阶段。

散文——西汉前期，言语与文辞，一般说来，还没有多大的分离。例如，说楚人语的汉高帝诏书，说齐人语的《春秋公羊传》，除去一些方言，与普通文辞无甚区别。汉武帝时，分离的趋势，开始显著起来。这是由于（一）儒学极盛，朝廷诏书多用古言古字；（二）辞赋发达，文士们创作骈体文。不过，西汉时期，言语与文辞基本上还是一致的，因之西汉散文仍保持战国诸子生动自然的作风。司马迁《史记》就是西汉散文的最高代表，其他如贾谊、晁错、董仲舒、贾捐之、刘向等人议论政治的文篇，也是著名的散文。唐以后所谓古文，溯源于西汉，《史记》常是古文家摹习的主要蓝本。

骈文——用同数的字造句便成骈句，积句成篇，便成骈体文。《诗》三百篇以及楚辞，凡属韵文，句法都很整齐。经传诸子等散体文中也往往杂用骈句或韵文。单音文字可以构成骈句骈文是出于自然的。西汉文士开始有意识地创作骈体文，即多用整齐的句法入散体文，使形式上增加美感。司马相如《封禅文》，扬雄《剧秦美新》等篇，可作西汉骈体文的代表。此后骈文逐渐发展，言语与文辞也愈趋分离，东汉以后的文辞，成为少数人纸上的言语，不再是人的口头言语。因为骈文脱离活的言语，所以它只能在形式上变化以求美观，表达思想的作用却愈变愈少，一直变到完全不能表达思想。唐朝韩愈提倡古文，就是对这种可憎的形式文辞进行不彻底的文学革命。

上述各文体以外，汉武帝时有小说家虞初，作《周说》九百四十三篇，据东汉人应劭说“其说以周书为本”，很象是通俗的周史演义。又有《百家》一百三十九卷，想是许多家小说的总集。小说接近民间文学，与上层文士不能相容，东汉末仲长（姓）统（名）主张“百家杂说，请用从火”，要把小说全部烧掉才快意，事实上小说确被上层文士消灭了。他们为什么憎恨小说，不许它存在呢？《汉书·艺文志》说它是“街谈巷语，道听途说者之所造也”，又引孔子说，“致远恐泥，是以君子弗为也”。小说既是说民间事，当然有不合统治阶级意旨的地方，那就很自然地要遭到憎恨。

简短的结论

秦始皇开始统一的中国，到西汉朝才确实巩固起来。

西汉朝的建立是秦末农民战争的后果。农民第一次发动战争便推翻秦朝，开后来大小数百次的农民起义的端绪，历史意义非常重大。

刘邦是胜任的起义首领，他比陈胜、吴广、项羽较多地代表农民阶级的政治要求，因而得到农民的支持，终于击败强大的项羽军，成为最后的成功者。

西汉前期实行无为政治，让人民获得六七十年的休养生息，这对于中央政权的巩固是有决定作用的。朝廷因此得到人民的支持，消灭七个割据国，进一步巩固了中央集权制。

在经济繁荣与政治巩固的基础上，杰出的汉武帝推动西汉朝进入全盛时期。汉武帝统治的成就；政治方面，实现了高度的中央集权制；经济方面，兴修水利，推行了进步的农业技术，从豪强手里收回了盐铁铸钱三大利；军事方面，打败了北边的强敌匈奴，开辟了通往西域的商路，疆域大大扩展了；文化方面，加强了上层建筑的创造，有助于共同文化上的共同心理状态的稳定。汉武帝的成就是多方面的，他无疑是中国历史上有特殊功勋的伟大人物。汉宣帝时匈奴入朝，边境安宁，西汉达到了全盛的最高点。

西汉后期，社会经济还在继续发展，由于地主阶级无限的兼并，迫使农民小工商大量破产，无法生活下去。土地高度集中与一部分贫民失身为奴隶，成为当时最危急的问题。腐朽了的西汉朝廷不可能解决这个问题，一个豪强集团的首领王莽试图解决，当然他也是不可能的。最后爆发了农民大起义。

农民起义军推翻了王莽政权，但不能建立起新的朝廷。南阳豪强集团首领刘秀利用农民军打败农民起义军，恢复汉朝的统治。

据公元二年的记载，当时西汉有一千二百二十三万余户、五千九百五十九万余人的巨大户口，有东西九千三百零二里、南北一万三千三百六十八里的广大疆域。距今二千年前，中国已经建立起这样伟大的一个以汉族为主体的统一国家，此后的中国，依靠这个坚实的基础继续发展。这不仅是中国历史上的一个巨大成就，而且也是人类历史上的一个巨大成就。

第 三 章

继续对外扩展并由统一走向分裂时期——东汉三国

——二五年——二八〇年

第一节 政治概状——东汉前期(汉光武帝至汉章帝共六十四年)

刘秀(汉光武帝)获得了农民战争的果实，重新建立起汉朝的统治。因为他建都在洛阳，史家称他的汉朝为东汉朝。

汉光武帝本人是个大豪强。他所依靠的统治集团(云台二十八将、三十二功臣、三百六十五功臣)是一个以南阳豪强为基干的豪强集团。这个集团一开始就显出严重的兼并性和割据性，因之东汉前期，作为中央集权的体现者的朝廷，只能在不妨碍豪强利益的限度内对他们行施着一定程度的控制权。东汉后期，两个豪强集团猛烈地争夺对朝廷的控制权，大大发展了它们的兼并性和割据性。它们给广大农民制造出无限的灾难，农民被迫起义，最后爆发了黄巾军大起义。由于大起义的失败，豪强们各依自己的武力，公开割据称雄，统一的外壳破裂了，社会进入大混乱的分裂时期。

本节叙述东汉前期因王莽时农民战争的推动，社会多少有些进步；同时因战争的果实落在豪强集团手中，豪强势力加速地扩大起来，引起东汉后期豪强集团的猛烈冲突。

王莽时农民起义军势力到达的地区，奴隶参加起义，地主受到惩罚，农民有荒地可垦，土地与奴隶问题获得了部分的解决。赤眉军屡战屡胜，兵士们却日夜愁泣，要求回家种地。这说明起义地区的地主统治已经发生变化，淳朴的兵士们认为可以回家了。汉光武帝在农民战争这个部分胜利的基础上，着手解决奴隶与土地两个根本问题。

公元二六年，即汉光武帝称帝的第二年，当时战争正在开始，他便下诏书，令民间释放奴婢。自二六年到三八年，下了七次诏书（其中一次是免罪徒为庶民）释放官私奴婢。诏书说：敢拘留不放的奴婢主，按略卖人口律治罪。他又给那些被父母出卖为奴婢的制定了保护生命的法律。公元三五年，连下三次诏书：（一）奴婢主杀奴婢不得减罪；（二）奴婢主炙灼奴婢，按法律治罪，免被炙灼者为庶民；（三）废除奴婢射伤人处死刑的法律。这些限制奴婢主暴虐和允许奴婢有自卫权的法律，显然含有进步的意义，这将使权势较小的奴婢主，在兽性勃发的时候，多少要有些顾忌。自公元五三年（汉光武帝建武二十九年）到七九年（汉章帝建初四年），朝廷发给鳏寡孤独及不能生活的贫民粟三斛或五六斛前后凡十次，平均约三年发一次救急粮，主要用意也在减少贫民卖身为奴婢。东汉朝奴隶不象西汉后期那样成为社会的危急问题，汉光武帝这些措施是起着作用的。地主阶级并不反对这些措施，因为农民大起义给了它应得的教训。

在解决土地问题上，汉光武帝完全失败了。公元三六年，全国统一。三九年，下诏书检查垦田与户口实数。豪强霸占大量土地，州郡官不敢去查问，对广大农民和某些缺少势力的地主，官吏却以查田为名，大肆讹诈，逼得全国农民和某些地主到处起兵反抗。青徐冀等州曾是农民起义军的发源地，反抗尤为剧烈。汉光武帝面对着这个事实，采取什么措施呢？当然，他同州郡官一样，也不敢查问豪强。他追究大司徒（宰相）欧阳歙做汝南太守时查田不实、贪赃一千余万钱的罪行，下狱处死。又用同样罪名杀死河南尹（最重要的地方官）及郡太守十余人。这算是对农民表示那些赃官已经受到惩罚了。他是镇压农民最有经验的统治者，他知道用武力镇压起兵反抗的农民，将要引起农民更大的反抗，因此他用五人共杀一人，五人一起免罪的分化法，很快把反抗平息下去。从此以后，东汉朝廷向豪强势力完全屈服，不再检查垦田与户口的实数。汉光武帝自称“吾理天下亦欲以柔道行之”，这就是他对豪强所行的柔道。

西汉后期极其紧张的土地与奴婢问题，由于农民大起义得到部分的解决，依靠这个部分的解决，东汉才建立起将近二百年的统治。

西汉地主阶级分无市籍与有市籍（包括一切所谓微贱人）两部分。无市籍地主有做官吏的权利，有市籍地主不得做官吏甚至法律上不许占有田地。这两种地主虽然都有大小豪强，但从政治地位说来，无市籍豪强是上层豪强，它的最高级是贵族和大官僚；有市籍豪强是下层豪强，它的最高级是大商贾。政治上上层豪强排斥下层豪强。经济上两种豪强有相同处，就是上层豪强也经营商业，下层豪强也兼并田地；他们又有相互联系处，就是下层豪强向上层豪强纳贿取得政治上的保护。

汉光武帝封功臣三百六十五人，封外戚四十五人，与宗室王侯合成一个豪强集团。朝廷用人，主要从这个集团中选取，特别是南阳人。东汉皇室宗室的男女嫁娶，大体上也不出这个集团的范围。皇后皇太后的母家常是这个集团中最有势力的一家。东汉后期，政权常常落入外戚手中，外戚成为无市籍大地主，也就是上层豪强的政治代表。

汉光武帝为集中权力，在朝官中设尚书六人，分掌全国政事。尚书官位低微，但“天下枢要，在于尚书”，职权极为重大。朝廷最高的官称为三公（太尉、司徒、司空），并无实权，只是给那些有资望的大臣享受名义上的尊荣。在宫内设中常侍、小黄门、中黄门等宦官多人，掌传达皇帝口诏，阅览尚书呈进的文书。东汉后期，宦官经常从外戚手中夺得政权，指挥尚书们发号施令，朝廷大官无法对抗。宦官都是无赖凶狡人出身，他们夺得政权后，成为有市籍地主，也就是下层豪强的政治代表。

无市籍的中小地主有权做官吏，仕进的道路一般是（一）公府辟召，就是三公等大官特聘著名士人做本官府属官；（二）郡国荐举，就是郡太守国相按二十万人口选举孝廉一人的比例，每年保荐孝廉若干人到朝廷，考试及格后授各种官职；（三）由曹掾（音院yuàn吏）积累资格逐渐上升，就是京内外各长官（包括县令）聘士人做本官府属吏，由吏迁升为官。走这三条仕路的人，必须（一）是士人；（二）是通经学或能作奏章的士人；（三）是被称为孝廉的士人。中小地主要做官吏，只好先读书，因之，东汉太学、地方官学、私学都很发达。也因为学校发达，士人间竞争也更加剧烈，在孝廉这个名义下，包含着各式各样的求名法。例如许武被举为孝廉以后，和两个兄弟分家，三分财产自己取最好的一份。两个兄弟算是能让，也被举为孝廉。许武于是大会宾客，宣告使两弟成名的本意，把自己一份财产分给两弟，许武因此获得更大的声名。又如赵宣葬父母，就在墓道中居住行丧礼，前后凡二十余年，乡人都称他是孝子，州郡官屡次请他做官，他都不出来，孝名愈来愈大。后来郡太守陈蕃查出赵宣在墓道中生了五个儿子，按惑众欺鬼神的罪名处罚。上述那些求名法一般是出于缺乏势力的士人。有凭借的士人就不必这样做，他们或者以阀阅（门第资格）被荐举，或者走权贵门路。例如河南尹田歆，某次照例荐举六个孝廉，其中权贵指定的就有五个。不管士人用什么方法求仕进，有权荐举士人的大官还自有一个选择法，那就是“郡国举孝廉，大率取年少能报恩者，耆宿大贤，多见废弃”。荐主与被荐人在政治上发生君臣的关系，在私人情感上发生父子的关系，被荐人如果对荐主不表现臣子的情分，就算忘恩背义，将为士类所不齿。大官们历年荐举士人，形成许多大大小小的私人集团。有些名门世家，甚至形成门生故吏遍天下的巨大团体。士人是无市籍地主阶级的一个阶层，东汉后期士人逐渐从外戚为代表的上层豪强集团里分化出来，变成官僚集团，在外戚、宦官两种势力之外，自成一种势力。它的政治代表，是士人出身的三公和大名士，它的政治倾向一般是接近外戚集团，反对宦官集团。它的进一步发展，就成为魏、晋、南北朝的士族。

东汉后期的政治，在统治阶级方面，基本上就是外戚、宦官两大集团附带着一个官僚集团的活动、冲突和变化。这三个集团在东汉前期先后发育起来，不过，汉光武帝和他的继承人汉明帝还能掌握皇帝的权力，外戚，尤其是宦官，还不敢公然横行作恶。他们在位的时候，确是惩治不法官吏比较严，赋税徭役比较轻，对外战争比较少，史家称汉明帝时“天下安平，百姓殷富”。王莽暴乱后，出现这个休息时期，是符合社会要求的。汉章帝改变汉光武帝、汉明帝的“严切”政治，被称为“宽厚长者”。外戚、宦官得到宽厚待遇，开始作起恶来，汉章帝死后，东汉政治便进入黑暗时期。

第二节　政治概状——东汉后期（汉和帝至汉灵帝共一〇一年）

公元前一一九年，西汉武帝置盐铁官，从豪强手中收回盐铁大利。这是中央集权势力压倒豪强割据势力的一个重大标志。公元八八年，汉章帝死，汉和帝（十岁）继位，窦太后临朝称朕，外戚窦宪总揽大权，事实上窦家做汉皇帝了。这是一件非常的事，不取得整个统治阶级特别是豪强的默许是会发生困难的。窦太后临朝，首先宣布“罢盐铁之禁，纵（任）民煮铸”。这就是朝廷让出盐铁大利来换取豪强对窦氏政权的默许。从此豪强富力大增，政治上野心也随着加强。一向被排斥的下层豪强，现在不肯屈服了，他们很自然的要求参与政权，但做官吏却有困难。例如富人王仲家有千金，送给贫士公沙穆一百万钱，让公沙穆买个官做，自己间接得些做官的好处。公沙穆决心求做孝廉，拒绝他的买官钱。王仲这一类人有了投靠宦官的一条道路，自然都成为宦官的拥护者。宦官凭借这个社会基础，也就有了相当的力量和外戚争夺政权。盐铁官的废除，标志着中央集权势力的削弱，豪强割据势力的增强，同时也是东汉后期黑暗政治开始的一个信号。在这个黑暗时期里，广大劳动人民遭受了严重的灾难，国境内的少数族，也受到残酷的欺压，反抗战争到处发生，但都被豪强势力镇压下去。东汉后期国家衰弱，豪强却拥有坚强的武力，终于酿成东汉末年社会空前大破坏的军阀混斗。

窦宪得政权后，窦家的大批徒党都做了朝官和地方官，最小的也得做个县令。这些徒党们尽量搜刮民财给窦宪送礼报恩。窦家又养了许多刺客，迫害比较正直不肯附从的官僚集团中人。公元九二年，汉和帝与宦官郑众密谋，杀窦宪，窦家党徒全部革官下狱治罪。郑众因功封侯，宦官从此参与政事。

一〇五年，汉和帝死。一〇七年汉安帝（十三岁）继位，邓太后临朝。邓骘（音至zhì）辅政。邓太后从窦家的失败里取得了一些经验，她并用外戚和宦官，形式上不偏重外戚。她又授权河南尹、南阳太守（洛阳、南阳是贵族集中地）等重要地方官严格管束邓家人和邓家的亲戚宾客。这些人犯罪，地方官有权惩罚他们。她又表扬儒学，尊礼三公，使邓骘荐举名士杨震等多人，把官僚集团吸引到外戚方面来。邓太后这样做，地位算是巩固了。一二一年，邓太后死，汉安帝结合一部分宦官起来杀逐邓家人。新得势的宦官引用失意官僚与下层豪强做官，作为自己的徒党。杨震一派鲠直的官僚认为“白黑混淆，清浊同源”，坚决抗议。所谓白清，就是按正途仕进的士人，所谓黑浊，就是无权做官的微贱人。从此外戚与宦官的冲突以外，又加上清流与浊流的冲突。杨震被迫自杀，更加深了清流对浊流的仇恨。

一二五年，汉安帝死，幼童北乡侯继位，阎太后临朝，阎显掌大权，杀逐汉安帝宠信的宦官。阎家专权不过几个月，北乡侯病死。宦官孙程等十九人杀阎显，立汉顺帝（十一岁）。十九人都封了侯，宦官势力又大进一步。他们得兼做朝官，得传爵给养子，并得荐举人做官。从此下层豪强不合法的仕进变为合法的仕进，“无功小人，皆有官爵”，大大激怒了士人。李固一派比较鲠直的官僚依靠梁皇后家，企图和宦官对抗。

一四四年，汉顺帝死。一四六年，汉桓帝（十五岁）继位。梁太后临朝，梁冀掌管朝政。梁太后从外戚的失败里取得了更多的经验，她并用外戚和宦官，又表扬儒学，招募太学生多至三万余人。她杀逐李固为首的鲠直派官僚，引用以胡广为首的典型官僚。胡广是官僚集团的代表人物。他与宦官通婚姻，又与名士相交结，荐举陈蕃等人。当时谚语说“万事不理问伯始(胡广字)，天下中庸有胡公”，意思是胡广熟悉典章有办事经验，柔媚谦恭能不抵触任何人。梁太后选用这一派官僚，使三个集团各行其事，取得相当的均衡，梁家政权因此保持了将近二十年。

一五九年，汉桓帝结合一批宦官杀梁冀。又杀梁家重要徒党自三公、九卿至州刺史、郡太守凡数十人，斥逐次等徒党三百余人，朝官几乎空了。这几百个徒党献给梁冀和梁冀自己直接搜括来的赃物，被朝廷没收后，官卖得钱三十万万。官卖价当然比实在价低，梁冀财产实际上应超过三十万万。加上梁冀一家人二十年来无限奢侈浪费的财物，再加上几百个徒党家的巨大赃物，总数真是骇人。从这个骇人的总数里可以想见劳动人民遭受到怎样可骇的剥削。梁家赃物很快就卖出了，收买的人无疑是宦官和有势力的贵族，他们拥有极大的赃钱，也就可以想见。

梁冀结交梁太后宠用的宦官，凡宦官家子弟徒党都荐举做地方官。名士出身的鲠直派官僚朱穆，某次被任为冀州刺史。冀州共有一百个县，听说朱穆快要到来，挂印逃避的县官就有四十多个；恃势不避，被朱穆拘捕治罪的又有多人。从上述事例看来，做朝官的主要是外戚徒党，做地方官的主要是宦官徒党，留给官僚集团的道路是不宽的。那些鲠直派官僚当然感到不满，企图仕进的士人更是无路可走。这种情形，迫使鲠直派官僚、名士、太学生结合起来，联络外戚来反对宦官。

朱穆因得罪宦官，被汉桓帝逮捕下狱。刘陶为首的太学生数千人到宫门外上书诉冤，说：宦官“父子、兄弟，布在州郡，竞为虎狼，噬食小民”。太学生斥责宦官“噬食小民”，固然是出于义愤，但梁冀罪恶并不比宦官轻多少，太学生却一句话也没说，足见他们的主要目的，还在于反对宦官侵夺仕路，反对下层豪强公然做官。

自一五九年梁冀死后至一六七年汉桓帝死，八九年间宦官势力几乎达到独霸政权的地位。以前宦官徒党多做地方官，现在也做朝官了；以前做地方官多是县官，现在做州刺史郡太守了。内外重要官职多被他们把持着，官僚集团的道路比梁冀死前更狭窄了。鲠直派官僚、名士、太学生以及地方官学生、私门学生结成广泛的士人集团，以宦官“虐遍天下，民不堪命”为理由，展开了士人、宦官间的斗争。

鲠直派官僚大都是名士出身。有些人已经做了大官，仍保持名士身分。如李膺做河南尹，与名士郭泰等人交结，被士人推为名士的首领。当时名士可分为三类：第一类是求名不求官的名士。他们不就官府的征召，每拒绝征召一次，他们的声望和社会地位也就提高一次。他们认为“天子不得臣，诸侯不得友”，虽然不做官，他们的社会地位实际上抵得一个大官。这一类人数最少，郭泰是著名的代表。第二类是言行刚劲疾恶如仇的名士。他们依据儒学的道德标准，实行了孔子“见善如不及，见不善如探汤”的格言，认为善的人，互相推荐标榜，自然结合成一类，认为恶的人，不分轻重，一概深恶痛疾，只想杀逐他们。这是宦官政治激发起来的一种愤怒反抗。他们的行动是勇敢的，但丝毫也不能削弱宦官势力。这一类名士，是统治阶级中的鲠直派，也是抱有正义感、对人民有同情心的人。他们人数不多，在士人中却起着倡导作用。范滂是著名的代表。第三类是迎合风气的名士。这一类人数最多，是第二类名士得势时的附和者，也是典型官僚的候补者。例如张俭激昂地毁灭宦官侯览的家园，名闻天下。后来汉灵帝杀党人，张俭逃难，连累了许多隐藏他的人。张俭为要保全自己的生命，让成千的人破家灭族来替死。党祸解除后，张俭回家过着富裕生活，活到八十四岁，再也不敢说一句反对宦官的话。又如黄允，不就官府征召。大官们想见他，黄允自称养病，不见宾客。大官们派遣亲信人早晚到门上问候病情，也拒绝不见。黄允被认为清高士，声名极大。司徒袁隗是一个典型的大官僚，慕黄允大名，要把侄女嫁给他。黄允听说，托故逐走妻夏侯氏。夏侯氏大会亲族，当众宣布黄允隐恶事十五条，不过十天，黄允逃出洛阳，不再是名士了。黄允只是名士中不幸被揭露的一个，幸而不被揭露的名士，当然多得很。太学名士极大部分就是张俭、黄允一类的名士。

太学生三万余人，郭泰、贾彪为首领。郭泰等人结合陈蕃、李膺等鲠直派大官僚，评论朝政，褒贬人物，公卿大臣竭力接待士人，希望免受恶评。州郡都有官学，太学生与州郡官学生互通声气，形成一个全国范围的政治团体。宦官和他的徒党无论在宫内、在朝廷或在地方做官，都遭到猛烈的攻击。一六六年，汉桓帝指名士李膺范滂等二百余人为党人，下狱治罪。这些党人项颈、手、足加上所谓“三木”的刑具，头被一种东西蒙盖着，一个挨一个的受狱吏惨毒的拷打。汉桓帝皇后的父亲窦武，向来用财物结交太学生，颇得好评，这时候出面劝汉桓帝释免党人。宦官也不敢过度得罪士人。一六七年，汉桓帝赦党人回家，禁锢终身，不许再做官。

这是第一次党锢之祸。从这次党祸里，显示出统治阶级三个集团的地位发生了变化。原来在政治上有极大势力的外戚集团，自梁冀失败以后，政治势力和社会影响都降落了。象窦武那样的贵族，也要装出朴素生活来接近太学生。这说明外戚已经削弱到不能代表上层豪强。代表下层豪强的宦官集团，社会地位极低，虽然政治上有极大权力，精神上却感自卑，以获得名士们的一些礼遇为荣幸。李膺在狱中牵引出不少宦官子弟，足见宦官家某些子弟在接近士人，企图使自己士人化。宦官集团得势是暂时的，它所代表的下层豪强，极小部分转化为士人，大部分仍被看作无权做官吏的微贱人。原来代表中小地主以举孝廉为最好出路的士人，其中很多人因仕途顺利上升为大地主，自东汉初年以来，逐渐形成所谓“衣冠望族”（世代做官）或“姓族”（有名望的姓。称士族为望族、姓族与称豪强为大姓、豪姓形式上有些区别，实际都是豪强），散布在各州郡。这个士族即官僚集团，上起望族下至广大学生，包括了地主阶级的各个阶层。特别是鲠直派官僚与名士在坚强地攻击宦官中，造成一种很高的声望，原来依靠外戚的上层豪强现在转到官僚集团方面来，与官僚集团的上层结合成一体，这样，官僚集团愈益扩大，成为代替外戚集团对抗宦官集团的主要力量。郭泰自洛阳归太原，“衣冠诸儒”到黄河岸送行，车数千辆。这里所谓“衣冠”是指各种身分的官僚，所谓“诸儒”是指太学生一类的士人。范滂自狱中释放回汝南，路过南阳，南阳士大夫迎接他，车数千辆。洛阳、南阳是贵族、豪强、官僚的集中地，郭泰、范滂受到他们这样的尊崇，说明东汉末年，士族（即官僚集团）已经是统治阶级的主要代表。宦官失败以后，经过一番大混斗，士族对下层豪强以及一切所谓微贱人的压迫权进一步确立了，同时也不需要提拔那些出身低级士族的名士来反对宦官了。剩下的一件事，就是士族内部按族望的高低，门阀的上下，也就是按势力的大小来分配做官权。魏、晋、南北朝的九品（上上、上中至下中、下下）官人法，就是这一件既成事实的法律规定。

一六七年，汉桓帝死，汉灵帝（十二岁）继位。窦太后临朝，窦武掌朝政。窦武结合陈蕃、李膺等人，准备杀宦官。一六八年，宦官杀窦武、陈蕃，又杀逐所有窦、陈派的朝官，宦官权力达到了最高峰。前些时，太学生和全国士人共相标榜，给大名士三十二人（加三君为三十五人）立称号。窦武（外戚）、陈蕃（官僚）、刘淑（宗室）三人称三君，算是士人的首领。李膺等称八俊（俊杰），郭泰、范滂等称八顾（有德行），张俭、刘表等称八及（能引导后进），度尚（农民起义的凶恶镇压者）等称八厨（有钱救济贫士）。地方名士也立称号，如山阳郡有张俭为首的八俊、八顾、八及二十四人。窦武、陈蕃死后，汉灵帝大兴党狱，杀李膺、范滂等一百余人，禁锢六七百人，太学生被捕一千余人。党人五服内亲属以及门生故吏凡有官职的人全部免官禁锢。这是第二次党锢之祸，对士族的打击是惨重的，内外官职几乎全部被宦官集团占据了。一个富人孟佗，想得个官做。他和宦官张让的管家奴交朋友，送管家奴很多财物，要管家奴当众对他一拜。某日，孟佗去谒见张让。张让门前经常有求官人的车数百或千余辆，孟佗的车不能前进。管家奴率领一群苍头（低级奴）迎到路上拜孟佗，把他的车子抬进门去。求官人见了大惊，以为孟佗是张让的好朋友，争着送他珍宝。孟佗分出一部分送张让，张让很满意，叫他做凉州刺史。一说，孟佗送张让葡萄酒一斗，便得凉州刺史。不管孟佗怎样取得刺史这个大官，宦官引用大批下层豪强来填补从士族那里夺得的官职则是事实。凡属于宦官集团的大小官有一个共同性，那就是“贪如豺虎”（当然，不是说士族中没有很多的豺虎）。宦官杀逐了党人，但对士人还是有疑惧，他们想出一些办法来，企图加强自己的势力。一七五年（熹平四年），汉灵帝命蔡邕写定五经文字，刻石碑四十六块立在太学讲堂前（熹平石经）。五经文字与宦官本来毫不相干。因为太学生在太学争考试等第的高下，往往闹到官府里去争讼。宦官早已被名士们议论政事吓得发狂，乱杀一阵，现在这些太学生又来纠缠经学，扰攘不休，对宦官确是一种可厌的刺激。五经石碑一立，宦官得到清静了。不过，太学生既然诵习经书作为议论的根据，想公然说出拥护宦官的议论来是困难的，因此宦官在太学以外，要另立一个太学。一七八年，汉灵帝立鸿都门学。这个皇帝亲自创办的太学里，讲究辞赋、小说、绘画、书法，意在用文学艺术来对抗太学的腐朽经学。又为鸿都文学家乐松、江览等三十二人画像题赞辞来对抗党人们标榜的三十二大名士。学生考试及格，就给大官做，不及格也得个较小的官做。还有一些学生，汉灵帝命令三公州郡荐举或征召来代替荐举孝廉。宦官这样做，觉得对士族的排斥还不够彻底，因为鸿都学生虽然被士族称为出身“微蔑”（极低微为蔑）、“斗筲小人”（不足道的人），到底还是读书人，下层豪强不一定读过书，想做官仍受到限制。

汉灵帝和宦官们为了彻底排斥士族并满足自己的无底囊，索性开一个叫做西园的官员交易所，标出官价公开卖官，地方官一般比朝官价贵一倍。各县肥瘦不等，让求官人估价投标，出价较高的人才能得标上任。定价以外，又看求官人身分及财产随时加减，如名士崔烈半价买得一个司徒（定价一千万钱）做，宦官曹腾（汉桓帝的宦官）的养子曹嵩家极富饶，买太尉出钱一万万，比定价贵十倍。又为优待主顾，扩充营业起见，允许先挂赊欠账，到任后限期加倍还欠。又为尽快周转以广招徕起见，一个官上任不久，另派一个新官又去上任，州郡官一月内甚至替换好几次。官怕损失本钱又要大获利钱，一到任就得本利兼收，刻不容缓。人民被迫"寒不敢衣，饥不敢食"，贱价卖出自己仅有的一点谷物，让新官一到就得钱，以免一家人性命不能保。汉灵帝和宦官觉得这样做还是不够，命令州郡送助军（当时黄巾已起义）修宫钱，大郡多至二三千万钱，最小的县也不能免。送钱以外，还要"价买"木材石料，令州郡运送到京师。宦官派人点收，硬说材料不中用，只给价十分之一，转手卖给商人，得十足价钱。有些材料根本不点收，让州郡再送。人民在这一大群豺虎盗贼的吞噬下，逼得实在生路全绝，一八四年开始的黄巾大起义，虽然很快被镇压下去，但农民仍到处起来反抗。当时宦官害怕黄巾起义的威力，有些暗中投降，愿作内应，其余都召还做地方官的子弟和徒党，准备退避。汉灵帝感到孤立，下诏赦免党人，利用那些口头上斥责宦官虐民自己似乎是同情农民的士族来镇压起义军。经常宣称“张常侍(张让)是我的父亲，赵常侍(赵忠)是我的母亲”的汉灵帝开始觉得士族有用，质问宦官们说：你们总说党人想造反，该杀该禁锢。现在党人都给国家出力，你们反倒和黄巾通情，该杀不该杀！饱受宦官高压的士族因此又得了势。士族仇视宦官，更仇视农民起义，他们看到汉朝必亡，纷纷组织武力，等待割据称雄的时机到来。

一八九年，汉灵帝死，皇子刘辩继位。何太后临朝，何进掌朝政。社会下层(屠户)出身的何进企图依靠下层豪强的大豪强董卓杀宦官，不料宦官首先发动，杀死何进。士族大豪强袁绍起兵杀宦官二千余人，宦官全部歼灭。董卓引兵到洛阳，逐走袁绍，废皇子刘辩，杀何太后，立汉献帝。罪孽深重的外戚和宦官一起消灭了，东汉的朝廷实际上也消灭了。象征中央集权的朝廷已经消灭，豪强们便公开进行着疯狂的武装混斗，黑暗的东汉后期转入了社会空前大破坏的分裂时期。

第三节 政治概状——分裂时期（一九〇年——二〇八年即汉献帝初平元年至建安十三年凡十九年为前段，二〇八年——二八〇年即建安十三年至晋武帝太康元年凡七十三年为后段，前后共九十一年）

士族想独占政权，坚决排斥下层豪强和所谓微贱人；士族中所谓望族的高级豪强想独占政权，坚决排斥地位较低的豪强；每个高级豪强想独占政权，坚决排斥其他高级豪强。被排斥者也都想独占或分得政权，坚决排斥他们的对方。豪强们互相排斥，造成战争无限残酷、秩序极度破坏、户口可骇地耗损、生产剧烈地衰落的分裂局面。地主阶级的豪强，在西汉后期以来，逐步扩大并增强着他们的割据势力，到了这个时期，他们有足够力量足以实行比以前任何时期更猖獗的罪恶行为，短促的前段十九年中，把两汉四百年积累起来的社会各种财富极大部分都化为乌有。

董卓是凉州的下层豪强，他的部属都是些地方土霸和羌族胡族的豪酋。董卓为首的一群极端凶恶的豺虎盗贼是最野蛮的破坏者。当时人口、文化、财物最集中的洛阳和较次的旧京长安，都被这群野兽彻底地毁灭。董卓率军进入洛阳，就毫不掩饰地表示自己要做皇帝。各有企图的广大士族，朝官以用计谋的王允为首，外官以号召发兵讨贼的袁绍为首，呼应起来反对董卓。董卓在士族的压力下，用无法形容的残暴手段来对抗，同时从洛阳退避到长安，又从长安退避到郿坞（离长安二百六十里）。坞高厚都是七丈，坞内藏谷够三十年食用，金二三万斤，银八九万斤，上等衣料堆积象小山，以为这样就可以安居无忧。一九二年，王允杀董卓。董卓部属李傕（音决 jué）郭汜等人大杀王允和朝官并屠长安城，老少不留。这群野兽又互相混斗，关中人民几乎被杀绝。一九六年，汉献帝带着一些残余的朝官从野兽群中逃出，回到洛阳。朝官很多饿死或被兵士杀死，汉献帝又失去了这些拥护者，皇帝的名号更空虚了。

甘肃武威出土东汉釉陶碉楼

袁绍为首的一伙所谓勤王将领，和董卓的一伙同样是割据混斗的野心家，同样是残酷地屠杀人民的豺虎盗贼。袁绍家接连四代有五个人做三公，在士族中是最高级的望族。袁家门生故吏遍天下，结合成一个最大的私人团体。当袁绍号召起兵讨董卓的时候，各路大豪强就开始了割据混斗。袁绍弟袁术占南阳，刘表占荆州，公孙度占辽东，袁绍占冀州，公孙瓒占幽州，刘焉占益州，曹操占兖州。董卓被杀以前，这些所谓讨董卓的“义兵”，已经这样割据混斗起来或准备割据混斗。董卓被杀以后，袁绍凭借袁家势力，在多次残酷的战争中，占有冀、青、幽、并四州，成为北方最强大的割据者。袁术也凭借袁家势力，据江淮间地，自称皇帝，建都寿春，成为南方最大的割据者。

一九〇年到二〇八年，前后凡十九年。这十九年里，中国境内特别是黄河流域化成了大屠场。董卓系统的豪强在洛阳以西地区，袁绍系统的豪强在洛阳以东地区，还有其他大豪强以至各地方无数小豪强，无时无地不在混斗相屠杀。下列诸例说明战争大屠杀以外的一些小屠杀。刘表占荆州，地方上宗贼大起。刘表诱斩宗贼头领五十五人，地方立见平静。所谓宗贼，就是土霸豪酋胁迫同姓人及附近农民据地做盗贼。刘焉占益州，杀州中著名豪强十余人。这是外来豪强镇压本地豪强的一例。公孙度占辽东，灭郡中名豪百余家。这是本地下层豪强得势对士族进行报复的一例。公孙瓒占幽州，杀害士族，信任下层豪强。理由是衣冠士族自以为身分应当尊贵，不知感恩，下层豪强被擢拔，知道感激公孙瓒。这是士族豪强结合下层豪强压迫士族的一例。汉献帝自长安逃出，路过安邑，垒壁群帅都来求官号，这是小豪强到处筑垒立壁，割据小块土地，希望依附大豪强的一例。以上只是举出一些例，远不是事实的全部。但也可以看出混斗的一斑。凡豪强所在，必然要兼并割据，也就必然要混斗互杀。以袁家为例，袁术因袁绍分得袁家大部分门生故吏，骂袁绍是妾生子，不算袁家人。袁绍大怒，使刘表斗袁术，袁术也使公孙瓒斗袁绍。袁绍的部属至少分成两派，袁绍死后，两派拥袁绍子袁谭袁尚动兵相仇杀。袁术战败穷困，投奔部曲将（带亲兵的亲信将官）被拒绝，袁术饿死。豪强对外部当然要混斗互杀，对内部也一样要混斗互杀，一句话，豪强唯一能做的事就是混斗杀人。人民极大部分被杀死饿死了，一部分流亡到较安静的地区或逃出边境，没有武力的一部分士族也离开本土向外地流亡。

十九年豪强大混斗的过程里，人民要求统一的意志仍在发挥它的伟大力量，那些割据势力逐步被克服了，社会依然向统一的方向前进。代表这个统一趋势的重要人物就是当时最大的政治家、军事家（也是大文学家）被士族称为“乱世之奸雄”的曹操。这当然不是说曹操不是一个极端残暴的大屠户，这只是说他用来进行战争的政治军事方针，客观上符合于统一的趋势，因之他成为当时最大的胜利者。

曹操是曹嵩的儿子，出身在宦官家庭，不列于士族。起初做小官，汉灵帝末年，曾镇压过颍川郡黄巾军。董卓作乱，他发动曹、夏侯（曹嵩本姓夏侯）两家的几个兄弟和侄子作为骨干，招募了一些兵，参加以袁绍为盟主的讨董卓大军。袁绍等人共有兵十余万，谁也不敢和董卓作战，独曹操带着几千人进攻，虽然打了一个大败仗，曹操的识见和勇气却证明与袁绍等人不同。

一九二年，曹操占兖州，击败青州黄巾军，得降卒三十万人，选拔精锐，号称青州兵。曹操从此自成一个独立的力量，开始与袁绍分离。曹操刚得到兖州这个很不稳固的立足地，便规定“奉天子以令不臣，修耕植以畜军资”的两大方针。一九六年，汉献帝到了洛阳。曹操击败豫州黄巾军，得汝南颍川两郡。他亲自率兵迎汉献帝到颍川郡的许昌。用汉献帝名义发号施令，政治上握有主动权，强大的袁绍以及其他割据者都处在被动的地位了。同年，设置田官，招募流民到许昌屯田，恢复农桑业，所属兖豫两州各郡也屯田积谷。军事上坚实的基础建立起来了。曹操依据两大方针充分表现出政治的军事的巨大才能。

武将大抵出身下层豪强，任何一个大割据者都有不少武将。困难在于争取士族。它是统治阶级的一个严重的力量，要善于使用它取得它的助力，否则，政治上不可能有所成就。当时北方士族，一部分在豪强混斗中死亡了；一部分各投旧主，多是投袁绍；一部分逃避到江东为孙策所收用；一部分投奔荆州，依附大名士刘表；还有一些远避到辽东和极南的交州。剩下来的士族本来不多，曹操出身宦官家庭，搜罗士族更显得困难。不过曹操也有好的条件，首先是他有汉朝廷名义，其次是屡次战胜，军威颇盛，在别处不得意或主人失败了的士，不得不投过来求功名。大名士也是最大的谋士荀彧（音郁 yù），就是从袁绍那边投过来的一个。这些条件以外，他还主动地着力争取。例如司马懿称病坚卧，不就征召，曹操用死刑威胁他出来做官。又如祢衡（祢音迷 mí）当众辱骂曹操，曹操大怒，把他送到刘表那里去，表示不杀士人。几年间，曹操得士比任何大割据者都多。

曹操取得胜利的必要条件具备了。一九七年，开始进行有计划的战争。他先使钟繇（音尤 yóu）奉朝廷命到关中，稳定韩遂、马腾等十几股大割据者。曹操率军击败自称皇帝的袁术，袁术渡淮南逃。一九八年，曹操击杀骁勇善战的吕布，得徐州。二〇〇年，曹操以一比十的劣势兵力在官渡大败地广兵强的袁绍。此后连年进击，二〇五年，袁绍军全部溃灭，曹操得冀、青、幽、并四州。经十一年战争，北方大割据者或死或降，黄河流域基本上统一了。二〇八年，曹操进击刘表军，得荆州。能和曹操对抗的力量，只剩下占据吴、会稽等六郡的孙权与声望甚高拥精兵一万人的刘备。

袁术系统的大将吴郡人孙坚，一九一年，为袁术攻荆州刘表，被刘表军射死。孙坚子孙策，年十七，是一个英俊的军事家和政治家。他早年随母居寿春，就交结江淮间士人，与高级士族周瑜结成至交。周瑜与低级士族大富豪鲁肃也是至交，孙策得周瑜，江淮间士族形成了以孙策为首的一个团体。孙坚死后，孙策从袁术那里领回孙坚旧部兵将共千余人。这都是久经战阵的精兵猛将，孙策获得这些武人，军事上建立了坚固的基础。一九五年，孙策得袁术允许，率兵到江东，击破大小割据者，得吴、会稽等五郡，又袭破庐江郡，得袁术部曲三万余人。孙策依周瑜所率士族为骨干，结合张昭为首的北方士族，在六郡土地上创立一个强有力的孙氏政权。二〇〇年，孙策死，弟孙权继位，到曹操夺得荆州时，孙氏政权已经是巩固难破的了。

刘备是名儒卢植的学生，又是汉皇帝的同族，在豪强混斗中，养成了很大的声望，也结成了一个武士强谋士弱的刘备集团。曹操承认自己和刘备是当今的天下英雄，因为刘备对士族的号召力要比曹操高一些。刘备被曹操迫逐，逃到荆州依附刘表。杰出的谋士诸葛亮以及北方流亡士族加入刘备集团，刘备的势力因而空前扩大。刘表死，刘表子刘琮投降曹操。宁愿追随刘备不愿投降曹操的刘表属官和荆州人多至十余万人，辎重车多至数千辆，足见在刘表割据多年的荆州，刘备比曹操处于有利的地位。

孙氏政权与刘表势力是世仇，刘备是刘表残余势力的主要代表人。刘备与孙权结合，这才有可能形成以江东军为主，以刘备军和刘表残余军（刘表长子刘琦所率）为辅的对抗力量。

曹操军有北方兵十五六万，荆州降兵七八万，号称八十万，军力占绝对优势。但曹操军有不少弱点：（一）荆州兵被迫投降，军心动摇，而水战主要依靠荆州兵；（二）北方兵不习惯南方水土，战斗力削弱；（三）曹操军后方不巩固，特别是马超、韩遂等军割据关西，威胁许昌。这些都是军事上的弱点；（四）朝官中有不少士族反对曹操。曹操将攻荆州，临行前杀拥汉大名士孔融示威。这是政治上的弱点。曹操军存在着这许多弱点，只宜速胜，不能持久。恰巧刘琮投降，曹操不战大胜，滋长了骄慢心，以为自己强大必胜，孙权，至少是孙权的部属，一定会来投降，军事部署上暴露了可败的空隙。孙权地小兵寡，精兵不过三万人，更不能持久。刘备合刘琦兵不过二万，不力战就没有生路。在大敌曹操军的压力下，孙权刘备结成了牢固的（自然是暂时的）同盟。二〇八年，周瑜进军到赤壁（湖北嘉鱼县），用火攻法大破曹操军。曹操不敢再战，率残军逃回北方。

赤壁大战，决定了三国分立的形势。曹操所代表的统一趋势虽然受到阻碍，但此后三国统治者各在自

湖北嘉鱼赤壁遗址

己的领土内削平地方割据势力，巩固各国内部的统一，恢复残破已极的生产（主要是魏国），比起以前的十九年大混斗时期，三国分立也还是恢复全国统一的一个步骤。

赤壁战后，孙权得荆州大部分，刘备得武陵、长沙等四郡。刘备获得立足地，专力向益州发展，二一四年得益州，以成都为中心，成为后来的汉国。孙权以建业（南京市）为中心，扩地到广州交州，成为后来的吴国。

曹操回许昌，宣布一篇语极恳切的《明志令》，说自己实在没有"不逊"（灭汉）的野心。这当然是对拥汉派士族说的。当时潼关以西被马超、韩遂等十个割据者占领，曹操率兵进攻，经过几年的战争，割据者都消灭了，北方（除公孙氏占据辽东）得到进一步的统一。曹操在《明志令》里说，设使国家没有我，不知当有几人称帝，几人称王。这确是事实，但因此要代汉自立，却被拥汉派士族障碍着。二一二年，曹操大会列侯诸将，教人提议推尊自己为国公。士族首领荀彧当场反对，说不该这样。过了些时，曹操不露形迹地谋杀荀彧。第二年，让汉献帝封自己为魏公，建都邺（河北临漳县境），设立整套官职，使重要汉官转做魏官。二一六年，曹操升级为魏王，士族首领崔琰（音演 yǎn）有讥讽表示，被曹操迫令自杀。又一首领毛玠（音介 jiè）表示不满，在众官援救下，曹操不敢杀毛玠，只是斥逐出朝廷。荀彧崔琰毛玠都是曹操最重要的谋士，曹操在代汉的步骤上，遭到这些人的阻力，意义是严重的。二一八年，汉官吉本等率千余人在许昌起事，谋挟天子攻魏国。魏官魏讽等聚徒众谋攻邺，这对曹操也是一种威胁。孙权劝曹操做皇帝，曹操说，这孩子想把我放到炉火上么！所谓炉火，就是指拥汉派士族的反对，虽然不能是烧死曹操的火，但引起混乱是可能的，而这正合于孙权的希望。

士族障碍着曹操代汉做皇帝，与其说是为了拥汉，无宁说是向曹操交换做官特权。辽东割据者公孙度要流亡名士王烈做官，王烈不愿意，“为商贾以自秽”，公孙度也就不强迫他了。士族看商贾是秽人，绝不允许商贾和一般下层豪强参加政权。曹操用人，“不拘微贱”，这自然要引起士族的不安。赤壁战前，鲁肃劝孙权抗曹操，说，象我鲁肃这样的人，投降了曹操，他会把我送还本乡，评品等第，给个小吏做，慢慢升迁做州郡官。曹操得荆州，令韩嵩评品荆州士人优劣。东汉末年，士人分品做官，似乎已成惯例。二二〇年，曹操死，子曹丕继王位。曹丕听从拥曹派士族陈群的建议，明令规定九品官人法，各州设大中正官，各郡县设小中正官，评品本州本郡本县士人的等第。做大小中正官的人自然是高级士族和一些中级士族，他们荐举做官的人，自然也是高级中级士族。微贱人被排摈不能入品，低级士族只能列在下品。曹丕和高级中级士族进行了交换，从此不再有拥汉派。当年，曹丕取消汉献帝的皇帝名号，用禅让的方式自称魏皇帝(魏文帝)。

二二一年，刘备在成都自称汉皇帝。二二二年，孙权自称吴王；二二九年，吴王孙权自称吴皇帝。

三国分立事，另节说明。

农民与地主间的阶级斗争，是封建社会历史的一条基本线索。这条线索的一个方面，即地主阶级方面，为了争夺统治权，不断地进行着内部斗争。这种内部斗争往往成为某一历史时期里的主要特征，严重地影响到社会各个方面，阶级斗争(渗杂着各族间斗争)因而愈益复杂化。自秦汉迄南北朝这一历史时期由统治阶级的内部斗争而表现出来的主要特征，第一步是无市籍地主与有市籍地主间的斗争。这个斗争开始于秦，发展于西汉，猛烈冲突于东汉，结果是东汉末年社会遭受极其惨重的大破坏。第二步是九品官人法的成立，标志着代表无市籍地主的士族战胜了有市籍地主，同时高级士族开始了对中级士族的压迫并排摈低级士族。中级低级士族代表中小地主，人数最多，而且才能之士也多在这个大士人群里产生，他们被压迫和被排斥，无市籍地主阶级内部的斗争激化深化了。结果是西晋统一政权迅速崩溃，在中级低级士族与豪强势力结合下，出现十六国大混乱的局面，黄河流域又一次遭受毁灭性的长期大破坏。

第四节　经济概状

东汉的农业、手工业生产在西汉的基础上续有进步。手工业的进步尤为显著，好些重大的发明，记录在东汉以及三国的史书里。

农　　业

牛耕——西汉后期，黄河流域用牛耕田，已经相当普遍。东汉时牛与农业的关系更见重要。《后汉书》开始有牛疫的记载，如公元七六年，汉章帝诏书里说，近年来牛多疫死，垦田减少，谷价颇贵，穷人流亡。西汉时偷马要处死刑，偷牛只是照普通偷窃加重治罪。东汉杀自己的牛和偷别人的牛都处死刑，可见牛的重要。汉光武帝初年，任延做九真太守，教民用牛犁，田亩因而年年增辟。汉明帝时，王景做庐江太守，也因兴水利和教用牛犁，境内富饶。庐江地近，用牛却在后，九真路远，用牛较在前，说明牛耕法的推广是偶然的缓慢的，但也说明在逐渐向外地推广。整个看来，东汉农业技术比西汉是进步得多。

水利——东汉水利大抵修复西汉旧渠，少有新创，但卓越的水利工程家仍屡见记载。王莽时（公元一一年）黄河在魏郡（治邺）决口，河道南徙，改从千乘（山东利津县）入海。河水侵入汴渠（东汉漕运的要道），兖豫两州连年遭水灾。汉明帝擢用王景（公元六九年），发民卒数十万人治河。王景测量地势，开凿山阜，建立水门，自荥阳至千乘口筑堤长千余里，使河、汴分流，河不侵汴。从此汴渠得安流运漕，黄河受南北两堤约束，水势足以冲击沙土通流入海（至一〇四八年才又改道），幽冀兖豫四州得免较大的河患。王景治河是东汉人民和自然界作斗争的一次大胜利。汉顺帝时（一四一年）会稽太守马臻在会稽、山阴两县（浙江绍兴县）治镜湖（又称鉴湖），筑大堤周围三百五十余里，灌溉民田九千余顷。马臻以后，会稽山阴千余年没有大的水旱灾。长江下游的水利事业，马臻是光辉的创始人。东汉末年，曹操为适合军事运输和农田灌溉的需要，大开河渠，沟通黄河淮河长江三大水，交通比前更便利。又在河北开

陕西米脂出土东汉牛耕画像石

江苏睢宁出土汉牛耕画像石

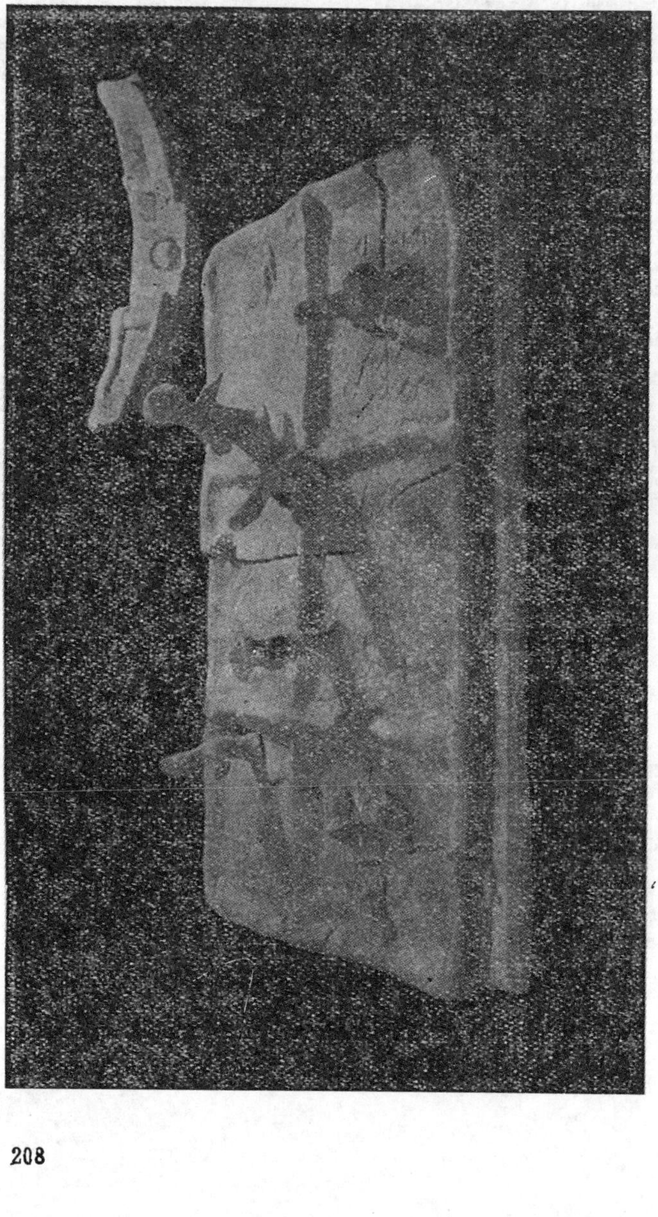

广东佛山出土东汉陶水田和船

平虏、泉州两渠，接连海上运输，控制了割据辽河流域的公孙氏和塞外乌桓族。三国分立，北方水利常在兴修，成为恢复生产消灭蜀吴的一个重要因素。

垦田——东汉史书保存着九个户口记录、五个垦田记录。这些数字是根据当时口赋、算赋、更赋、田租推测出来的约数，当然不能是准确的，但也不全是虚构。户口数和垦田数列如下：

年　　代	户　数	口　数	垦田数
57年（汉光武帝建武中元2年）	4,279,634	21,007,820	缺
75年（汉明帝永平18年）	5,860,573	34,125,021	缺
88年（汉章帝章和2年）	7,456,784	43,356,367	缺
105年（汉和帝元兴元年）	9,237,112	53,256,229	7,320,170顷
125年（汉安帝延光4年）	9,647,838	48,690,789	6,942,892顷
144年（汉顺帝建康元年）	9,946,915	49,730,550	6,896,271顷
145年（汉冲帝永嘉元年）	9,937,680	49,524,183	6,957,676顷
146年（汉质帝本初元年）	9,348,227	47,566,772	6,930,123顷
156年（汉桓帝永寿2年）	26,070,960	50,066,856	缺

汉桓帝时的户数显有错误，《晋书·地理志》所记户数一〇、六七七、九六〇，口数五六、四七六、八五六，或比较可靠。

自汉光武帝到汉和帝，户口继续在上升，垦田自然

四川成都出土东汉画像砖上的收获图

四川彭山出土东汉画像砖上的舂米图

也在扩大。东汉户数一般在千万户左右，垦田数一般在七百万顷左右。垦田汉和帝时达到高峰，户数汉桓帝时达到高峰，这些数字固然未必确实，但也可见田数与口数差额在增大，农民破产失业的痛苦在加剧。崔寔（汉桓帝时人）《政论》里说：当今青徐兖冀四州人稠土狭，田亩不够使用；关中和凉幽二州以及内附近郡都是土旷人稀，良田荒弃不开垦。依据崔寔所说，衰落的地区有西汉最饶富的关中，有南匈奴内附后作为居住地的并州和边患频繁的凉幽二州。纵然江南和益州有些发展，并不能抵补关中等地的衰落，东汉农业繁盛的地区，实际只有豫冀兖徐青五州和司隶的一部分，豪强大混斗恰恰就在这些繁盛地区里进行，这就可以想见这一次大破坏是何等严重。

创造性的手工业

东汉手工业表现了卓越的创造性，这和两汉四百年政治的统一，文化的积累是不可分的。从实物与文字记载里看到的重要创造有下列几种。

纸——两汉学校发达，经学又极烦琐，士人录写大量经传师说，竹简重，缣帛贵，很自然的需要一种代用品，纸就在这个需要下产生了。《汉书·外戚·赵飞燕

陕西西安灞桥出土
西汉纸残片

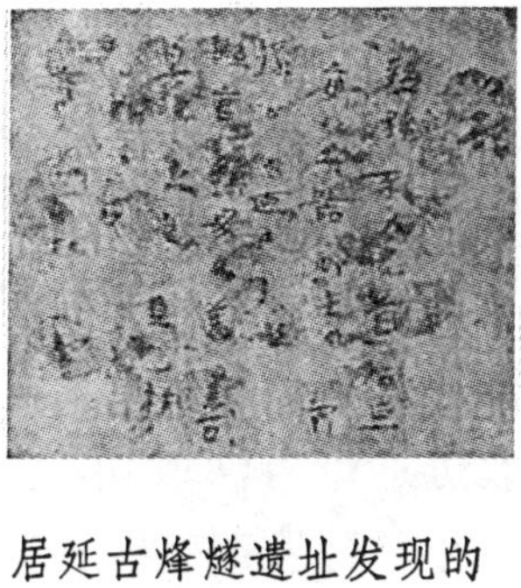

居延古烽燧遗址发现的
汉代有字残纸

传》载有一种可以写字叫做“赫蹄”(赫音细 xì)的东西。应劭(东汉人)说是薄小纸，孟康(三国魏人)说是染赤色纸。如果应、孟所说不误，是汉成帝时已经有纸。当时既能制薄小纸，也就迟早会制较厚较大的纸。应劭《风俗通》说：汉光武帝迁都洛阳，载素(帛)简(竹)纸书共二千车。公元七六年，汉章帝赐给贾逵用竹简写的和用纸写的《春秋左氏传》各一套。如果这些记载不误，是汉和帝以前早已用纸写书了。一〇二年(汉和帝永元十四年)立邓皇后。邓皇后禁绝郡国献珍玩，但令供纸墨。邓皇后倡导节俭，不应让郡国献缣帛，这里所说的纸显然是指比缣帛价廉的那种纸。蔡伦当时正做尚方令(掌制造御用器物)，可能受邓皇后的影响，专心制造更合用更廉价的纸。原来造纸原料用絮，絮是冬衣用旧了的丝绵(如后世冬衣用棉花)，用絮造纸(可看《说文》糸部絮字纸字及段玉裁注)，自然比缣帛价廉。蔡伦改用树皮、麻头、破布、破鱼网作原料，不仅纸价更廉，而且原料更多，推广更易，因此天下莫不采用他的新方法，称为蔡侯纸。《后汉书》说蔡伦以前缣帛叫做纸，意在推崇蔡伦的创造，其实蔡伦以前有纸，丝毫也不曾减少这个伟大创造的价值，因为只有这样的纸才能代替竹简和缣帛。一〇五年(汉和帝元兴元年)蔡伦改进造纸方法成功，这应是人类文化史上值得欢欣的一年。建安时，左伯能作纸，精细有光，造纸术又前进一步。

瓷器——商朝已发明制釉。郑州二里岗出土的一件豆青釉布纹陶尊，全身内外都加釉。洛阳出土西周灰青釉陶豆两件。战国时有质胎近瓷的带釉陶器。显示商周以来由陶变瓷的趋势。战国时能制瓦，两汉又能制砖。两汉有些砖瓦坚硬近于天然石，足见烧窑技术在进步。烧窑技术应用到陶器制造上，就会有早期瓷器的创造。西汉邹阳《酒赋》(伪书《西京杂记》引)里始见瓷字。河南板桥水库和洛阳都有西汉四耳罐和盘的出土，河南信阳东汉墓中也发现过青瓷壶、洗、杯、碗等物，证明两汉确有瓷器。这种质地坚细外加彩色釉药的器物，已从陶器跃进到瓷器的范围内，虽然还不能说是完全的瓷器，意义却是重大的。瓷器对古代残留的铜器陶器进行了革命，给手工业开出一条宽广的新道路，同纸一样是人类文化史上的一个大创造。

阳燧——战国时能制造璧琉璃，长沙楚墓中有蓝琉璃珥，彩琉璃球，质地非常精美。东汉时进步到能制厚玻璃。王充《论衡》说：方士熔炼五种石块，铸成阳燧，可在日光下取火。西汉以前阳燧用铜制，东汉始用玻璃。由于方士故作神奇，说是要五月丙午日午时铸造才能有效，所以熔炼法流传不广，制玻璃业不能发展。

织花机——公元五九年，汉明帝率群臣祭汉光武帝，群臣衣裳都用五彩花纹很复杂的织成品。西汉织工在研究织花机，汉哀帝时还没有完成，汉明帝时确实制成织花机了，这是纺织手工业的大进步。魏明帝时博士马钧改良织绫机，省工省时，花纹更精。

铁钉——铁钉的使用，似开始于制棺的棺钉。王符（汉安帝时人）《潜夫论》里说，制造棺材要用钉。有了铁钉，建筑造船等业增加一种必要的用具，技术上可以前进一步。

火井——西汉末扬雄作《蜀都赋》，没有说火井。西晋初左思作《蜀都赋》，始有"火井沈荧（火在井中）于幽泉"的话。可见利用火井煮盐是在东汉或三国时期。用柴火煮盐水一石，仅得盐二三斗，用井火可得四五斗，生产量增加一倍。

石炭——石炭的使用不知开始于何时。二一〇年，曹操在邺筑铜雀台。台北面有冰井台，藏石炭数十万片（片字或作斤字）。西晋初陆云见了很觉新奇，写信告诉陆机。二陆吴郡人，是博学的文学家，他们不曾知有石炭，足见当时还没有通行。南朝宋时人雷次宗作《豫章记》，说建城县（江西高安县）葛乡出石炭，可以煮饭，南方用石炭比北方较迟。

水排——东汉初年，杜诗做南阳太守，创作水排，用水力鼓动排橐（风箱），铸造农器，用力少，见功多，百姓称便。东汉末年曹操用韩暨为监冶官。以前冶铁或用马排或用人排。用马排造一石熟铁要耗费一百匹马力，用人排费功力更多。韩暨改用水排，比马排省费用三倍。韩暨南阳人，当是采用杜诗的遗法，并非新创，

汉代纺织

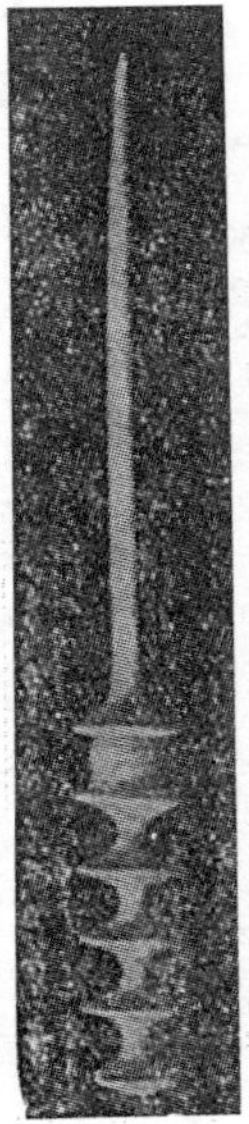

甘肃武威汉墓
出土纺线木锭

江苏铜山出土汉画像石上的纺织图

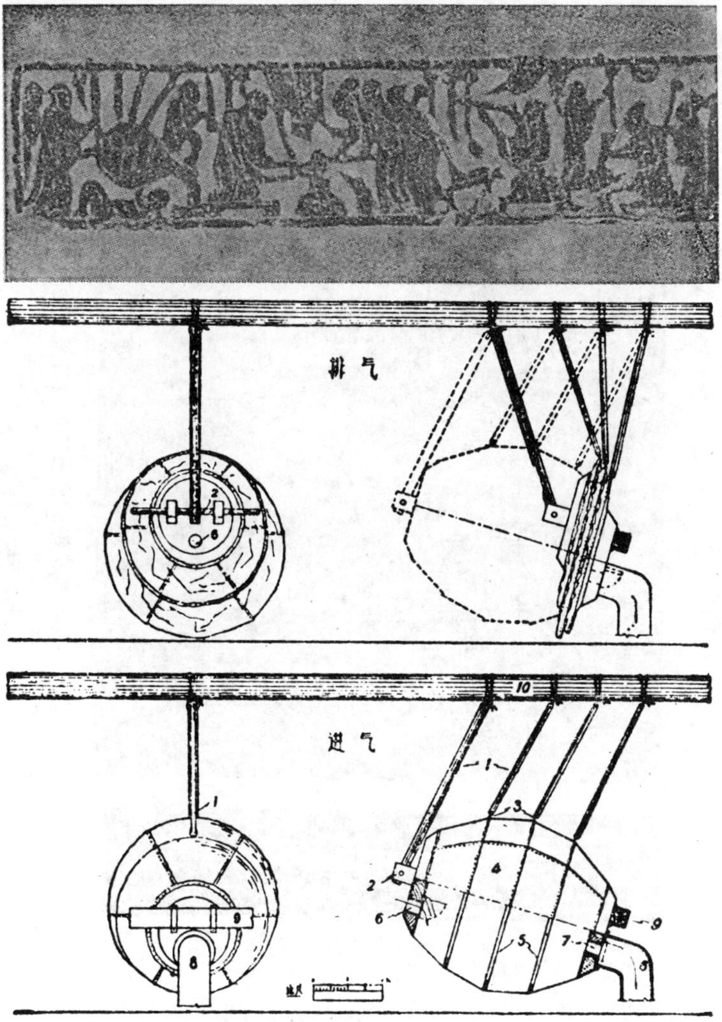

说明：1.吊杆　2.拉杆　3.铁环　4.皮橐　5.木环　6.进气门
7.排气门　8.排气管　9.横木　10.横梁

山东滕县出土汉画像石冶铁图及鼓风机复原图

但从南阳推广到魏国，韩暨是有功的。

翻车、渴乌——汉灵帝时，宦官毕岚作翻车和渴乌。翻车是一种河边汲水的机车；渴乌是吸水的曲筒。马钧改良翻车，机件轻便，童子也能转动，照西晋傅玄所描写，马钧的翻车很象是后世常用的龙骨车。

水碓——东汉献帝末年，雍州刺史张既督促陇西、天水、南安三郡富人造水碓。水碓是用水力激木轮舂米的器械，发明当在东汉时期，张既由内地传到西北地区。

霹雳车——二〇〇年，曹操与袁绍大战。曹操创制发石车，攻破袁绍军壁楼。发石时有大声，因名为霹雳车。马钧改良发石车，用一个大轮，轮上挂数十块大石，用机械转轮，大石连续抛出，比曹操所制一发一石，威力大增。发石车唐时称为炮车，是攻城利器。

上述各条揭示出东汉时期手工业劳动者对自然界的征服又迈进了一步，结合农业上的发展，社会财富的创造比西汉提高了，东汉工商业的发达和城市的繁盛，可以说明这个事实。

工　商　业

洛阳与南阳是东汉两个最大的中心城市。王符《潜夫论》里说，洛阳地方浮末比农夫多十倍，虚伪游手比浮末又多十倍。全国一百个郡一千个县成万有市的

四川广汉出土东汉市集画像砖(拓本)

邑，工商与农夫的比例，大体上与洛阳相似。王符区别农工商的本末，说：农桑为本，工商为末；工造有用物为本，造淫侈无用物为末；商通有用物为本，通淫侈无用物为末。农工商守本离末则民富，离本守末则民贫。照王符的说法，浮末是守本的工商，虚伪游手是离本的工商。为什么离本的工商占绝对大多数呢？因为劳动人民创造出来的财富，极大部分被富贵人剥削去了，富贵人需要的是淫侈之物，供给淫侈之物以牟利的正是王符所说的那些淫商。

王符描述以京师贵戚为首的富贵人家衣服、饮食、车舆、装饰、庐舍都非常淫侈。这些人家养着大量奴仆婢妾，让他们身穿锦绣衣，足登麂(音己jǐ)皮履，佩带犀角、象牙、珠、玉、金、银、琥珀、瑇瑁(音代昧dāi mèi)等精制品，表示主人家的富贵气象。富贵人死后，棺材一定要用江南出产的大楠木，从几千里外运来，让工匠雕治，工程极其精细。一套棺椁重约一万斤，要耗费成千上万的人工才能造成。葛洪《抱朴子》记载汉朝广陵某富贵人的墓冢说，吴景帝时，发掘一个大冢。冢内有高阁。四周有行车路，高可以骑马。灵座前侍立长五尺的铜人数十枚。棺内置云母石厚一尺，尸体下有白玉璧三十枚。死人怀中有形似冬瓜长一尺许的白玉，耳鼻塞枣形黄金。这一类墓冢，照王符说，东起乐浪，西至敦煌，万里版图内富贵人家都是这样。富贵人不论是活人或死人，都是极淫侈的消耗者。他们残酷地榨取农工所生产的财富，通过淫商达到穷奢极欲的目的。

社会生产力的提高，并不曾改进生产者本身的生活，而富贵人却愈益集中了大量的财富。西汉富商的财产最多不过一万万钱，东汉时士孙奋有钱一亿七千余万，折国有钱二亿，奴隶八百人，钱比西汉加倍了。东汉法律上也禁止商贾兼做地主，叫做“商者不农”、“禁民二业”。事实完全相反，无市籍地主同样做商贾，商贾同样做有市籍地主。邓太后废盐铁官营制以后，大利所在，二业更是混成一业，大大增加了豪强的财产。受这个法令迫害的还是那些劳动人民。官吏借口禁民二业，禁农民捕鱼打猎，甚至禁采桑养蚕，使农民穷困破产的过程加速起来。

王莽末年，大小豪强抗拒农民起义军，到处筑起称为营、壁、坞的堡垒，实行武装割据。东汉时期，这种堡垒合法存在并逐渐加强，豪强势力远远超过西汉时期，试先看下列两个事例：

（一）汝南郡袁绍袁术是士族大豪强。袁绍占据河北，留在本郡各县的门生宾客，拥兵守壁，反抗曹操。曹操用满宠为汝南太守，攻破二十余壁，又诱杀十几个壁帅，共得户二万，兵二千。袁术死后，残部逃到庐江。孙策袭破庐江，得百工、鼓吹（乐队）及部曲三万余人。

（二）仲长统《昌言》里说，豪强人住着接连数百栋的大宅院，占有着大片的良田，畜养着成群的马牛羊

四川成都出土东汉盐场画像砖

家，州城郡城里开设着大商店，车船周流四方，贩运奇物宝货。这种豪强人连做个伍长的资格也没有，却有成千的奴婢，上万的徒附，享乐比封君还强，势力等于郡守县令。他养活宾客刺客和敢死士，替他迫害或杀死穷人。穷人被迫服从役使，冤枉穷困，不敢到官府申诉，因为申诉只有危险没有好处。

以上两个事例，第一个说的是在战时的无市籍地主豪强，第二个说的是在平时的有市籍地主豪强。总

四川广汉出土汉执锄俑(复原)

四川成都出土汉执铲陶俑

起来看，豪强在平时，以大宅院为中心，筑起一个堡垒。宅院里住着供享乐用的“妖童、美妾、倡讴、妓乐”之类的奴隶，也住着充当爪牙走狗的宾客、刺客、敢死士之类的文武流氓。堡垒里住着制造各种自用器物或商品的工匠，又有经营商贩的商贾。袁术家工匠齐全，号称百工，开大商店、车船周流四方的豪强当然也有很多的工匠和商贾。这种工匠、商贾以及牧人就是成千奴婢中的一部分。堡垒外住着佃农。他们在暴力胁迫下，变成半农奴的身分（人身还不能被买卖），叫做徒附。崔寔《政论》叙述徒附的生活情况说，贫户没有耕地，只好向豪富低头，父子妻女象奴婢一般替田主耕种，一辈一辈做下去。活着衣食不足，死了买不起棺材。年景略差，便得饿死或出卖妻子。真是说不尽的伤心惨目，作为人的生趣被剥夺得干干净净了。大名士申屠蟠隐居在田野间，住屋用蓬草盖顶，依桑树枝作梁栋，同佣人一样。佣人即徒附，他们住的是这样的陋室，室里只有一些破被烂帐，临死时还得到路旁去死，不敢死在家里，因为没有葬身的土地（《昌言》“被穿帷败，寄死不敛”）。徒附穷困到极度，那里会有人的生趣！

徒附离开豪强，更无法生活，因此，徒附不仅几乎无偿地替豪强耕作，而且还得替豪强当私兵。这种豪强武装，叫做部曲。（徒附户一家人也统称为部曲。）袁绍的附属堡垒有户二万兵二千，大概一户徒附，得出一人当部曲兵。袁术部曲有三万余人，大概袁术一家的徒附户至少有三万余(一部分被部曲将带走)。豪强与文武流氓平时组成一个统治集团，战时便成为军事统率集团，豪强当统帅，一些宾客当僚佐，一些刺客敢死士当将校，部曲兵不敢不力战，否则就有灭家的祸难。东汉豪强的兼并性、割据性和破坏力都显得特别强烈，原因之一在于他们拥有所谓部曲的私人队伍。

物质生产进一步发展的东汉社会，同时也就产生出更强暴的豪强力量。这种力量反过来阻碍生产以至摧毁生产，最后连进行生产的劳动人民也被尽量屠杀。根源只有一个，就是豪强的兼并性、割据性。

豪强有良田，又有工具牛犁和徒附，农业生产品成本比较低。他们操纵市上谷价作为兼并土地的一种手段。广大农民所有的田地是中下等田地，他们也必须有牛犁，并降低自己的生活水准同徒附一样，才有可能用近乎同等成本的谷物在市上出卖，换取必要的钱来缴纳官府赋敛和购买最低限度的生活用品。如果遭遇天灾、额外赋敛等意外事件，那就有破产当徒附的危险。东汉首尾一百九十五年中，地区大小不等的有灾(水、旱、蝗、风雹等灾)年多至一百一十九年，额外赋敛更是东汉后期豪强政治的特点。不难想见，农民困急只好卖耕牛，失去耕牛只好卖土地当徒附。徒附不断在增加，豪强势力不断在扩大，农民不断在加速破产，如此循环，农业生产力自然逐渐由萎缩一直到被摧毁。

豪强制造器物用奴隶（奴隶身价最高不过二万

钱），民间手工业业主用佣工（如申屠蟠家贫，曾“佣为漆工”）。业主要卖出自己的生产物，必须减轻成本，首先是压低佣工的生活到奴隶的水准。事实上使用佣工到底还不是使用奴隶，多少要付出一些佣钱，成本多少还得高一些，因此民间手工业受奴隶劳动的阻碍，不能顺利地发展起来。

阻碍生产摧毁生产是豪强兼并性的表现。兼并性发展到更大规模的混斗割据，就表现出可骇的破坏力，东汉社会在这个破坏力的冲击下崩溃了。

王莽乱后，户口大耗损，经东汉前期的休养生息，汉和帝时，人口恢复到五千三百余万。此后安、顺、冲、质四帝人口都在五千万以下，汉桓帝时又达到五千万（《晋书·地理志》作五千六百万）。这些数字不管它如何缺少真实性，至少还可以显示当时人口是多而不是少。现在看一九〇年（汉献帝初平元年）以后豪强们怎样急剧地破坏社会生产力，使多的人口变为人口极少。

破坏的方式有下列几种：

屠杀——一九〇年，董卓驱迫洛阳地区百姓迁往长安，沿路死人无数。洛阳二百里内所有官私房屋，全部被烧毁。一九三年，曹操攻徐州，杀男女数十万口。一九二年董卓死后，部将们连年互斗，烧毁长安城，关中居民数十万户，死亡略尽，长安成了空城，附近几百里内不见人迹。二一九年曹仁屠宛。长安、洛阳、南阳三大城市全毁灭了。这只是几个例，其他屠城杀人，规模大小或有不同，残暴性却并无不相同。

抢掠——曹丕叙述一九〇年以后豪强割据的情形说，名豪大侠，富室强族，都以讨董卓为名，纷纷起兵。大豪强占据州郡，中豪强占据县城，小豪强占据乡村，各依武力，互相吞灭。这种豪强军队在割据地内过着“饥则寇掠，饱则弃余”的野兽生活，他们等到生产彻底被破坏，人民饿死得差不多的时候，自己也就很难生存下去。袁绍军在河北吃桑椹充腹，袁术军在江淮吃蚌蛤过活，不久都溃败了。豪强占据州郡，到乡村象蝗群那样吃人民，吃完这一处再吃别一处，吃到无可吃时，即人民死亡略尽时，他们才算做完了事情。

疫病——《续汉书·五行志》记汉灵帝时有五次大疫。大医学家张机在《伤寒论·序》里说，我的宗族原来很大，人数在二百以上，建安纪元以来，还不到十年，族人死了三分之二，伤寒病患占十分之七。一族人死去三分之二的疫病，在《五行志》上并没有记载，因为它连年发生，不算是值得记载的大疫。汉献帝时大疫，据《五行志》所记是在二一七年（建安二十二年）。曹丕说，那一年疫病，很多亲友遭了灾。曹植也说，家家有死人，室室有哭声，或一门尽毙，或举族灭亡。以著名文学家建安七子为例，孔融、阮瑀早死，其余王粲等五人都死在这次大疫中，可见丧亡确极严重。疫病是暴政战乱的自然产物（例如二一七年的大疫，从曹操攻孙权军中开始），它不是所谓天灾，它同杀死饿死一样是统治阶级制造的人祸。

人民不是被杀死就是饿死或疫死，经济文化的中心地区黄河流域，在短短的建安时期化为一片大荒原。王粲从长安逃往荆州，写一首《七哀诗》描述路上见到的惨状说："出门无所见，白骨蔽平原。路有饥妇人，抱子弃草间；顾闻号泣声，挥涕独不还。未知身死所，何能两相完。"仲长统《昌言》也说，东汉民户，过去一般在一千万户左右，还有不少遗漏户和居住汉地的外来族都不算在内。到了今天（汉献帝时），名都空而不居，百里绝而无民者不可胜数，这样下去，人要灭绝了。二〇二年，曹操在他的原籍谯（安徽亳县）下了一道命令说："吾起义兵，为天下除暴乱。旧土人民，死丧略尽。国中终日行，不见所识，使吾凄怆伤怀"。曹操在家乡走一天，路上看不到一个熟人，与王粲仲长统所写破败情状都是亲见的实事，完全可信。这些事实说明什么呢？说明两汉四百年积累起来的财富和文化以及创造财富和文化的劳动人民一起被统治阶级毁灭了！

第五节　汉文化对周邻诸族的影响

两汉是政治统一、经济文化发达、武力强大、拥有人口五六千万的伟大国家。这对四周诸族的社会，很自然地要起着推动作用。两汉特别是东汉（包括三国）

推动作用更为显著。东汉三国两个半世纪的长久年月里，除去各族间暂时发生的军事行动，其余年月都是在经济文化的交流上渡过去的。大抵汉朝高度的经济与文化，在前期吸引着许多族，从而建立起密切的政治关系或通商关系，而后期的黑暗政治又迫使逃亡、掠夺和变乱，成为豪强破坏力以外的一种破坏力。东汉与诸族的关系是复杂的，从大的方面看，相互有利处多于相互为害处。

下面简略地叙述东汉与周邻诸族的关系。

东　北　方

自战国(燕)时起，辽西辽东两郡（秦始皇建郡）已经是汉族文化在东北方的基地。汉昭帝以来，玄菟(治所约在今辽宁省铁岭新宾等县之间)、乐浪两郡成为重要的文化基地。在汉族文化影响下，东北方少数族开始从落后状态中加速了社会的前进。

夫余——夫余国在玄菟郡北，本是濊族的居住地。不知何时，从北方索离国来了一个勇猛善射名叫东明的人，征服濊族，自做国王，号称夫余国。夫余国，有城栅、宫室、仓库、牢狱。刑法残酷，一人犯死罪，一家人都被没收作奴婢。东明族人是贵族，大贵族做加(官)，有马加、牛加、猪加、狗加等称号。这些加都是部落大酋长，大部落有数千家，小部落有数百家。小贵族在加下面做邑（城栅）豪或落（村落）豪。濊族人被称为下户，是东明族的种族奴隶。有战事，诸加率东明族人上阵，下户只是运粮供饮食。下户主要从事农业生产，不参加战争。贵族死后要厚葬，杀人殉葬有时多至百余人。葬国王要用汉朝给予的玉匣。国王死，嗣王到玄菟郡领取。公元四九年，夫余王遣使来汉，汉光武帝给他一份厚礼，夫余从此归玄菟郡管理。因汉文化的逐渐输入，三国时夫余成为东北方的一个强国。

挹娄——挹娄在夫余东北。挹娄人处在氏族社会末期，已有贫富，但不曾形成阶级。各部落有大人（酋长），但还没有君长。居山林间深穴中，富家穴深到九梯以下。穴中央作厕，人绕厕居住。有农业和牧畜业，也能织些麻布。俗重养猪，吃猪肉、衣猪皮，冬天用猪油涂身，厚数分。夏天裸体，用一尺布掩蔽下身。箭用青石作镞，镞上敷毒药，人兽被射中就死去。挹娄人形体似夫余人，言语与夫余高句骊不同。汉时属夫余，三国时脱离夫余自立。挹娄是东北方诸族中最落后的一族。它不接受邻国较高的文化，社会停留在野蛮阶段上，直到它的后裔女真、满洲初起时，大体上还保存着挹娄的社会形态。

高句骊——高句骊在辽东、玄菟两郡的东面，夫余挹娄的南面。属玄菟郡管理。高句骊人居大山深谷中，共有三万户。相传贵族是夫余的别种，约一万人，性凶暴喜掠夺，好造大宫室，男女饮酒歌舞，坐食不劳动。

下户（种族奴隶）供给贵族米粮鱼盐等一切生活品，纵然竭力耕作，还是不得温饱。汉光武帝时高句骊王遣使来聘，汉给以乐人乐器及衣冠服饰。

高句骊霸王朝山城西南角

濊——在高句骊的南面，辰韩的北面，朝鲜半岛东部地区都是濊人的居住地。濊分许多部落，各有酋长，但没有大君长。这些部落酋长与高句骊贵族同种，言语习俗大抵相同。前一二八年，濊君南闾等大小部落酋长率二十八万人来辽东郡，汉武帝因而设置苍海郡，后改属乐浪郡。汉光武帝时部落酋长改称县侯，仍属乐浪郡。濊人与汉人杂居，能种麻养蚕作绵布。没有经过奴隶制度阶段便进入封建社会，在东北方诸族中是文化最高的一族。

韩——在朝鲜半岛南部。韩分马韩、辰韩、弁韩三种，称为三韩。马韩在西，有五十几个部落；辰韩在东，弁韩在南，各有十二个部落。马韩最大，有些大部落多至万余家，大小部落总户数约有十余万。部落间和部落内部，大小酋长各自作主，不很相统属。辰韩弁韩较小，大部落四五千家，小部落六七百家，总数约四五万户。马韩月支部落酋长号称辰王，算是三韩的大君长。辰韩弁韩大小酋长都是马韩人，不得自推酋长。

马韩人能种田养蚕织绵布，在东汉时还不知道金银锦绣是贵物。他们住的是草屋土室，穿的是布袍草履，贫富的区别不很显著。汉光武帝时马韩酋长到乐浪郡通聘，以后便属乐浪郡管理。酋长四时到郡会见，普通人借酋长的衣冠印绶也不时来郡，多至千余人，足见马韩社会还没有阶级。这都是北部人，因为接近乐浪郡，文化比较高，南部人甚至保存着文身陋习，文化比北部更低。到三国时，开始筑城郭，大概社会多少前进了一些。

辰韩又称秦韩，秦朝人逃避苦役，流亡到马韩，马韩人使居住东部地区，与土著弁韩人融合成为辰韩。辰韩言语是秦弁韩混合语，与马韩不同。有城栅屋室。部落酋长按大小有各级称号。能种五谷养蚕作缣布。乘驾牛马，嫁娶有礼，路上行人相遇，停步让路。人死用大鸟羽送葬，意思是要死者能飞扬。辰韩人最大的贡献是能冶铁制铁器，濊、倭(日本)、马韩、州朝(朝鲜济州岛)都依靠辰韩获得铁器，铁在各族交易中当作货币来使用。弁韩人身大发长，当是被马韩征服的一个种族。一部分弁韩与辰韩杂居，城郭衣服相同，言语风俗有异。三韩中辰韩文化最高，有向奴隶制度社会发展的迹象。王莽时，曾掳获乐浪采木民夫户来等一千五百人作奴隶，三年死去五百人。弁韩刑法严厉，也有在部落内部产生奴隶阶级的趋势。不过三韩在乐浪郡统治下，不可能用武力向外部掠夺大量奴隶，封建文化从乐浪、辽东继续传来，自然地要向封建制度前进。王莽时，辰韩一个大酋长廉斯鑡听说乐浪郡土地肥美，人民富乐。有一天，廉斯鑡出城，见户来在田中驱鸟雀，便请户来引导来到乐浪郡。乐浪郡迫令辰韩退还被俘汉人一千人，又罚辰韩出一万五千人、一万五千匹布作为死去五百人的赔偿。给廉斯鑡衣冠田宅，子孙世世免徭役。这个事例显示三韩社会不能走奴隶制度的道路，而只能朝着封建制度的方向发展。

倭——西汉时期倭人到乐浪郡聘问。公元五七年，倭国遣使人经乐浪郡来朝廷。汉光武帝授予倭国王印绶。一〇七年，倭国王帅升等“献”生口（奴隶）一百六十人。三国时和魏国交通。二三八年，倭国女王卑弥呼遣使“献”男生口四人，女生口六人，班布二匹二丈。魏明帝以卑弥呼为亲魏倭王。赠送礼品有锦五匹，毛织物十张，丝织物一百匹，另送卑弥呼锦三匹，绢五十匹，五尺刀两口，铜镜一百枚，用真珠制造的铅丹各五十斤。倭自东汉以来常来中国，每次“贡献”总有生口若干人。《前汉书》仅说乐

日本福冈县志贺岛
石窟发掘的倭王金印

浪海中有倭人，分为百余国，以岁时来会见。《后汉书》记载较详，《三国魏志》记载更详，显示汉倭交通在继续增加。照《后汉书》及《魏志》所说，倭有百余国，国王世袭，大倭王居邪马台国。倭人男子都黥面文身，作为贵贱尊卑的符号，女人没有社会地位，不得文身。武器用矛楯木弓竹箭骨镞或铁镞。贵族号称大人，家有生口财物，又都有三五个妻妾。下户遇见大人，必须退入路旁草地。人如犯轻罪，没收本人妻子为奴婢，犯重罪没收一家人或一族人为奴婢。

以上是汉文化通过玄菟乐浪两郡，影响了附近几个族的简略叙述。

乌桓——原是东胡（东北方诸族）的一族，西汉初，被匈奴击败，逃避到乌桓山，因此号称乌桓。匈奴奴役乌桓，迫令每年贡献牛马及貂皮，过时不送到，便掳掠乌桓人做奴隶。乌桓社会处在脱离母系氏族似乎不是太久的氏族社会阶段上。若干小部落结成一个大部落，推选一人为大人，大人以至部落小帅各自畜牧生产，不相役使。一般行事要听从妇人的意见，只有战斗事由男人自定。汉武帝击破匈奴，迁徙乌桓人到上谷、渔阳、右北平、辽东、辽西五郡边境外，使侦察匈奴人动静。汉设护乌桓校尉管理乌桓。公元四九年，辽东境外乌桓大人到洛阳“朝贡”，辽西境外乌桓大人郝旦等率众九千余人内附。汉光武帝封郝旦等大小酋长八十一人为王、侯、君长，使居住沿边十郡境内，招募乌桓人内附。设乌桓校尉，驻上谷郡宁县(河北宣化县西北)，管理乌桓和鲜卑。汉给乌桓人衣食，使助汉击匈奴和鲜卑。公元五八年，辽东太守祭彤大破渔阳塞外赤山乌桓。塞外各部乌桓恐惧，西自武威郡，东至玄菟郡，纷纷内附。乌桓接触汉文化以后，大人改为父子继承制。东汉末年，辽西郡大人丘力居部有众五千余落，最为强盛，助袁绍作乱。袁绍败死后，袁绍余党率幽冀两州吏民十余万户投奔丘力居部，企图再作乱。二〇七年，曹操大破丘力居部，得降众二十余万人。迁辽东、辽西、右北平三郡乌桓一万余落入居内地，选壮健人作骑兵。乌桓居内地久，很自然地和汉族融合起来，边境上乌桓部落对魏仍保持政治联系。

鲜卑——鲜卑也是东胡的一族。照《国语·晋语》说，周成王在岐阳大会诸侯，其中有东夷鲜卑。《楚辞·大招篇》“小腰秀颈，若鲜卑只”。《大招》作者赞美鲜卑妇女，似乎战国时期鲜卑与汉族有往来。西汉初，鲜卑被匈奴击败，逃到辽东境外，与乌桓为邻。鲜卑言语习俗同乌桓，也是处在氏族社会阶段上的游牧部落。公元四九年，鲜卑大人到洛阳“朝贡”。乌桓在汉武帝时便接触汉文化，落后性逐渐减少了。鲜卑仍保持着氏族社会的落后性。东汉初年，成为侵扰辽东境外专事杀掠的野蛮族。鲜卑“朝贡”以后，辽东太守祭彤使鲜卑大酋长偏何等击北匈奴，按首级数赏财物。因此，偏何等人连年出兵击北匈奴，拿着人头到辽东受赏。很多部落大人都来归附，争着做杀北匈奴人的卖买。公元五八年以后，汉每年从青徐两州人民榨取二亿七千万钱向鲜卑人买北匈奴人头。统治阶级行施这种野蛮卑劣的方法，自以为得计，结果人民也遭受了祸难。公元九一年，窦宪大破北匈奴，单于率一部分人远逃，鲜卑占据北匈奴土地，北匈奴残部十余万落，都自号鲜卑，鲜卑势力渐盛。它失去二亿七千万钱的人头卖买，当然要取得补偿，被作为补偿品的当然是边郡的人民。从此汉沿边各郡连年被攻，汉兵南匈奴兵乌桓兵合力抵御，不能取大胜。

长时期的掠夺，使鲜卑社会里一部分人变成富人和有权力的人，阶级逐渐形成了。汉桓帝时，一个部落贵族的弃子檀石槐，勇健有谋略，造出一些法律，替部落间判断曲直，被认为很公平。他有了这些条件，受推为大人。檀石槐在高柳（山西阳高县西北）北三百余里弹汗山立庭（好比中原建都），从汉地买得良铁作兵器，用汉逃亡人作谋主，拥骑兵十万，南寇汉边境，北拒丁零（贝加尔湖地带的游牧族），东挫夫余，西击乌孙，在匈奴故地上建立起东西一万四千余里，南北七千余里的军事行政的大联合体。他分领土为三部。从右北平以东至辽东接夫余、濊为东部，从右北平以西至上谷为中部，从上谷以西至敦煌接乌孙为西部，各置大人统率本部。檀石槐居弹汗山统率三部。匈奴强盛时，也曾建立过这样的军事行政大联合。檀石槐继匈奴组成一个侵略力量，这对政治黑暗的东汉说来，确是极大的威胁。幽并凉三州沿边诸郡，没有一年不被攻掠，人民死伤财物损失不可计数。鲜卑获利愈多，贪暴也愈甚，一七七年上半年，边境被侵竟多至三十余次。汉灵帝发汉兵南匈奴兵共三万骑分三路出击，被檀石槐战败，三路将官各率数千骑逃回，兵士死亡十之七八，辎重全部丧失。这次大败，不是汉兵南匈奴兵不能力战而是由于腐朽的朝廷庸劣的将官根本不知道如何作战。就在这一年冬天，鲜卑万余骑在路上掳获辽西太守赵苞的老母和妻子，当作人质来攻辽西郡。赵苞率兵出战，对遥远的鲜卑阵上老母悲号道：今天，事情到了这个地步，做儿子的不能再顾母子私恩，亏损对国家的忠节。儿子罪该万死！老母教训赵苞说：威豪（赵苞字）！人总有一天要死，不得为我亏损忠义，你快进兵罢！赵苞率士兵即时奋进痛击，大破鲜卑兵。老母妻子都被鲜卑杀害，赵苞收尸归家安葬。赵苞对乡人说：为救老母而亏忠义是不忠，为全忠义而杀老母是不孝，我必须在战阵上尽忠，在地底下尽孝。说完，号哭呕血而死。赵苞母子所表现的民族精神，才是当时人民反抗鲜卑侵略的共同精神，这种精神是汉族所以继续发展的一个重要因素。

鲜卑擅长的是杀掠，落后的是生产。檀石槐部众愈聚愈多，畜牧射猎不够供食品。檀石槐找到一个大湖，其中有鱼，但不知怎样捕鱼。他听说东方有倭人能没水捕鱼，出兵攻倭人国，掳来千余家做捕鱼奴隶。鲜卑就是这样一个不爱生产专事杀掠的野蛮社会。

一八一年，檀石槐死。儿子和连继承他的政治地位，攻掠北地郡，被北地人射死，那个军事行政联合也就离散了。檀石槐是一个强大的侵略者，他的侵略行为，增加了部落贵族的财富和权力，阶级的划分愈益显著了。檀石槐死后，部落大人都改为世袭制，各拥所部，互相攻击。魏文帝时，檀石槐部万余落来降，居并州太原雁门等郡，为魏守边境。

以上是乌桓鲜卑两族，在辽东辽西境外受汉文化的影响，社会发生变化的简略叙述。

北　方

东汉初年，匈奴乘中原内乱，侵扰边境。公元四八年，呼韩邪子孙争单于继承权，呼韩邪长孙比率南边八部四五万人内附，从此匈奴分为南北两部。

南匈奴——南单于比自称呼韩邪单于，在汉保护下，与北匈奴对抗。公元五〇年，汉光武帝使南单于入居西河郡美稷县（山西离石县境）。南单于分部众屯北地、朔方、五原、云中、定襄、雁门、代郡，助汉守边。沿边八郡流民得归还本土，北匈奴不敢大举南侵。此后南匈奴人口逐渐繁衍，汉和帝时，有户三万四千，口二十三万，兵五万。汉每年给南匈奴一亿九十万钱。南单于自称“生长汉地，开口仰食，惭无报效之义”，南匈奴贵族精神上与汉朝廷是亲密的。南匈奴人民与汉人杂居，逐渐进行农业生产，文化与汉人大体相同。东汉后期，南匈奴骑兵成为击北匈奴鲜卑羌的主力军。二一六年，曹操留南单于居邺（魏国都），待遇如列侯，子孙世袭单于名号。分南匈奴人为左、右、前、后、中五部，各部立贵族一人为部帅，选汉人为司马监督部帅。从此南匈奴人更确定地成为居住并州的一个少数族。

北匈奴——北匈奴单于也是西汉时呼韩邪单于的子孙。匈奴分裂后，南北交战，北方的丁零，东方的鲜卑，西方的西域诸国，都乘机攻击北匈奴。北匈奴屡被战败，内部离叛。公元八七年，北匈奴五十八部共二十万人到云中等四郡投降。八九年，汉三路出兵击北匈奴，窦宪、耿秉各率四千骑与南匈奴一万骑合为主力军。窦宪出朔方郡边塞，南单于率万余骑出西河郡边塞，邓鸿率沿边义从（归附）羌胡八千骑与南匈奴一万骑出五原郡边塞。窦宪令汉和南匈奴精兵万余骑为前锋，大破北单于兵。各路大军出塞三千余里，北单于率残部逃走。汉军俘获牲畜一百余万头。北匈奴八十一部共二十余万人投降汉军。窦宪、耿秉登燕然山刻石，颂汉威德。九〇年，汉兵出张掖郡边塞五千余里，大破北匈奴军。北单于率残部逃到西域，被班勇击败，又向西逃去。北单于败逃，弟於除鞬自立为单于，部众仅数千人，遣使来求降。窦宪排斥袁安等朝臣公议，立於除鞬为北单于，照南匈奴例，每年给大量财物。东汉朝廷以前利用南北匈奴互攻，又利用鲜卑攻北匈奴，因此北匈奴衰弱，汉兵出塞，一举成功。北匈奴破灭后，应从袁安等人的公议，允许南匈奴出塞，统治匈奴故地，汉与南匈奴协力抵御鲜卑，这样，鲜卑侵扰边境的祸害是可以减轻的。窦宪刚愎自用，扶立一个仅有数千人的於除鞬，匈奴广大土地及残余部众都被鲜卑夺去，中国北方又出现了一个强敌，边境受害，比西汉前期更严重。如果说窦宪击破北匈奴算是有功劳的话，那末，由于他的错误而造成的罪恶应比功劳大得多。

匈奴族与中原接触地带很广而时间又很长，自然要受到汉文化的某些影响。特别是西汉呼韩邪单于以后，匈奴贵族的衣服、食品、用具、乐器、刀甲、车舆、仪仗都是汉朝供给的，汉文化给匈奴的影响是更多更深了。呼韩邪改父子继承制为兄弟继承制，意思是想轮到汉妻王昭君的儿子做单于，呼韩邪又使他的继位人在单于称号上加若鞮（汉语孝）二字，意思是学汉皇帝称号上加孝字。南匈奴单于每年三次祭天，兼祭汉皇帝。南匈奴和许多北匈奴人愿意内附居住汉地，显然不仅是生活上的要求，同时也是对汉文化有所爱慕。北匈奴虽然战败了，它所积累的战争经验（如“望尘识马步多少，嗅地知军度远近”）与游牧族本有的流动性犷悍性结合起来，比其他落后族，它还是较强的一族，因此，它能向遥远的西方走去，在一个时期里，成为可怕的文化破坏者。

西　　方

羌——羌族也称为西戎，据远古传说，炎帝姜姓，西周东周时期有不少姜姓国也有姜姓戎。黄帝姬姓，春秋时期西戎中还有姬姓戎。尧是羌族庆都的儿子，周祖先弃也是羌族姜嫄的儿子。炎黄族与羌族在远古是很接近的两个种族。炎黄族先后进入中原地区，逐渐与夷族苗族黎族狄族融合起来，经济文化都在发展，羌族保持落后状态，到东汉还不曾脱离氏族社会。

羌族游牧地以西海郡（青海）为中心，南到蜀郡广汉郡边境外，西北接西域鄯善（新疆维吾尔自治区鄯善县）、车师（吐鲁番盆地）等国。羌族有一百五十个部落，在这个广大地区上随水草游牧，并无固定居住地，农业生产几乎是没有的。阶级也没有显著的形成。部落酋长都是爰剑的后裔，大部落数万人或万余人，小部落数千人。某一部落强大了，就分为几个小部落，某一部落衰弱了，就分散做别部落的附属。各部落间互相攻掠，盛衰无常，因此不能产生大君长，不能有统一的号令，比起匈奴鲜卑来，虽然羌人刚强勇猛，不免仍是一个弱族。

羌族经济文化落后，但并不是说它不愿意前进。爰剑在秦厉公（前四七六年至前四四三年）时，被秦人

铜　刀

骨　笛

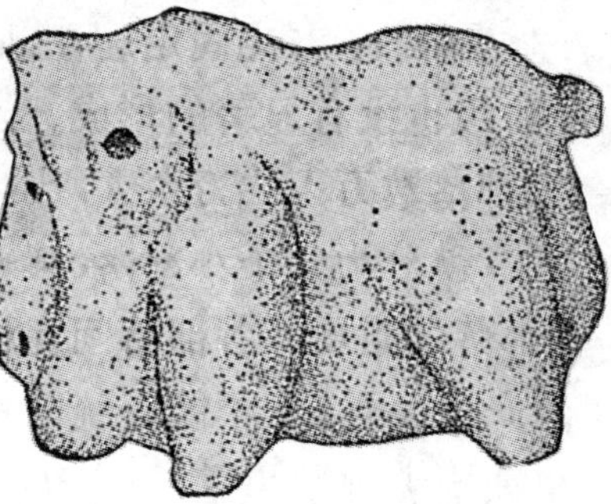

陶　牦　牛

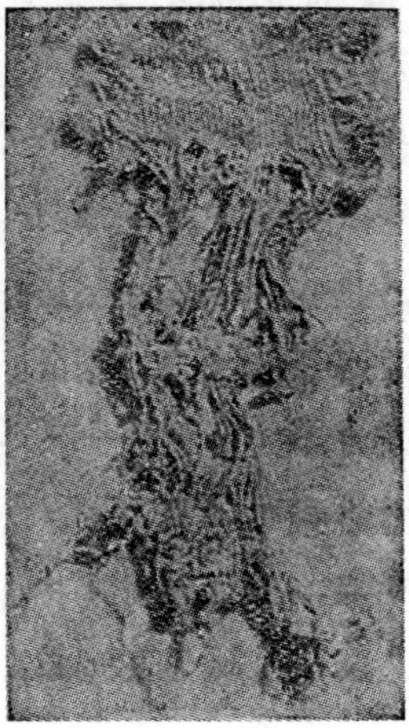

毛　布

青海都兰出土文物

俘获当奴隶。爱剑学得一些生产知识，逃回羌地后，教人畜牧种植。羌族本来依靠射猎为生，此后畜牧业发达起来，人口也就繁衍了。羌人崇敬爱剑的功绩，让他的子孙世世做部落酋长。汉武帝开河西四郡，羌人欣慕汉文化，陆续内附，与汉人杂居凉州各郡县。汉境内的羌人，游牧生活逐渐改变为农业生活，这对羌人是有利的。但汉地方官吏和豪强，虐待羌人，侵夺奴役，无所不为，比虐待汉族人民更加凶暴。羌人被迫与境外诸部落结合，仇杀官吏豪强，同时也蹂躏汉族人民，不过东汉前期还没有酿成大变乱。

东汉后期，政治进入黑暗时期，地方官吏与豪强虐待羌人，毫无忌惮，连朝廷当权者也直接出面对羌人进行更残酷的压迫。原因是：(一)羌人力弱，击羌容易立功成名；(二)借口用兵，可以聚敛民财，使大小官吏乘机各饱私囊。公元一〇七年，羌人被迫起事。当时羌人久居郡县，并无武器，或持竹竿木棍当矛，或负木板食案当盾，或执铜镜在日光下摇动当作舞刀，汉朝廷完全没有理由去用兵镇压。邓太后想让她的长兄邓骘乘机立功，却征发内地十来郡兵卒五万人，教邓骘带着去杀羌人。邓骘军被羌人杀败，边境内外各部落合力攻击邓骘军，邓骘军又大败。羌声势大盛，深入到内地杀掠，百姓死亡不可胜数。邓骘束手无策，本人退回洛阳，邓太后认为有功劳，升官做大将军。汉军留在前方，屡战屡败，羌兵竟杀掠到河东河内等郡，关中及河北大平原上先后筑坞壁一千余所，屯兵二十余万，算是抵御羌人的方法。战争一直进行到一一五年，汉改用骑兵又用南匈奴骑兵击羌，才挽回败势。一一八年，羌人战败瓦解，接连十二年的战争才告一结束。这次战争用钱多至二百四十余亿，人民实际负担当然还要超过这个数目。并、凉两州破败不堪，边郡和内地兵民死亡无数，羌人也遭受了巨大的损丧。但是，统治阶级制造这样的大罪恶，丝毫也不曾悔祸，相反，它更认识到击羌是得功名饱私囊的最好机会。

一一九年以后，较小规模的战争依然继续进行着，汉羌各有胜败。从一三六年起，汉羌又开始大战，汉兵屡败。朝廷照上次战争的旧法，发诸州郡兵十万人屯凉州汉阳郡，关中筑坞、壁三百余所，屯兵守望。大将马贤赵冲等人先后败死。朝廷当权者在内地农民起义的压力下，无法再在击羌战争中发财了，一四五年，被迫采用招抚法。羌人五万余户投降，接连十年的战争才告结束。战争中皇甫规曾要求给兵五千人，便可安抚变羌，朝廷当然不听。这次战争用钱八十余亿，多数被文武官吏吞入私囊，他们把掠夺来的珍宝财物，贿赂朝中有权人，因此放纵妄为，小胜报大胜，战败报不败，让战争延长下去，朝廷不会来追问。兵士口粮被侵夺，进不得力战，退不得温饱，大批兵士冻饿死了，草原上白骨相望，这不是战死者的白骨而是被虐待者的白骨。东汉黑暗政治表现在各个方面，两次制造羌人大变乱，就是这种黑暗政治的一个表现。统治阶级只知道侵侮羌人可以得功名饱私囊，却想不到内地农民起义伴随着击羌军事开始爆发并发展起来；内地农民只知道反抗朝廷残酷地征发兵役和财物，却想不到最后会迫使朝廷不得不停止对羌人的武力迫害。汉族与羌族间是有隔膜的，羌人反抗汉朝廷压迫，并不想获得内地农民的援助，内地农民起义，也不曾有援助羌人反抗的意图，但是，羌人反抗催促了内地农民的起义，农民起义阻止了朝廷对羌的军事压迫，事实上彼此起着联系的作用。这是因为统治阶级的压迫是普遍性的，所以，被压迫者的反抗也是普遍性的。不论各个被压迫者表面上存在着若干隔阂或怨仇，归根说来，阶级斗争终于从内部深处把他们联系起来。这种联系的力量，就要加速黑暗朝廷的崩溃。

汉官没有一个不是羌人的强盗，只有张奂、皇甫规二人是例外。公元一五五年，张奂做安定属国都尉（相当于郡太守，管理内附诸族），羌酋赠送马二十匹，金食器八件，张奂拒不收受，当众立誓道：即使马象羊那样贱，不让马入我厩；即使金象米那样多，不让金入我怀。张奂以前八任都尉都是贪官，羌人敬重张奂的廉洁，从此遵从教令，境内安宁。一六一年关中陇西羌起兵攻破营坞，凉州路断，长安危急，朝廷不得已用皇甫规为将。皇甫规击破羌兵，羌人十余万人自动来归附，凉州路通。皇甫规先后诛逐贪虐大官五六人，小官吏百余人，羌人欣喜，又有十余万人来归附，用费仅一千万钱，西方即时清静。皇甫规因此得罪了宦官和豪强，下狱罚作苦役。张奂皇甫规廉正，得羌人爱戴，因为羌人对汉官并无其他要求。汉官却相反，专想残害羌人来满足自己的要求。与张奂皇甫规同时，有一个完全兽性号称大名将的段颎(音窘 jiǒng)，主张用兵杀尽羌人，张奂主张安抚，朝廷自然听从段颎的话。一六九年，段颎出兵突然袭击降羌，杀四万人，用钱四十四亿。羌人受了大祸，段颎等人发了又大又快的财。

氐(音低 dī)——氐自称是槃瓠的后裔。据《商颂·殷武篇》说，它在商汤时已经与商有来往。它原住武都郡地方，汉武帝立武都郡后，部分氐人散居凉州关中一带。二一九年，刘备击败曹操军，得汉中地。曹操迫令武都氐五万余落迁居关中扶风、天水一带，以防刘备夺取武都郡，用氐人攻关中。二二〇年，武都氐王杨仆率本部人附魏。二三六年，武都氐王苻健率氐民四百余户附汉，弟苻某率氐民四百户附魏。大部分氐族离开了根据地武都。氐比羌弱小，但经济文化比羌进步。氐人长时期与汉人杂居，接受汉文化较多，善于种田，养豕牛马驴骡，又能织布。姓名与汉人同。本族人说氐语，对汉人说汉语。酋长称王或称侯，很多王侯受汉朝廷封号，与汉官共同管理氐民。氐族和羌族一样受汉官虐待，羌族不断起兵反抗，氐族反抗却很少，主要原因在于氐族已有阶级，统治者与汉统治者结合，氐民的力量削弱了。羌族还没有形成显著的阶级，酋长与部众的利害比较一致，在反抗中能采取共同的行动，而且各部落甚至住地很远的部落也能采取共同行动。汉官无法利用酋长来压迫羌人，到最后，出现了段颎企图杀尽羌人的野兽主张。

羌和氐是居住在边境内外，受汉文化影响较多的两个族。

西域——玉门关内河西狭长地带，玉门关外葱岭以东西域诸国，都是汉与匈奴关系本身安危、势所必争的地区。汉置河西四郡，割断匈奴与西羌的联系，关中形势稳定了。西域诸国内附，割断匈奴的右臂，河西形势稳定了。与汉相反，匈奴失去西羌的援助，由强变弱，失去西域的赋税，由富变贫。匈奴贫弱，汉才有可能击败匈奴，取得北方边境的安宁。从自卫的观点来看，汉通西域是完全必要的。匈奴奴役西域诸国，“敛税重刻，诸国不堪命”，西域人民和大部分统治阶级，都盼望得到汉的保护，从西域人民的要求来看，汉通西域也是完全合理的。由于通西域，东方和西方的文化得以交流，从人类的利益来看，意义更是重大了。因此，东汉班超班勇父子在西域建立的功绩，是非常光辉的功绩。

西汉末年，西域三十六国分割成五十五国。公元一六年，王莽断绝西域的交通，匈奴乘机又征服西域诸国，实行报复性的剥削。诸国不堪命，要求汉统治的恢复，非常迫切，但东汉国力较弱特别是后期政治黑暗，内争激烈，无意远图，西域不能象西汉那样久通，自汉光武帝至汉安帝呈三绝三通不正常的现象。

第一次绝——公元一六年至七三年。原因是王莽乱后，国内元气未复，避免与北匈奴接触。

第一次通——七三年至七七年。击走北匈奴，取伊吾（又称伊吾卢，新疆维吾尔自治区哈密县），交通恢复。

第二次绝——七七年至九一年。原因是不愿引起对北匈奴的战争，放弃伊吾。

第二次通——九一年至一〇七年。窦宪大破北匈奴，班超经营西域完全成功。

第三次绝——一〇七年至一二四年。原因是汉官庸劣，被北匈奴及一部分西域国攻击，朝廷召回汉官。

第三次通——一二四年以后。班勇击走北匈奴，葱岭以东又通。班勇以后，渐成半通状态。

西汉时期，西域诸国的贵族子弟多到长安，学汉文化。国王的儿子称为侍子，得到朝廷更多的优待。东汉初耿舒讥笑马援象个西域贾胡，到一处便停留一处，想见西域商人可以在内地自由做买卖，长时期经济文化的交流，使汉与西域结成不可割断的联系。汉人流寓西域，不仅做买卖，也兼作政治活动，有助于这种联系的增进。例如公元六〇年，汉人韩融助于阗国（新疆维吾尔自治区和阗县境）贵族休莫霸做国王，击败强国莎车（新疆维吾尔自治区莎车县）。后来班超经营西域，于阗成为主要支持者。七三年以前，西域诸国屡次要求汉恢复政治关系，绝不是偶然的。七三年，汉明帝命使窦固等率大军击北匈奴，取伊吾地，置屯田兵，建立起玉门关外的立足点。班超就在这一年带着三十六个吏士出使西域，杀鄯善国匈奴使官，于阗国杀匈奴监督官，鄯善、于阗等国王都派儿子到洛阳做侍子，隔绝五十八年的西域，第一次又与汉交通了。

班超得于阗疏勒（新疆维吾尔自治区疏勒县）等国的支持与匈奴争西域统治权。七六年，匈奴和在它影响下的龟兹（新疆维吾尔自治区库车县）、焉耆（新疆维吾尔自治区焉耆回族自治县）等国，攻汉西域长官，汉章帝召回汉官，放弃西域，伊吾又被匈奴夺去。班超奉召将归国，从汉诸国大震动，疏勒国大官黎弇怕班超走了，龟兹来报复，拔刀自杀。于阗国王侯大臣抱住班超的马脚，号泣不让走。班超与所率三十六人留下来，准备击败反汉的焉耆、龟兹两国。八〇年，汉章帝派徐韩率兵一千人援班超。八七年，班超率西域诸国兵二万五千人大破龟兹等国兵五万人。九〇年，班超又大破葱岭西月氏国兵七万人。九四年，班超率龟兹等八国兵七万人合汉吏士商贾一千四百人攻破焉耆国。葱岭东西路通，西域五十余国全部内属。一〇二年，朝廷召班超归国，到洛阳不久便病逝，年七十一岁。

一〇七年汉放弃西域，朝官们原以为闭玉门关便可安居无事，不料北匈奴残部征服诸国，连年侵犯边境，威胁河西四郡。事实教训朝官们“弃西域则河西不能自存”，一二三年，汉安帝使班超第三子班勇将兵五百人，出关经营西域。一二六年，班勇率西域兵大破北匈奴呼衍王，又击走北单于兵，北匈奴向西逃遁，葱岭以东诸国又来归附。一二七年，黑暗的朝廷说班勇有罪，召还下狱。此后汉在西域的政治势力逐步削弱，商业和文化却仍交流不绝，特别是文化，过去汉文化经河西向西流，现在佛教文化经河西开始向东流。北匈奴被班勇驱逐，向西远走，西域诸国得免奴役，有余力发展佛教文化，通过河西这条文化运河，与汉地保持着长时期的正常关系。

班超率三十六人，班勇率五百人出关，都建立了卓越的功业。这是因为他们的后面有汉朝和西域交通的

新疆民丰尼雅遗址出土木牍上的
“鄯善都尉”封泥印

愿望，前面有西域诸国脱离北匈奴与汉交通的愿望，班超班勇的智谋和勇气能够恰当地使两个愿望结合起来，表现出一种巨大的力量。如果单看作他们个人有智有勇，凭几十人几百人压服诸国，那就变成神话，不是历史事实了。

公元九七年，班超派遣甘英出使大秦国（罗马）。甘英到了条支国的西海（波斯湾）边上。安息国（波斯）一向用汉丝和丝织品与罗马交易，不愿甘英到达大秦，开辟直接通商的道路，夸张航海的困难来阻止甘英。甘英缺乏探险精神，畏难回来。大秦富贵人需要大量丝织品，商人从安息天竺（印度）间接购得，获利已有十倍，当然希望直接通商，得更多的利益。一六六年大秦商人到日南郡边上，以大秦王安敦名义，送汉桓帝一些礼物。大抵海路危险较多，通商道路主要还在陆上，东汉扫除北匈奴在西域的势力，对东西商路的通达是有重大意义的。

西南方

益州广大，居住着统称为西南夷的许多种族。东汉时，大小种族纷纷内附。大种族如公元六九年，哀牢王柳貌率五十五万余人内附，汉明帝特立永昌郡（治在云南保山县境），管理哀牢人。一〇〇年，白狼王唐缯等率十七万人内附。一〇八年，三种夷人三十一万内

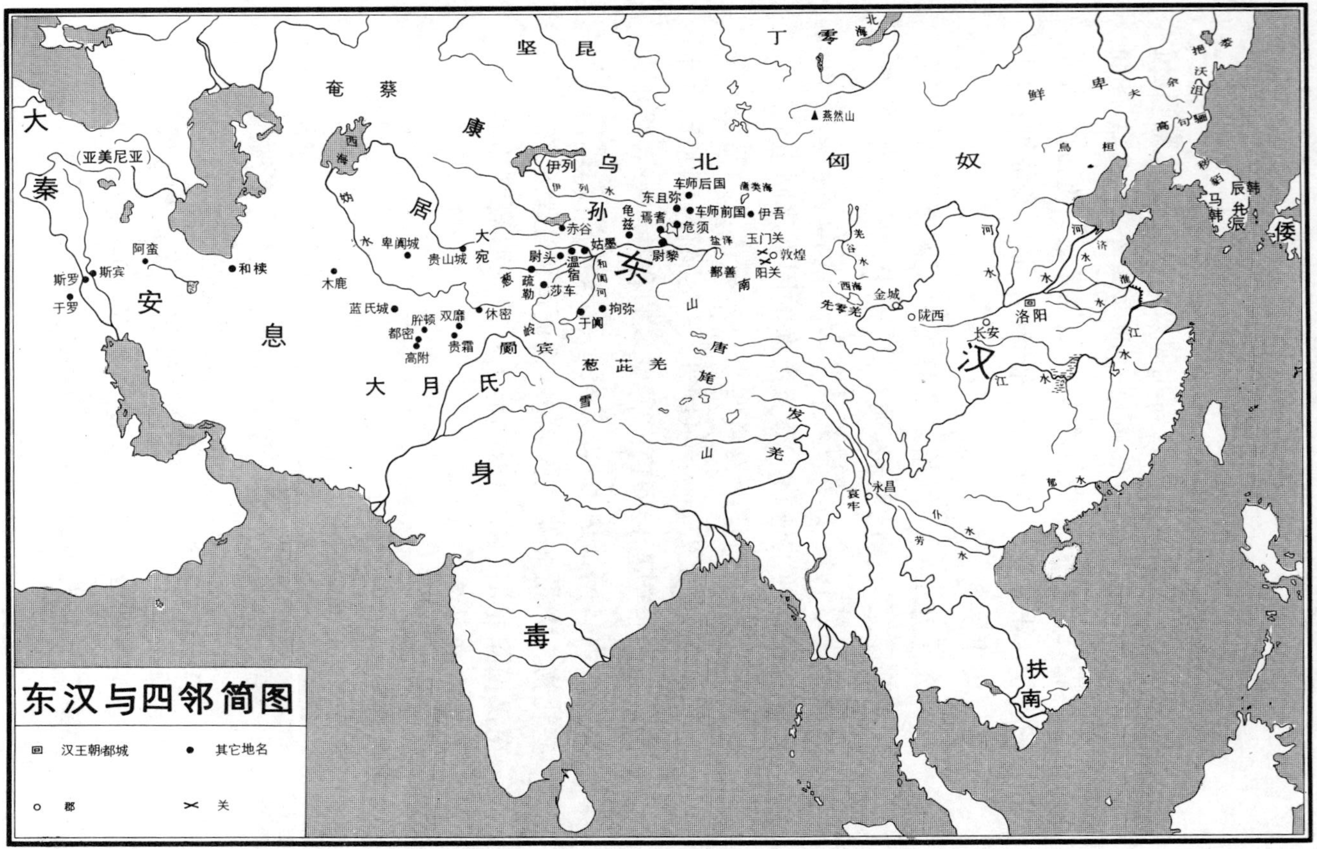
汉王朝都城
其它地名
郡
关
大秦
亚美尼亚
安息
斯罗
斯宾
于罗
阿蛮
和椟
木鹿
蓝氏城
都密
肸顿
双靡
贵霜
高附
休密
大月氏
奄蔡
康居
坚昆
丁零
北海
乌孙
伊列
伊列水
赤谷
大宛
贵山城
卑阗城
妫水
西海
尉头
温宿
姑墨
疏勒
莎车
于阗
拘弥
罽宾
龟兹
焉耆
尉黎
危须
车师后国
车师前国
东且弥
蒲类海
伊吾
盐泽
鄯善
玉门关
阳关
敦煌
南山
北匈奴
燕然山
鲜卑
乌桓
夫余
高句骊
沃沮
挹娄
濊貊
马韩
辰韩
弁辰
倭
葱茈羌
唐旄
发羌
雪山
身毒
先零羌
金城
陇西
长安
洛阳
汉
河水
济水
淮水
江水
郁水
仆水
劳水
永昌
哀牢
扶南
东汉与四邻简图

附。一一六年，大羊等八种十六万人内附。以上都是大量人口连同土地一起内附的事例。夷人内附，对酋长王侯和人民都有利。对酋长王侯说来，他们得到封号与赏赐可以巩固自己的地位。对人民说来，在通常情况下，可以得到汉法律上的一些保护，例如公元四三年，邛榖王任贵怕汉威法行施后，自己不得放纵，阴谋叛变，足见汉法多少有些约束力，内附的酋长王侯不能象以前那样放纵。

益州郡（属益州刺史管辖）永昌郡是汉在西南方的基地，通过这些基地，汉人与夷人交流着经济与文化。两郡物产丰富，有牦牛、琉璃、毛织物、木棉布、火浣布（石棉布）等特产。铜铁铅锡金银琥珀水晶等矿，比内地更多，汉设县常在矿区，想是汉人多作矿冶业和商业。永昌郡由水路通掸国（掸音扇 shàn 在缅甸），又与盘越国（在天竺东南）相近，永昌成为中国西南方与天竺、大秦等国通商的大城市。象牙、犀角、光珠、孔雀、翡翠、猩猩等珍异物，经过永昌来到内地。汉官吏乘机取利，做一次益州郡太守，子孙好几辈饶富。做一次永昌郡太守，即使不是大贪官，也可以让十代子孙都做富人。

王莽时，益州郡太守文齐兴造水利，垦田二千余顷。汉章帝时益州郡太守王阜设立学校，居民原有的陋俗逐渐改变。汉桓帝时，郡人尹珍到内地游学，博通经书，擅长书法，还乡里教授，门徒甚众，西南地方开始有学人。夷人文化一般是落后的，例如哀牢人身上刻龙文、穿鼻，耳轮拉长到肩上，衣服后面缀一尾形的饰物，内附后受汉文化影响，可以加速这些陋俗的改变。

南　方

汉武帝征服南越国，分置九郡。汉元帝时罢珠崖儋耳（儋音丹dān）两郡，七郡统称为交趾。长官称交趾刺史。二〇三年，汉献帝改交趾刺史为交州牧。二二六年，孙权分交州为交、广二州。交州有东汉时交趾、九真、日南三郡，广州有东汉时南海、苍梧、郁林、合浦四郡。

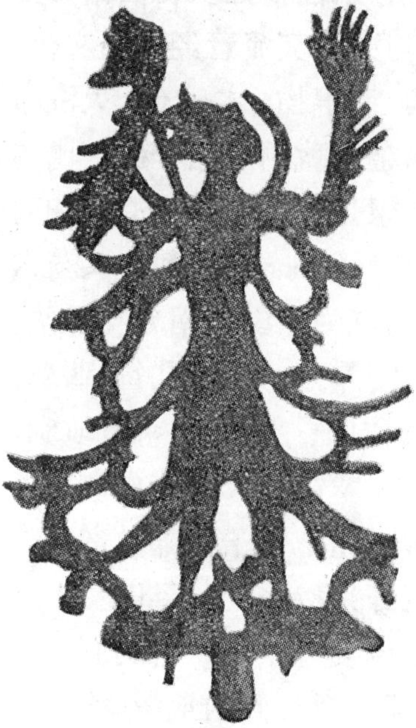

云南昭通东汉墓出土
摇钱树残片

交趾七郡原来居住着许多种族，汉人统称他们为越人或雒越。秦始皇迁徙内地五十万人戍五岭，与越人杂居，因之南海等四郡文化较高，交通较便，汉政治影响也较强，越人逐渐朝着与汉人融合的方向发展。交趾等三郡与南海等四郡有些不同的条

越南二征夫人庙

件，少数的汉人朝着与越人融合的方向发展。

交趾郡居民，据汉时人说是雒越人。他们很早就有农业。他们的田叫做雒田，随潮水的高低，决定田的有收获或没有收获，这说明生产技术还是原始的。但是雒越人已有阶级，种田的人叫做雒民，有田的人叫做雒王雒侯雒将。西汉时，朝廷流放一些罪人到交趾等郡，使与本地人杂居。双方开始通言语。汉光武帝初年，锡光做交趾郡太守，任延做九真郡太守，施政宽弛，大体保持着安定局面。后来交趾郡太守苏定是个张着眼睛看钱，闭着眼睛办事的贪劣官。公元四〇年，交趾麊泠（音迷零mí líng 在越南境内）县雒将的女儿征侧和她的女弟征贰起兵反抗，九真日南合浦等郡越人俚人群起响应，征侧取得六十五个城，自立为王。《后汉书》说征侧甚雄勇，被苏定虐待，愤怒起兵。这是错误的说法。如果征侧仅仅是为了个人的愤怒，四郡越人俚人为什么起来响应呢？为什么刺史太守困守孤城，得不到居民的援助呢？足见这些刺史太守都是苏定一类的贪劣官，早就为居民所厌弃。征侧的胜利，正是由于她的行动顺应了驱逐贪劣官的公意。四二年，汉光武帝派遣伏波将军马援率汉兵八千人合交趾兵共二万余人，依靠兵力强大，击败征侧征贰军，征侧征贰在作战中壮烈牺牲了。

马援在交趾等郡修筑城郭，巩固汉官的地位；穿渠灌溉，兴修农利。四四年，马援率汉兵回洛阳，因瘴疫死去了十之四五。交趾多有珍异物品。汉桓帝汉灵帝时，政治愈益黑暗，汉人去做刺史太守都是肆意搜括，贪囊满了便内调，让新官再来搜括。居民被迫反抗，在朝廷用兵无效时，只得对居民作些让步，借以缓和反抗的力量。

汉献帝时，士燮做交趾太守，统治交趾七郡。士燮任职四十余年，内地士人到交趾避难，多至百余家。境内安宁，当全面战乱社会大破坏的时候，交趾七郡独免兵祸。

东汉和四周诸族，除了鲜卑是代替北匈奴寇边的敌人，其余都是相互间保持着经济文化的正常关系，而汉统治阶级的贪劣政治常是正常关系的损害者。这就形成了许多族纷纷接受汉经济文化的影响，又经常起兵反抗的复杂现象，但正常关系到底还是基本的。这一点，汉统治阶级知道得很清楚，在无法镇压反抗时，派个廉洁长官去，减轻些剥削，便把正常关系恢复起来。

第六节 黄巾军起义

东汉后期愈来愈黑暗的政治，逼得广大农民愈来愈不能生活下去。从汉安帝时开始，农民到处发动武装起义。起义的原因，汉安帝自己说出了一些，就是“万民饥流”(流亡)、“百姓饥荒，更相啖食”(人相食)。朝廷有什么救济的办法呢？当然是没有的，相反，剥削得愈来愈凶恶了。从汉安帝到汉灵帝时黄巾军起义以前，各地发生民变六十七次(实际不止此数)。起义的人数和区域都在继续扩大，而且起义的行动与西汉不同，一起义就杀官吏，烧城邑，首领有皇帝、天子、太上皇、无上将军、平天将军、柱天将军等称号。起义者揭出这些称号，就是宣告人民不再要姓刘的做皇帝。这比西汉末起义军一定要找个姓刘的做皇帝，显然是个进步。

汉朝廷是腐朽的，汉统治阶级却凶顽有力，所以起义军都被统治者镇压下去。

如果说，汉安帝以后农民的穷困生活还算是慢性穷困的话，那末，到汉灵帝时变成急性的穷困了，或者

全　形

细　部

河南密县汉墓出土陶仓上所绘的收租图(摹本)

说逼近绝境了。当时吕强上疏陈事，说：近年来谷价便宜，家家户户却挨饿没饭吃。连年灾荒，按市场规矩，谷价应该腾贵，但是谷价反而更跌，这是因为朝廷和地方官赋税繁重，刑罚急暴，农民寒不敢衣，饥不敢食，缴出最后的一粒谷来买眼前的性命。农民被驱迫到这条死的界线上，唯一可走的路只有大规模起义。

小土地私有制的社会里，农民的耕地在无止境地零碎化，农民本身在无止境地散漫化，要发动有组织意义的大规模起义几乎是不可能的。秦末陈胜刘邦、西汉末赤眉平林等起义军都是先在一个地方爆发，随后各地农民起来响应，形成一支多头的反抗力量。这种情况和小土地私有制正相适应。但是，东汉时期，农村中遍布着豪强的坞壁，它们都是有部曲的作战单位，有力量镇压刚发动的起义农民。就是那种较大规模的几十次地方性起义，也在朝廷军队联合豪强武装的压力下，等不到别处农民响应，都归于失败，东汉农民起义确是更困难了。

不过，起义是不可抑阻的，失败使徬徨在死亡线上的广大农民获得一个教训，就是必须联络各地农民共同起义。实行这种联络工作的是钜鹿人张角和他的兄弟张宝、张梁。

汉光武帝以今文经学为基础，大力提倡妖妄的谶纬之学，借以证明自己受天命，应该做皇帝。东汉妖术盛行，《后汉书》特立所谓《方术传》，除了郭玉、华佗等少数医生，其余都是著名的妖人。这种妖人妖术就是战国西汉传下来的方士和神仙术，不过到东汉时已经发生了一些变化。战国西汉的方术，主要是用长生不死之药欺骗富贵人(包括皇帝)。骗术败露以后，方士被杀或逃遁，教训了后来的方士，富贵人受骗，也教训了后来的富贵人。东汉富贵人自汉光武帝以下，一般不求长生药，却求愚弄人民的妖术；反之方士也不再用长生药冒险求富贵，却用各种符合朝廷提倡的妖术来取得名利，用符水祝祷法骗人，就是各种妖术中的一种。朝廷对妖术采取不干涉态度，因为任何一种妖术，归根都是为了欺骗人民，有利于朝廷的统治。

东汉后期，佛教逐渐流行，给某些妖人一种创立宗教的启示。妖人们把方士所有的神仙术与《老子》书中“谷神不死”、“玄牝之门”等等神秘的话结合起来，于是神仙术改称为道教，方士改称为道士，哲学家的老子也被改装为道教的教主。汉桓帝派亲信宦官到苦县祭老子，又在宫中立黄老浮屠祠。以方士神仙术为本质的道教，经汉桓帝承认，成为公开的宗教了。最早出现的道教，是汉顺帝时琅邪人宫崇到宫门献上他的老师于吉所得神书——《太平青领书》一百七十卷(《后汉书·襄楷传》)。这个于吉就是造神书的人，也可能是宫崇自己造书，托名于吉。他们敢于献书，书中当然是“专以奉天地顺五行为本”，决不会有反抗统治阶级的言论。汉献帝时，琅邪道士于吉流寓吴郡城，烧香读道书，用符水为人治病。孙策部下诸将和宾客，有三分之二信奉于吉，望见他就跪拜。孙策看他妖妄惑众，影响很大，把他斩首示众。这个于吉是冒名的于吉（汉顺帝时于吉，到汉献帝时应有一百岁左右，诸将宾客替他说情，只说“医护将士”有功，不说他年老），他被杀的原因是想取得孙策的尊敬，不是反对孙策，诸将宾客救他，是希望得他的符水治病，不是对孙策有什么异心。毫无疑问，太平青领道一开始就是拥护统治阶级利益的宗教。太平青领道教派中有一派叫做五斗米道（即天师道）。汉献帝时张鲁的祖父张陵（即道教所称天师张道陵），在蜀郡山中造道书，创所谓五斗米道。张陵的徒党，有祭酒（主传授老子《道德经》）、鬼吏（主为病人祝祷）等名称。他们用法术给人治病，仅费三张纸，却照例要五斗米作报酬。张陵家拥有部曲，是个大地主。他的徒党自然也是些地主。毫无疑问，五斗米道也是拥护统治阶级利益的宗教。归根说来，道教的宗旨，无非是长生不死做神仙，这当然不是劳动人民的思想而是地主阶级无限贪欲的丑恶表现。

张角的道教叫做太平道，大概也是太平青领道的一派。张角自称大贤良师，手执九节杖画符诵咒，教病人叩头忏悔自己的罪过。给病人符水喝，好了算是信道，死了算是不信道。张角派遣弟子到各地方治病传教，十余年间，青徐幽冀荆扬兖豫八州信徒多至数十万。汉官吏认为“以善道教化，为民所归”，没有禁阻太平道的活动。张角分信徒为三十六方（部），大方万余人，小方六七千人，设将帅统率各方。又收买一些宦官作内应，皇宫卫士多人也准备响应。张角预定甲子岁（公元一八四年，汉灵帝中平元年）三月五日（甲子日）京内外同时起义，事前发出动员起义军的口号，说："苍天（汉）已死，黄天（张角自谓）当立，岁在甲子，天下大吉"。简称为"黄天泰平"。京师及州郡各官府门上都用白土写甲子二字。大方帅马元义往来京师，布置起义，准备调距离洛阳较远的荆扬二州信徒数万人，集中到邺城（起义中心地），作为起义军的主力，配合洛阳附近的各州郡起义军，一举攻下洛阳。不料张角的一个弟子反叛了，向汉灵帝告密。汉灵帝捕杀马元义，又杀卫士及京城内太平道信徒千余人，命令冀州官吏捕张角。这个离起义日期还差一个多月的突发事变，打乱了张角的部署。张角派人飞告各方，立即起义，向统治者进攻。起义人都戴黄巾作标帜，因之被称为黄巾军。张角张宝张梁兄弟三人起兵后，烧官府，杀官吏，攻破地主坞壁，州郡长官，纷纷逃走。各地黄巾军象风暴那样起来响应，整个统治阶级震动了。

不论是那一派道教，它的教义原来不曾含有反抗黑暗统治者的意图。但在封建社会里，它常被当作一种联络农民发动反抗行为的工具。这是因为统治阶级实行各种愚民政策，农民受了陷害，一般缺乏较高的文化，而濒临死亡的穷困生活，又迫使农民在无可奈何中从鬼神那里寻求一些空幻的希望。某些野心的道士，正好通过这种弱点来利用农民的战斗意志。事实上农民大规模起义的根本原因是在于农民阶级普遍地要求推倒黑暗统治者，信奉道教只是一种暂时的表面的现象。因之，张角的太平道虽然起着发动黄巾军起义的作用，但不能说它是反抗黑暗统治的宗教；黄巾军虽然蒙着道教的灰尘，但它的本质依然是正义的农民战争。

抹去黄巾军的那些道教灰尘，作为秦末以来农民战争的发展过程来看，它有若干进步的表现。（一）三十六方同日起义，表现出前所未有的组织力量。（二）攻城市坞壁，表现出明确的斗争目标。（三）废除淫祀，表现出统一的精神。曹操曾在济南禁绝奸邪鬼神的祭祀，单是城阳景王庙就毁去六百余所。一九二年，青州黄巾军与曹操军大战，黄巾军给曹操檄文里说：从前你在济南毁坏神坛，和我们中黄太一的道相合，你似乎是个懂道的人。道教崇奉多神，不可能有毁坏神坛的主张。这里所称中黄太一显然是废斥诸神，独尊一神，与道教拜多神的教义不合。足见太平道为了发动农民，不得不接受农民的要求（敛钱祭祀鬼神是地主剥削农民的一个手段，农民感到痛苦，但更重要的意义在于反映出农民要求政治统一），添加一些主张，这就是其中偶然被史书保存的一条。

黄巾军的基础，起初是大量穷苦农民和流民，后来加入了在坞壁里受尽苦难的徒附和奴隶，他们扶老携幼全家从军，队伍非常庞大(统治阶级诬称为“蚁贼”，但也说明黄巾军声势的浩大)。他们战斗精神虽然极高，作战的困难却是很多的。黄巾军仓猝起义以后，汉灵帝大赦党人，和缓统治阶级内部的矛盾，整个统治阶级都发动起来，以大豪强出身的皇甫嵩、儒生出身的卢植、小豪强出身的朱俊为首率领大批徒党(董卓、曹操、刘备、孙坚之类)，一致向黄巾军进攻。经过几次大战，是年仲冬，张角兄弟终于被皇甫嵩等血腥统治者杀死，皇甫嵩一人就屠杀黄巾军二十余万人，每一郡屠杀至少数千人。统治阶级只许农民当牛马而死，不许为求生而反抗，这是它所认为的“真理”。维持这个“真理”的“真理”就是疯狂大屠杀。黄巾军起义在统治阶级“真理”的惨重打击下，基本上失败了。但是，青徐豫各州郡黄巾军仍继续战斗，青州黄巾军尤其壮盛，有战士三十万，合男女老幼共百余万人。因为黄巾军缺乏战胜的条件，最后都被曹操等人消灭。

太平道以外，还有五斗米道。它的教主张鲁依靠益州割据者刘焉的势力，占领了汉中。张鲁自号师君，普通信徒叫做鬼卒，普通官员叫做祭酒(汉时通俗语对人尊称为祭酒)，大官员叫做治头大祭酒。这些本是道教内部的称号，占领汉中后沿用不改。张鲁既然取得了统治权，必须在教义外添加(《三国志·注》称为“增饰”)一些新的办法。他在大路上设立义舍(行人住宿处)，备有义米义肉，让行路人无偿取用。民有小过，罚修路一百步。人犯罪原谅三次，不改正才行刑。春夏禁止杀生物。又禁酿酒。祭酒管理民事，不用太守县令等名号。东汉后期，破产农民大批流亡，路上颠沛流离，痛苦是说不尽的。朝廷刑法残酷，富贵人家奢侈浪费，官吏贪暴，官即是豺虎强盗的别号，这些都是人民最憎恨的事物。张鲁添加的新办法，多少有合于人民的要求。张鲁在汉中将近三十年，汉中成为当时最平静的地区，关中士民逃来避难，前后达数万家。二一五年，曹操攻汉中，张鲁自动投降。曹操待以客礼，封为万户侯。此后五斗米道主要在统治阶级中流传，被看作道教的正统，张角太平道在民间秘密流传，农民起义的发动者经常用它或和它同类的教作联络的工具。

黄巾军败后，河北农民纷纷起义，各部名号有黑山（山在河南浚县西北，首领张牛角）、黄龙、白波、左校、郭大贤、于羝根（羝音低 dī 首领姓于，是个大胡子）、青牛角、张白骑（首领骑白马）、刘石、左髭、丈八、平汉、大洪、司隶、缘成、雷公（首领是个大嗓子）、浮云、飞燕（首领褚燕脚手轻快）、白雀、杨凤、于毒、五鹿、李大目、白绕、睦固、苦蝤，以及少数族起义军四营、屠各、雁门、乌桓等等。大部有二三万人，小部有六七千，攻击州郡城和坞壁，声势浩大。飞燕（继张牛角作首领，改姓张）联络各部，众至百万，通称为黑山。后来黑山与袁绍大战数次，各部陆续被袁绍消灭，张燕降曹操。

黄巾军黑山军都被统治阶级战败了，但黑暗的东汉朝廷也被它们推倒了。

第七节 汉国（蜀汉）

赤壁战后，三国分立的形势基本上确定了，但这并不是说三国已经成立。荆州在扬州上游，关系吴国的安危，孙权对荆州是势所必争的，否则便不能有吴国。刘备得不到益州，即使占有荆州，在魏吴双重压力下也很难成立汉国。刘备取得益州以后，荆州成为孙权用

长江上游瞿塘峡的险要形势

全力来攻，刘备不能用全力来守的局面。二一九年，孙权杀汉国荆州守将关羽，取得荆州，从此吴汉两国确实成立，开始了三国分立时期。

从经济方面说来，三国分立也是东汉末年社会大破坏的自然产物。原来黄河流域是经济最发达的中心地区，因之它也是政治文化的中心地区。这个伟大强盛的中心地区首先带动了长江上下游地区（益荆扬）的经济逐步前进。西汉中期司马迁叙述江淮以南（荆扬）一般的经济情况说，楚越地方，地广人稀，有些地方还使用火耕水耨法。没有饥寒的人，也没有千金的富家。这就是说，江淮以南经济落后，剥削者还不能积累起千金。到了东汉时期，大地主大豪强到处出现，说明经济已有发展，足以产生大的剥削者。东汉时期长江下游人口普遍地增加着，例如西汉会稽郡（治设吴县）有户二十二万，口一百〇三万。东汉分为会稽（治设山阴县，旧越国）、吴两郡。会稽郡有户十二万，口四十八万，吴郡有户十六万，口七十万。又如西汉豫章郡有户六万，口三十五万，东汉增至户四十万，口一百六十六万。同样，长江上游人口也在增加。例如西汉蜀郡有户二十六万，口一百二十四万，东汉稍增至户三十万，口一百三十五万。又如西汉益州郡有户八万，口五十八万，东汉分为益州永昌两郡，益州郡仅有户二万，口十一万，永昌郡则增至户二十三万，口一百八十九万。这种缓慢而普遍的人口增加，也是经济发展的一种表现。

不过长江上下游的人力富力比起中心地区来相差是很大的，它只能作为依附者与中心地区相联系，从而得到自身发展的助力。所以当中心地区强盛的时候，长江上下游不可能在政治上脱离朝廷自立为国家，但当中心地区遭受大破坏，不能起带动作用的时候，那就要发生一时的分立，汉吴两国就是在这种情况下发生的。等到中心地区经济有相当的恢复，分立局面便不能继续而自然地归于统一。三国南北朝以后，长江上下游经济逐渐与黄河流域平衡甚至超过，两大流域的联系更加密切不可割裂了。虽然有时因某种原因也发生南北分立的现象，但优势总是在北方，因为经济条件以外，加上其他各种条件，黄河流域仍不失为全国的中心地区。

石门栈道

刘焉刘璋父子割据益州二十七年，境内比较安静，对破坏不堪无力远攻的北方（曹操据有北方九州）说来，益州具备了一半的立国条件。另一半则是要有坚强的统治集团。刘璋集团内部分裂，刘璋请刘备入蜀援助自己。二一四年，刘备驱走刘璋，占领益州全部（包括汉中郡）。二二一年，刘备自称汉皇帝（汉昭烈帝，史家又称为先主）。同年，刘备亲率大军攻吴，企图夺取荆州。次年，被吴将陆逊击败，逃回白帝城（四川奉节县东北）。二二三年，刘备死，后主刘禅继位。汉后主是个昏暗的国君，统率刘备集团、治理汉国的主要首领是大政治家诸葛亮。

魏汉间战争是统治阶级内部两个集团争夺全国统治权的战争。曹操集团与刘备集团有同等的权利来争夺这个统治权，问题不在谁应该统治而在谁有力量能统治，战争说明双方都没有统一全国的力量。曹操曹丕治魏革去了一些东汉的恶政，诸葛亮治汉也革去了一些东汉的恶政，事实说明魏汉比起东汉来，政治上都有一定的进步。古代史书有的扬魏抑汉，有的扬汉抑魏，大抵以谁应该统治即谁是正统的观点作论据，其实三国分立（主要是魏汉分立）是中国遭受十九年大破坏以后逐渐恢复统一的一个准备阶段，三国的统治者在国内所进行的某些措施，客观上都起着有益的作用，所以它们的暂时存在都是合理的。

诸葛亮隐居隆中（湖北襄阳城西），二〇七年，第一次与刘备论天下形势，便拟定如下的计划：占领荆益二州。安抚益州西部诸戎、南部夷越。整顿内政。外与孙权结好。等候北方有变故，荆州军攻南阳洛阳，主力益州军出秦川（陇西）一带，人心归附，天下可以渐定。诸葛亮是个谨慎的人（刘备集团的实力薄弱，也必须谨慎），他的一切行为都含有谨慎的内容。在曹操集团内部还没有稳定的情况下，荆州军威胁中原，主力益州军先取凉州，安抚戎、羌，扩大实力，再逐步进取关中和中原，这应是一个或可行通的计划。关羽镇守江陵，许昌以南拥汉反曹人往往起兵响应，关羽威震华夏，据说曹操曾议迁都避关羽。这也说明诸葛亮的计划不是不可行的。后来关羽被孙权杀死，荆州丧失，形势发生很大的变化。二二七年，诸葛亮第一次攻魏时，魏文帝已死。魏国统治阶级早就不是拥汉派拥曹派的争斗而是曹操集团将被司马懿集团所代替。对中原士族说来，“兴复汉室”已经是一种过时的号召，不能有什么作用。诸葛亮隆中定策，本想再一次走汉光武帝的道路，可是客观形势的变化，这条或可行通的道路显然是必不可通了。给他留下的只有主观努力的一面。他在这一面的努力，确是达到无以复加的高度，凡是封建统治阶级可能做到的较好措施，他几乎都做，因之，他的攻魏计划虽是失败了，他所治理的汉国，在三国中却是最有条理的一国。

诸葛亮攻魏计划仍是先取魏统治力较弱的凉州。这是他用兵的第一个目标，上自国政，下至个人生活都服从于这个目标而进行。下面举出几条重要的事例。

和吴——二二三年，即刘备病死，诸葛亮开始执政的一年，遣使官至吴，劝孙权绝魏，专与汉和好。从此魏吴绝交，汉得专力对魏。

和夷——刘备死后，益州郡豪强雍闿举兵反叛。某些夷族统治者（如夷王高定）也乘机变乱。雍闿割据益州郡，并企图夺取永昌郡。益州永昌两郡是汉国经济的重要构成部分，决不能放弃，诸少数族人民与汉族有经济文化上联系，也不愿政治上脱离汉国。二二五年，诸葛亮率汉军南征。汉军还在路上，雍闿已被高定部兵士杀死。汉军击杀高定，汉将军李恢马忠又大破诸叛人。诸葛亮进军至南中（云南曲靖县），采用马谡“攻心为上，攻城为下，心战为上，兵战为下”的建议，耐心地与雍闿余部孟获作战。孟获七次战败七次被擒，诸葛亮第八次还要放他出去，允许他再战。孟获最后心服，道：诸葛公天威，南人不再反了。诸葛亮进军至滇池，分益州永昌两郡为建宁、云南、兴古、永昌四郡，用本地夷人和汉人做官吏。夷汉关系得到改善，汉国内部也得到稳定。

明法——诸葛亮是标准的法家学说的实行者。他制定汉科（律），作为一国的法度。西晋陈寿《三国志》说诸葛亮“科教严明，赏罚必信。无恶不惩，无善不显。至于吏不容奸（官吏不敢作恶），人怀自厉（人人向善），道不拾遗，强不侵弱，风化肃然”。又说诸葛亮“开诚心，布公道……邦域之内，咸畏而爱之。刑政虽峻而无怨者，以其用心平而劝戒明也”。陈寿本是汉国人，他的父亲曾被诸葛亮判处髡（音坤kūn）刑，他这样称颂诸葛亮的法治，可信是真实的。

治军——诸葛亮治军，特别着重在训练有纪律的军队。司马昭灭汉后，特令军事学家陈勰学习诸葛亮的兵法兵制，推行为晋朝的军事制度。汉是小国，不能动用过大的民力。诸葛亮主张减兵省将，精练能战，务使不大伤民力。他为补救国小兵少的缺陷，创造了一些新事物来加强战力，最著名的有：（一）八阵图。行军安静而坚重，驻军地方，所有营垒井灶厕所屏障都按法度兴造，不论行军或驻军，随时可战可守。诸葛亮以前，窦宪曾勒八阵击破北匈奴，大抵经诸葛亮推演改善以后，成为一种新创造。西晋马隆用八阵法收复凉州，北魏刁雍请采诸葛八阵法抵御柔然，李靖对唐太宗说，六花阵法原出八阵法。诸葛亮在古代军事学上是有贡献的，他发展了孙吴兵法，他的敌手司马懿称他是“天下奇才”，西晋李兴说，“推子（诸葛亮）八阵，不在孙吴”（孙吴所无），都是指的这个发展。（二）元戎。元戎是一种新式连弩。弩箭用铁制，长八寸，一次能发出十枝箭，威力比旧式连弩大得多。李兴说，“神弩之功，一何微妙”，就是说，战国以来最精良的武器弩，到诸葛亮又前进了一步。（三）木牛流马。木牛是一种人力独轮车，有一脚四足。所谓一脚就是一个车轮（“转者为牛足”，足字应作脚字)。所谓四足，就是车旁前后装四条木柱，行车停车时不容易倾倒。木牛能载一人一年的食粮，单行每天走几十里，群行走二十里，虽然很慢，推车人却不大劳苦。流马是改良的木牛，“前后四脚”，即人力四轮车。流马能载四石六斗食粮，比木牛多载，一天大概也只能走二十里。原来车用两轮，诸葛亮改为一轮和四轮，确是新的创意，用慢而稳的车来节省运军粮的民力，也符合他那种谨慎的性格。木牛流马都很缓慢，经民间改良，成为常用的某种独轮车和四轮车，群行一天也能走几十里。有人以为奇物失传了，深为惋惜，其实有用的奇物一般是不会失传的。(四)钢刀。蒲元为诸葛亮造刀三千口。竹筒内装铁珠，举刀斫筒，如断刍草。炼钢术进步，大概由于他的奖励。诸葛亮用这些事物来补救国小兵少的缺陷，但主要的治军法仍在于纪律严明和武艺熟练。

正身——道德永远是阶级的道德。封建道德当然是为地主阶级服务的，当然是为巩固封建经济基础而存在的。它和封建政治、封建法律一样，都是封建基础的上层建筑物。一个社会当它还没有发生新的经济基础以前，对原来存在着的上层建筑物，只能就它们本身作比较，判断它们那一个好些，那一个坏些。这就是说，如果某些封建统治者所行施的政治和法律，对劳动人民损害较少较轻的话，那种政治和法律就值得褒扬，因为比起乱政淫刑来，到底是好了一些或好得多。同样，如果某些封建统治者的行为体现出某种封建道德而其目的不是为了损害人民，其后果也不是直接为害的话，那个人就应该看作有道德的人，因为比起不如他的人来到底是好了一些或好得多。诸葛亮的行为在封建时代，道德标准是很高的，他以“鞠躬尽力，死而后已”（吴张俨《默记》所载《后出师表》中语。《后出师表》是别人假托，但这两句却是确评）的精神来效忠汉国，无异于屈原的效忠楚国。他集中权力在一身，但是汉后主并不感到他的威胁，朝臣们并不感到他的僭越，国内始终保持着和睦状态。孔子说“其身正，不令而行；其身不正，虽令不从”，诸葛亮正是身正的典型。他正身的方法主要有两个：（一）虚心纳谏。诸葛亮奖励直言，说如果得直言而改正错误，好比“弃敝跻（破屐）而获珠玉”。董和曾不同意他某事的处理，反复争论多至十次。诸葛亮表扬董和，要求同僚们学他的殷勤忠诚。第一次出兵攻魏，因误用马谡，被魏击败。诸葛亮认为完全是自己的责任，“引咎责躬，布所失（所犯的错误）于天下”，要求同僚们“勤攻吾之缺”。他这样责自己严、责别人公平的做法，连被他处罚的人也都信服。（二）不增殖私产。诸葛亮上表汉后主说，臣家在成都，有桑树八百株，薄田十五顷，一家可以温饱。臣随身衣食，都是官府供给，决不别作经营，增长私产一寸。臣死以后，如查出有多余的财物，那就是对不起国家。刘备得益州时，赐诸葛亮关羽张飞等功臣每人金五百斤，银一千斤，钱五千万。他置这些田产，比一般地主应该说是最不贪的了。因为他不贪，所以为人所信服；因为他不贪，一般官吏也不敢公然贪污，这对人民是有益处的。诸葛亮死后，到处有人要求给他立庙，因限于礼制，不得允许。据说“百姓巷祭，戎夷野祀”来纪念他。二六三年，即亡国的一年，汉后主才允许给他在沔阳（陕西沔县，诸葛亮葬定军山，在沔县）立庙，禁止其他私祀。

汉国在诸葛亮治理下，养成了一个军事力量，这是诸葛亮的全部希望所寄，因之在使用上非常谨慎，不敢试用某些冒险的计谋。二二七年，诸葛亮率大军屯沔阳，作攻魏准备。次年春，使赵云率偏军据箕谷（陕西褒城县境），扬言将攻郿（陕西郿县），自己率主力攻祁山（甘肃西和县西北）。汉军阵容整齐，号令严明，关中震动，南安、天水、安定三郡反魏附汉。魏朝廷恐慌，魏明帝亲到长安镇守，遣大将军曹真率大军守郿，遣宿将张郃（曹操部下五良将之一）率步骑五万拒汉主力军。诸葛亮军事计划并不错误，战胜的可能是有的，但是被打败了。原因在用错了人。马谡善于谈论兵法，诸葛亮极其器重他，每次引见，总是从白昼谈论到深夜。刘备曾对诸葛亮说“马谡言过其实，不可大用”，诸葛亮不以为然。这次出兵，用马谡做先锋。马谡没有实际作战经验，违反诸葛亮的调度，指挥错乱，在街亭（甘肃秦安县境）打了大败仗。诸葛亮只好收兵回汉中。是年冬，出兵散关（陕西宝鸡县西南）围陈仓城（宝鸡县东北），粮尽退兵。二二九年，诸葛亮攻魏，取武都阴平两郡。二三一年，诸葛亮围祁山，击败司马懿军，粮尽退兵，杀追将张郃。二三四年，诸葛亮率大军驻五丈原（陕西郿县西），分兵屯田，准备久居。司马懿固守不战，相持百余日，诸葛亮病死，汉军退走。汉国弱小，能对魏国取攻势，显然是诸葛亮主观努力的效果。但所得不过两郡，这又说明客观方面不存在可胜的形势，单凭主观努力并不能取得胜利。

诸葛亮死后，蒋琬、费祎相继执政，对魏采取守势，魏军步骑十余万攻汉中不能取胜。二五三年以后，姜维几乎每年出兵攻魏，完全是浪费兵力，连守的力量也消失了。二六三年，魏司马昭灭汉。

第八节 吴　国

吴是一个不稳定的国家。它的不稳定性从各方面表现出来。

吴国刑罚残酷，赋（租税）调（兵役）繁重。连张昭、顾雍和陆逊等人都说太重，请求减轻一些。孙权给自己辩解，说：威小人必须用重刑，我这样做是不得已。又说：如果单守江东，现有的兵力确是够用了，赋调应该可以宽些。不过坐守江东，未免陋小，所以仍须预先调兵，以便临时应用。总起来说，百姓劳苦，我很知道，事出不得已，诸君不必多说。孙权的政治就是这样的一种暴政。人民被迫经常起兵反抗。例如鄱阳人彭绮攻破县城，有众数万人。彭绮失败后，彭旦又起兵。庐陵人李桓、罗厉等起兵，经四年战争才被压平。这些较大的反抗以外，还有更多的小反抗。孙权命令各郡县修城郭，起谯楼，掘深池大堑，以备“盗贼”，决不允许减轻赋调。直到他病重要死的时候，才下了一道“省徭役，减征赋，除民所患苦”的命令。他临死时也许真的希望他的继承人缓和一下民怨，可是他的继承人比他剥削得更加凶暴。

孙坚出身下层豪强。他虽然是吴郡富春（浙江富阳县）人，又自称是春秋时大军事家孙武的后裔，但在吴郡士族间并无地位。孙策依靠外来士族和孙坚旧部的力量草创吴国。二〇〇年孙权继承孙策时，孙权还是十五岁的童子，吴国形势很不稳定。他一方面得到外来士族的全力支持，一方面尽力争取以顾雍、陆逊为首的吴郡士族。他把孙策的女儿，一个嫁给顾雍的长子顾邵，一个嫁给陆逊。孙家与江东名族顾陆两家结成姻亲，吴政权才有了可靠的基础。外来士族都是流寓人，徒党不多，根基不固，所以孙权敢于信任他们。周瑜鲁肃吕蒙三人死后，孙权不得不依靠族大人多的土著士族，把很大的政权交给丞相顾雍，很大的兵权交给上大将军陆逊。他对文武官吏都存着戒心，因此用刑严峻，不少武将因畏罪投降魏国，他曾下令说，诸将犯重罪三次才议罪，这当然骗不得那些畏罪的人。他迫令带兵守边境的督军和将军交出妻子做保质，如有叛逃，便杀戮保质甚至灭三族。他又养一批人叫做校事、察战，监视文武官吏，发见一些事件，动辄加罪惨杀。太子孙登屡次劝谏，都不听纳，大臣们更畏罪不敢说话。陈寿说他性多嫌忌，坚决杀人，愈到晚年杀人愈凶。吴国统治集团就是这样互相猜疑的一个集团。

任何一个政权，总要有军队作支柱。吴国军队起初是用来作战的，后来兵士变成从事生产的奴隶，后来又变成私人的生产奴隶，根本不成其为军队。二二〇年，曹操死。二二三年，汉吴讲和。魏汉对吴国的军事威胁减轻了。二二六年，孙权开始屯田，令诸将增广田亩。他自己也说是受田耕种，把驾车的八头牛改作四耦耕牛，表示提倡。屯田兵以外，还有所谓作士，是一种作手工业的兵士。所有生产品全被孙权和诸将分占，养兵士的费用仍由农民来负担。孙权死后，州郡官和诸将令民卒和兵士替他们做买卖，长江上商船来来去去，屯田变得不重要，好多良田因而荒废。到吴国末年，一部分兵士被诸王分去，有权势的宦官也招募兵民做私属。兵士民卒不堪奴役的痛苦，纷纷应募，营里只剩下一些老弱兵。可以想见诸将对这些剩余兵士，自然要加紧剥削来补充被诸王宦官夺去的利益。

既然吴国的兵士实际上是生产奴隶，这就可以说明下列诸事：孙权为什么说自己不愿坐守江东（事实是决心坐守江东），必须扩大兵役？因为增兵就是增加生产奴隶。孙权为什么要使卫温等率兵万人浮海求夷州亶州？因为听说州上有数万家，掳来可以补充民力，从而扩大兵额。孙权为什么屡次进攻山越？因为他估计居住丹阳郡山地勇猛善战的越族有四万人可作兵士。后来越人被围困，出山投降，孙权分给诸葛恪一万人，顾承（顾雍孙）八千人，其余分给诸将。孙权驱迫农民甚至掳掠人口来成立军队，这当然需要极其残酷的刑罚来维持这个军队。现在可以看到的一条刑罚是一个兵士偷了一百个钱，被牵到市上去斩头。以此为例，吴国军队里，大概除去斩头，很少还有其他较轻的刑罚。

孙权的家庭很乱。宠妻间争做皇后，儿子间争做太子。家庭间的争斗影响到外廷，朝官们分成拥嫡拥庶两派。孙权终于废太子孙和，立孙亮为太子。拥嫡派陆逊、顾谭（顾雍孙）、张休（张昭子）等都遭受惩罚，两派怨恨更加深刻。孙权死后，孙亮继位，宗室孙琳废孙亮，立孙权第六子孙休。孙休死，孙和子孙皓立为吴皇帝。孙皓粗暴淫凶，大报旧怨，用剥面皮、凿眼睛、灭三族等淫刑杀人，大臣及宗族几乎被他杀尽。孙权的残虐政治到孙皓时达到最高点，吴国也就灭亡了。

吴在三国中，内部最不稳定，可是立国时间反比魏、汉长。原因是（一）孙权统治吴国五十三年，熟悉统治集团里各部分势力的强弱，能适当地掌握它们。（二）以顾陆两大族为首的江东士族，为保持自己的政

石　头　城

治地位（单是顾陆朱张四大姓子弟做大小官吏数以千计），出力支持吴国。（三）二二八年以后，魏国主要兵力布置在关中一带，对付汉国。（四）二四九年以后，魏国司马氏集团与曹氏集团斗争加剧，在二六〇年司马昭杀魏帝曹髦，曹氏集团完全失败以前，司马氏不能攻汉，也不能攻吴。

吴在江东立国，政治是残暴的，但对东南地区的开发，却也有显著的成就。长江中下游吴比东汉时经济文化确是发展了。这首先由于东汉末年中原及江淮间大量流民逃入荆扬二州，他们带来了各地区较高的生产技术，使江东地区原来的农业和手工业得到一些改进。钟离牧在永兴县（浙江萧山县西）垦田二十余亩种稻，一年得精米六十斛。当时稻田产量并不很低，所以增加人口的要求极为迫切，孙权攻伐山越，甚至把黟歙地方深山中的短人（少数民族）也搜罗出来，并经常派兵出境捕捉人口。这固然为了添兵，同时也是为了添民。吴亡国时有四个州，四十三个郡，三百一十三个县。郡县数比东汉大增，说明人口增加，土地开辟，需要设立这样多的郡县。

在经济发展的基础上，出现了新的大城市。两汉时江东只有一个大城市——吴。二一一年，孙权自吴迁都秣陵。次年，作石头城，改名建业。二二〇年，孙权迁都鄂，改名武昌。二二九年，使陆逊辅太子孙登留守武昌，孙权还都建业。建业和武昌不仅是军事重镇，商业上也是比吴高一级的城市，这两大城市的建立，标志着长江中下游有了进一步的开发。

吴以水军立国，有船五千余艘。水军主力在长江，但航海规模也很大。二三〇年，孙权遣将军卫温、诸葛直率领载一万兵士的大舰队到远海求亶州、夷州（台湾），掳得夷州人数千。二三三年，遣将军贺达率兵一万浮海到辽东。二三九年，遣将军孙怡击辽东，掳得男女。二四二年，遣将军聂友率兵三万攻珠崖、儋耳(海南岛)。孙权是大规模航海的倡导者，几次出航，虽然主要目的在捕捉人口，但当时已有如此宏大的舰队，也足以令人气壮。

二二六年，大秦商人秦论来交趾，转到武昌见孙权，问对远西诸国情形。是年，吴大将吕岱遣朱应、康泰出使海南。朱应、康泰所经历及传闻凡百数十国，大抵林邑、扶南等国与“西南大海洲上”（南洋群岛）诸国是朱应、康泰所经历，大秦、天竺等国则得自传闻。二四三年，扶南王范旃遣使来吴，带来乐人及地方特产，林邑、堂明等国王也遣使来吴聘问，从此开始了中国和海南诸国的正式往来。朱应著《扶南异物志》，康泰著《外国传》（两书唐以后亡佚），介绍海外地理知识，与甘英班勇介绍陆上西方诸国（《后汉书·西域传》所本）同是文化史上重大的贡献。

孙权死后，吴国统治集团内部加速分裂，孙皓时吴国事实上不能再存在了。二八〇年，晋武帝司马炎六路出兵攻吴国，两路向扬州，三路向荆州，一路是水军，

江苏南京吴甘露元年墓出土青瓷羊

用汉国降兵乘大船浮江东下。吴军不战溃散，晋水军最先到建业，孙皓投降，吴亡。

第九节 魏　国

曹操创立魏国，对东汉的黑暗统治和豪强大混斗说来，显示出社会开始有稳定的趋势。他废除两汉租赋制度（东汉后期，三十税一竟减到百分税一，等于免地主的田租），改为每亩纳田租四升，每户出绢两匹，绵二斤，不再额外多取。严禁豪强兼并，并禁止豪强逼迫下户贫弱代出租赋。特别是口赋钱、算赋钱的废除，减少了商贾压榨农民的机会，对农民是有益的。推行屯田制，招募无地或无牛畜的农民，在各级典农官统率下耕种官田。租税是按六四（用官牛官六客四）或五五（用私牛官客对分）分谷。屯田制度官与客（佃户）的关系，和一般地主与徒附的关系并没有什么区别。不过，客得四成或五成，比徒附受地主额外榨取，到底是宽了一些；官得六成或五成用来养兵，比全部军粮要农民负担，到底也宽了一些。据西晋傅玄说，当时旱田每亩收十余斛，水田收数十斛。生产量过高，可能有夸大处，但曹操依靠屯田制收富强的实效，却是事实。屯田以外，曹操还督促荒田的开垦，按照各州郡户口数目比较垦田多少，作为赏罚地方官的标准。仲长统说“今者土广民稀，中地未垦”，大抵建安末年，上等地已经逐渐开垦出来。曹操某次行军，经过麦田。下令说：损坏田麦者处死。他自己的马跃入田中，教部属议罪。算是主帅不可自杀，割发置地上当作斩首。这虽然是一种权术，但也说明他对农业的重视。配合着这个重农方针，他提倡节俭，严禁厚葬和淫祀，实行法家政治，建立起国家的法纪。这些，都是直接或间接地保障农业生产的进行。大体说来，黄河流域在曹操统治下，遭受大破坏的社会开始朝着恢复的方向发展。

曹操改革了东汉的许多恶政，但恶政的根源之一，他并不能改革，那就是士族在政治上所占有的垄断地位。曹操变通东汉举孝廉制，录用“不仁不孝而有治国用兵之术”的微贱人做官吏，企图冲淡士族的势力，事实上士族依然足以阻碍曹氏政权代替仅存空名的刘氏政权。曹操在氏族的阻力下，只好决心做“周文王”，让儿子曹丕来处理代汉问题。

二二〇年，曹操死。魏文帝（曹丕）行九品官人法，承认士族有做官特权，又按公卿以下官吏等级分给牛畜和客户，在经济上予以优待。这样，曹丕就获得士族的拥护，废汉帝名号，建立起魏朝，士族中的拥汉派无形中消失了。

魏朝的政权是士族政权。魏文帝明令禁止宦官和外戚干政。东汉时期外戚、宦官、官僚（士族）三个集团的争斗，到魏才确实肯定了士族是最后胜利者。

东周后期，土地所有制发生变化，原来适合于贵族领主统治的法律在晋郑等国开始有些改革。至东周末战国初，魏文侯承认土地自由买卖制。为适合这个新的经济基础，魏相李悝造《法经》六篇。商鞅依据《法经》造《秦律》。萧何依据《秦律》造《汉律》九篇。此后逐渐增加，有律六十篇，又有令三百余篇，决事比（例）九百零六卷。东汉叔孙宣、郭令卿、马融、郑玄等十余家各作解释，每家有数十万字。到魏明帝时，常用律例共有二万六千二百七十二条，七百七十三万余字，律例繁乱如此，人民一举手一动足都有遭遇被杀被罚的危险。魏明帝删节汉律令，制定《魏律》（治民）十八篇，《州郡令》（治地方官）四十五篇，《尚书官令》（治朝官）、《军中令》（治军）合一百八十余篇，比汉律令大为减省。又置律博士，专用郑玄学解释律令。魏改革了不少汉制，魏明帝定魏律是最有意义的一个改革。

魏文帝建都洛阳，在汉宫遗址上兴修宫殿。魏明帝大造宫殿苑囿，掠夺民间美女，淫侈无度，从此库藏空竭，百姓怨苦，曹氏政权进入衰落时期。二三九年，魏明帝死。二四九年，司马懿杀大将军曹爽，政权全归司马懿掌握，魏国事实上灭亡了。

司马懿出身高级士族，曹操死后，他是魏国唯一的谋略家。他起初轻视曹操，不愿做曹家官吏，自称得风瘫病，拒绝征召。曹操派刺客去察验，司马懿在刀下坚卧不动，好象真风瘫，得免刺死。后来曹操又逼迫他做

河南三门峡栈道遗迹

官，他怕被杀，不得不出来就职。魏明帝时，司马懿率大军对抗诸葛亮，成为魏国最有声望的大臣。魏明帝临死，委托曹爽司马懿同辅幼主曹芳。曹爽远不是司马懿的对手，被司马懿杀死，曹氏政权转成司马氏政权。司马懿和他的儿子司马师司马昭相继执政，用灭族的惨刑杀戮曹氏集团中人。二五四年，司马师废曹芳，立曹髦为魏帝。二六〇年，司马昭杀曹髦，立曹奂为魏帝。二六五年，司马昭的儿子司马炎——晋武帝用禅让方式灭魏，成立晋朝。晋朝的成立，说明以司马氏为首的士族最后推倒原来不是士族的曹氏朝廷，使士族制度得到更进一步的巩固。

曹氏集团在曹操时有新兴气象，大乱后的黄河流域得以逐渐稳定下来，应是它的功绩。魏文帝时开始腐化，魏明帝时腐化加甚。这个继续腐化的趋势，必然要阻碍社会生产的恢复，也自然会延迟三国的统一。恰好司马氏集团继起，它不是不腐化，而是在夺取曹氏政权的过程中不敢过度腐化，这对社会是一件比较有益的事。东汉末年，生产大遭破坏，商业停滞，魏文帝甚至废铜钱改用谷帛作交换货物的媒介。二二七年，魏明帝复行五铢钱，显示社会生产已有一定程度的进展。司马氏执政时期，魏国统治集团内部争斗极其残酷，曹氏集团大体被杀绝，但并不影响人力富力的逐渐滋长。魏国末年，中原地区经济已超过汉吴两国，加上汉吴统治集团衰落不堪，二六三年，司马昭灭汉，二六五年，晋武帝灭魏，二八〇年，晋武帝灭吴。将近一百年的大乱和分立，到晋武帝时中国又得到统一。

第十节　经学、哲学、科学、宗教

一　经　学

董仲舒创阴阳五行化的《公羊》学以后，所有今文经学都阴阳五行化了。它们都朝着两个方向发展：一个是烦琐；一个是迷信。

烦琐——今文经学家解说经文，支离蔓衍，一经的经说多或百余万字，少也有数十万字，所谓“章句（逐章逐句逐字讲经）小儒，破碎大道”，就是当时某些儒生对今文经学在章句方面的评论。这种章句不仅为某些儒生所厌恶，甚至某些最高的统治者也感到太繁难，需要删节。王莽曾令博士删五经章句，每经都是二十万字。一个名叫郭路的博士弟子，日夜用心思索，竟暴死在烛下。博士以浮辞烦多算作学问，要省简他们的浮辞好似要他们的性命，王莽大概因阻力太大，只好对博士让步。汉光武帝令儒臣议减省五经章句，没有议出结果来。他为皇太子选经师，钟兴被选教严氏《公羊春秋》，桓荣被选教欧阳氏《尚书》。钟兴删去重复的章句，桓荣删旧章句四十万字为二十三万字，两人都获得汉光武帝的重赏。从此有些儒生敢于删节章句，如桓郁删桓荣二十三万字为十二万字，伏恭删《齐诗》章句为二十万字，张霸删严氏《公羊春秋》章句为二十万字，张奂删牟氏《尚书》章句四十五万余字为九万字。在标榜“笃守师法”的经师群里，这些删节了的新章句，并不影响删节以前的旧章句继续传授，更不影响其他经书的章句。归根说来，章句是牢不可破的，因为它和仕途结合在一起，只有到了九品官人法成立以后，它才自然地逐渐归于消灭。

迷信——孔子不谈神怪，所以迷信成分在原始儒学里不占重要地位。自从董仲舒用阴阳五行学附会经义，今文经学大大增加了迷信成分。不过，章句受经文的限制，即使多至一百万字，要快意地谈鬼神怪异到底不很便利；章句受师法的限制，要新立一说，到底也不很便利。于是今文经师们另造一个谈神怪立新说的孔子，集合一切古来相传的和自造的经说和妖妄言辞，都说是孔子所写的书。这些书称为纬书或秘经或谶纬。东汉时期称谶纬之学为内学，政治上地位比经书更高。

董仲舒《春秋繁露》里载求雨止雨法，登坛祷告，极象一个巫师或道士。他是推论灾异的大师，有一年，汉高帝庙遭火灾，董仲舒推论火灾的原因，草稿被人偷去送给汉武帝。汉武帝召集群儒察看。董仲舒的大弟子吕步舒不知是本师所作，说是大愚妄，董仲舒几乎被杀，吓得他后来不敢再谈灾异。皇帝需要有利于统治的妖妄言辞，但禁止议论朝政。儒生需要造妖妄言辞来提高自己所讲那一经的地位，但必须避免大愚妄的危险。最妥当的方法自然是托名孔子，董仲舒以后的经师都采用了这个方法。

谶是谜语式的预言，源出巫师和方士。董仲舒用阴阳五行推论灾异，预知吉凶，虽然还不算是谶而已为儒生造谶开了先路。巫师方士造谶当然比不上用孔子名义的谶，因此西汉末年，造谶成为儒生的专业。纬是一种大杂拌。其中有(一)天文历数学。除去它的迷信部分，颇有一些可取的学说。(二)上古时代的神话和传说。这大概就是司马迁所称“百家言黄帝，其文不雅驯，缙绅先生难言之”的那一部分。西汉儒生还看到这些古杂书，录入纬书中，多少保存了一些古杂书的残余。（三）地理知识。（四）解说文字。（五）叙述礼制。（六）推演经义。这些，不管它如何杂乱鄙陋，总还算是说经的一种。但纬书之所以被朝廷重视和利用，并不在于单纯说经的这一面，而是在于造作神话怪说，与谶混合在一起，随时添加迎合世务，借孔子名义肆无忌惮地传播妖言的那一面（郑玄说，孔子所欲改先王之法，阴书于纬，以备后世帝王采用）。章句连篇浮辞使人昏迷，王莽汉光武帝和某些经师还可以主张删节，对谶纬则竭力提倡和保护，不许对它攻击，足见它具有最黑暗的性质，比章句更适合统治者的需要。

汉成帝时有所谓六经六纬。汉哀帝汉平帝时谶纬盛行。王莽大加提倡，借以证明自己得天命该做皇帝。汉光武帝因谶纬有“刘秀”、“赤九”（汉高帝九世孙）等预言，崇信更甚。他崇信谶纬，无非是要人们崇信他是个真正受天命的皇帝。他用谶纬的说法来讲五经，甚至用人行政也依据谶纬来作决定。一个古文经学家桓谭极言谶纬妖妄，汉光武帝大怒，说“桓谭非圣无法”，要拿下去斩首。桓谭叩头流血，好半天才得免死。他是七十多岁的老人，被贬出京，在路上病死了。东汉儒生如果反对谶纬至少是不得做大官；反之，做大官的多半是妖妄人或附和妖妄人的庸鄙人。东汉一朝思想上政治上愈来愈黑暗，与谶纬愈来愈盛行，趋势是一致的。

今文经学特别是谶纬之学是东汉主要的上层建筑物，它给这样的一个社会基础服务，就是豪强对农民进行着残酷的掠夺，豪强集团相互间进行着剧烈的冲突，农民穷困流离，对统治阶级不满以至反抗继续在增进。阶级矛盾和统治阶级内部矛盾使东汉社会一开始就显得不安稳，到后期更呈现危急状态。这样的社会基础，无怪乎自汉光武帝以下的统治者，都迫切寻求天命鬼神的助力，希望从它那里获得一副麻醉剂，好让矛盾松弛下去。不过，谶纬并不是很有效的麻醉剂，它的效力远不及佛教那样大，而且它还有很大的副作用，因为预言可以随时新添加，愿意添加些什么话很方便。汉桓帝时，谶纬里出现汉朝气数完了，“黄家当兴”的预言，张角首先利用它发动黄巾军起义。后来曹丕引用大批谶纬证明自己就是“黄家”，刘备引用大批谶纬里“备”字证明刘备该做皇帝，孙权大造符瑞，证明自己也得天命。晋武帝以及南朝各朝用禅让方式灭旧朝廷，都有大批谶纬作证明。谶纬用以欺骗人民，结果却是黄巾起义；用以缓和内部争夺，结果却是新朝廷灭旧朝廷。统治阶级感到谶纬不是好的麻醉剂了。随着佛教的逐渐盛行，南朝宋孝武帝开始禁谶纬，梁武帝加重禁令，隋文帝时禁令更严厉，隋炀帝派遣使官，在全国范围内搜查有关谶纬的图书一概烧毁，私藏者处死刑，谶纬学算是基本上被禁绝。

经学内部与今文经学对立的是古文经学。原始经学大体上有鲁学齐学两种学风。鲁学主合古（复古），齐学主合时。汉高帝令叔孙通定朝礼。叔孙通请鲁儒生们到京城去商议，有两个儒生不肯去，斥责叔孙通道：朝廷要积德一百年才能谈到兴礼乐，你现在就想做起来，是不合古的。我们不去。你走罢，不要来污辱我们。叔孙通笑道：你们真是鄙儒，不懂得时务。鲁两儒生和叔孙通正表现出两种学风的区别。它们继续演变，齐学成为今文经学，鲁学成为古文经学。

古文经学派代表统治阶级一部分仕进心较淡，复古心较浓的士人。这里所谓仕进心较淡，并不是说他们不热心仕进，而是说他们在今文经学的压制下不得仕进。所谓复古心较浓，也不是说他们真想恢复孔子所说的一切，而是说他们只要求朝廷承认古文经学是真经学。他们因为主张复古，所以反对今文经学特别是谶纬之学，在这一点上，古文经学确有一定的进步意义，但是，它是复古主义者，和合时的今文经学一样，本质上都不是进步的。

古文经学的一个特点是"通训诂""举大义"，"不为（学）章句"。所谓"通人恶烦，羞学章句"，就是古文经学家轻视今文经学的一般态度。东汉主要古文经学家如桓谭、班固、王充、贾逵、许慎、马融、郑玄等人都博通群经，其中马融是标准的古文经学家。古文经学又一特点是反对谶纬。桓谭、尹敏、王充、张衡、荀爽、荀悦等人都斥责谶纬，说它不合经义，非圣人（孔子）所作，特别是王充，著书反谶纬，是东汉最大的思想家。今文经学是官学，不仅太学中有成万的学生，就是一个名师建精庐（私立学校）开门教授，学生也常有数百人或数千人，如蔡玄教授经学，门徒（亲受业的高第生称弟子，转相传授不直接受业的普通学生称门生，统称为门徒或诸生）常有千人，历年著录（学生名册）共有一万六千人。这种官立私立的学校以外，还有学童读书的书馆。王充八岁（公元三四年）进书馆，书馆里有小童百人以上。当时正是汉光武帝初年，上虞又只是会稽郡的属县，一个书馆里学童多至百人以上，中原地区的书馆，学童当然会更多。书馆教师可能全是今文经学者，他们对广大学童传播今文经学的影响（主要是谶纬），所以今文经学在士人群中也在学童群中有雄厚的根基。古文经学是私学，但名师门下也常有学生数百人或千人。他们人数远不及今文经学者那样多，学风上却有显著的不同趋向，这种趋向成为反对今文经学的力量。

自王莽时刘歆与博士们发生冲突以后，整个东汉经师继续着古文今文的争斗。汉光武帝曾大会朝臣辩论是否可立古文经学博士。经多次辩论，汉光武帝要收揽古文经学派，决定立左氏《春秋》博士。今文博士们议论喧哗，公卿大臣群起反对，《左氏春秋》博士不久就被废除。汉明帝时，贾逵代表古文经学派，利用朝廷特重谶纬的空隙，上书说《左传》与谶纬相合，可立博士。贾逵依靠这种迎合的本领，终于得到汉章帝的允许，让《左传》、《谷梁》、《古文尚书》、《毛诗》四经公开传授，但不立博士，这就是朝廷不承认古文经学是士人求仕的正路。在古文经学派方面，取得朝廷这一些让步，也算是取得了初步的胜利。今文经学章句烦多，说解乱杂，不仅“通人恶烦”，就是非“通人”也同样恶烦，当古文经学派力求上升的时候，今文经学感到自身有“省章句”“正经义”的必要。公元七九年，汉章帝亲到白虎观，大会群儒讲议五经同异，用皇帝名义制成定论，称为《白虎通义》（又有《白虎通德论》、《白虎通》等名）。它是全部今文经学的综合体，也是今文经学的政治学提要。全书条理明白，义旨简要，确是一部重要著述。不过，奉命编书的人不是今文博士而是古文学者的班固。今文博士一般只会记诵章句不会概括大义，只能专讲一经，不能兼通五经，要编通义就不得不求助于古文学者，《白虎通义》的编成，正显示今文经学的虚弱，它无可避免地将为古文经学所排斥。

一个巨大的古文经学家许慎，用二十二年时间（一〇〇年至一二一年）著成了《说文解字》（简称《说文》）十四篇。许慎是贾逵的学生，博通经典和群书。他收集小篆、古文（战国时文字）、籀文（西周时文字，又称大篆）共九千三百五十三个文（独体为文，如日月等）字（合体为字，如江河等），解说每一个文字的形体、声音、训诂（字义），极为简要，全部解说不过十三万三千余字。读古书和汉朝法律时所遇到的疑难，都可以从这部书里获得解答。这部巨著，集西周以来文字之大成，也集古文经学训诂之大成，对不懂文字形义，依据隶书穿凿附会的今文经学说来，是一个严厉的驳斥。《说文解字》的编成，正显示古文经学有坚实的基础，有力量排斥今文经学。

贾逵许慎等古文经学大师，都兼讲今文经学，都还不能建立起纯粹的古文经学。自从班固的学生马融遍注《孝经》、《论语》、《毛诗》、《周易》、《三礼》、《尚书》(《左传》因已有贾逵注，马融仅作《三传异同》)，古文经学才到达完全成熟的境地。马融声望甚大，寿又很高(七九年至一六六年)，门下生徒常有数百人或千余人，著名学生如马日䃅(音密低 mì dī)、卢植做大官，郑玄为经学大师。马融以后，古文经学事实上压倒了今文经学。代表今文经学的《公羊》家，东汉末年出了一个大博学者何休。他仿效古文经学的注解法著《春秋公羊解诂》，大异于博士章句，但也不能挽救今文经学的崩坏。

何休与郑玄同时，郑玄是古文经学的集大成者，何休是今文经学的集大成者。何休精研今文诸经，用十七年功夫作《春秋公羊解诂》。他废除章句之儒的俗学，仿左氏《春秋》五十凡例，为《公羊春秋》制定凡例。他在《文谥例》里说："新周、故宋，以《春秋》当新王，此一科三旨也。所见异词，所闻异词，所传闻异词，此二科六旨也。内其国而外诸夏，内诸夏而外四夷，此三科九旨也。”三科九旨以外，又有五始、七等、六辅、二类。依据这些凡例，《公羊春秋》才成为有条理的一种经学。董仲舒以后，何休是最大的《公羊》学者。

马融的学生郑玄是东汉最大的博学家，他博通今文经学（包括谶纬），更博通古文经学。他遍注古文经，注中兼采今文说，他采用纬书说和怪说。他又注一部分纬书（大部分是他的弟子宋均所注），给谶纬找训诂的根据。他是古文经学大师，同时又是今文经学大师，但基本上是古文经学者。郑玄杂糅今古文的古文经学号称郑学，失败了的今文经学派转而拥护郑学，再加上郑玄寿高（一二七年至二〇〇年）、门徒多、著述富（一百余万字），郑学成为当时“天下所宗”的儒学。魏晋以后的经学主要就是郑学。

经学上的派别争斗，如果当作一种隐微的折光来看，今文经学反映统治阶级内部有一部分人在政治上得势，古文经学反映别有一部分人企图在政治上得势，争斗的结果，由于得势部分的腐朽无能崩溃下去了，原来不得势的部分一方面与某些崩溃中的得势部分相混合，一方面取得了胜利成为得势者。在政治上，东汉至魏晋的士族正经历着这样的一个过程；在经学上，古文经学也经历着类似的过程。自从九品官人法确立以后，士人入仕，不必拘守今文经学，郑学在经学上也就确立了它的地位。

郑学盛行以后，经学不再是今文古文的争斗，而是转为古文经学内部马融学与郑玄学的争斗。代表马融纯粹古文经学派的王肃，也遍注群经，与郑学对立。王肃是司马昭的妻父，政治势力使王肃所注群经得立博士。郑学势力大，王肃为加强自己的论据，伪造《圣证论》、《孔子家语》、《孔丛子》等书（相当于今文经师的伪造谶纬），借孔子名义来驳斥郑学。郑玄学派（以魏帝曹髦为首）驳王申郑；王肃学派申王驳郑。郑王两派的拥护者都是统治阶级的得势部分，因之争斗的剧烈超过东汉时期的今古文争斗。二五六年，曹髦亲临太学，与博士们辩论经义，曹髦主张郑说，博士主张王说，曹髦不敢斥责博士，因为王学后面有司马氏势力。在士人群中，纯粹古文经学派人数到底没有郑学那样多，东晋时（晋武帝是王肃的外孙，西晋重王学），王学逐渐失势，胜利者依然还是郑学。

在郑王两派争斗的时候，许多古文经学的阵地被两派以外的人夺去了。老庄学派的创始人何晏王弼首先夺取了两部重要经典。何晏综合各家注文，撰《论语集解》。王弼撰《周易注》，革去汉儒象数之学（卜筮之学），改用玄理说《易》。何晏王弼所注书盛行，推倒了马融郑玄王肃三家注。西晋初杜预撰《春秋左氏经传集解》，又撰《释例》、《春秋长历》等书，推倒了贾逵王肃两家注。东晋梅赜（音责 zé）献《伪古文尚书》，又献伪西汉孔安国《传》（传即注），推倒了马融郑玄王肃三家注。东晋郭璞注《尔雅》，范宁注《春秋谷梁传》，一半的经典被郑王两派以外的人占领了。郑王两派墨守家法，不求改善，旧注被质量较高的新注所代替，是完全合理的。

两汉盛行的经学，到东汉末魏晋做了总结。就是东汉末年古文经学推倒两汉盛行的今文经学，不受家法束缚的魏晋古文经注又推倒汉魏有家法的经注。下表说明东汉魏晋人所作许多经注中最后存在的几种。

汉人经注	魏晋人经注
(一)《毛诗》——西汉毛亨传，郑玄笺(笺即注)	(一)《周易》——魏王弼注。《系辞传》以下，晋韩康伯注。
(二)《周礼》——郑玄注	(二)《尚书》——晋梅赜《伪孔传》
(三)《仪礼》——郑玄注	(三)《左传》——晋杜预集解
(四)《礼记》——郑玄注	(四)《谷梁传》——晋范宁注
(五)《公羊传》——何休注	(五)《论语》——魏何晏集解

《尔雅》是训诂书，《孟子》(东汉末赵岐注)在汉魏不列于经典，《孝经》多有汉儒注解(唐玄宗作注，旧注都废弃)，但并无学术价值。流传至今的重要经书，除《公羊传》是今文，余下九种全是古文(《谷梁传》近于古文)，其中经注魏晋人占十分之五，而郑玄一人占十分

之四。魏晋注经家的成就超过汉经师，郑玄一人的成就超过任何注经家。他们取得成就的重要原因就是广采众说，自出新意，不受家法的束缚。

二　哲　　学

孔子哲学的核心是"中立而不倚"的中庸思想。应用到鬼神（包括怪异）问题，也是中立不倚地不确信为有，不确信为无。"祭如在，祭神如神在"，"洋洋乎如在其上，如在其左右"，就是孔子对鬼神的态度。这里没有说实在在，也没有说实在不在，只是说好象在。因此儒家依所处时代的需要，可以引申为有神，或引申为无神。大抵在和有神论作尖锐斗争的时候，可以主张无神论，在朝廷需要神的时候，可以主张有神论。在平常的时候，它把鬼神看作如在而加以利用。《周易·观卦·彖辞》里说"圣人以神道设教而天下服矣"。《淮南子·泛论训》给神道设教作了很好的解说。它说：世俗都知道，用刀相戏，祖宗就拉住他们的手臂；枕门限睡觉，鬼神要踏他们的头。实际上只是因为用刀相戏是危险的，枕门限睡觉会受风寒得病，说鬼神来干涉，无非是要人有所畏惧不那样做。一切所谓鬼神禨祥（迷信），性质不过如此。愚笨人硬说有鬼神，刚愎人硬说没有，只有通达人能懂得这个意义。这里所说通达人正是主张如在的孔子和一般儒学者。

墨家确信有鬼神，儒家在反对墨家时，断定鬼神不存在，成为无神论者。战国时儒家董无心与墨家缠子进行了著名的辩论(《汉书·艺文志》儒家有《董子》一篇)，董无心说，你们信鬼神，好比用脚跟去解绳结，归根不得成功。据说，缠子被驳倒了。道家本来主张无神论，杨朱反对墨家的兼爱尚贤有鬼非命（与儒家接近，所以孟子称“逃杨必归于儒”)。《庄子》有《徐无鬼篇》。此人以无鬼为名，当然也是墨家的反对者。在反墨家的有鬼论上，儒家与道家是一致的。

西汉前期，政治上道家影响超过儒家。汉武帝提倡儒学以后，今文经学派在和道家争斗中，本身自阴阳五行发展到妖妄的谶纬之学，成为十足的有神论者。孔子确信有天命，但掌握这个命的天，是无知的自然还是有知的神，孔子并没有作出明白的答案。“四时行焉，百物生焉，天何言哉”，好象说天是无知的自然。“获罪于天，无所祷也”，好象说天是有知的神。孔子很少谈天道和天命，象子贡那样高级的弟子，还说“不可得而闻也”。孟子说“莫之为而为者天也，莫之致而至者命也”。这大概就是孔子和儒家对天与命的传统态度。后来荀子作《天论》，才确定天是无知的自然物。事在人为，并无宿定的命运。董仲舒创今文经学，确定天有知，鬼神能降祸降福，那末，命运就不能是固定不变的了。今文经学派实际已与墨家《天志》、《有鬼》、《非命》(宿命)走着相同的道路，妖妄无稽比墨家更甚。

谶纬妖化了孔子，古文经学派要恢复不谈神怪的孔子，必需反对谶纬。一般地说来，古文经学家反对谶纬是一致的，不过他们实际的作为却在以训诂反章句，对谶纬的攻击，局限于“非圣人所作”，缺少理论上的发挥。只有王充立足在理论上对谶纬进行了有力的攻击。他尽一生精力，著成巨书，根据实在的事理系统地全面地将所有“儒书”（主要是指谶纬）、“道家”（方士神仙术）的种种谬说以及日常生活中的各种迷信行为（阴阳五行家各派别的法术），一概予以驳斥。古文经学派专力于训诂，头脑里似乎没有什么思想，统治东汉人头脑的基本上是今文经学的妖妄思想，王充跳出古文经学派的圈子，单身和朝廷支持下的妖妄思想作坚决斗争，这种豪杰气概，不仅在东汉是唯一的，就在整个封建时代里也是稀有的。王充之所以有此勇气，因为他的理论建立在唯物论上面，因为他的理论建立在劳动人民的智慧上面。民间谚语说“知星宿，衣不覆”。意思是懂算命，知吉凶，会穷得穿不上衣服。这是对迷信家多么深刻的讥笑，王充就是这种人民智慧的表达人。

王充生于公元二七年（汉光武帝建武三年），死当在公元九六年（汉和帝永元八年）前后。早年曾到太学读书，并从大史学家班彪求学。他的家庭是“细族孤门”，再加上他好“谏争”，不合时宜，一生只做了几年州郡吏，其余年月都居家教授，专力著书，写成《论衡》八十五篇，二十余万字。《自纪篇》说“得官不欣，失位不恨，处逸乐而欲（慾）不放（放纵），居贫苦而志不倦，淫（多）读古文，甘闻异言，世书俗说，多所不安，幽处独居，考论实虚”。王充是这样一个反对流俗独立思考的人物。这个性格使他不求仕进，甘愿处贫苦，为考论真伪而生活。他对流俗的批判是严厉的，对广大人民则采取诚心训导的态度。《自纪篇》说“口则务在明言，笔则务在露（明显）文……言无不可晓（懂），指（意）无不可睹”，又说“口言以明志，言恐灭遗，故著之文字。文字与言同趋（一致），何为犹当隐蔽指意”。王充用当时接近口语的文体写《论衡》，目的在通过有书馆文化程度的人影响广大民众，使朝廷提倡的“世书俗说”失去欺骗的对象。从这一点说来，王充是反对东汉主要上层建筑物的革命家。

王充“考论实虚”的方法是“引物事以验其言行”。就是说，实际存在的物体和行事是可靠的事物，凡不可捉摸和不可实现的物事都是虚妄的物事。从虚妄物事出发的言和行，必然也是虚妄的言行，检验它们的尺度就是实际存在的物事。王充使用这个方法确定天与地一样是“自然无为”的物。《自然篇》说，为什么知道天是自然无为的物？因为天没有口目（感官）。有口目才有嗜欲（意识），有嗜欲才有作为。既然天没有口目，那就不会有嗜欲，因而也不会有作为。为什么知道天没有口目？因为地没有口目。王充又确定人死无鬼。《论死篇》说，世人以为死人为鬼，有知能害人。按照物类来考验，可以断言死人不为鬼，无知不能害人。有什么证据呢？物可以作证。人是物，人以外的物也是物，人以外的物死了不为鬼，人死为什么独能为鬼？人之所以生，因为有精气，人死则精气消灭。精气之所以存，依靠血脉，人死则血脉枯竭。血脉枯竭因而精气消灭，精气消灭因而形体腐朽，形体腐朽因而成为土壤，从那里来的鬼呢！《订鬼篇》说，鬼不是人死精神变成的，它是人的一种幻想。发生幻想的原因是疾病。一切迷信妖妄的言行，主要根据不外乎有神论，即天有知有为，鬼有知能害人。王充根本推倒了这两个虚妄根据，从新解释了自然现象（如《谈天》、《说日》等篇）和社会现象（如《薄葬》、《卜筮》等篇）。在谶纬盛行的东汉时期，《论衡》是黑夜里发射出的人民智慧之光的明灯，统治阶级要人民昏迷，人民回答它的却是智慧的光芒。

圣贤和经传是两个主要虚妄根据以外的一个重要根据。王充同样用“引物事以验其言行”的方法，作《问孔》、《刺孟》、《书虚》、《儒增》、《艺增》等篇。生在东汉的社会里，敢于质问孔孟，怀疑经典，实在是无比的勇士。他这种批判的精神，严重地打击了拘执师法、死守章句的今文经学派，同时也超越了“述而不作，信而好古”的古文经学派。所以，王充不是东汉古文经师，而是伟大的思想家。

王充的成就是巨大的。但是，由于当时自然科学知识的贫乏，引作论据的物事，认识往往不真实，因之有些论断难免错误。例如雷电击树破屋，俗说是天神取龙，《龙虚篇》辩明俗说的虚妄，但信书上的记载，仍认为龙和牛相似，可畜可食，又和鱼相似，能乘雷电飞行。又如历学家说“日食是月掩日光”，《说日篇》认为大体上四十一二个月日食一次，一百八十天月食一次，日月都是自损。因为月食不是日掩月，所以日食也不是月掩日。历学家发现了日食的真实，王充却变真实为虚妄，在不知地是星球之一的时候，这种错误是难免的，但到底是一种错误。

王充当然不可能发现阶级构成社会的真理。他看到社会普遍存在着讲不通的现象，例如“才高行洁，不可保以必尊贵，能薄操（行为）浊，不可保以必卑贱”。要说明这种现象，不得不“归之于天”。他认为天地好比是夫妇，天地无意识地生人。人受性同时受命。命是“吉凶之主”、“自然之道”，非人力所能变动。命可以预见，那就是“人禀贵命于天，必有吉验见于地”，“富贵之人，生而有表见于面”（骨相）。王充引许多物事来证明这些论断，结果不能和谶纬截然分开，依然带着一些神秘主义的色彩。

人的吉凶祸福是自然无为的天所命定的，一切求吉求福避凶避祸的法术都是虚妄无效的。这就是《论衡》的思想。王充从唯物思想方面发挥了原始儒学，但不曾超出原始儒学的范围。如果说，在西汉，董仲舒是孟子一派的最大儒者，那末，在东汉，王充是荀卿一派的最大儒者。

东汉朝廷提倡今文经学，驱使士人在章句、谶纬、选举的道路上下功夫，但是，这并不是所有士人都愿意走的道路。古文经学讲训诂，冲击着烦琐的章句，王充《论衡》攻击宣扬迷信的谶纬，太学里名士议政，攻击拘守礼法、谋求选举的陋习。到了东汉末年，朝廷为士人设置的道路基本上被冲坏了。作为路基的儒学却依然保持着不变。由于魏定九品官人法，门第成为仕进的新道路，士人不再需要那种困人的儒学思想和繁缛的礼法，开始向旧路基冲击。以旷达放荡为特征的道家老庄之学——玄学，为了夺取儒学的统治地位，向儒学实行冲击。第一步是以王弼何晏为代表用玄学讲《周易》。《周易》是儒家思想的本原，汉儒以象数讲《周易》，不管它讲得如何支离，总还不离卜筮之学（先知术）的传统性质，自从王弼何晏（何晏著《周易私记》、《周易讲说》，书佚）用老庄玄虚的道理讲《周易》，性质全变，根本冲坏了两汉儒学的思想本原。第二步是以嵇康阮籍为代表，否认儒家的一切（主要是礼法）。公然宣称"老子庄周吾之师也"。嵇康在《难张辽叔自然好学论》里说，你说六经是太阳，不学是黑夜。照我看来，如果把礼堂看作坟堂屋，读经看作鬼话，六经看作秽物，仁义看作臭烂，一起把它们抛弃掉，那末，不学何尝是长夜，六经何尝是太阳。阮籍作《大人先生论》，斥礼法之士是破裤裆里的虱子。刘伶作《酒德颂》，笑礼法之士是些微小虫子。这种大胆的冲击，正是两汉尊儒的反动。自原始儒学引申出来的今文经学、古文经学、唯物思想的《论衡》都失势了（古文经学还保有不重要的地位），自老庄引申出来的玄学一跃而成为思想界的统治者。这说明统治阶级要求唯心思想的不断发展，今文经学那种低级的唯心思想应该让位给玄学那种较高级的唯心思想。

三 科 学

东汉盛行迷信思想，和它作斗争的科学知识表现出光辉的成就。《嵇康集》有一篇《宅无吉凶摄生论》（不知作者为谁），说迷信的原因很透彻。它说，不懂得养蚕的人，出口动手都有禁忌。不得蚕丝愈甚，禁忌跟着愈多，还抱怨自己犯了禁忌。等到有人教他养蚕法，掌握桑叶和火候，寒暑燥湿都有规矩，那就百忌全失，获利十倍。这是因为先前不知所以然，因而禁忌烦多，

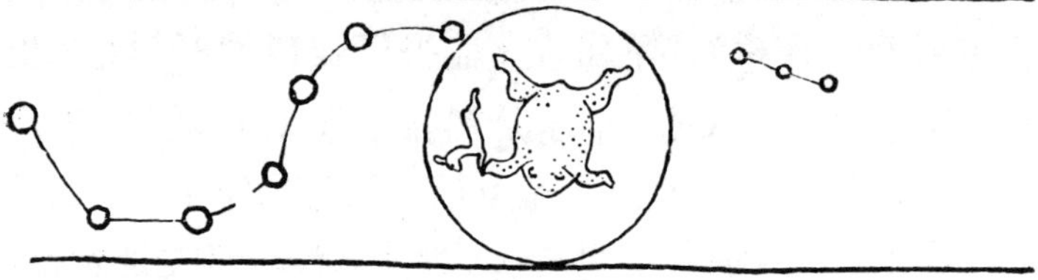

山东肥城孝堂山的石刻画像星象图（局部摹本）

后来知其所以然，因而方法正确。所以说禁忌生于不知，如果能知各种物事的性质象知蚕那样，禁忌自然失去它的立足地。这种正确的观点，是王充思想的继续，遭到玄学首领嵇康的坚决反对是很自然的。这也就是说，在剥削阶级统治的社会里，被提倡发扬的总是唯心思想，代表人民智慧的科学知识，总要受到各种形式的阻碍和反对。东汉时期迷信盛行，科学家独能探求真理，对抗迷信，他们的科学成就虽然不可能太大太多，他们这些成就对文化的贡献却有巨大的进步意义。

天文学——天是迷信的主要根源。天变灾异都被说成上天对皇帝（天子）示谴。朝廷口头上认些错或调动几个大官（三公），恶政就算有了交代，另一面则使人们相信天变灾异正是上天保佑朝廷，否则何必示谴。王充在《论衡》的《变虚》、《感虚》、《谈天》、《说日》、《自然》等许多篇里反复论证天与人事并无感应关系，他指出天的“自然无为”性，有很大的科学意义。纬书连篇妄言，但也偶有一些科学发现。《尚书·考灵曜》说“地有四游，冬至地上北而西三万里，夏至地下南而东复三万里，地恒动不止而人不知，譬如人在大舟中闭牖而坐，舟行而人不觉也”。《春秋·感精符》说“日光沉淹，皆月所掩”（《论衡·说日篇》引儒者说，日食是月掩日，当即《感精符》一类的儒书）。《周髀算经》说天体有四游（二分二至是天体运动的四个极点），又说“日兆月”（月光生于日之所照），《考灵曜》创地游说，说日月地都在上下游动，从而推论出日在上，月在下，月掩日光成日蚀的说法，比地静说，日月自损说都前进了一步。汉安帝时，张衡做太史令，职掌天文。张衡用精铜制造浑天仪，用铜漏（古代计时刻器）水转动浑天仪，星宿出没与天象密合。东汉末年，刘洪造《乾象历》，有推日食月食的算法。这些天文学上的每个进步，都起着冲击迷信的作用，也就逐步证明“自然无为”说的正确。

候风仪、地动仪——张衡生于公元七八年，死于一三九年。据《五行志》所记，自九二年以后，几乎连年地

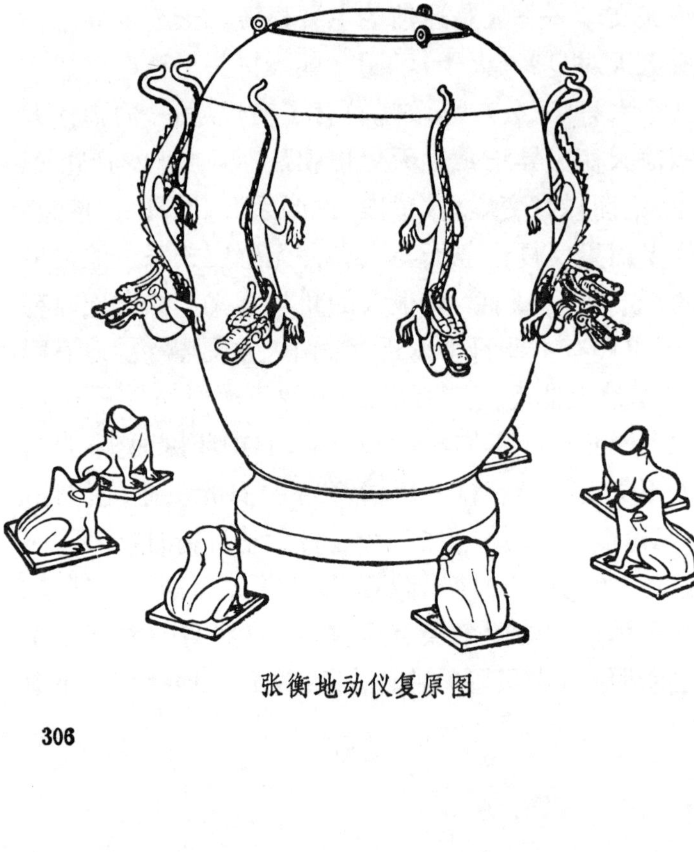

张衡地动仪复原图

震，地震地区有时大至数十郡，有些地区发生地坼、地裂、地陷、山崩、水涌。此外还经常发生大风，某次拔树多至三万余株。迷信家议论纷纭，灾祸都成了谶纬学的有力证据。张衡研究这些自然现象，一三二年，作候风仪和地动仪。候风仪制法不见记载，可能是一种预测大风的仪器。《晋书·五行志》记魏时洛阳西城上有候风木飞鸟被雷震坏，或即张衡的候风仪。地动仪是用精铜制造，圆径八尺，形似酒樽，内部安置机关，按照八个方面，装八个龙头。那一个方向地动，同方向的龙就口吐铜丸。从此以后，史官记录地动所起方向。王充的著作，有益于科学思想；张衡的发明，推进了科学知识。《论衡》与地动仪是东汉两大创造，王充与张衡是东汉文化界的两个伟人。

数学——汉儒用数理讲《周易》，纬书兼讲天文历数学，因之数学成为儒学的一部分。扬雄摸仿《易经》作《太玄经》，实际是扬雄的数学著作。刘歆也是著名数学家。东汉儒者更研习数学，张衡著《算网论》，与《灵宪论》（张衡论浑天的原理）相配合。郑玄刘洪王粲等人都精通《九章算术》。魏时刘徽总结各家学理，注《九章算术》，数学成就比《周髀算经》前进一步。

医学——《淮南子》说，神农尝百草的滋味，一天中七十次毒，医方从此兴起。大抵古来有神农尝百草的神话，因而民间历代积累起来的药物知识都托名神农。药物主要是草药（郑玄注《周礼》五药：草、木、虫、石、

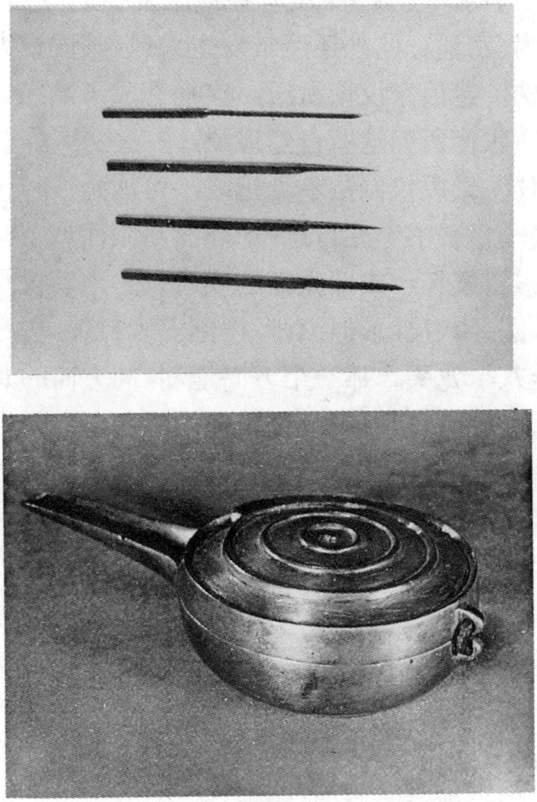

河北满城西汉墓出土的金针、银灌药器

居延汉简
中的医方

谷），所以称为《本草》或神农《本草经》。自汉武帝起，朝廷招集方士，其中有本草待诏若干人。楼护家世代做医师，楼护诵习医经本草方术书数十万字，汉成帝汉哀帝时，出入京师权贵人家很有声名。公元五年，王莽召集全国通方术本草的人到京师考校技能。《汉书·艺文志》不曾记录神农《本草经》，但西汉确有这一部名叫《本草》的药物书。书中多见东汉时地名，当是东汉医家有较多的补充和说明。

东汉末年，屡起大疫。南阳士人张机深研医学，著《伤寒杂病论》合十六卷（北宋时所传《伤寒论》十卷，附方十卷，又有《金匮要略方论》三卷，当即《杂病论》）。他在《伤寒论序》里说：看当今医生，不肯探求医经（《素问》、《难经》等），推演新知，各承家传，始终守旧。问病状务在口舌敏捷，辨脉象按寸不按尺，按手不按足（足脉）。草率处方，难治大病。和这些医生相反，他是以极严肃的态度治病的，在他的著作里阴阳五行说基本上被排除了。后世医学者称张机为医圣，称《伤寒》《金匮》为医经，是有理由的，因为他脱离阴阳五行的束缚，推动医学向科学发展。

《灵枢经》所传用针治病法，东汉时有显著的进步。广汉隐士涪翁著《针经诊脉法》，传弟子程高。程高传弟子郭玉。汉和帝时，郭玉做太医丞，治病多有效应，针法传授更广。郭玉喜为贫贱人治病，尽心竭力，应手见效。治贵人病却常不愈。汉和帝责问郭玉，郭玉答道，贵人威风太大，好自作主张，不听从医者的法度。骨节又柔弱，用了针不能再用药。有时用针难免要出些血，我心里恐怖，那里还顾得治病。

谯县人华佗精针法，尤精外科手术。将动手术，先使病人饮麻沸散，失去知觉，刳割腹背后缝合创口，涂敷膏药，四五天便合口。华佗又教人作五禽之戏（模仿虎、鹿、熊、猿、鸟的动作），使身体轻便，血脉流通，可以预防疾病，延年不老。曹操患头风病，要华佗治疗断病根。华佗说只能缓治延岁月，不能断根。曹操发怒，杀华佗。华佗两个弟子，吴普擅长外科，樊阿擅长针术。关羽左臂中箭毒，医师刳肉刮骨，关羽言笑自如；司马师目上生瘤，让医师割去。这种局部割治，大概也用麻醉药。

医学在战国是一个发展时期，到东汉又有新的发展，它的特点是阴阳五行的色彩比战国时医经大见轻减。

四　宗　　教

巫是一种原始宗教。随着华夏地区的扩大，巫教被史官文化排斥，逐渐失去它的宗教作用。孔子说“南人有言曰：人而无恒，不可以作巫医”。看来就是在保持着巫师的楚国，巫师也只能和医师同列，而医师的社会地位在当时是不高的。汉族本身不曾在巫教基础上制造出一个普遍流行的宗教，许多外来宗教的陆续传入和佛教的一时盛行，也都不曾取得独尊的地位。一切宗教不能生出深根来，应归功于史官文化，因为它含有抵抗（虽然是不彻底的）宗教的因素。史官文化的主要凝合体是儒学（其次是道家学说）。儒学创始人孔子，教人专重人事。“季路问事鬼神。子曰：未能事人，焉能事鬼！曰：敢问死？曰：未知生，焉知死！”不谈鬼神和死后事，是孔子也是儒学对鬼神的基本态度，所以在儒学的思想体系里，鬼神不可能取得重要地位，更不可能取得主导地位。宗教得以兴盛的必要条件，首先是对鬼神（一神或多神）有绝对信仰，而儒学对鬼神则是怀疑，敬而远之，这就形成汉族历史上允许各宗教并存，既不完全信奉也不彻底排斥，从不发生所谓宗教战争的特殊现象。

史官文化的发育地在黄河流域。黄河经常发生灾祸，人力不能完全控制它，因此迷信思想有了它的来源，但治水到底要依靠人力，鬼神并不真可靠，因此实际经验使人们体会到人力的作用大于鬼神。其他自然界灾祸也给人们同样的经验。例如前五二六年，郑国大旱，郑君使大夫屠击等祭桑山求雨。屠击等斩伐树木。子产说，祭山为的是增植山林，现在反把山林砍了，多大的罪过呵！削掉屠击等人的官和邑。科学的历史，就是逐渐废除这种胡想（迷信）的历史，或者是用新的比较不那样荒谬的胡想来代替它的历史。祭山求雨是一种胡想，增植山林却是科学性的实践，两者结合在一起，而重点则在后者，这就有逐渐废除胡想的可能。所以史官文化与以迷信为重点的宗教，本质上是不相容的，因而在史官文化的基础上不可能创立宗教。

史官文化在哲学上有两种来源：一种是夏商相传的五行论；一种是周朝新创的阴阳论。五行首见于《尚书·洪范篇》，它认为水火木金土是构成万物的五种要素。五行各有属性，用眼睛来看，看出水性润湿向下，火性炎热向上，木性可曲可直，金性可以熔解，土性可以种植谷物。用鼻舌来试，试出水（海水最大）味咸，火味苦（焦气），木味酸（果实），金味辛，谷物味甘。这种原始的五行只是企图解释物的生成和作用，并没有包含神秘的意义。阴阳首见于《周易》。孔子阐明《易》理，认为最大的物是天地，它们的属性是阳和阴。天永恒在上，地永恒在下，天体运动，地体静止。天的运动是循环式的运动，地的静止不是独立的而是顺承上天也就是附属于天的静止。根据这样的世界观，抽象出阴阳两种属性，用来解释自然界的社会的各种现象。已见的现象用阴阳来解释，未见的现象（事物的变化）用卜筮（数理）来探求。因为数有阴阳（单数阳、双数阴），从数的阴阳可以先知事物变化的后果（吉凶），这就成为孔子宿命论的根据。卜筮的答案，有答对一半的机会，有答不对的一半，叫做“阴阳不测之谓神”。不测不等于说一定有鬼神在使人不测，也不等于说一定没有鬼神在使人不测，这就成为孔子的鬼神观。这种带有一些神秘色彩的阴阳论，只是比五行论抱着更大的企图，就是想用天地之道来解释万事万物（“有天地然后万物生焉”，“法象（法则形象）莫大于天地”）。本质上它们都属于机械论的形而上学的唯物论。它们是哲学不是宗教。

战国时，邹衍结合五行与阴阳两种思想成为阴阳五行学。它不是简单地结合，而是发展为神秘的德和运。邹衍把德（五行的性）当作本体，运（阴阳变化）当作作用，以德运为出发点，推断自然和社会的命运。属于唯物论的原始五行论、阴阳论，经邹衍改造后，成为唯心论的阴阳五行学，即五德终始论。不过它仍是哲学的一种，还不算是宗教。

宗教是剥削阶级必不可少的工具之一，特别在秦汉统一以后，农民阶级的斗争力量比诸侯割据时代加强了。统治阶级更感到宗教的必需。董仲舒开始说神怪，并造求雨止雨仪式，颇有创宗教的趋势。王莽时阶级斗争激化，王莽提倡符命图谶，装神作怪，企图麻痹已经爆发了的农民起义。东汉皇帝更大力提倡迷信，鼓励今文学派神化孔子，期望变孔子为教主，变儒学为宗教。但是，以史官文化为基础的儒学，想改造成真正的宗教，几乎是不可能的，不仅古文经学派坚决反对，就是今文经学在章句方面也不曾说孔子是神或先知者。“神怪之言，皆在谶记”，而谶记里也有一些对董仲舒不满的表示，说孔子预言“董仲舒乱我书”。所谓乱我书，就是指谶纬乱六经章句，可见笃守章句的今文家并不完全同意妖妄的谶纬。这样，儒学转化为宗教的期望断绝了。太平道教开始时被认为“以善道教化”，结果却被黄巾军用来发动起义。统治阶级需要宗教，但造不出适用的宗教，佛教正在这个时候获得了流传的好机会。

秦时，天竺阿育王大弘佛法，派遣僧徒四出传教。西汉时西域某些国家已信奉佛教。汉武帝通西域后，中外交通顺利，不能设想没有一个僧徒东来，可是佛教传入，到西汉末才见记载。这是因为董仲舒以后，今文经学盛极一时，统治阶级对它有足够的信心，不需要那种看作异端的外来宗教。公元前二年（汉哀帝元寿元年），西域佛教国大月氏使臣伊存来朝。当时西汉朝廷正在摇摇将坠，正在需要一种新的助力，博士弟子景卢从伊存受浮屠经，并不是偶然的。从此佛教得到合法地位，作为谶纬的辅助开始流传起来。这说明宗教以及一切神怪迷信的发生和发展，与统治者的残酷剥削、广大人民的穷困无告、整个社会的动荡不安有不可分开的关系。它们生长在社会的黑暗面上，好比草木一定生长在土壤里那样。

东汉魏晋佛教流传很快，而且继续在兴盛，虽然始终（包括南北朝）不能夺取儒学的传统地位，但对思想界影响确极巨大。从原始儒学改造出来的今文经学

（谶纬）和魏晋老庄派玄学，原来都只是些原始的唯心论，自从南北朝佛教盛行以后，唯心论哲学得到极大的发展，也就是统治阶级所掌握的欺骗工具比专用儒学高超得太多了。

佛教在统治阶级里流传的记载，最早见的是公元六五年——汉明帝永平八年。汉光武帝的儿子楚王刘英招聚方士桑门（沙门），祭神求福。汉明帝给刘英的诏书里褒奖他"诵黄老之微言，尚浮屠之仁祠"，并提到伊蒲塞、桑门等名称。汉明帝将诏书宣示各王，可见朝廷提倡佛教，也可见永平八年以前佛教早已在流传。汉桓帝在宫中立黄老浮屠祠，又派宦官到苦县祭老子。襄楷上汉桓帝书里说"或言老子入夷狄为浮屠"。这个老子西行教化胡人的谣言，表示道教地位比佛教高，佛教徒高攀黄老，只好默认佛是老子的门徒。汉桓帝汉灵帝时，西域名僧安世高、支谶等人来洛阳，译出佛经多种，佛教影响因此前进一步，有可能企图脱离对黄老的依附。东汉末年，佛徒牟融作《理惑论》，说汉明帝梦见神人，飞行在殿前。次日问朝臣得知是佛。乃遣张骞等十二人至大月氏国写佛经（《四十二章经》），归来后在洛阳城西造佛寺（白马寺）。佛徒造朝廷求经的谣言，意在自高身价，对抗道士所造老子化胡那个谣言。此后道佛两教常用谣言作武器互比高下。

佛教的形式和内容，都是未曾闻见过的新奇事物，"闳大不经"的邹衍，"谬悠荒唐"的庄周，"妖妄神怪"的谶纬,比起它来真是相差太远了。这正是统治阶级愿意接受的新工具。不过,佛教是外来宗教,它不可免地要受到旧工具的抵抗。道教经典《太平青领书》(《太平经》)采取佛教神话来装饰教主老子,采取某些佛教教义来编造道教教义,但对佛教下列四事:(一)不孝、弃其亲;(二)捐妻子、不好生、无后世;(三)食粪、饮小便(当是指僧徒用粪便治病);(四)行乞;认为"道之大瑕,病所由起,大可憎恶",反覆予以驳斥,基本上道教是排斥佛教的。当佛教默认老子化胡的时候,还可以相容,一朝企图独立,道教便和佛教对立。《理惑论》说"世人学士多讥毁之(佛教)",太学里没有人"修佛道以为贵,自损容(剃发)以为上"。儒学自有一套传统的礼教,当然要排斥佛教。《嵇康集》所载《宅无吉凶摄生论》一文里有一条说:"多食不消化,含黄丸(药名)病自然会好。有人求神问卜,也有人从乞胡(西域僧)求福。这种行为谁都看了好笑。"凡迷信由于无知,从知者说来,不论哪一种迷信都是乞胡。嵇康逐条反驳这篇论文,独不为乞胡辩护,足见玄学大师嵇康也并不拥护佛教。佛教虽然遭受了这些阻碍,但丝毫也不影响它的直线上升,这是因为统治阶级的一部分特别是当权派深切懂得佛教的巨大作用。以襄楷牟融等人为代表,调和佛道儒,使三派并存,一致为统治阶级服务。

在人们的头脑里,一向充满着对自然的和社会的无数疑问。既有疑问，就必须求得解答。儒、墨、道三家都曾作了答案，却不曾得出能令统治和被统治两大阶级都满意的答案来。佛教的幻想力比儒、墨、道高超得多，迷人的方法也巧妙得多，因之一个外来宗教在史官文化居统治地位的区域内竟获得相当长时期的盛行。

开始流行的佛教主要是小乘教。它的教义是(一)人(身体)死精神不死(神不灭)。神仙家(方士道士)长生不死，是一种容易败露的拙劣骗术，当然比不上佛教神不灭说那样“难得而测”。(二)因果报应。人们在日常生活中无从索解的疑问，儒家学说归之天与命(“死生有命，富贵在天”)。天与命是什么，还是一个疑问。佛教居然作出直截的回答，它把现世祸福，说成种因可以在前世，报应可以在来世，也可以在死后(“有道(善人)，虽死，神归福堂(天堂)；为恶(恶人)，虽死，神当其殃(地狱)”)，一切疑问似乎都被它解决了，它的方法极巧妙，确能使人难得而测。(三)轮回。身体死了，精神不死，可以再生人世。在轮回时按过去所作的因得各种不同的果。这就是说，被剥削被压迫的人，都由于自己在前世作孽，所以现世受报，如果反抗剥削者压迫者，来世将受更重的恶报。(四)布施。子贡问孔子说，有一个人能够广泛地施舍给人民，救济他们(“博施于民而能济众”)，这个人可以叫做仁人了么？孔子说，仁人可不行，这只有圣人或许能做到，尧舜怕还做不到哩！《淮南子·主术（君道）训》反对布施，它说，讲慈惠的人崇尚布施，这是让没有功劳的人受厚赏，谁还愿意守职勤力呢！这些话说明佛教传入以前，统治阶级是不懂得布施的。佛教说布施是为本人造功德，于是布施便盛行起来。例如东汉末佛教徒笮融（笮音责zé）霸占广陵等三郡赋税，凶暴放纵，任意杀人。他大起佛寺，造铜佛像，上涂黄金。佛堂周回住三千僧徒，诵读佛经。又用免徭役法诱境内外民人来寺听讲道，前后诱得五千余家。每开佛会，路旁设席长数十里，置酒饭任人饮食，用钱多至万万。笮融造佛寺，养僧徒，免徭役，舍酒饭，大行布施，似乎真是博施济众了，但是笮融本人不曾生产过一粒米一块砖，大布施的另一面，显然是极其残酷的剥削。自从有了所谓布施，劳动人民肩上又增加了一副重担。现存的或已毁的一切庄严精美的宗教物品，里面都装满着当时劳动人民的血和汗。

上述四条中最根本的一条是神不灭论，很多人被它迷惑了。它曾迷惑着穷苦无告的劳动人民，使反抗黑暗统治的斗争精神受到损害；也曾迷惑着虔诚焚修的男女信徒，使追求不可证实的幻境而虚度一生。原来有些宗教当它创始的时候，往往含有反抗旧势力的进步成分，起着某些积极的作用。可是当它被统治阶级利用以及被各学派解释修改以后，发扬起来的不是那些进步成分而是更巧妙地引人入迷。所以宗教成为社会进化的巨大障碍，主要责任是在利用它宣扬它的统治阶级方面。

佛教哲学的传入，对中国哲学发展的步骤说来（由朴素唯物论到唯心论，再由唯心论到唯物论）并不是无益的，西方文化，主要是印度文化，如文学、音韵、音乐、跳舞、建筑、雕塑、医学等伴随着同来，也是值得热烈欢迎的。因为在人们的交往中，除了言语与动作之外，就再没有别的什么了。而文学、音乐、跳舞等等都是从言语动作中提炼出来的最纯的精华，最高的典范。民族间文化交流，等于民族间大量优秀代表在相互交谈和学习。东汉时期西方文化开始东流，而且此后数百年间不断地大量东流，除去那些不是有益的宗教迷信，其余都有助于汉文化的逐步丰富起来。

第十一节　史学、文学、艺术

一　史　学

司马迁作通史体的《史记》，上起黄帝，下讫汉武帝。此后，褚少孙、刘歆等多人补撰史事，积累了不少的西汉史材料。东汉初班彪作《史记后传》，有纪传共数十篇。班彪子班固，继承遗业，专心精研，前后凡二十余年，修成《汉书》纪、表、志、传一百篇。《汉书》前半部多取《史记》，后半部多本《后传》，班固用力处在于博采群书所长，加以精确的考核，首尾洽通，创立断代的新体。《汉书》叙事详备周密，在封建主义的正史体历史书中，《史记》、《汉书》是最成熟的两部巨著，后世用纪传体编写的正史，没有一部能超过它们。孔子左丘明以后，司马迁班固应是杰出的历史学者。他们都能摆脱旧传统，开创新体裁，在以《春秋》、《左传》为代表的周秦史书的基础上，推动史学向前大进一步。

《汉书》的精华在十志。《史记》八书取法于儒经，十志又取法于八书。十志规模宏大，记事比八书丰富。《律历志》合并《史记》的《律》和《历》两书，《礼乐志》合并《史记》的《礼》和《乐》两书，《食货志》补充《史记》的《平准书》，《郊祀志》补充《史记》的《封禅书》，《天文志》补充《史记》的《天官书》，《沟洫志》补充《史记》的《河渠书》，此外又增立《史记》所无的《刑法》、《五行》、《地理》、《艺文》四志。十志比八书详备，显然可见。后世正史多有志书，大体依据十志有所增减。至唐杜佑作《通典》，南宋郑樵作《通志》二十略，宋元间马端临作《通考》，大大发展了志书体。历朝典章名物的重要部分，借志书得以保存，八书十志创始的功绩是不可磨灭的。

东汉末，荀悦依《春秋》和《左传》的体裁，撰西汉一朝编年史——《汉纪》。这种体裁经北宋司马光扩充，成为通史体的《资治通鉴》。

东汉会稽郡人赵晔著《吴越春秋》，又有无名氏著

《越绝书》。两书专记本地典故，开方志的先例。此后历朝文士多作方志（如晋常璩作《华阳国志》），沿至明清，成书更多，构成史书中很大的一部分。

东汉和西汉一样，在史学上都有重大的创造。

二 文 学

东汉文学比西汉发达。《后汉书》特立《文苑传》，因为文学大体上已与儒学分离，成为文士的一种专业。东汉文学作品主要是辞赋与五言诗。辞赋是西汉辞赋的末流，五言诗是西汉五言诗的发展。到了东汉末年和曹魏时，一部分赋别开新境，五言诗则达到古诗的最高峰。

两汉盛行楚辞和古赋。《汉书·艺文志》的《屈原赋》类，有赋三百六十一篇，加上东汉人所作，篇数当更多。东汉王逸选两汉人所作（主要是西汉人，东汉仅王逸一人）与屈原宋玉所作合成一书，并作叙和注释，称为《楚辞章句》。王逸所选汉人楚辞，除了确有楚人风格的《招隐士篇》，其余都是模拟之作，但求形似，殊少创意。《远游篇》剽袭司马相如《大人赋》，而王逸指为屈原所作；《惜誓篇》剽袭贾谊《吊屈原赋》，而王逸取《惜誓》不取《吊屈原赋》，足见选篇并不精审。不过，王逸作章句是有功绩的。楚辞的音和义，在两汉是一种专门的学问，经王逸采集后得以流传，使后人读屈宋文有所依据。古赋到东汉时作者甚多，大抵模拟西汉人体制，陈陈相因，可有可无。比较有些特色的是大赋，如班固《两都赋》、张衡《二京赋》和《南都赋》等，取材广博，按事类排比，在类书未出以前，这种大赋实际上起着类书的作用，因之文学价值虽不高，流传却很广。

东汉末年，某些有创造性的作者厌弃陈腐已极的赋体，别创新体赋。这种新体赋以发抒情感，篇体较小，词旨清显，少用典故为特色。赵壹作《穷鸟赋》、《刺世疾邪赋》，一篇不过一二百字。稍后王粲作《登楼赋》，祢衡作《鹦鹉赋》，魏初曹植作《洛神赋》，情致深远，文境更高。自从有了新体赋，东汉模拟因袭的作风渐渐消除了，赋又成为重要的文学。魏晋人所作赋，不论它的体制大小，一般说来，都是清新可喜，在汉赋外别开新境界。

赋体句法多用整句，影响到散体文，东汉时散体文渐变为骈体文。反过来又影响到赋的句法，整句渐变为俪句（对偶句）。班固《两都赋》有"周以龙兴，秦以虎视"等句，张衡《东京赋》有"声与风翔，泽从云游"等句，都是有意识地造成对偶句，借以增加词句的彩色。此后逐次增饰，到南朝时，对偶既极工整，音节又复谐和，古赋渐变为俳赋。由于声律的运用愈益熟习，到南朝末年，以庾信为代表，又变俳赋为律赋。所以东汉赋一般是西汉赋的末流，而某些新创却是后来赋体的开始。

西汉民间流行的五言诗体还没有被上层士人所采

用。到了东汉，著名文士开始作五言诗。应亨《赠四王冠诗》，班固《咏史诗》，傅毅《孤竹篇》（古诗十九首中的一首，《文心雕龙》说是傅毅作）是文士所作最先见的诗篇。此后有张衡作《同声歌》、赵壹作《疾邪诗》、秦嘉作《留郡赠妇诗》、郦炎作《见志诗》。这些诗篇大抵质木无文，惟《孤竹篇》《同声歌》最为出色，情致与词采都达到高境，再发展便成建安五言诗。

五言诗以外，还有张衡《四愁诗》，王逸《琴思楚歌》，用七言成句。七言诗也见于民间歌谣，不过文士用七言作诗，主要是受楚辞的影响。一句五言诗是两句四言诗的省约，一句七言诗是两句五言诗的省约。文句由繁趋简，含义由简趋繁，是诗的自然趋势。两汉至南北朝五言诗压倒四言诗，唐以后七言诗超越五言诗，唐宋长短句（词）冲破五言七言的拘束，元明曲冲破词的拘束，一个比一个得到较大的自由来描写个人的和社会的生活。这种主要文学的发展过程是和社会由简单发展到复杂，由低级发展到高级的过程大体上相适应的，而这种主要文学的首先创造者一定是处在社会下层的劳动群众。这里说到东汉五言诗开始由民间文学上升为上层文学，因而附带说一说主要文学的一般发展规律。

民间五言诗在分化，上升的部分成为建安诸子所作的高级文学，保持原来形态的部分则有托名蔡琰的《悲愤诗》和无名氏的《为焦仲卿妻作》两篇大诗。

蔡邕女蔡琰遭乱，没入南匈奴，生二子。曹操赎蔡琰归，嫁董祀为妻。《悲愤诗》叙述流离之苦，母子之情，激昂酸辛，笔力强劲。诗凡一百零八句，五百四十字。两汉文士从没有人做过这样的长篇，也没有人表现过这样的笔力，说蔡琰做这首诗是很可疑的。蔡邕为董卓所尊重，蔡琰被南匈奴虏去，必在王允杀蔡邕以后。诗中说是被董卓驱虏入匈奴，显然与事实不合。如果说，诗是建安文士所拟作，建安诸子与蔡琰同时，叙事不能如此谬误。此诗的作者应在民间。因为蔡琰的遭遇，很自然地要引起人们的同情，民间作歌谣，口头流传，流传愈广，修补也愈多，最后定型为《悲愤诗》那种大篇。

无名氏《为焦仲卿妻作》(《孔雀东南飞》)，全诗一千七百八十五字，是诗中罕见的长篇。这首诗叙述建安年间，庐江郡府小吏焦仲卿娶妻刘兰芝，情爱极笃。焦仲卿母凶暴，刘兰芝被逐归母家。县令郡太守先后遣媒人向刘兰芝家为自己的儿子求婚，最后刘兰芝投水自杀，焦仲卿也自缢死。自魏文帝定九品中正法以后，门第的高下区分甚严，诗中说焦仲卿是“大家子”，县令太守求刘兰芝为子妇也不以为嫌，诗作于建安年间，似无可疑。诗的形成也和《悲愤诗》一样，不是某一个姓名失传的文士所作，而是由口头流传的民间歌谣逐渐修补积成大篇。

诗中深刻地描写在封建礼教下年轻妇女所受到的

各种压迫、首先是婆母的压迫。婆母是礼教的体现者，她的压迫是一种基本的不可反抗的压迫。从这里焦仲卿夫妇之爱与母子之爱间，刘兰芝与母家的父母兄弟间，都发生了矛盾。郡太守为子求婚，使得刘兰芝又受到阿母和阿兄不同程度的压迫。最后刘兰芝逼得无路可走，只好放弃一切希望，走自杀的道路。焦仲卿也只好走同样的道路。这个悲剧充分揭露了封建礼教的残忍性与礼教害人的普遍性，也充分反映了刘兰芝焦仲卿反抗（虽然是消极的反抗）礼教的坚决性与表现在道德上的庄严性。全诗用“多谢后世人，戒之慎勿忘”两句作结束，表示对刘兰芝焦仲卿和其他受压迫者的无限同情。这种同情只能从劳动群众那里得来，谁敢设想礼法之士圣贤之徒会给予受压迫者以同情呢！

《离骚》以后，这首诗应是中国文学史上第二次出现的伟大诗篇。

西汉的文学和艺术，一般表现为寓巧于拙寓美于朴的作风。在经济发展、统治阶级肆意剥削纵情享乐的东汉时期，这种作风是不能满足精神生活的要求的。这就必须变革。但是，东汉又是保守势力极强固的时期，变革必然受到大的阻碍。要实行变革，非有特殊地位的人出而提倡不可，汉灵帝终于代表变革派担负起提倡的责任。汉灵帝在政治上是一个极昏暴的皇帝，在文学艺术上却是一个有力的变革者。他招集辞赋家、小说家、书法家、绘画家数十人，居鸿都门下，按才能高下受赏赐。保守派首领杨赐斥责这些人是“群小”，是“驩兜共工”，又一首领蔡邕斥责他们是小才，是俳优。因为汉灵帝想利用变革派来对抗太学名士，所以不顾保守派的反对，待变革派以不次之位，让他们做大官。这样，文学与艺术在变革派的影响下，开始出现了新的气象，也就是说，质胜于文的旧作风开始变为文质相称的新作风。

这种新作风表现在文学上，就是两汉至南北朝文学史上最突出的“以情纬文，以文被质”的建安文学。

曹操凭借政治上军事上的优势，逐次统一了黄河流域。东汉末年大丧乱以后，出现一个以邺都为中心的文学乐园，对全国著名文士的吸引力是很强的。曹操曹丕曹植都是大文学家，都能和文士们相处。曹操残暴，对待文士却能宽容。曹丕居太子尊位，旷荡不拘礼法，例如王粲葬时，曹丕率众文士送葬。曹丕对文士们说，仲宣（王粲字）爱听驴叫，我们都叫一声送他。于是墓前响起一片驴叫声。这可以想见曹丕和文士们日常相处的态度。曹植更不守礼法，饮酒无节，任性而行，是一个纯粹的文士。三曹提倡于上，饱经灾难心多哀思的文士们，忽得富裕的物质生活，安静的创作环境，各人的才能都无阻碍地发挥出来。建安文士，数以百计，其中孔融、王粲、刘桢、阮瑀、徐干、陈琳、应瑒（音羊yáng）各著文赋数十篇，声名最高，称为建安七子。这时候诗赋骈文都达到最高峰，特别是以曹植为首的五言诗达到最高峰的绝顶。《文心雕龙·明诗篇》评它的特征说，“慷慨以任气，磊落以使才。造怀指事，不求纤密之巧；驱辞逐貌，唯取昭晰之能”。正因为气（情意）、才（辞采）兼备，所以文质相称，不同于汉诗的质胜于文，也不同于晋以后诗的文胜于质。

建安时文士们还有一种优良风气值得表扬，那就是文学批评的提倡。原来文士们聚在一处，自以为各有所长，彼此不相服。曹丕《典论·论文篇》和《与吴质书》评论当时作者，从众文士中选出七子，指出七子的长处和短处，极为惬当。想见曹丕在平时不仅善于和众文士相处，而且也善于引导他们不走歧路。曹丕指出孔融等人都不能持论，理不胜词，独徐干辞义典雅，著论成一家言。这是公平的评论。徐干著《中论》二十篇，其中《核辩篇》最为精辟。《核辩篇》说“故君子之于道也，在彼犹在己也。苟得其中则我心悦焉，何择于彼。苟失其中，则我心不悦焉，何取于此。故其论也，遇人之是则止矣。遇人之是而犹不止，苟言苟辩，则小人也，虽美说，何异乎鵙（鴂）之好鸣、铎之喧哗哉”。曹丕推崇徐干，称为彬彬君子，足以说明严正的议论在文士群中占上风。曹植诗文是众文士的典范，但他并不因此而自满。他给杨修的信里说，“世人著述，不能无病。仆尝好人讥弹其文，有不善应时改定。昔丁敬礼尝作小文，使仆润饰之。仆自以才不过若人，辞不为也。敬礼谓仆：卿何所疑难。文之佳恶，吾自得之，后世谁相知定吾文者邪！吾常叹此达言，以为美谈。昔尼父之文辞，与人通流，至于制《春秋》，游夏之徒乃不能措一辞。过此而言不病者，吾未之见也”。象曹植那样的大文豪，还欢迎别人“讥弹其文”，“应时改定”，并且也为别人润饰文章，毫不吝惜。这种健康爽朗的风气，与“文人相轻，自古而然”，“各以所长，相轻所短”的鄙陋习气完全相反，建安文学之所以美盛，提倡文学批评也是一个重要的原因。《颜氏家训·文章篇》说，“江南文制，欲人弹射，知有病累，随即改之，陈王得之于丁廙（音异yì）也”。建安的优良作风，保持在南朝，这也是南朝文学发达的一个原因。

代表建安文学的最大作者是曹操和曹植，大抵文学史上每当创作旺盛的时期，常常同时出现两个代表人物：一个是旧传统的结束者；一个是新作风的倡导者。曹操曹植正是这样的两个人物。

曹操所作诗文，纯是两汉旧音，不过，因为他是拨乱世的英雄，所以表现在文学上，悲凉慷慨，气魄雄豪。特别是四言乐府诗，立意刚劲，造语质直，《三百篇》以后，只有曹操一人号称独步。不是他气力十分充沛，四言诗是不能做好的。说曹操是旧传统的结束者，他的四言乐府诗应是一个重要的特征。锺嵘《诗品》列曹操为下品，是齐梁人陋见，并非公评。

曹植文才富艳，思若有神，被曹丕逼迫，满怀忧愤，发为诗文，情采并茂。他的五言诗，不仅冠冕众作者，而且为魏晋南北朝文士开出新门径。

古代韵文在发展过程中，前后曾受过两次大的外来影响，因而形成唐以前古体和自唐以后律体的两大分野。第一次外来(对北方文学说来)影响是楚声。第二次外来影响是梵声。

《诗三百篇》中有南(《周南》、《召南》)与雅(《小雅》、《大雅》)两种声调，雅(正)声即华夏声，南声即采自江汉流域的楚声。屈原宋玉作楚辞，在文学上有很高的地位，为文士所模习。楚人刘邦建立汉朝，爱听楚声，楚声盛行全国。汉世相和清商等曲，都属于楚声系统。旧的雅声衰息，雅声化的楚声也就成为华夏正声。唐时楚汉旧声衰息，雅声化的梵声也就成为华夏正声。楚声梵声并不是本身不变而代替雅声，相反，它们是作为一个新因素被雅声吸收并消化，因而产生新的雅声来代替旧的雅声。雅声吸收梵声，开始于东汉末年的音韵学，然后运用入文学。最先运用的文学家就是曹植。

东汉时，印度声明论(音韵学)随佛教传入汉地。胡僧学汉人语文，利用梵文字母注汉字音。汉儒接受这个启示，用两个汉字当作字母拼汉字音，因此发现反切法，东汉末儒者孙炎、刘熙、韦昭等人都用反切法注字音，比读若法前进了一步。

反切法逐渐通行，声与韵的研究也逐渐成为专学，韵学应时出现了。最早的韵书是魏李登的《声类》十卷，晋吕静的《韵集》五卷。两书分字声为宫商角徵羽五类，还只能“始判清浊，才分宫羽”，为后来韵书作先驱。南朝人声韵学的研究愈益深入，著作甚多，最著名的有周彦伦《四声切韵》，沈约《四声谱》。所谓四声，即分字声为平上去入四类。凡韵书都是以四声或五声为纲，以韵目为纬。隋陆法言等八人采集各家韵书和字书，斟酌古今南北的声音，定声为四，定韵为二百零六，有字凡一万二千一百五十八。自从《切韵》书出，声韵有了定准，后世诸韵书无不依据《切韵》，只是作些小的变革。不论方音如何繁杂，但在韵文或半韵文（四六文）上，全国文人的声音完全一致。这对汉族语言（写在诗文上的语言）的统一起着稳定的作用，意义是巨大的。

上述音韵学由粗疏到精密的发展过程，同时也是文学上吸收并运用梵声的发展过程。孙炎在音韵学方面开始作反切，相当于曹植在文学方面开始用平仄。

西方佛徒传播教义，应用声律以制赞呗，韵合弦管，令人乐听。据释慧皎《高僧传·经师论》所说，曹植深爱声律，属意经音，始依梵声创作梵呗，为学者所宗。这种说法很可能出自僧徒附会，不过，曹植诗中也确有运用声律的形迹。如“孤魂翔故域，灵柩寄京师”（《赠白马王彪诗》）；“游鱼潜绿水，翔鸟薄天飞；始出严霜结，今来白露晞”（《情诗》）等句，平仄调谐，俨然律句，不能概指为偶合。自然，这只是律诗最初的胚胎，距律诗的形成还很遥远，但既有胚胎，便会继续成长。陆机《文赋》主张“音声迭代”。就是说，一句中要平仄字相替代，不可全用平声字或仄声字。吴亡后，陆机陆云兄弟来洛阳。有一天，陆云与荀隐在张华家会见。张华说，你们都是大名士，不要说平常话。陆云拱手报姓名："云间陆士龙"。荀隐答，“日下荀鸣鹤”。两句不仅对偶工整，平仄也完全合律，可见南北文士都在声律方面用功夫。宋范晔《自序》说“性别宫商（四声）识清浊（清音浊音）”；又说“观古今文人多不全了此处，纵有会此者，不必从根本中来”。所谓根本，就是声律的确实掌握。齐梁时，声律的研究更深入，以沈约为代表，创四声八病（平头、上尾、蜂腰、鹤膝、大韵、小韵、旁纽、正纽）说。他在《宋书·谢灵运传论》里阐发声律的秘奥时说，“欲使宫羽（平仄）相变，低昂舛节。若前有浮声，则后须切响。一简之内，音韵尽殊；两句之中，轻重悉异。妙达此旨，始可言文”。范晔至死不肯告人的调声术，自沈约公布八病后，大为文士所遵用，梁陈时，律诗律赋大体上定型了。到唐朝，律诗律赋成为代表性的也是最盛行的文学。

所谓雅声化的梵声成为华夏正声，实际意义就是有声律的文学代替了无声律的楚汉文学。

文学史上古体与律体是两个大分野。自建安讫南朝是由古至律的转变时期。这个转变之所以成功，是由于声律的研究和运用。声律之所以被研究和运用，

江苏徐州东汉墓出土的鎏金铜砚盒

是由于受到梵声的影响，也就是印度声明论对中国文学的一个贡献。

三 艺 术

汉族传统的文化是史官文化。史官文化的特性，一般地说，就是幻想性少，写实性多；浮华性少，朴厚性多；纤巧性少，闳伟性多；静止性少，飞动性多。这种文化特性东汉以前和以后，本质上无大变化。但东汉末年，经汉灵帝的提倡，文学和艺术在形式上开始发生了变革。这就是原来寓巧于拙，寓美于朴的作风，现在开始变为拙朴渐消，巧美渐增的作风。建安三国正是这个变革的成功时期。文学的成功已如上述，艺术的成功，下面举出书法和绘画两个重要部门。

书 法

自甲骨文至小篆，文字与图画相接近。象形字描绘实物，指事字描绘虚象，会意字、形声字是象形字指事字的配合体。所谓“书者如也”，就是说每一字都象事物的形状（包括象声）。隶书离图画较远，楷书又较远，但书法与画法仍有相通处，因之书法在艺术上与绘画有同样的地位。

秦始皇统一中国后，李斯以秦国通行的文字为主，创制小篆体。古文籀文以及战国时六国异体文字一概被废弃，小篆成为全国划一的文字。小篆对古文籀文有省（省去繁复的形体）有改（改去奇怪的形态），在文字形体的改革上，显然有进步意义。不过，小篆仍属于古籀系统，字体圆形，书写不便。程邈摆脱小篆的拘束，创制隶书体，改圆形为方形，书写起来比小篆便利得多。这在当时是一种最进步的文字。王次仲（秦隐士）“割程隶字八分取二分，割李篆字二分取八分”（蔡琰说），创制八分书。八分书篆体多于隶体，是一种保守性的文字。又有隶草，是隶书的变体，书写比隶书更简易。两汉文字除汉元帝时，史游作章草，东汉末，张芝作今草（章草各字独立，今草前后字相连），刘德升作行书（草书兼真书），字体有些改革，其余沿用秦文字，并无新创。但有一点是特殊的，那就是两汉尤其是东汉，不少文士以“工书”著名，有些竟以写字为专业。经汉灵帝提倡后，书法在艺术上的地位更为显著。

两汉写字艺术，到蔡邕写石经达到了最高境界。蔡邕能画工书，八分尤为精工。一七六年（汉灵帝熹平四年），蔡邕以八分体写《尚书》、《周易》、《春秋公羊传》、《礼记》、《论语》五部经书，使刻工刻成石碑四十六块，立在太学讲堂前。这是有名的熹平石经。从经学方面说，它校正了五经文字，从艺术方面说，石经文字是两

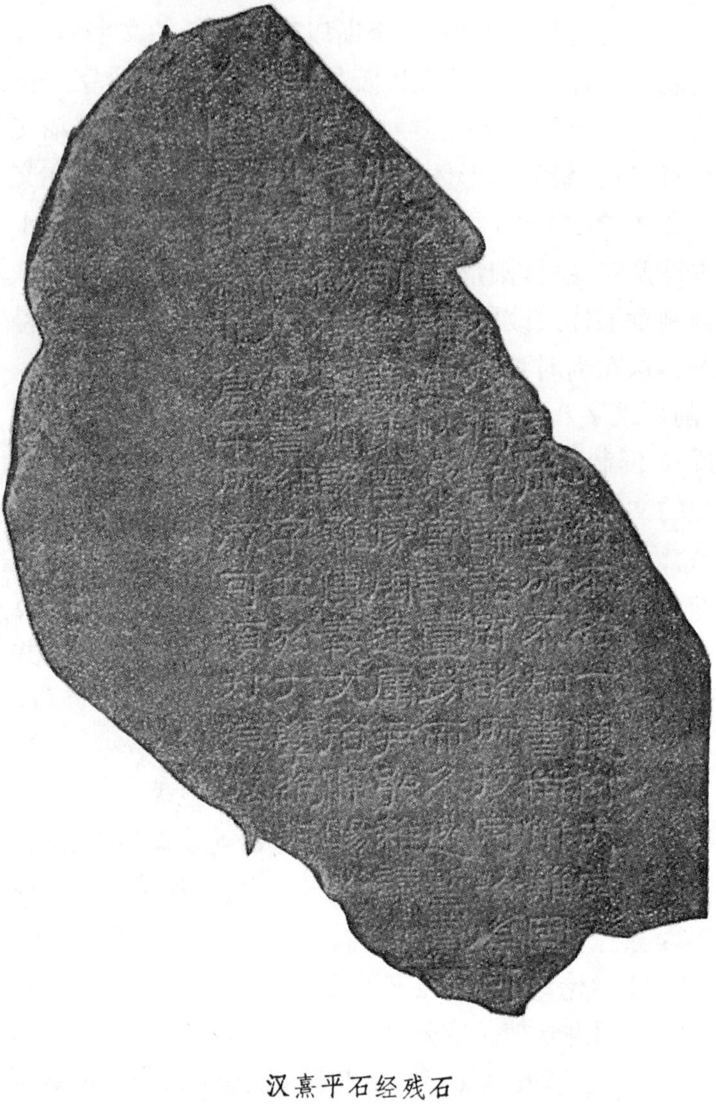

汉熹平石经残石

汉书法的总结。

绘　画

两汉承春秋战国时期绘画的传统，以历史故事为主题，在宫室祠堂的壁上作壁画。王延寿《鲁灵光殿赋》记壁画情形：最先是太古裸体怪形、质野无知的神话中人物。其次是黄帝尧舜，有衣裳冠冕。其次是夏商周三代兴亡。凡历史上忠臣、孝子、烈士、贞女的事迹，国君的贤愚，政事的成败，都用来“恶以诫世，善以示后”，对观者进行政治、道德教育。主题以外，再用天地、万物、神怪、异事作辅助，配合成丹青鲜明、形状生动的大图画。鲁灵光殿壁画可以代表两汉一般的壁画，区别只在规模有大小，画法有高低，用历史故事诫世示后是一致的。

坟墓中壁上也多有壁画。曾经发现的汉墓壁画，画中故事大抵是墓主生前的生活享受，例如宴会、娱乐、游行等事。据墓中壁画考察当时统治阶级的一般生活，比文字记载要具体些，所以它虽然只是片断的材料，但可以补史文的不足。

漆器本是中国独有的艺术品，加上生动的彩画，更是精致无比。战国和两汉漆器，近年来出土渐多，很可珍贵，在绘画史上漆画与壁画应得到同样的重视。

雕　刻

与写字绘画相辅而行的雕刻，也是一种重要的艺术。秦始皇巡行各地，令李斯写颂文，刻石纪功，开立碑碣的风气。东汉富贵人或名士墓前，往往立碑若干块，用以颂扬墓中人的功德。《蔡邕集》中碑文约有一半，其中胡广、陈寔各三碑，甚至袁满来死时才十五岁，胡根才七岁，蔡邕也为二人作碑文。《文心雕龙》说“后汉以来，碑碣云起”，其浮滥可知，但刻石技术却愈益普遍而精工。好字因好刻得保存于久远，并由此发现摹拓术。班固学李斯书法，许慎学李斯，甚得其妙，蔡邕学李斯，工篆书，似东汉时已有李斯刻石的拓本（也可能

陕西兴平霍去病冢前石马

河北安平汉墓壁画(摹本)

是李斯的其他手迹，不过，东汉有纸，用纸拓碑字也是可能的)。王羲之用蔡邕石经和张昶《西岳华山堂阙碑铭》的拓本学习书法，顾恺之工摹拓术，足见东晋时确有摹拓术并在改进中。又由此逐渐发现雕版印刷术。事实上石经拓本已经是五经刊本，只要变石刻为木刻，就成为雕版印刷术。

陕西兴平县有霍去病冢，冢前有石胡人石马石牛等雕像。这种雕像形体虽较质朴，但与墓中霍去病的丰功伟业配合起来，却显得气象壮健，意义深长。东汉富贵人墓前多有石雕像，如四川雅安县高颐(二〇九年死)墓前石狮，姿态生动，充分表现狮的猛悍性，比霍去病冢前石马，技术上是前进了一步。

东汉盛行刻字，同样也盛行刻画。现存东汉刻石壁画，最著名的有山东嘉祥县的武梁祠和肥城县的孝堂山祠。两祠所画故事与鲁灵光殿大体相似。在技术上，武梁祠用阳刻，孝堂山祠用阴刻，雕刻法已经完备了。一九五四年山东沂南县发现大批汉墓中石刻，所画多是当时社会上层人的享乐生活。其中角牴戏一幅，有戏车上倒投，两人走索上相逢，轻身人爬长木杆，戏豹舞罴，大雀走动等妙伎，证明张衡《西京赋》所写并非虚构，而生动具体却优于《西京赋》的文字描写。汉墓中还有画像砖，近年来发现渐多，如在成都、德阳等地出土的画像砖，车马飞腾，屋宇齐整，与石画同是可珍的艺术品。

河南辉县出土战国时泥塑的犬羊豕，是一种精致的艺术品。此后逐渐发展，陶制器物愈益繁杂。汉墓中陶制殉葬品有田园、庐舍、仓库、车马、井灶、家畜、鱼虫、用具和奴隶、伎乐等模型，这些殉葬品，表现出当时富贵人的生活状况，也表现出当时的社会关系。四川绵阳县汉墓里发现陶制水田模型一具，田上立几个人，各具神情，有的短褐折腰，有的衣冠昂然，一望而知谁是生产者，谁是剥削者。一具水田模型，实际是一幅封建社会的阶级压迫图。

东汉书法绘画和雕刻所以发达的原因，与当时统治阶级中人好名成风，与生时奢侈死后厚葬的习俗是分不开的。各地方都有富贵人，他们生前死后，都要请文学家画家书家和雕刻家给他们表扬功德与夸耀富贵，有技艺的人也借此博得酬劳的财物。技艺愈高，得酬也愈多，因而各门出专家，各地有名家。蔡邕作袁满来胡根碑文，当然为取得润笔。孙敬家贫，刻苦学写字，后因善书而得富。可知东汉时艺术已成为文士的兼业或专业。名家既多，其中自然有变革派和保守派的区别，汉灵帝奖励变革派以后，写字绘画与文学一样，发生重大的新变。

隶书比小篆八分有进步意义，但书写仍不够方便。建安时，锺繇变隶书为楷书（又称真书或正书），书写比隶书更方便。锺繇学曹喜的篆书，刘德升的行书，蔡邕的八分书，集东汉书法的精华，创楷书法。他所写魏

山东沂南汉墓石刻绳技图

四川绵阳东汉墓出土陶水田

文帝《受禅碑》，尤为精绝。唐张怀瓘（音灌guàn）《书断》称“秦汉以来，一人而已”，因为他首创秦汉所未有的楷书。汉族文字从此定型，历代沿用不再有较大的变革。楷书（包括其他辅助字体如行书草书等）到了今天人民文化发展的新时代，又成为文化的障碍，如果不用拼音文字代替它，它将愈益显出它的障碍作用，但不容否认它曾是代替隶书的一种进步字体。没有充分的准备、成熟的条件，拼音文字要代替它是有困难的，因为它是适合汉语特点的字体，拼音文字也必须同样适合汉语特点，才能取得通行的权利。当然，拼音文字要做到这一点，是完全可能的。

吴孙权时，画家曹不兴开始画佛像，为南北朝以来宗教艺术开风气之先。宗教故事丰富了绘画的题材，西方画法也给汉画以补益，两汉相传的绘画从此大改观。宗教画逐渐盛行，雕刻也随着发达起来。它们为宗教服务，耗费社会财富比两汉不知高出多少倍，但从艺术本身来说，却是极大的进步。剔除它们的宗教毒素，采取它们在艺术上的成就，无疑是古代文化的一种珍贵遗产，有助于今天人民艺术的发展。曹不兴是这种宗教艺术的创始者，在艺术史上应有显著的地位。

东汉文学艺术都不曾脱离西汉的旧作风。东汉末年，社会遭受极大破坏，建安三国的文学艺术却呈现出新气象。主要原因在于东汉经学所加于人们思想上的束缚，随着社会的破坏而减轻了，文学艺术也就有可能离开旧作风表现自己的创造力。佛教文化开始被吸收，成为新创造的一个重要来源，在艺术方面，佛教艺术特别显出它的重要性。

简短的结论

以汉光武帝为首，以南阳豪强为基干的豪强集团，推翻王莽的新朝，击败农民起义军，建立起豪强统治的东汉。南阳是一个商业中心城市，南阳豪强多兼营商业，因之东汉的统治，是地主式的剥削和商人式的剥削同时并行，这和西汉统治以重本抑末为名，地主式剥削比商人式剥削较占优势的情形多少有些不同处。

作为中央集权体现者的朝廷，在东汉前期，对豪强还有一定程度的控制力。汉和帝时，朝廷向豪强让步，废除盐铁官卖制，放任私家经营盐铁业。豪强势力更加强大了，转过来实行对朝廷的控制。

在西汉，上层豪强与下层豪强一向进行着斗争。东汉前期，上层豪强以外戚为代表，独享政治权利。盐铁私营以后，下层豪强的财力也大有增加。他们要求分享政权，找到宦官做他们的代表。这样，外戚宦官两个集团，为争夺对朝廷的控制权而展开剧烈的斗争。这个斗争延续至东汉末年，以两败而告结束。

出身无市籍的中小地主阶层、被征辟为官吏的士

广东广州出土汉代陶屋(三合式)

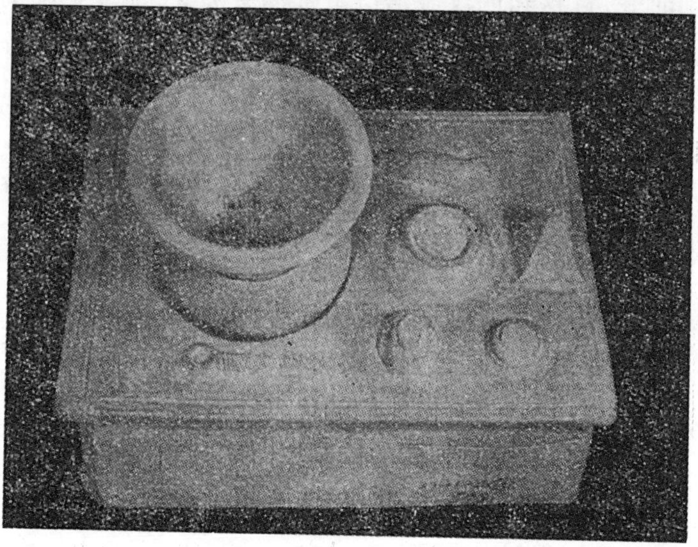

河南洛阳汉墓出土陶灶、甑、釜

河南辉县东汉墓出土泥塑猪

四川成都东汉墓出土陶马

人，以大官僚为代表，形成一个官僚集团。这个集团通常依附外戚集团，缺乏独立活动的力量。但在外戚宦官两败以后，它成为上层豪强的代表者。魏文帝定九品官人法，承认官僚集团的权利，也就是保证下层豪强不得侵犯上层豪强的权利，从此确立了魏晋南北朝的士族制度。

东汉农业已普遍使用牛耕，工商业也比西汉发达。一般说来，东汉生产力是提高了。统治阶级凭借这个经济力量，对境外，用武力扩张疆土，并吸引许多境外族来归附，强盛不亚于西汉；对境内，压迫农民小工商以及少数族，榨取更多的财物来满足淫侈生活，贪虐尤甚于西汉。

上下层豪强和大官僚（上层豪强的一部分）大都据有坞壁，奴役贫苦农民当徒附，强迫精壮徒附当部曲。这些坞主壁帅，实际是大小地方割据者。他们兼并农民，也兼并附近的坞壁，这就使得东汉后期，社会呈现非常不安的状态。农民与地主，下层豪强与上层豪强，斗争愈来愈尖锐。自汉安帝时起，全国各地发生农民暴动，最后爆发了黄巾军大起义。豪强间斗争，反映为外戚宦官的斗争，最后爆发了军阀大混战。

豪强武装镇压了黄巾军，同时也冲破了中央集权的外壳，疯狂地进行大混战。向来是经济文化中心的黄河流域，遭受毁灭性的破坏，户口骤减，十不存一。这是一次前所未有的大破坏，也是东汉二百年豪强统治应有的后果。

经过大混战，最后形成以曹操、刘备、孙权为首的三个割据势力成立魏汉吴三国。这对东汉末年大丧乱说来，是一个喘息时期。在这个时期里，汉魏间战争，目的在争取统一，与混战的性质不同。三国内部，经济都多少有些进展。黄河流域进展较速，优势逐渐恢复，晋武帝时，全国又以黄河流域为中心，完成了统一的事业。

东汉统治阶级内部的斗争，反映在统治阶级的文化思想上也处处表现出显著的对立。古文经学与今文经学，属于古文经学派的王充唯物论思想与属于今文经学派的谶纬唯心论思想，以及文学艺术上的变革派与保守派，都各有社会力量错综曲折地支持它们对立起来。到了建安三国时期，古文经学压倒了今文经学，玄学思想压倒了唯物论思想，文学艺术变革派也压倒了保守派，大体上各种对立都得到解决。

解决的主要原因之一是佛教文化发生了明显的或不明显的影响，因而动摇了各种对立间的均势。

不断地发展唯心论思想，以适应政治上需要，是统治阶级对上层建筑物的基本要求。今文经学到了东汉，在章句方面，在思想方面，都暴露出难以补救的弱点，统治者看来，它不再是一件适用的工具了。章句方面，让位给专讲训诂名物、本身毫无思想性的古文经学，是保持儒经的最好方法。思想方面，让位给宗尚老庄的玄学，老子与浮屠在东汉时已有当作同类的趋势，玄学与佛教相继而起，是压抑唯物论思想的最好方法。玄学代替今文经学的浅薄唯心论，后来佛教又代替规模狭小的老庄玄学。唯心论思想一步深入一步地发展着，和魏晋南北朝统治阶级一步深入一步地腐朽堕落是互相配合的。文学艺术变革派的得势，也因为接受了佛教的影响。

东汉三国时期，佛教逐渐流传，虽然还没有取得重要地位，但必须重视这个新因素所发生的影响。

第四章

短期统一与黄河流域又一次大破坏时期——西晋十六国

——二六五年——四三九年

第一节 西晋的政治概况

魏国自曹操死后，汉国自诸葛亮死后，都失去进攻对方的力量。吴国一向划江自守，孙权死后，也进入衰落阶段。魏国的司马氏集团，在三国衰落阶段内，是统一趋势的代表者。虽然它是一个极其腐朽的集团，但也不容否认它在完成统一事业上所起的作用。

二三八年，司马懿灭辽东割据者公孙渊，北部中国完全统一了。二四〇年，司马懿采用邓艾的建议，掘宽漕渠，引黄河水入汴河。又在淮北淮南，大兴屯田。屯田兵五万人，轮番分出一万人守边，四万人经常种田。东南有战争，魏军乘船顺流而下，可直达江淮，沿路储粮充足，免运输的烦费。司马懿说，“灭贼之要，在于积谷”。他在淮南北实行屯田积谷，作灭吴的准备。后来晋武帝在这个基础上，终于消灭了吴国。

二六〇年，司马昭杀魏帝曹髦，司马氏集团势力愈益巩固，同时汉吴两国愈益衰落，统一的时机成熟了。司马昭定计，汉国小力弱，出兵先取，取汉以后，再水陆并进取吴。二六三年，司马昭遣钟会率兵十余万进攻汉中，又遣邓艾率兵三万牵制驻在沓中（沓音踏 tà 甘肃临潭县西南）的姜维军。钟会攻入汉中，姜维引兵退守剑阁（四川剑阁县）拒钟会。邓艾自阴平（甘肃文县西北）凿山开路，击败汉守军，进入成都平原。汉后主到邓艾军前投降。汉国人口只有九十四万，士兵却多至十万二千人，官吏多至四万人。普通户大抵八人就得有一人当兵，实际是老弱妇女以外，几乎所有男子都被迫当兵。这样残酷的统治，当然为人民所厌弃。邓艾兵一到平原，百姓纷纷散走，官吏无法禁阻。汉国统治集团除了投降，再没有其他道路可走。司马昭用兵前后不过三个月，便灭汉国，因为他早看准了这个形势。

司马昭原定灭汉三年后灭吴，可是他在二六五年死去了，当年，晋武帝废魏帝，建立晋朝。他需要先稳定内部，因之延迟了对吴国的进攻。

二八〇年，晋武帝发兵二十余万，分六路攻吴。其中王濬所统水军，自蜀出击，占领武昌城。建业失去上游屏障，更难自保。王浑所统陆军进攻历阳（安徽和县），大败吴兵。王濬水军自武昌顺流直下，逼近建业，吴水陆军溃散。吴主孙皓到王濬军前投降。吴国人口二百三十万，士兵却多至二十三万，官吏多至三万三千，吴兵役与汉是同样沉重的。晋用兵前后不过三个月，便灭吴国，因为孙氏统治早就为吴人民所厌弃。

司马氏政权迅速地消灭汉吴两国，并且在短暂的太康年间，确也曾使社会呈现出一些繁荣的气象。这是因为它的某些政治措施多少是符合当时人民利益的，因而有可能完成国家的统一事业和有限度地恢复久遭破坏的社会生产力。

一　罢州郡兵

就在灭吴的一年，晋武帝令州郡官解除兵权。兵役是东汉末年以来农民最沉重的一种负担。晋武帝不听群臣谏阻，毅然下诏悉去州郡兵，使农民得免地方兵役，这个措施对恢复生产力有很重大的意义。

二　废屯田制，立占田制及其附属的课田制

魏国屯田，主要的一种是朝廷招募农户，在各级典农官统率下，垦种官田。自曹操开始屯田，收有成效，后来魏国逐渐扩大屯田区，荒地很多成为朝廷直接所有的官田。典农官都是武职。屯田农户受兵法部勒，

晋牛转连磨模型

有典农部民、屯田客、田兵、田卒等名称，实际是终身服兵役半农半兵的特殊农民。朝廷当进行战争的时候，不惜“加其复（免一般徭役）赏”，多招农户来加强屯田，但当战争缓和的时候，就要加强剥削来补偿免除了的一般徭役。屯田农户耕地有定额，朝廷为增加收入，使屯田官凭军事权力强迫田客在定额田外，多种田地若干亩。田客人力有限，耕种法势必粗简，谷物产量也势必低落。从曹操时到晋武帝泰始年间，屯田区旱田每亩收十余斛、水田收数十斛的生产量低落到一亩只收数斛，同时，官六客四（用官牛）、官客对分（用私牛）的租税率却提高到官八客二或官七客三。屯田制到了魏末晋初，不仅被剥削者穷困不堪，无法再继续生产，就是剥削者也感到无法再进行压榨，反不如废屯田制，别行新制较为有利。司马昭灭汉的第二年，即罢屯田官，各级典农官改称郡守县令等文职。二六八年，晋武帝又下诏改典农官为郡县官。屯田制逐步被废除，到了灭吴的一年，在全国范围内实行占田制和课田制，曹魏以来的屯田制基本上废除了。

占田制和课田制实际是一种租税制度。朝廷规定每户每人应种田若干亩，并不是按户和口实际授予这个数额的田地，而是按规定的田数向每户每人征收规定的租税。不过，这种制度也有它的根据。司马昭改屯田官为郡县官，屯田农户也就成为普通农民，所耕官田也就成为私田。耕官田有定额，一般是五十亩，屯田制废除后，加收五十亩租税，作为官田变为私田的补偿。这就是占田制的根据。屯田官不顾人力，强迫屯田客加种田亩，这就是课田制的根据。为什么屯田制可以作为占田制课田制的根据呢？这是因为在朝廷督促农户开垦荒地、增加田数，不顾生产量低落的方针下，普通农户和屯田农户都在被迫扩大耕地，而屯田农户被迫更甚。占田制规定一户负担一百亩的租税。在朝廷方面，不管农户实际种田若干亩，按百亩收租税，自然是一种简便的方法。在农户方面，屯田农户得私田五十亩，普通农户得确定开垦地的占有权，一百亩租税的负担是可以接受的。课田制改按户加课新垦田为按丁加课，农户也还是可以接受的。占田制课田制开始行施时，额定田数比农户实有田数，相差不是过远，所以占田制课田制是租税制，同时也是农户土地占有制。

广东连县出土西晋陶水田犁、耙

三 赋税制

在占田制基础上，规定赋税制。赋是户调，税是田租，

户调——如丁男作户主，每户每年纳绢三匹，绵三斤。如户主是妇人或次丁男，绢绵减半。有些边郡纳三分之二，远郡纳三分之一。边地非汉族人，按住地远近，每户纳賨(赋)布一匹或一丈。

田租——西晋田租每亩八升，朝廷按下列田亩数收税。户主占田七十亩，户主妻三十亩，一户共纳占田租一百亩（八斛）。一户内正丁男纳课田租五十亩，正丁女纳二十亩。次丁男纳课田租二十五亩，次丁女不课。边地非汉族人不课田，按住地远近，每户纳义米三斛或五斗。住地极远，纳米不便，改纳钱每人二十八文。

两汉户赋用钱。曹操改为每户纳绢二匹绵二斤。晋户调比魏制加一匹绢一斤绵。曹操定户调在东汉末大乱时，晋初社会经济已经恢复了一些，按州郡远近有所增减，应是一种合理的制度。两汉有口赋钱算赋钱和三十税一的田租。曹操废两汉租赋制，户调以外，不取口赋算赋，田租改为每亩收租四升。晋斟酌汉魏旧制，改田租为每亩八升。并规定十六岁以上至六十岁的男女为正丁，十五岁以下至十三岁，六十一岁以上至

六十五岁的男女为次丁，十二岁以下、六十六岁以上的男女为老小。除户主夫妇纳占田租，次丁女和老小不纳田租，其余正丁男女和次丁男都得纳课田租。所谓课田租，如果纳租者并无实田，那就等于纳口赋算赋。晋武帝时齐王司马攸说，现在土地有余，务农的人却嫌少，附业（种课田）多有虚假。晋惠帝时束晰（音析 xī）说，占田课田，往往有名无实。这都说明占田制课田制，只是一种意在督促农户加辟耕地的赋税制。它比魏重，比汉轻，对当时农户说来，还不算是过重的负担。它的又一特征是立户赋税重，附业较轻，因之，西晋虽增收课田租，但一户所包容的人口，比汉魏仍有增长的趋势。在土地有余、人力不足的情况下，农户内人口增加，是有利于生产的。

四　王公官员限田

国王公侯得在京师有住宅一所。大国王在京师近郊，得有田十五顷，次国王十顷，小国王七顷。公侯所占近郊田当是依次递减。

官员按官品高卑占田。第一品占田五十顷，每低一品，减田五顷，至第九品占田十顷。

这种限田制的效力是可疑的，例如强弩将军庞宗就有田二百顷以上。大抵官品渐卑，限田制效力渐大，下级官员任意占田，比高级官员要困难些。既然官员中有些人占田受限制，也就意味着土地兼并多少受到些阻碍，这对农户算是起着有益的作用了。

五　恢复户口

东汉末大乱，人口遭受极严重的损耗。损耗的原因，主要是死亡，其次是流散逃匿和豪强霸占户口，胁迫贫弱户当私属。三国时期，人口不见显著的恢复，主要原因是豪强阻止私属上升为编户。晋在灭吴前后，对恢复户口曾有些措施，在这些措施下，太康年间户口达到东汉末以来最高的数字。

司马懿灭辽东，令“中国人（中原人）欲还旧乡者，恣听之”，地方官吏和豪强不得阻止。后来司马昭灭汉，劝募蜀人内徙，应募者给食粮两年，免徭役二十年。晋武帝灭吴，优待内徙的吴人，将吏免徭役十年，百姓及百工免徭役二十年。这不一定是为了减损蜀吴户口来补内地户口，主要还在于招北方流亡户回归旧乡里。东汉末，士民避乱，或逃入深山大泽，或投奔边塞外落后族，晋用重赏招募流亡，是恢复户口的一种方法。晋武帝时，塞外不少落后族率众内附，很可能是中原流亡人起着劝说的作用。

晋武帝定制，民间女子年十七，父母不让出嫁，由官府代择配偶。又发官奴婢屯田，奴婢配为夫妇，每一百人成立一屯。官奴婢是罪人，其中许多是司马氏政敌的子女，官奴婢被允许成家，可见朝廷对人口增殖的重视。

与限田制同时颁布的有荫佃客和荫衣食客（与奴相似的仆役）制。荫佃客制规定一品二品官不得过五十户。三品十户，四品七户，五品五户，六品三户，七品二户，八品九品一户。荫衣食客制规定六品官以上得荫三人，七八品二人，九品及不入品的吏士一人。自九品官人法行施以来，士族严格地区分出各级门第，大体上按高中下三级固定了在政治上的地位。一二品官与三品官所荫佃客户数悬殊，六品官以上与七品以下所荫衣食客人数不同，这就是三级士族所享权利的差别。朝廷另给高级士族荫亲属的特权，以换取他们在限田客制上的让步。对中下级士族，朝廷是有控制力的。这样，原来被士族霸占的户口，在荫佃客制的限制下，至少有一部分农民，从私属变为编户。

晋灭魏时，得户九十四万余，人口五百三十七万余（包括原来汉国的户口），灭吴时，又得户五十二万余，人口二百三十万余。三国合计，户不过一百四十六万余，人口不过七百六十七万余。可是就在灭吴的一年，晋统计全国户口，共有户二百四十五万九千八百四十，人口一千六百一十六万三千八百六十三，比三国总户口，户增一百万，人口增一倍以上。晋灭魏至灭吴，前后仅十六年，户口的增加很快，显然是国家统一，统治力加强的结果。招集流亡，督促婚嫁，限制荫佃客等措

湖南长沙西晋永宁
二年墓出土陶俑

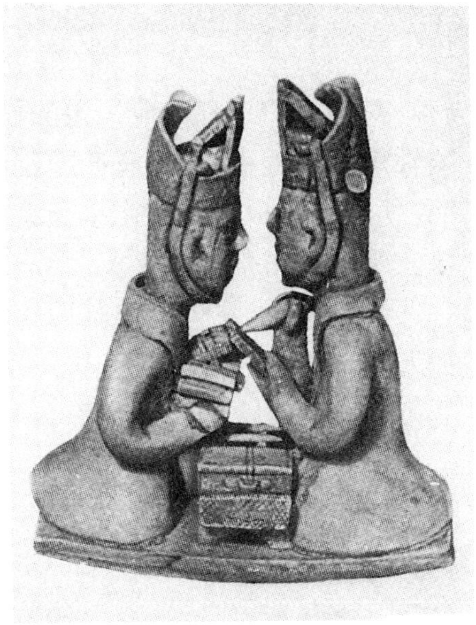

对坐书写俑

骑马乐俑

施，对增加户口都起着一定的作用。大抵劳苦群众为减轻赋税与徭役，不免有些隐避，即使在社会安定的时期，朝廷所得户口数往往小于真实户口数，所以太康户口应是比较可信的数字。

统一以后，不少塞外落后族要求内附，晋武帝为增加人口，允许他们居住塞内。《晋书》有下列内附诸部的记载：

晋武帝即位后，匈奴大水塞泥黑难等二万余落内附。散居在平阳、西河、太原等六郡。

二八四年，匈奴胡太阿厚率部落二万九千三百人内附，居西河。

二八五年，参离四千余落内附。

二八六年，匈奴胡都大博及萎莎（匈奴十九种之一）等各率种落共十万余人内附，居雍州。

二八七年，匈奴都督大豆得一育鞠等率种落一万一千五百人内附。

二八九年，奚柯男女十万人内附。

晋容纳落后族居住塞内，游牧生活逐渐改变为农业生活，这对两方本来都是有益的。但由于晋官吏的残虐，使内徙诸部落受侵怨恨，本来有益的事也就不是有益而是有害了。

六　改定律令

两汉律令极为烦杂，魏时已加改革，但还不够简括。司马昭集羊祜、杜预等名儒重臣十四人，删改魏律，去其苛秽，存其清约，订定新律二十篇，六百二十条，二万七千六百余字。律与令合二千九百二十六条，十二万六千三百字。又从令中划分出条例章程，称为故事，各归本官府执掌。二六八年，新律修成，晋武帝令抄录死罪条目，在亭、传（旅舍）悬挂，使人民知所趋避。从汉律令和说解七百七十三万字省约到十二万字，在法律编纂上是一个很大的进步，在人民生活上，多少减轻些动辄得罪轻重无准的威胁。

上列六条都各有其部分的积极意义，也都起着一定的积极作用。久经丧乱的广大劳动群众，这才有可能来恢复社会经济，补救战争的创伤。《晋书·食货志》说，太康年间，“天下无事，赋税平均，人咸安其业而乐其事”，自东汉末大乱以来，这算是一个难得的光明时期。可是，黑暗又很快掩蔽了光明。黑暗势力的代表仍是这个以晋武帝为首的司马氏集团。

黑暗势力也就是割据势力，具体表现在两个制度上。两个制度实际只是一个士族制度，即门阀制度。它是西晋十六国大乱的祸根，也是南北朝长期分裂的一种祸根。晋武帝时这个祸根完全成熟了。

一 士族制度

魏文帝行施九品官人法，取得了士族对曹氏政权的拥护。司马氏要夺取曹氏政权，当然也必须从争取士族入手。司马懿当权，夏侯玄请减削中正官权力。司马懿不敢得罪高级士族，谢绝夏侯玄的建议。自司马懿至司马昭，用优厚的待遇收买士族，形成司马氏集团。依靠这个集团，残酷地屠杀拥曹氏的士族。到司马昭时，拥曹士族已经全部消灭。晋武帝建立晋朝，对待高级士族愈益宽容。例如刘友、山涛、司马睦、武陔四人各私占官稻田，被李憙告发。晋武帝说，山涛等三人私占官稻田，查明是刘友干的事，刘友侵剥百姓来欺骗朝士，应诛死以惩邪佞，山涛等可不问罪。晋武帝罚小官不罚大官，显然是宽容所谓朝士的高级士族。一个高级士族出身的胡威，曾谏晋武帝行政不要太宽。晋武帝说，我对中等官以下，一点也不假借。胡威说，我说的不是指中等官以下，我指的是象我等这一类人。整肃法令必须从我等这一类人开端。高级士族的利益，在于压迫中下级士族不得上升，晋武帝约束中等官以下，实际是为高级士族保障利益。他的约束力之所以有效，主要来自高级士族的支持，对高级士族当然不可能有所谓整肃的法令。

高级士族政治上的权利，从九品官人法得到保障。

州郡县设中正官，朝廷设吏部尚书。名义上中正官评定士人的品德，吏部尚书执掌选用人才的权柄。事实上中正官只依据士人的籍贯及祖、父官位，定门第的高低，吏部尚书依据门第高低作用否的标准。这种选举法称为门选，结果自然是“上品无寒门，下品无世族”，任何人（包括皇帝）不能侵犯高级士族做高级官的特权。高级士族的经济上权利，从荫亲属制得到保障。所谓荫亲属，就是高级官的同族人得在他的荫庇下，免向国家纳租税服徭役，也就是被荫者须向荫者纳租税服徭役。所荫亲属，多的可以到九族（上起高祖，下至玄孙），少的也还有三世。高级官以外，宗室（司马氏）、国宾（被废的魏帝）、先贤的后代、士人的子孙（名门世家）也得按门阀高低荫亲属。这些亲属各有田和佃客，而且亲属也未必真是亲属。荫亲属制实际是法律承认高级士族按门阀高低、势力大小，有权从国家总户口中割取一部分作为自己的私属，从国家总赋税中割取一部分作为自己的私赋税。高级士族以荫亲属为名，成为拥有土地臣民部曲类似周朝的贵族领主。区别只在贵族领主得建立采邑或国家，公开割据；荫亲属虽然可以作“百室合户，千丁共籍（户籍）”的大户主，但还不能取得割据的正式名号。

数量不大的高级士族在魏代汉的时候，取得九品官人的特权，在晋代魏的时候，又取得荫亲属的特权。有了这两个特权，高级士族的势力愈益巩固，各种矛盾也因此而愈趋尖锐化。

二 分封制度

晋武帝亲自看到魏国禁锢诸王，帝室孤立，司马懿父子结合士族，夺取曹氏政权的事实，因此，他违反秦汉以来虚封王侯的惯例，恢复周朝的分封制度，大封皇族为国王，希望这些诸王屏藩帝室，对抗士族中的野心家。事实和他的希望恰恰相反，诸王中很多就是野心家。

二六五年，晋武帝封皇族二十七人为国王。起初国王留居京师，二七七年，遣各王就国。王国中有五个大国，六个次国，其余都是小国。大国有民户二万，置上中下三军，兵五千人。次国有民户一万，置上下二军，兵三千人。小国有民户五千或不满五千，置一军，兵一千五百人。王国内文武官员，国王得自己选用。这些国王各拥大批徒党，有机会就可以起兵作乱。

晋武帝既分封同姓，当然也得分封异姓士族。司马昭所设五等爵号以外，仍保存汉魏以来乡侯、亭侯、关内侯、关中侯、关外侯等名号。高级士族一般都得到五等爵号，并实封土地，立国多至五百余国，这些五等国虽有封地和官属，郡公郡侯县侯还有军，但危害性比国王要小得多。这是因为异姓不象皇族那样容易攘夺政权，又公侯国比小王国还小，更重要的是高级士族的

西晋州郡简图

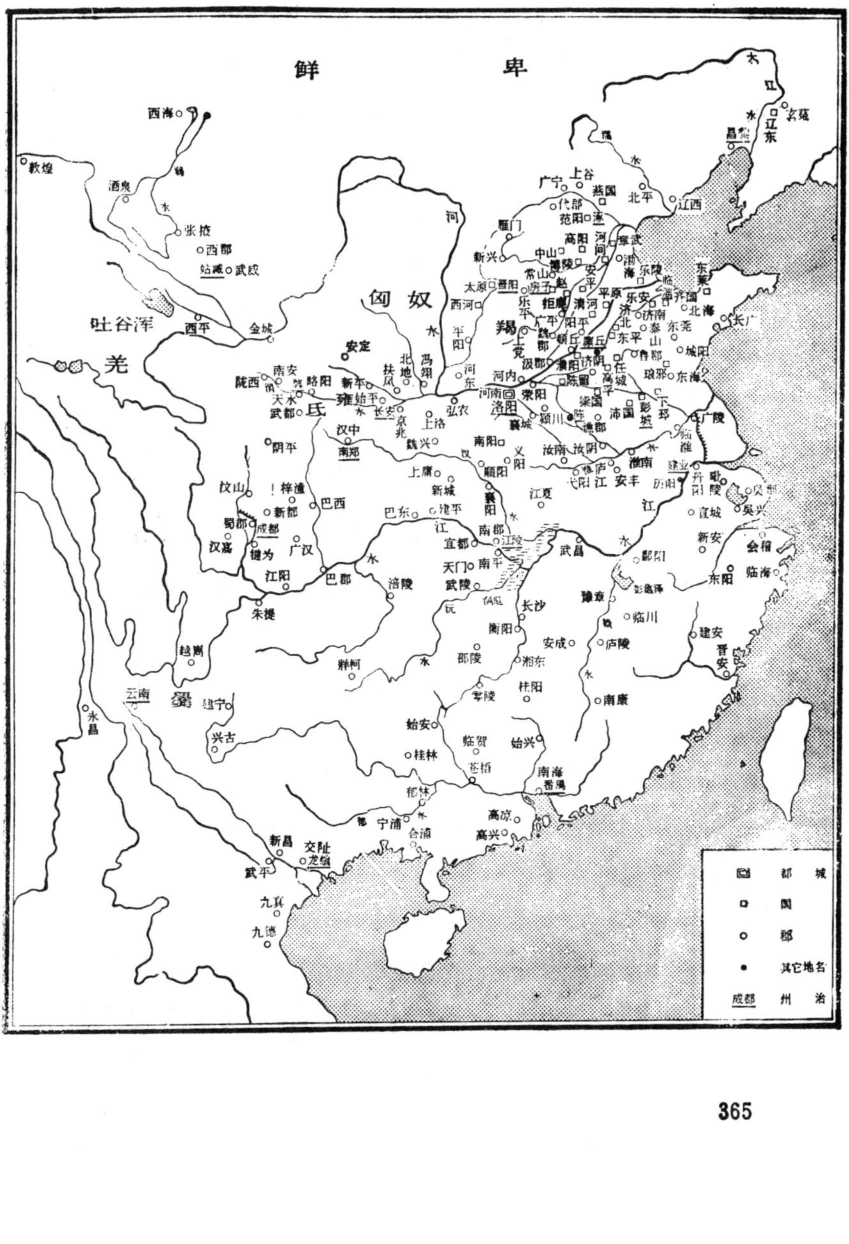

鲜卑
匈奴
吐谷浑
羌
氐
西海
敦煌
酒泉
张掖
西郡
姑臧
武威
西平
金城
安定
陇西
南安
天水
武都
略阳
新平
扶风
北地
冯翊
始平
长安
京兆
汉中
南郑
阴平
上洛
弘农
魏兴
上庸
新城
巴东
建平
巴西
梓潼
新都
汶山
蜀郡
成都
汉嘉
犍为
广汉
江阳
巴郡
涪陵
朱提
越嶲
牂柯
云南
永昌
建宁
兴古
上谷
广宁
燕国
代郡
范阳
涿
北平
辽西
昌黎
辽东
玄菟
雁门
新兴
中山
高阳
河间
章武
常山
博陵
渤海
乐陵
太原
晋阳
西河
乐平
赵
钜鹿
清河
平原
乐安
济南
齐国
东莱
北海
长广
平阳
上党
广平
阳平
顿丘
东平
泰山
城阳
琅邪
东海
东莞
河东
河内
汲郡
濮阳
济阴
高平
河南
洛阳
荥阳
陈留
梁国
沛国
彭城
下邳
广陵
襄城
颍川
陈
谯郡
南阳
义阳
汝南
汝阴
淮南
庐江
安丰
弋阳
顺阳
襄阳
江夏
南郡
江陵
宜都
天门
南平
武陵
长沙
衡阳
邵陵
湘东
零陵
桂阳
安成
庐陵
南康
武昌
豫章
临川
鄱阳
建业
丹阳
毗陵
吴郡
吴兴
宣城
新安
会稽
东阳
临海
建安
晋安
始安
桂林
临贺
始兴
苍梧
南海
番禺
郁林
宁浦
合浦
高凉
高兴
新昌
交阯
龙编
武平
九真
九德
都城
国
郡
其它地名
州治

真实势力都固着在本地方，所谓郡望郡姓（如琅琊郡王姓、太原郡王姓），就是在本郡或本县有势力的大族。他们分封到别郡别县，便缺乏凭借，无法建立新势力，因之受封的异姓公侯，实力不在封地上而是仍在本地方。

受了五等爵的高级士族还必须有适当的官职。不受封的和中下级士族也必须有官职。当时朝廷为安置士族，大量设官，都督增至十个。州陆续增设到二十个，郡县增设更多，将军多至二十余，此外还有杂号将军。这种文武官职，只能给予高级士族或某些中级士族，大多数中下级士族，无法安置到有限的官职里来。朝廷允许国王和五等爵各自选用官属，就是安置中下级士族的一个方法。事实上这个方法远不能满足中下级士族的要求，士族中存在着大批失意士人，等待机会反对高级士族。

晋武帝大封国王，以为已经造成了一个皇族势力。他又想造成一个代表士族的势力，和皇族势力互相制约，合力来拥戴帝室。士的严格含义是儒生。司马昭死，晋武帝不听群臣谏阻，坚持行三年丧礼，下诏说“朕本诸生家，传礼来久，何至一旦便易此情于所天”。意思是说，我家本来是传礼的儒生人家，不能因为做了皇帝改变我的儒生本色。从来没有一个国君或皇帝行过三年之丧，他一定要这样做，无非是表示自己是纯粹的士族。他曾和宠妾胡贵嫔（父胡奋，征南将军）赌博，胡贵嫔不逊让。他发怒说，你原来是个将种。胡贵嫔说，北伐公孙，西拒诸葛（指司马懿），不是将种是什么？他听了很觉得惭愧。士族以积世文儒为贵，如果祖先曾做武将或其他杂业就不算纯粹。大抵自东汉末士族制度形成以来，士族在政治地位上有高低，而且也在门第世系上矜清浊。晋武帝自称诸生家，就是在政治地位以外，还要争取门第上的清望。司马师娶东汉名儒蔡邕的外孙女羊氏为妻，司马昭娶魏名儒王肃的长女王氏为妻，这都是司马氏通过婚姻来提高门第的一种表现。司马昭给晋武帝聘弘农郡华阴县杨氏女（杨艳）为妻，也是含有同样的意义。华阴杨氏（详见《后汉书·杨震传》），按门第来说，是无与伦比的纯粹士族。

杨皇后生晋惠帝。晋惠帝一向是个白痴，当他做皇太子的时候，晋武帝屡次要废他，别立皇太子。杨皇后和大臣们提出立嫡以长不以贤的古训，阻止废立。杨皇后将死，要求晋武帝不得立妾为妻，正式聘娶她的从妹杨氏（杨芷）为皇后。晋武帝以诸生家自命，愿和华阴杨氏联姻，只好一一听从。杨芷做皇后后，她的父亲杨骏超升为车骑将军，杨氏声势压倒一切。晋武帝有意造成杨氏势力，希望它作为士族的代表，与皇族势力合成辅佐帝室的两翼。事实和他的希望恰恰相反，杨氏力谋利用晋惠帝昏愚，恢复东汉皇太后临朝称制，外戚擅权的旧例，杨氏早被培养成了野心家。

晋武帝满以为两翼造成了，临死时，诏汝南王司马亮（司马懿子）、杨骏同辅政。杨皇后杨骏别造诏书，令杨骏掌管全部政权。以杨氏攘夺政权为爆发点，接连爆发着无穷的祸乱。这种祸乱的根基，就是统治阶级主要是高级士族的极度腐朽性。

第二节　极度腐朽的西晋统治集团

西晋统治阶级的当权派，是高级士族里拥司马氏的一派，即司马氏集团。司马懿司马师司马昭相继用酷刑大量屠杀拥曹氏的士族，同时用厚利吸引一群人到自己方面来，造成司马氏集团。其中有贾充一类的功臣，有何曾一类的儒生，有王祥一类的官僚，有阮籍一类的名士。这些都是司马氏集团的主要组成部分，贾充一类人又是这个集团的骨干。封建统治阶级的所有凶恶、险毒、猜忌、攘夺、虚伪、奢侈、酗酒、荒淫、贪污、吝啬、颓废、放荡等等龌龊行为，司马氏集团表现得特别集中而充分。每个阶级都有自己的道德观，封建统治阶级当然也有它的道德观，但在司马氏集团里，封建道德是被抛弃得很干净的。

早在二六三年，司马昭命钟会邓艾卫瓘率兵灭汉。邓艾自以为功大，骄矜不受节制。钟会拥重兵，谋割据蜀地。钟会卫瓘诬告邓艾谋反，司马昭命钟会逮捕邓艾。钟会使卫瓘捕邓艾，想让邓艾杀卫瓘，自己再杀邓艾。卫瓘揣知钟会的用意，设计捕获邓艾。钟会密谋杀所部各军将官，与汉将姜维合力反司马昭。各军士兵哗变，杀钟会。卫瓘怕邓艾报复，杀邓艾。司马昭又把邓艾的几个儿子都杀死。司马氏集团刚取得灭汉的小功，阴谋、猜忌、反叛、残杀等丑恶行为，便一齐表现出来。

司马昭用杀戮来控制他的集团，晋武帝改用所谓宽仁，实际是首领的控制力削弱了。二八〇年，晋灭吴，大将王浑王浚争功，两人各有徒党，互相攻击，晋武帝不敢判定两人功劳的大小，也不敢惩罚王浑的蛮横。随着首领控制力的削弱，大乱的危机逐渐成熟。二九〇年，晋武帝临死时，杨皇后杨骏合谋，藏匿晋武帝命汝南王司马亮与杨骏共同辅政的诏书，改诏书为杨骏一人辅政，大乱开始表面化。次年，晋惠帝妻贾皇后杀杨骏，逼死杨皇后，族灭杨氏并杀杨氏徒党数千人，接着，爆发了八王之乱。

司马氏集团中人，相互间只有一种极阴恶的杀夺关系，就是见利必夺，以杀助夺，愈杀愈猛烈，一直杀到发动大混战。

辅杀夺而行的是滥赏。用滥赏来纠集徒党，用徒党来进行杀夺，杀夺愈急愈多，赏赐愈滥愈厚，人人想望厚赏，也就人人想望常有祸乱，西晋统治集团就是这样一个以杀夺滥赏始，以杀夺滥赏终的黑暗集团。二六〇年，魏帝曹髦攻司马昭，贾充杀曹髦。当时司马昭对曹髦还维持着君臣名义，贾充敢于杀死曹髦，算是为司马氏立了莫大的功劳，从此成为西晋统治集团中得信任最深，得赏赐最厚的一人。二六四年，司马昭自封为晋王。同时恢复西周五等爵号，大封徒党六百余人。这次大封赏，虽然是虚封，并未实授封地，但到了晋武帝称帝时，不得不实封，以换取徒党的拥戴。二九〇年，杨骏夺得辅政权，凡未得爵号的二千石以上官员，都被封为关中侯。次年，贾皇后杀杨骏，用汝南王司马亮辅政，司马亮为纠合徒党，封一千八十一人为侯。三〇〇年，赵王司马伦废贾后，谋篡帝位，封文武官数千人为侯。次年，司马伦废晋惠帝，自立为帝，大封徒党，连奴隶走卒也给爵号。浮滥的赏赐与猛烈的杀夺互相促进，一直促进到西晋统治的消灭。

杀夺与滥赏，使得统治集团中人得失急骤，生死无常，心情上表现紧张与颓废，躁竞与虚无的相反现象，生活上苟且无耻，纵情享受，则是一致的。下面举一些事例，说明这个集团的极度腐朽。

贪财——晋武帝曾问刘毅，你看我象汉朝那个皇帝。刘毅答，象汉朝的桓帝灵帝。晋武帝说，我平吴国，统一天下，你把我比作桓灵，不免过甚。刘毅说，桓灵卖官，钱入官库，陛下卖官，钱入私门。这样看来，似乎比桓灵还不如。私门（有权势人）出卖官爵，是贪财的一种方法。士族自矜门第清高，对商贾极其贱视。法令规定市侩都得戴头巾，巾上写明姓名及所卖物品名，一脚着白鞋，一脚着黑鞋。商贾的社会地位很低，可是士族多兼做商贾，并不因为商是贱业而不屑为。例如大名士王戎有许多园田，亲自拿着筹码算账，昼夜忙得不得了。家有好李，怕买者得好种，钻破李核才到市上出卖。有势力人家，霸占水利造水碓，替别人舂米取酬费，称为舂税。潘岳《闲居赋序》说他住在园里卖鲜鱼、蔬菜和羊酪，并收舂税，一家人生活舒适。经营商业是贪财的又一方法。晋惠帝时，石崇做荆州刺史，劫夺外国使者和商客，积财物成巨富。家有水碓三十余区，奴八百余人，还有大量的珍宝钱财和田宅。劫夺是贪财的又一方法。《晋律》，自死罪以下都可以用钱赎罪。贪财即使犯了罪，不一定是死罪，赎死罪也不过黄金二斤，所以只要有钱财可得，任何一种方法他们都敢采用。晋惠帝时，鲁褒作《钱神论》，描述钱的作用，说"钱之为体，有乾有坤，内则（取法）其方（坤），外则其圆（乾）……亲之如兄，字曰孔方。失之则贫弱，得之则富强……无德而尊，无势而热，排金门（宫门），入紫闼（宫内），钱之所在，危可使安，死可使活；钱之所去，贵可使贱，生可使杀。是故忿争辩讼非钱不胜，孤弱幽滞非钱不拔，怨仇嫌恨非钱不解，令闻笑谈非钱不发。洛中朱衣（王公）当途（权贵）之士，爱我家兄，皆无已已"。钱财是实际欲望和自利的神，对钱财的极端爱好，正表现士族的极端多欲和利己。他们有了钱财，就有神保佑他们达到纵欲目的。

荒淫——二七三年，晋武帝选中级以上文武官员家的处女入宫。次年，又选下级文武官员和普通士族家处女五千人入宫。灭吴后，选取吴宫女五千人。晋宫中有女一万人以上。晋武帝提倡荒淫，士族自然响应。

奢侈——晋武帝是奢侈的提倡者。他的大臣和亲信人很多是著名的奢侈人。何曾每天膳食，值钱一万，还说没有可吃的东西。何曾的儿子何劭，每天膳费二万钱。任恺比何劭更奢侈。王济、王恺、羊琇又超过任恺，但还比不上石崇的豪富。王恺和石崇斗奢侈，晋武帝助王恺，仍不能取胜。一个皇帝助臣下斗奢侈，可以想见奢风的盛行。士族过着奢侈生活，人民自然要受残酷的剥削。傅咸上书说“侈汰之害，甚于天灾”，这句话是完全合于事实的。因为天灾还有一定的限度，奢侈则互相比赛，没有止境，吸尽了人民的血汗才算是止境。

虚伪——士族起源于东汉的儒生，以守礼法为标榜。礼法的另一面就是十足的虚伪。例如何曾，号称孝子仁人。阮籍居母丧，不守礼法，何曾斥责阮籍违礼败俗，要求司马昭驱逐阮籍出中国。傅玄称何曾事亲尽孝，待人尽礼，是士人的典型。何曾死后，博士秦秀揭发他的丑行，说，何曾骄奢过度，声名狼藉，是悖谬丑恶的典型。傅玄秦秀都看到了一面，合起来正是礼法之士的全貌。王祥一类的官僚，也属于礼法之士，只是表现的形式比何曾一类人隐蔽些。

放荡——何晏是极端纵欲卑劣的腐朽人，又是老庄虚无学说的主要倡导者和清谈家的创始人。他著《道论》(《无名论》)、《德论》(《无为论》)，大意说，一切事物和名誉，原来都是虚无的，把一切实有看作虚无才合于道，因为“道者惟无所有者也”。照他的所谓道说来，任何事情可以从心所欲地去做，反正都是虚无，并非实在。这种纵欲主义的唯我论，代表着士族的共同思想，他的《道德论》也就一直是处于统治地位的名论。士族中贾充、何曾、王祥、阮籍四类人，在纵欲主义上都是何晏的同道。区别在于前三类人是儒家学派，用礼法来掩饰纵欲。阮籍一类人是老庄学派，不拘礼法，任性放荡，用老庄来支持纵欲。

司马昭当政时，清谈家的代表人物阮籍、嵇康、刘伶、向秀、阮咸、山涛、王戎七人，提倡老庄虚无之学。结合成所谓竹林七贤。按照这七个人的思想趋向，可以分为三个类型的放荡。礼法之士拥戴司马氏，为阮籍、嵇康等人所嫉视，他们标榜道德来攻击礼法，实际上也算是对司马氏表示不满。阮籍作《大人先生传》，嵇康作《难张辽叔自然好学论》，反对礼法之士都很猛烈。不过，阮籍专反对礼法之士，对儒道两家则采取调和态度。《通老论》里说《易经》的太极，《春秋经》的元，《道德经》的道，都是一个意义，即法自然而为化的道。嵇康不只是攻击礼法之士，而且还猛攻儒家的六经。他给山涛的信里，明白反对司马氏，因此被司马昭杀死。刘伶一生只作一篇《酒德颂》，表示他最憎恶的人，就是那些礼法之士。向秀在嵇康被杀以前，灌园锻铁，隐居不仕，不愿依附司马氏。这些人的放荡，包含一些反抗礼法的意义，在三个类型中还算是比较好的一个。阮咸是阮籍的侄子，一生沉湎在酒里，属于单纯纵欲的类型。他曾用大盆盛酒，有一群猪来饮酒，阮咸便和猪共饮。阮籍不允许儿子阮浑学自己的放荡，也不愿意阮家子弟学阮咸的放荡，因为在阮籍看来，自己是佯狂，不必学；阮咸是纵欲，不可学。山涛王戎都是司马氏集团的重要人物，热中名利，贪鄙无耻，口谈虚无，但并不反对礼法，并且还拥护礼法。山涛王戎以及稍后的王衍等人的思想，是士族腐朽性在文化方面的最高表现，是三个类型中最恶劣的一个类型。

《文选·古诗十九首》中有《驱车上东门》一首。诗中有“浩浩阴阳移，年命如朝露。人生忽如寄，寿无金石固；万岁更相送，贤圣莫能度。服食求神仙，多为药所误；不如饮美酒，被服纨与素”等句。这首诗是东汉人所作，表现出死不可免、不如生前享乐的消极悲观思想。晋人伪造《列子》，其中《杨朱》一篇，正是《驱车上东门》诗的充分发挥，也是清谈家思想的真实记录。《淮南子·泛论训》说“兼爱尚贤右鬼非命，墨子之所立也，而杨子非之。全性保真，不以物累形，杨子之所立也，而孟子非之”。杨朱不信鬼神，这一点是有识见的。但因死后无鬼神而把当前的生命看作唯一可贵的东西，则是腐朽没落的思想。战国时期，盛行杨朱的“为我”“贵己”学说。老子庄子思想与杨朱学说有相同处，庄子尤为显著。魏晋清谈家形式上老庄并重，实际是偏重庄子。当时杀夺的政治情况使虚无思想得到发展的条件，士族制度使放荡行为得到实行的保证，《杨朱篇》就是在这种情况下依据杨子学说的碎片扩大而成的。《杨朱篇》认为万物都逃不了死。有的人活十年死了，有的人活一百年也还是死。仁圣人要死，凶愚人也同样是死。活着是尧舜，死了剩一把腐骨；活着是桀纣，死了也无非是一把腐骨。归根都是一把腐骨，谁知道腐骨有好坏，所以人应当在活的时候寻快乐，无须顾死后。凡是情欲所需要的一切，尽量享受，一天、一月、一年、十年都好，一面享受着，一面等待死的到来。如果情欲受拘束，那末，即使活百年千年万年，有什么意义。张湛《注》说“任情极性，穷欢尽娱，虽近期促年，且得尽当生之乐也”；又说“惜名拘礼，内怀于矜惧忧苦以至死者，长年遐期，非所贵也”。《杨朱篇》宗旨，即清谈家的人生观，张湛说得很清楚。这种一半野兽一半天使的纵欲人的卑劣思想，如果说这是“唯物论”予以表扬，实在是迂论。

士族在西晋统一的短时期里，达到了志满意得的境地，《杨朱篇》思想正是清谈家得意的表现，同时也是一般高级士族得意的表现。他们安而忘危，存而忘亡，肆无忌惮地纵欲作恶，终于恶积而不可掩，罪大而不可解，爆发比东汉末年更大得多的祸乱。东晋人干宝作《晋纪·总论》，其中一段叙述士族的罪恶行为，摘取大意如下：

司马氏以杀夺手段建立晋朝，拥戴它的很少有正直忠实的人。当时风俗淫邪，是非颠倒。士人学的是老庄，谈的是虚无，做人以行同禽兽为通达，仕进以无耻苟得为才能，当官以照例署名为高尚。凡是放弃职事毫不用心的人，都享受盛名。谁要真心做事，就得遭受斥责，象灰尘那样被轻蔑。是非善恶都不在话下，群起而争的只是钱财。朝廷用人，看什么人该给什么官，不是看什么官该用什么人；求官的人，选择有利可图的官才做，无利就不做。大官身兼十几职，实际是一职也不管，重要事件，处理错了十之八九。势家子弟，越次超升，很快得做大官；普通士人努力奔竞，希望获得较高的品。成千成百的官，不曾有过一个让贤的官。士族妇女同样腐朽。她们使用婢仆，自己什么事都不做。有的任情淫乱，有的凶悍杀婢妾，没有人认为不应该。风俗政治败坏到这个地步，大乱是无可避免的了。

晋武帝时，大乱已经酿成。二九〇年，晋武帝死，杨骏、杨皇后夺政权，大乱就从宫廷内开始。二九一年，贾皇后杀杨骏，夺得政权。贾皇后使汝南王司马亮辅政，使楚王司马玮杀司马亮。贾皇后又杀司马玮。大乱从宫廷内伸展到宗室诸王间。三〇〇年，赵王司马伦杀贾皇后。三〇一年，司马伦废晋惠帝，自称皇帝，大乱扩大成诸王间大混战。齐王司马冏、成都王司马颖、河间王司马颙各起兵反司马伦。司马伦战败被杀。晋惠帝复位，司马冏辅政。三〇二年，司马颙与长沙王司马乂攻杀司马冏。三〇三年，司马颙司马颖起兵反司马乂，进攻洛阳城，司马乂守城大战，双方兵民死数万人。三〇四年，东海王司马越杀司马乂。司马颖据邺，号称皇太弟、丞相。司马颙据长安，号称太宰、大都督。司马越等奉晋惠帝出兵攻司马颖，司马颖击败司马越，俘获晋惠帝。司马越逃归东海国，司马颙令部将张方入据洛阳城。幽州都督王浚与并州都督东嬴公司马腾起兵反司马颖。王浚勾结一部分鲜卑、乌桓人充骑兵，司马颖也求匈奴左贤王刘渊助战。刘渊发匈奴五部兵，据离石自立，建号大单于。诸王间大混战从此扩大成各族间的大混战。司马颖战败，奉晋惠帝逃到洛阳，被张方俘获送长安，司马颙独占朝政。三〇五年，司马颙又使司马颖督诸军助战。司马越起兵反司马颙，司马颙战败。三〇六年，司马越杀司马颖，毒死晋惠帝，立晋怀帝，又杀司马颙，自以为获得最后胜利。三〇九年，司马越杀晋怀帝亲信人，使自己的亲信人守洛阳，监视晋怀帝。司马越带着王公朝臣离洛阳，说是要攻击刘渊的部将石勒。三一一年，司马越死。石勒消灭司马越全军，攻陷洛阳城。八王之乱是一幅群兽狂斗图，司马氏集团的全部残忍性腐朽性集中表现在这个狂斗中，由此引起三百年的战乱和分裂，居住在黄河流域的汉族与非汉族人民无不遭受灾难，司马氏集团的罪恶是无穷无尽的。

第三节 西晋文化

西晋士族，生活是优裕的，礼法的束缚是疏松的，全国统一以后，闻见也比三国分裂时扩大了。这些，使得一部分士族中人有条件去从事文化事业。西晋一朝虽极短促，但文化上成就却是巨大的。

一 文学

文学主要是五言诗在建安时期形成一个高峰以后，为老庄玄风所冲淡了。《文心雕龙·明诗篇》说“正始（魏废帝曹芳年号）明道，诗杂仙心，何晏之徒，率多浮浅”，就是魏国文学的一般情形。不过，其中如嵇康、阮籍所作诗篇，特别是阮籍的《咏怀诗》，实是特出的作品。《诗品》说它“言在耳目之内（通常语），情寄八荒之表（意旨深远）”，是确切的。《咏怀诗》很难求得它的真意所在，但如体会阮籍忧疑无告、处境险恶的心情来读这些诗篇，就似乎懂得他要说的是什么，而自然引起对

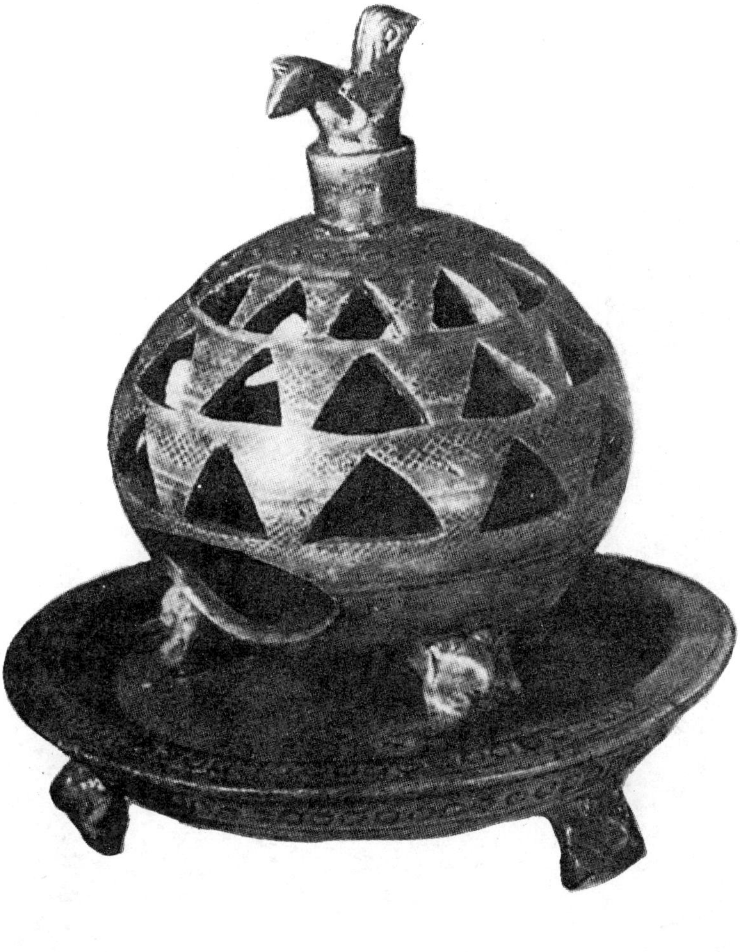

江苏宜兴西晋周处墓出土青瓷香薰

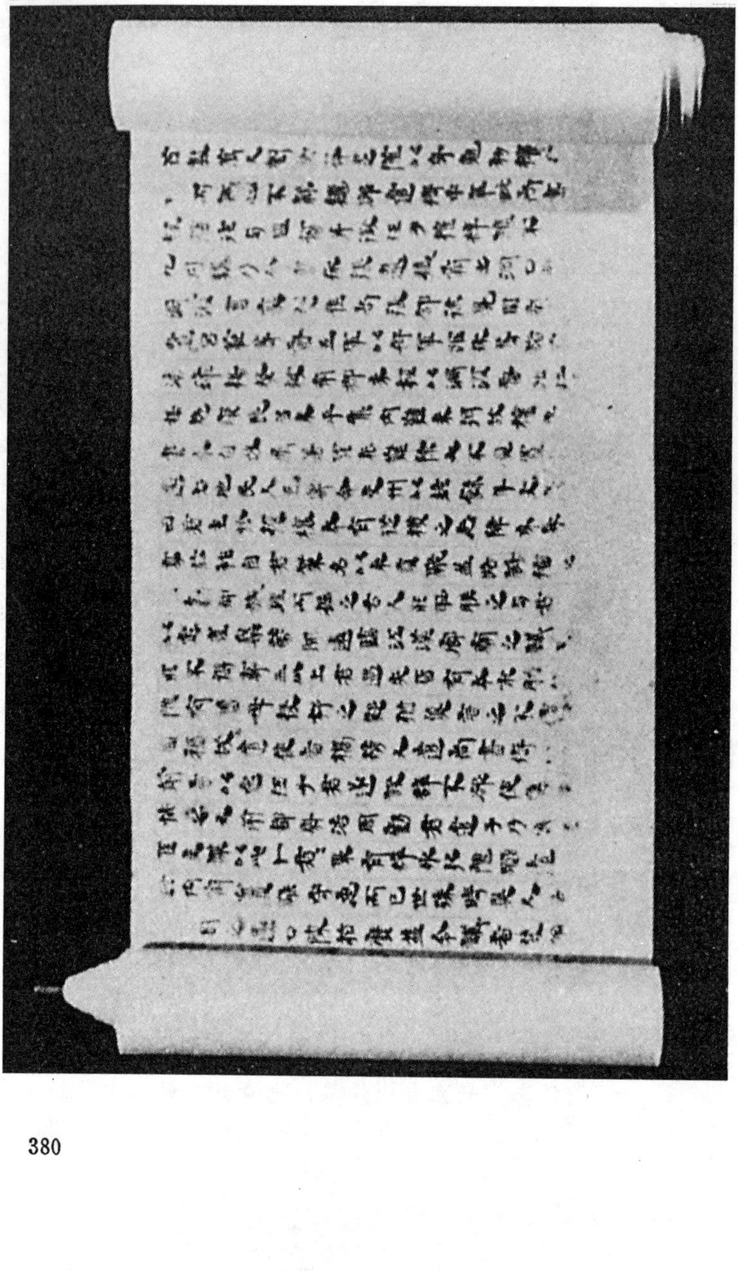

新疆吐鲁番出土《三国志·吴书·孙权传》纸写本残卷

他的同情。《咏怀诗》达到微（隐晦）而显的最高境界，按其风格，纯属魏诗，所以汉魏旧音到嵇阮而告结束，西晋则向形式方面发展。

《文心雕龙》评西晋诗："采缛于正始，力柔于建安，或析文以为妙，或流靡以自妍，此其大略也"。这就是说，西晋诗人在用事、练句、对偶、音节方面追求形式上的美观，不再象建安时诗那样文质并茂。

自建安以来，文学在西晋太康年间又一次出现高峰。当时诗人有三张（张载、张协、张亢）、二陆（陆机、陆云）、两潘（潘岳、潘尼）、一左（左思），其中陆机潘岳最为著名。陆机是吴国高级士族（陆抗子），吴亡后闭门勤学十一年，太康末来洛阳，与权贵贾谧亲善，参与二十四友之列。贾谧死后，又依附司马颖，为司马颖率大军攻司马乂，终于被谗为司马颖所杀。潘岳是中原文士的首领，贾谧二十四友，潘岳列第一。贾谧出门，潘岳望见便跪拜。司马伦杀贾谧，并杀潘岳。陆机潘岳热中仕进，性格卑污，正好是士族的代表人物。不过，所作诗篇，文辞华美，把卑污性格掩饰得不露形迹，《文选》所录如陆机《乐府诗》，潘岳《悼亡诗》，就诗而论，确是清新可诵，《诗品》列潘陆为上品，还是恰当的。

西晋赋的成就比诗更大。左思《三都赋》（《蜀都》、《吴都》、《魏都》）尤为巨著。《三都赋·自序》称"其山川城邑，则稽（考）之地图；鸟兽草木，则验之方志。风谣歌舞，各附其俗；魁梧（豪杰）长者，莫非其旧。……

美物者贵依其本，赞事者宜本其实，匪(非)本匪实，览者奚信?”左思为了博采材料、核实事物，积十年之久才造成此赋，相信赋中除去文学上夸饰部分，所记事物大体是真实的。张华称《三都赋》“尽而有余，久而更新”，就是因为它是写实的作品。三国分裂数十年，从这篇叙述各方面的大赋里，推知三国时期经济恢复的状况，可以补史书记载之未备，不只是辞藻壮丽而已。左思专心学问，不参加内乱。他的《咏史诗》最后四句:“饮河期满腹，贵足不愿余，巢林栖一枝，可为达士模”，表示他的性格优于一般士族中人。《三都赋》以外，陆机《文赋》也是一篇有价值的文章。《文赋》叙述作文的方法，精密周详，可谓曲尽其妙。相传陆机二十岁作《文赋》，想见当他年轻时，已经深刻地掌握了作文的秘奥。《诗品》说他“尚规矩”，就是说，陆机所作文篇都是按部就班，从深处难处得来，并不依恃才大而轻率从事。潘岳热中已极，在《闲居》、《秋兴》二赋中，却表现得极为清凉安闲。又《射雉》、《笙》二赋，描写物情，细致入微。单就文辞来说，潘岳赋确是风流调达，与陆机异曲同工，并为一代高手。

挚虞撰《文章流别集》三十卷，具备各种文体，按文体论其优劣，是王逸《楚辞》以后规模更大的文章总集。书已亡佚，残文中还保存一些他的论点，如论赋的四过说，“夫假象过大，则与类相远;逸辞过壮，则与事相违;辩言过理，则与义相失;丽靡过美，则与情相悖。此四过者，所以背大体而害政教”。立论大意在以事实情义为主，不尚浮丽虚伪。这些虽是传统常谈，但对当时文风却也算是一种批判。

建安以来，骈体文盛行。陆机《文赋》提倡音节（声音迭代）、对偶（形影相偶），推动骈文又进一步的发展。夏侯湛仿《周诰》体裁，作《昆弟诰》一篇，和骈文对立。此后凡反对骈文，必模拟《周诰》，事实上两种文体都离

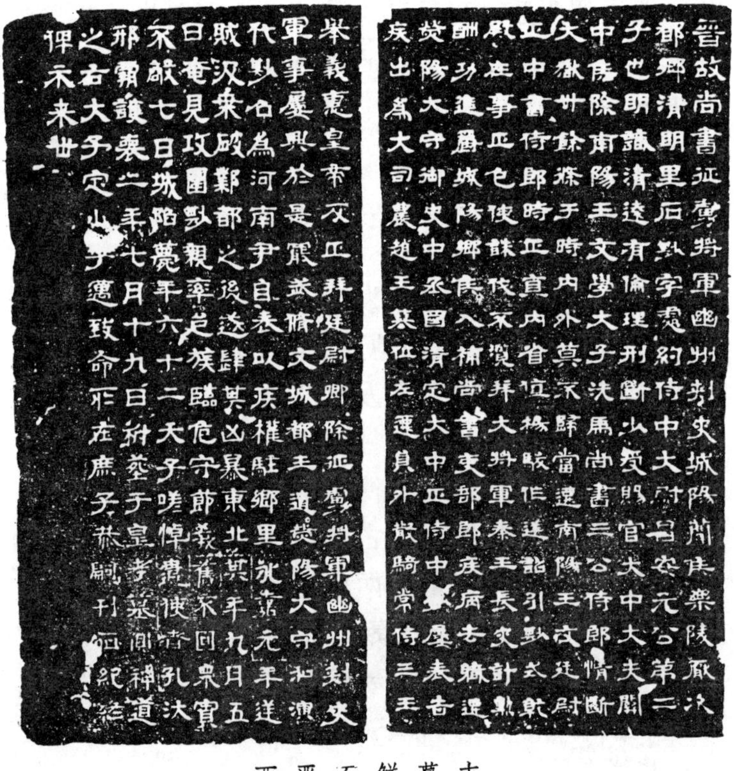

西晋石鲜墓志

口语极远，都不合实际应用。到了唐朝，以韩愈为代表的古文体，才在文学上夺得了一部分地位，因为古文比起骈文四六来，终究较接近于口语。骈文与散文的斗争，从西晋开始，夏侯湛《昆弟诰》是这个开始的标志。虽然它本身是复古主义的死语言，但它的趋向却是近乎正确的。

东汉时立碑极滥，曹操下令不得厚葬，又禁立碑。晋武帝下诏废禁，自后墓志铭代碑文而兴起。墓志叙述死者事迹，有些可补史证史，同是谀墓，多少比碑文有用一些。

二 经 学

自西汉末今古文经学发生斗争，至东汉末，郑玄混合今古文，今文失去统治地位而告一结束。魏晋时期，王肃（纯古文）郑玄两学派发生斗争，以新注行世（王弼注《周易》、何晏注《论语》、杜预注《左传》），王肃学派失败而告一结束。西汉以来博士所传今文章句之学，和汉儒贾（逵）马（融）等人的古文经学，都在晋怀帝永嘉之乱中归于消灭。以前的两次结束正为全部消灭作了必要的准备。原始儒学（秦以前）变为两汉经学（今文古文两派），两汉经学变为魏晋经学，至此，经学本身也就无可再变，只等唐人替它作《正义》，保存汉魏各学派的一些残余。

原始儒学含有朴素的唯物论思想，宗教成分很稀薄，不能完全适合统治阶级的需要。两汉今文经学派（以董仲舒为首）力图变儒学为宗教，奉孔子为教主，造谶纬来神化孔子，遭古文经学派（以王充为首）的反对，终于无所成就。老子《道德经》本来也属于唯物论方面，魏晋士人把它解释为唯心论，结合庄子的诡辩论，创立玄学。玄学盛行，经学衰退到次等位置上去了。不过，玄学也不是宗教，而统治阶级迫切需要的却是宗教，玄学必然要继经学而衰退。在经学玄学相继衰退中，佛教逐步兴盛起来，自魏晋起至隋唐止，经学在思想领域的统治地位，逐渐被佛教夺去，玄学和道教也夺得一部分，经学仅能保持传统的崇高名义。

古文经学只讲训诂名物，并无思想性，但唯物论倾向一般是存在着的。曹操禁内学（谶纬），晋武帝禁星气谶纬之学。这种禁令多少受古文经学的影响，当然，主要的还是政治上原因。

西汉景帝时，发现孔子宅墙壁中所藏《古文尚书》，比伏生所传《今文尚书》二十九篇（注家分为三十四篇）多出十六篇（分成二十四篇）。孔安国传《古文尚书》，司马迁是孔安国的学生，但《史记》所录《尚书》诸篇，仅《殷本纪》载《汤诰》百余字，《周本纪》、《齐世家》载《泰誓》若干语，或是《孔壁尚书》遗文，其余不出《今文尚书》范围。十六篇大抵是些断篇残简，因之汉世不曾流传。魏晋时出现伪《古文尚书》，托名孔安国作传（注），并新添二十五篇。《孔传》和新篇或疑是王肃所造，或说是郑冲（与王肃同时人）所传。按王肃专造伪书（如《孔丛子》、《孔子家语》），郑冲是无耻官僚（晋太傅），为了求宠，很可能传授王肃的伪书。晋武帝置十九博士，其中有《古文尚书》孔氏，足见东晋梅赜只是献伪书，不是自造伪书。自梅赜献伪书，一直被认为真孔壁古文而流传下来，到清初阎若璩，作《古文尚书疏证》，才完全证明它是伪书。

两汉今文经师，一般是抱残守缺，穿凿附会的陋儒。古文经师比今文经师学问广博得多，但仍不能解脱传统的束缚。最显著的是《易》学，古文经师拘泥于象数卜筮，支离琐碎，可厌之处不比今文《易》学少些。王弼开始以玄理说《易》，推翻两汉今古文《易》学，标志着经学从两汉家法师法的束缚下解脱出来，思想活动比较自由一些了。魏晋经学以博采众说，不守一家之法一师之说为特征，就是思想比较自由一些的表现。

三 史 学

二八一年（太康二年）汲郡人不准盗发战国时魏安釐王（一说魏襄王）墓冢，得竹书数十车。其中有魏国史书《纪年》十三篇，记夏朝以来至安釐王二十年事。《纪年》所记诸事与经传大略相同。重要不同处有下列几件事：夏朝历年比商朝多；夏王启杀益；商王太甲杀伊尹；商王文丁杀周君季历；自周受命至穆王一百年，不是穆王寿百岁；周厉王出奔，共伯和摄行天子事，不是周召二相共和。古事传闻有异，《纪年》与经传古史都可以备一说。《纪年》以外，还有《穆天子传》五篇，记周穆王游行四海事。其他诸书共数十篇。竹书文字用漆书写，称为蝌蚪文，与秦篆不同，简札又错乱无次序。晋武帝令卫恒整理竹书，改写为今文。卫恒死后，束晳完成整理工作，并作考证。《竹书纪年》和《穆天子传》得传于世，卫恒束晳是有功的。

谯周以为司马迁《史记》采百家杂说，记周秦以上事，往往与正经不合，特作《古史考》二十五篇，纠《史记》的谬误。这自然是腐儒的见解。司马彪据《竹书纪年》驳《古史考》，凡一百二十二条。司马彪所驳未必全对，但敢于驳正经，比谯周的墨守正经，在史学上应是一个进步。

司马彪撰《续汉书》八十篇，其中八志叙述东汉制度，甚有条理，梁刘昭分八志为三十卷，并为作注，附宋范晔《后汉书》中。《后汉书》有志，才能和《史记》、《汉书》相配，因为正史没有志是很大的缺陷。

陈寿本是蜀汉人，蜀汉亡后仕晋，撰魏蜀（汉）吴《三国志》六十五篇。《三国志》叙事核实，但不免过于简略。宋裴松之为作注和补，征引汉魏以至六朝著述一百数十种，引文首尾完具，并考订异同，足以补陈寿书的不足。《三国志》有了裴注，在正史类中，得与《史记》、《汉书》、《后汉书》并称为最好的正史。

至迟在西周初年已有地图。《尚书·洛诰》载周公经营洛邑，制洛邑图献给周成王。战国时制图术又有进步，《管子·地图篇》说地图要具备地形、距离、经济等条件。西晋朝廷所藏，只有汉朝舆图及括地诸杂图。这种地图都只有粗形，极不精审。二七一年，裴秀创制《禹贡地域图》十八篇。结束了以前制地图的原始状态。裴秀在《序文》里指出制图要有六体：(一)分率(计里画方，每方百里或五十里)；(二)准望(辨正方位)；(三)道里(某地至某地若干里)；(四)高下(高山平地，地势有高下)；(五)方邪(方谓道路如矩之钩，邪谓道路如弓之弦，远近不同)；(六)迂直(迂谓道路曲折，直谓道路径直，远近不同)。裴秀创造性的理论，改进了制图法，确是一个重大的贡献。唐欧阳询《北堂书钞》及张彦远《历代名画记》都说裴秀又作《地形方丈图》。《禹贡地域图》是历代地理沿革图，《地形方丈图》则是西晋舆地图。《北堂书钞》说《方丈图》"以一分为十里，一寸为百里，备载名山都邑，王者可以不下堂而知四方"。裴秀图虽失传，他的六体论却为制地图奠定了科学的基础。

四 博 物

西晋统一，影响到各个方面，士人博学也是其中之一。左思《三都赋》、张华《博物志》都是闻见甚广，取材宏富。不过《三都赋》限于文体，《博物志》多载怪异，总不及郭璞《尔雅注》的广博而切实。《尔雅》十九篇，是儒生多年积累而成的一部字典，自训诂以至鱼鸟兽畜，几乎包括当时所有的知识。郭璞作注，简括确切，不知道的就说“未详”，避免注家强不知以为知的陋习。后儒虽多所补正，终不能超出郭注的范围。郭璞又注《穆天子传》、《山海经》及《楚辞》(《楚辞注》亡佚)。在《山海经注》中发凡说“凡言怪者，皆谓貌状倔奇不常也”。晋元帝留妖人任谷在宫中，郭璞上书请驱逐任谷，说“臣闻为国以礼正，不闻以奇邪，所听惟人，故神降之吉”。郭璞学术属于古文经学派，但也兼今文谶纬之学。《晋书·郭璞传》把他描写成一个术士，是夸大了他的谶纬之学的一面。郭璞死于三二二年，年四十九岁。他在三〇四年刘渊起兵时，向江南避乱，年约三十余岁。郭璞《尔雅·序》说，少年时学《尔雅》，钻研二九(十八)年，才作注文。据此以推，注《尔雅》当在西晋时期。

五 哲 学

老子《道德经》说，“人法地，地法天，天法道，道法自然”。这里所谓自然，指包括日月星的天空而言，是比天地间(人所生存的世界)的自然更高更大的自然。

在这个最高最大的自然里，日月星是有，太空是无，所以说，“有无相生”，“有生于无”，意谓有“无”才会有“有”，有“有”才会有“无”。有和无是对立的统一。这个统一体称之为自然，它的法则称之为道。先有自然后有道，这个道对人所生存的天地说来，是在天地之先的（“先天地生”）。因而老子道家学说属于唯物论范畴。魏晋玄学虽然自称学老子，但只强调“有生于无”，这样，道生于无，不生于自然，也就是道先于自然而存在了。因而玄学属于唯心论范畴，是变质的道家学说。王戎王衍是西晋玄学清谈家的首领。二人立论以无为本，整个士族在无的影响下过着腐朽的生活。裴頠（音伟 wěi）著《崇有论》，主张儒学礼法，反对虚无放荡，王衍等人群起攻击，《崇有论》不起任何作用，但有无之辩却反映了当时儒玄两家思想的斗争。显然，儒家思想处在绝对的劣势。

郭象是著名清谈家，王衍称他“语如悬河泻水，注而不绝”，想见他有很高的辩才。向秀曾注《庄子》，郭象据向秀注再加修订，成为《庄子注》的定本。《庄子》书得郭象注，对玄学说来是一个大发展。

《汉书·艺文志》道家有《列子》八篇。魏晋之际清谈家从不谈及《列子》，足见《列子》实已亡佚。东晋张湛注《列子》书中《周穆王篇》，叙述周穆王西游事，与《穆天子传》完全符合，造书显然是在汲冢发掘以后。东晋士族经过丧乱逃窜的苦难，放荡的行为多少有些改变,《杨朱篇》所表现的极度腐朽思想,显然是西晋士族思想的特产。西晋佛学开始发展,佛家说空无,清谈家说虚无,旨趣相投,玄学自然要吸收佛学。《列子》书往往与佛经相参,也是造于西晋的一证。或疑《列子》是张湛所自作,按张湛《列子序》详述得书来历,似非虚妄,注中疑《列子》书载列子以后事,似不需要诈伪到自造又故意自疑。《列子》八篇当是西晋人伪造,因张湛作注而流传。

东汉和魏初,传佛教的都是胡僧,汉人拜佛无非是想求福禳灾,并不重视它的教义。魏晋间东来胡僧更众,洛阳佛寺多至十数,中国士族中也开始有人出家学佛,朱士行就是最早出家的一人(二六〇年,魏甘露五年,出家,宗教活动则在西晋时)。朱士行到于阗国求梵书及胡本佛经,在外国二十余年,归国后译出《放光般若经》,宣扬大乘教义。世居敦煌的月支人竺法护游学西域诸国,通三十六种语言,求得大量佛经,归国后专心译经,佛学大行于世。西晋时有不少汉胡人译经,但法护译经最多,声名最大,为西晋佛教的代表人物。僧徒不仅以空无宗旨与清谈家相呼应,而且还模仿清谈家放荡生活。东晋孙绰《道贤论》,以佛教七道人比竹林七贤,陶潜《群辅录》以沙门于法龙(即支孝龙)为八达之一,清谈家取佛学来扩充自己的玄学,胡僧依附玄学来推行自己的宗教,老庄与佛教结合起来了。

胡僧在汉魏时守戒律而被轻视为乞胡,至晋时依附玄学而上升为贤达，佛教的流传因此前进了一步。

当佛教开始盛行的时候，道佛二教的斗争也开始萌芽。晋惠帝时，道士王浮与沙门帛远争邪正，王浮作《老子化胡经》，捏造故事，侮辱佛教，到南朝发展成一个大论争，在北朝，甚至发生宗教冲突。

玄学崇尚老庄，是战国道家学派的支流。它不是宗教，因为清谈家一般是无神论者，《杨朱篇》表现得很清楚，阮瞻并以主张无鬼而著名。它吸取一些佛教思想，并不是信奉佛教，因为佛教戒律与士族生活有很大的距离。道教托名老子为教主，实是战国阴阳五行学派和方士妖术的支流。它是思想贫乏的一种宗教，但与儒家学派却有若干联系。东晋和南北朝，表现儒佛道玄四家分离结合，斗争调和诸现象，在思想发展史上是战国诸子大争鸣以后的又一次大争鸣。如果说，战国是原始的唯物论思想还占优势的话，那末，魏晋南北朝却是唯心论思想取得绝对优势，并且为唐宋以来的唯心论建立起牢固的基础。佛教的输入，对唯心论发展起着决定性的作用。裴颀作《崇有论》、王浮造《老子化胡经》正是这一次大争鸣的先声。

儒佛道玄四家各在准备战斗，久被废弃的墨学也想乘机再起。隐士鲁胜注《墨辩》，又作刑名两篇，阐发《墨辩》的要旨。鲁胜其他著述都在丧乱中遗失，只有《墨辩注》得保存，可是墨学所讲的同异是非，不适合统治阶级的需要，因之不象鲁胜所希望的那样有人来兴微继绝。

六 艺 术

书法至西晋成为最重要的艺术。晋武帝立书博士，设弟子员，教习书法，以钟（繇）、胡（昭）二人为标准。东汉末年刘德升首创行书体，钟胡得刘德升传授，都擅长行书。钟繇真书（楷书）尤独擅盛名。行书真书在各书体中是最合实用的书体，书博士规定以钟胡为法，符合书体进步的趋势。

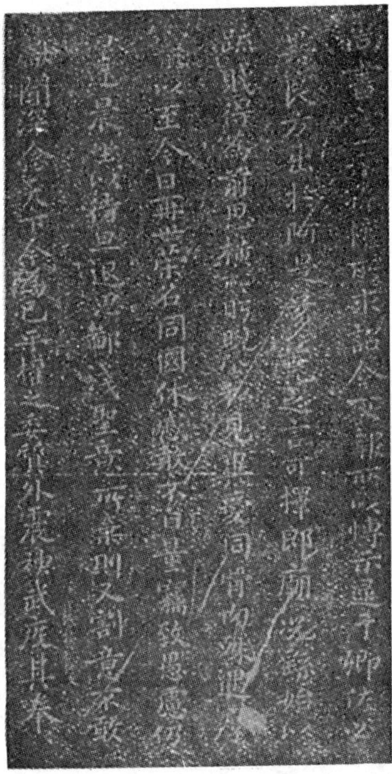
钟繇书宣示表

绘画在西晋也有新发展。佛教艺术传来，影响中国画法，曹不兴弟子卫协和另一画家张墨都以佛画著名。汉魏画法朴拙，卫协始在轮廓内加以细致的描写，张墨始注意所画人物的风范气韵，虽事出草创，未必尽善，但改旧创新的功绩是必须珍视的。

晋武帝于二六六年

造太庙，用铜作柱，铸成铜柱十二支。柱上满涂黄金，刻镂多种物象，并嵌缀明珠。作为艺术品来说，是规模巨大的作品。

短促的西晋朝，在文化方面却有不少创造性的贡献。陆机《文赋》指出作骈体文的规律，夏侯湛《昆弟诰》首唱古体文来和骈体文对立，裴秀创地图六体，经师继承魏人改变两汉经学为魏晋经学，朝廷立书博士提倡行书真书，卫协张墨改汉魏旧画法，别立新法，都起着为南朝文化开辟新道路的作用。西晋文化发展于南朝，北朝末年以至隋唐统一，南朝文化回到北方，发展成为隋唐文化。所以西晋文化在文化发展过程上应有它的重要地位。

第四节　十六国大乱

晋武帝死后，早已酝酿成熟的祸乱首先从宫廷里发作起来，接着爆发了八王混战。黄河流域居民遭受祸乱特别沉重，战争以及因战争而引起和加重的天灾，迫得居民无法生存，盲目地向着认为可能谋生的地区流亡。与八王混战同时，出现大量的流民，说明西晋统治的社会基础崩溃了。史传所载大的流民群有如下列：

二九六年，关西一带氐羌七万人起兵反晋，推氐帅齐万年为帝，驻梁山(山在陕西乾县)。晋发兵击齐万年。关西连年大饥，再加兵祸，略阳（甘肃秦安县东南)、天水(甘肃天水县西南)等六郡流民数万家十余万人经汉中入蜀求食，推巴族人李特为首领。

河东(山西永济县东南)、平阳、弘农（河南灵宝县南)、上党（山西潞城县西北）诸郡流民散在颍川（河南许昌)、襄城(河南襄城)、汝南、南阳、河南一带数万家，被本地豪强虐待，流民烧城邑，杀官吏，响应汉国刘渊的部将王弥。

雍州流民多在南阳，三一〇年，晋朝廷派兵迫令归还乡里。其时关西残破，流民都不愿意回去，流民中有武吏出身的王如，聚众四五万人击败晋兵，自号大将军。

关西流民入蜀，发生战争，巴蜀人数万家十余万人避乱流入荆湘二州。流民被当地豪强侵夺，聚众自卫。荆州刺史王澄杀流民八千余人。湘州刺史荀眺谋尽杀流民。流民被迫反抗，推杜弢为首领，攻据长沙。三一五年，被晋将陶侃击败，杜弢军溃散。

三〇六年，并州饥荒，又被刘渊攻掠，并州刺史司马腾率诸将及吏民万余人到冀州求食，号为乞活。乞活分成许多部，各有首领称将或称帅，专事掠夺，被称为“乞活贼。”其中如田禋(音因yīn)所部多至五万人。

三〇七年，苟晞(音希xī)为青州刺史，每天杀人，企图立威，州人称为屠伯。流民五六万人推魏植为首领，反抗苟晞。

上述大群流民以外，《晋书·食货志》说“人多饥乏，更相鬻卖（卖人为奴婢），奔迸流移，不可胜数”，这就是说，盲目逃命的小流民群是数不清的。事实上流移并不能免于死亡，特别是三一〇年，整个黄河流域遭受大蝗灾，草茎树叶甚至牛马毛都被吃光，接着发生大瘟疫，在广大地区上，逃也无可逃了。饿死、疫死以及被杀死的人，“流尸满河，白骨蔽野”，不再似人间世界。这种形势，很可以爆发出大的农民起义，但除了李特率领的入蜀流民是农民起义，其余如杜弢率领的巴蜀流民，还想“守善自卫”（杜弢《与晋南平太守应詹书》），不曾发展为联合当地农民积极向晋统治者进攻的起义军，至于北方流民大都加入八王和刘渊、石勒、王弥等人所发动的战乱中，丧失农民起义的独立性质，只能在野心家利用下，增加农民自身的灾祸。

东汉末年大战乱以后，黄河流域人口剧减，北边和西北边诸州郡地旷人稀，急需补充人力，汉魏以来，汉族统治阶级对游牧族人的入境居住是宽容的，对他们的剥削和压迫则是极残酷的；入居诸族对游牧生活改进为农业定居生活，并吸收汉族文化是乐意的，对残酷的剥削和压迫则是难以忍受的。入居诸族所受痛苦比汉族人民更为严重。到了晋惠帝时，严重到无以复加了。八王之乱起，汉族人民还来不及从流亡发展为起义的时候，入境诸族以匈奴族刘姓贵族为首，发动了反晋战争。这样，战争的性质成为各族统治阶级间的争夺战，各族人民被利用来加强他们的争夺战，结果是历史走的不是由农民战争取得统一的道路，而是长期分裂割据的道路。

魏晋时期游牧族分布在国境内的情形大致如下：

一　匈奴族

公元前五二年（汉宣帝甘露二年），匈奴呼韩邪单于率所部五千余落来降。公元五〇年，东汉光武帝使单于入居西河郡美稷县（美稷西晋时改名左国城，山西离石县东北）。匈奴人为汉守边，分散在沿边各郡县，与汉人杂处，受汉官统治，并得免纳赋税的待遇。此后户口繁殖，二一六年，曹操分匈奴人为左右南北中五部。立呼韩邪子孙（魏时改姓刘）为部帅，使右贤王去卑居平阳（山西临汾县），监护五部。晋武帝改部帅为都尉。左部所统约万余落居兹氏县（山西汾阳县），右部约六千余落居祁县（山西祁县），南部约三千余落居蒲子县（山西隰县），北部约四千余落居新兴县（山西忻县），中部约六千余落居大陵县（山西文水县）。刘姓所统匈奴人不下三万户。再加其他内附的匈奴部落，总数当有数十万人。

入塞匈奴凡十九种，每种自有部落，不相混杂。其中屠各族最为豪贵，得统率诸种。刘姓是屠各种中最贵的一姓，还有呼衍、卜、兰、乔四贵姓为刘姓辅佐。虽然匈奴人与汉人杂处，从事农业，已经是晋的臣民，但刘姓为首的贵姓，仍拥有传统的声威，号召力很大，并有现成的五部组织，可以迅速变成军事组织。刘渊首先起兵反晋，是很自然的。

匈奴人居塞内日久，接受汉文化也日深，匈奴人都改用汉姓，并采用汉语。刘渊师事上党儒生崔游，习《易》、《诗》、《书》三经，尤好《春秋左氏传》及孙、吴兵法，并博览《史记》、《汉书》、诸子书，文学武事，无不精通。刘渊的儿子刘聪，通经史诸子书，工草书隶书，尤善作文，著《述怀诗》百余篇，赋颂五十余篇。刘渊的侄子刘曜好读书，尤好读兵书。刘渊的从祖刘宣是名儒孙炎的学生。陈元达少年时孤贫，亲自种地，兼读诗书。卜珝（音许xǔ）好谈《易》，与郭璞为友。李景年家孤贫，为人牧羊，刻苦读书。乔智明居父母丧，哀毁过礼。这些都说明贵族出身的匈奴人文化已达到晋士族的水平，但社会地位却比晋中下级士族还低些，仕进的希望是没有的。一般匈奴人给晋地主家作田客，有些地主役使匈奴田客多至数千人。匈奴失意的贵族和被奴役的劳苦群众结合起来，成为一支反晋的主力军。

二 羯 族

羯族人高鼻深目多须，是入塞匈奴十九种中羌渠种的后裔，散居在上党郡。石勒就是上党郡武乡县（山西武乡县）羯人。羯人汉化较浅；不识文字，姓用汉姓，名仍用本族名，如石勒父姓周名曷朱。羯人与汉人杂居，受汉族地主奴役。以石勒为例，可以类推羯人的一般生活，石勒家世代做部落小帅，算是一家小贵族。石勒十四岁跟本邑商人到洛阳贩卖货物。后来代父当小帅，在商人郭敬、地主宁驱家作田客，出力为主人耕种。晋惠帝末年，并州荒乱，石勒和本族人出外逃生，穷极无法又回来依靠宁驱。晋官吏想缚石勒去出卖，赖宁驱保护得免。石勒出外求食，路上遇到郭敬，哭拜诉说自己饥寒没有生路，郭敬给他食物和衣服。石勒对郭敬说，现在羯人饥饿极了，可以诱骗他们去冀州（河北省南部）求食，到了那里，把他们出卖，你得身价钱，羯人得活命，双方都有益处。石勒想牺牲别人，自己分些利益，固然是阴险的想法，但也说明当时羯人实在穷苦到极点。郭敬很同意他的献计，不料并州刺史司马腾大规模地实行了这个计谋。司马腾派兵大捉诸胡人，两人一枷，押到冀州去出卖，石勒也被捉去，卖给茌平县（山东茌平县）地主师欢家为耕奴，石勒时年二十余岁，善骑射，勇健而有谋略，师欢怕他鼓动家中诸耕奴反抗，把他释放了。石勒没有饿死，后来还获得释放，这种遭遇比一般羯人好些，但已是何等惨苦的遭遇。

三 鲜卑族

东胡鲜卑族世居辽东辽西塞外，东汉桓帝时，檀石槐建立起一个大国。檀石槐死后，部众离散。魏晋时，诸部大人中宇文氏、慕容氏、拓跋氏相继兴起。宇文部居辽东塞外，大人邱不勤曾娶魏文帝女为妻，魏时宇文部最为强盛。慕容部兴起后，宇文部和慕容部进行了多次的战争，终于被慕容部击败，部众五万余落归降慕容部。慕容部在宇文部西，魏初，入居辽西郡。大人莫护跋从司马懿攻灭辽东割据者公孙氏，因功封率义王，开始建立国家。莫护跋的孙子慕容涉归迁居辽东。晋武帝给涉归子慕容廆（音委wěi）鲜卑都督名号，迁居大棘城（辽宁义县西北），吸收大批晋士族和流民，经济文化都达到汉族的水平。拓跋部居并州塞外，完全是游牧部落，文化最落后，西晋末大乱，始进入并州。宇文部言语与鲜卑语略异，剪发，留顶上一部，打成发辫与拓跋部相同，因此宇文拓跋两部被称为索头或索虏。慕容部人皮肤洁白，晋士族多买慕容部妇女作婢妾。东晋明帝母荀氏是慕容部人，晋明帝须发黄色。慕容部被称为白虏或白贼。曹魏时邓艾收容鲜卑数万人，使居陇西（治襄武，甘肃陇西县西南）等郡，与汉人杂处，称为陇西鲜卑，大概因皮肤白色，又称为白部鲜卑。

四　氐　　族

氐是一向居住在中国西部的旧族。魏晋时，氐人散居扶风（治池阳，陕西泾阳县西北）、始平（陕西兴平县东南）、京兆（陕西西安）等地，加速了汉文化的吸收，汉语成了通用的语言。酋长苻洪的孙子苻坚，八岁便请求从师，苻洪很喜欢，说：我十三岁才从师读书，大家还说我早慧速成，现在你八岁就知道求学，太好了！氐族酋长重视文化，后来苻坚统治黄河流域，对儒学佛学都予以提倡。

五　羌　　族

羌也是一向居住在中国西部的旧族。东汉以来，散居关中诸郡，与汉族人杂处，过着农业定居生活，人口逐渐增加。照江统《徙戎论》所说，关中人口百余万，氐羌和鲜卑等族约占半数，氐羌不象匈奴、鲜卑那样强悍，被汉族地主看作微弱人，肆意压迫。长期处于穷困无告的氐羌，对汉族地主恨入骨髓，但由于接触汉文化较久，起兵反晋后，所表现的破坏性比匈奴轻得多。

匈奴、羯、慕容鲜卑、氐、羌都是居住在当时国境内的少数族，与汉族同是中国人。以江统《徙戎论》为代表的一些议论，承认晋统治者虐待他们，必然要引起他们的反抗，也承认军备空虚，平阳上党的匈奴骑兵三天内可以到达洛阳附近，可是，决不承认他们是中国人的一部分。这些议论强调“非我族类，其心必异”，主张用兵威驱逐他们出国境。所谓徙戎，就是迫使少数族人民流离死亡。晋统治阶级不论主张徙戎与否，对少数族的极端歧视是一致的。因之少数族人民对晋统治阶级发生极端怨恨的心情，也是很自然的。晋统治阶级以所谓“非我族类”来掩饰残酷的阶级压迫，各少数族的豪酋也以所谓“非我族类”来欺骗本族人民，结果各族间的相互仇杀，代替了农民起义，黄河流域遭受比东汉末年更严重的大破坏。

晋武帝为取得高级士族的拥护，允许中正官任意定品，禁止受屈的人申诉。那些没有势力的士族，称为寒门或后门，即使有才能，也要被评为下品，永无富贵的希望。这种失意士人对高级士族怀着极深的仇恨，寻找报怨的机会。中下级士族一部分投靠诸王，助诸王争夺权利。如孙秀助司马伦作乱，杀了潘岳石崇张华裴頠等人，并且还灭他们的三族，和这些人有亲友关系的官员也一概免官斥逐。依附司马伦的士人都做了高官。八王混战，忽胜忽败，没有一个能确实掌握中央政权，高级士族虽然受到很大的杀伤，但朝廷大官终究还是在以王衍为首的高级士族手中，中下级士族只能杀人泄忿，并不能改变自己的劣势。另一部分投靠少数族豪酋，其中有些是为避乱，多数是为帮助他们反晋。晋武帝太康末年，命刘渊为北部都尉。刘渊轻财好施，招纳党徒，“幽冀名儒，后门秀士，不远千里，亦皆游焉”。所谓名儒、秀士，就是那些失意的士人，不仅并州的士人来投，连幽冀两州的士人也来了，他们对晋朝廷自然是怀有敌意的。晋惠帝初年，鲜卑拓跋部酋长猗㐌(音拖 tūo)、猗卢击破塞外匈奴、乌桓诸部，声势颇大，代郡士人卫操、箕澹等出塞投拓跋部，助猗㐌招纳晋人，建立国家。其余慕容廆、石勒等人建国，都得到晋中下级士族的帮助。高级士族正在高谈虚无，尽情纵欲，中下级士族却在借少数族豪酋之手，挥动屠刀，石勒的谋士张宾终于把以王衍为首的高级士族几乎全部杀尽。

高级士族独占西晋朝政权，晋惠帝时，司马氏集团内部首先破裂，出现贾氏灭杨氏、八王混战的局面，统治机构解体了。黑暗的政治压迫，残酷的经济剥削，迫使大量农民四散流亡，社会的基石崩坏了。司马氏集团压迫少数族，少数族豪酋利用本族人的困苦无告，发动种族战争，压迫汉族人民，这当然得不到汉族人民的同情和支持，因而只能依靠军事力量来维持自己的短期国家。晋高级士族压迫中下级士族，这些失意士人怀着愤恨的心情和求取富贵的愿望投靠少数族豪酋，助长了豪酋们的破坏力量。西晋司马氏集团的腐朽和内乱，加上少数族豪酋与失意士人的报复和破坏，黄河流域长期陷入阴惨恐怖的绝境中，汉族人民固然受到无限的灾祸，少数族人民也同样做了本族豪酋的牺牲品。

少数族人民推翻西晋统治的愿望是正义的，表现为行动却是野蛮性的。这种野蛮性表现的强弱，和少数族豪酋及汉族失意士人野心的大小成正比例，所以社会遭受大破坏，应该由西晋统治者和这些野心家负主要责任。

下面按照破坏的不同程度，分黄河流域的混乱状态为三期。凉州的前凉，蜀地的成国，性质与其他割据者不同，另作说明。

第一期 三〇四年——三五二年

在这一期里，黄河流域特别是中原地区遭受极其严重的破坏。破坏者是刘渊的汉国（三〇四年——三一八年），刘曜的前赵国（三一八年——三二九年），石勒的后赵国（三一九年——三五〇年），冉闵的魏国（三五〇年——三五二年）。

汉——晋武帝时，刘渊为匈奴左部都尉。三〇四年，刘渊起兵据左国城（山西离石县），自称汉王。刘渊首先建立以反晋为号召的汉国，一些势力孤弱，在黄河下游一带被晋兵击败的石勒、王弥等军都来降附。刘渊得到这些降军，声势渐盛，遣刘聪等十将据太行山，石勒等十将攻掠河北各州郡，刘曜、王弥等攻掠河南各州郡，三〇八年，自称皇帝，建都平阳（山西临汾县）。三〇九年，晋八王中最后的一个东海王司马越，正在大杀晋怀帝的亲信大臣，斥逐保卫皇宫的武官，形成司马越与晋朝官间尖锐的对立。晋将军朱诞恨司马越，叛降刘渊，劝出兵攻洛阳。刘渊遣刘景、朱诞等往攻洛阳，在延津（河南延津县）击败晋兵，杀死晋民男女三万余人。刘景的官号是灭晋大将军，晋民憎恨晋朝廷，但并不愿意凶暴的匈奴人来灭它，沿途攻击刘景军，虽然被屠杀，却使刘渊畏惧不敢再让刘景进兵。就在这一年，刘渊两次大举进攻洛阳，都被晋守军击败。特别是第二次进攻，刘渊倾全国兵力，令第四子刘聪，同族人刘曜、刘景和晋人王弥等率精骑五万人为前军，呼延翼率步兵骑兵为后继，乘晋朝廷不备，突然袭击洛阳。晋将贾胤等率勇士千余人夜攻刘聪军，刘聪军溃散。呼延翼被部下杀死，兵士溃散还家乡。刘聪无法取胜，亲自到嵩岳山祈祷，令刘厉等留守大营。司马越令部将孙诲等率精兵三千人出击，大败刘聪军，号称平晋将军的刘厉投水自杀。刘渊只好召还刘聪军。因为王弥是个汉族人，又出身晋高级士族，刘渊令王弥留在河南地区。王弥鼓动流民烧城邑杀晋官，响应自己，在保卫洛阳的乞活帅李恽等军追击下，也大败逃还平阳。刘渊两次进攻洛阳，都被晋军击败，按兵力说，刘渊军较强，可是刘渊的军队，很大的一部分是被迫作战的汉族人，当晋军认真进攻时，他们便溃散了。另方面，晋民为了反对刘渊的野蛮统治，宁愿支援晋朝廷。晋两次保卫洛阳，都用少数兵力战胜强敌，刘渊的谋士鲜于修之所说“晋气犹盛，大军不归必败”，就是指晋民气说的。司马越为首的一群文武官，根本不知道民气还可以利用，却专心互相怨恨仇杀，内部人心离散，不可收拾。随着愈益分裂，力量也就愈益削弱，三一一年，洛阳终于被刘曜攻陷。

三一〇年，刘渊死。不久，刘聪做了汉皇帝，令刘粲、王弥、刘曜率兵四万攻掠河南各州郡，使洛阳孤立。司马越被朝官们反对，率精兵四万出屯在项（河南项城县），令王衍率领贵官名士，随军同行，让乞活帅李恽等留守洛阳并监视晋怀帝。李恽纵兵士劫掠，洛阳大乱。三一一年，晋怀帝下诏，令苟晞攻司马越，双方又引起一次仇杀。司马越病死，众推王衍为首领。李恽等以奔丧为名，带着大批王公官吏逃出洛阳。王衍等护司马越柩回东海国（江苏东海县），正走到宁平城（河南鹿邑县西南），被石勒军包围。石勒军骑兵四面冲击，杀死王衍所率十余万人。王公大臣被俘求免死，王衍向石勒献媚，劝石勒做皇帝。这群无耻的懦夫，当夜全部被处死。石勒又击溃李恽军，杀死随军的晋宗室四十八个王和官吏们。刘聪令呼延晏率兵二万七千会合刘曜、王弥、石勒等军攻洛阳。呼延晏军先到，晋守军前后十二败，死三万余人。王弥刘曜两军来会，攻陷洛阳城，俘晋怀帝，杀王公士民三万余人，纵兵大掠，烧宫庙官府民房，东汉末董卓烧毁洛阳后，魏晋两朝经营将近百年的洛阳，又一次化为灰烬。

关中自晋惠帝时起，屡遭战祸，人民流亡，土地荒芜。三一一年，刘曜攻陷长安。当时关中连年饥荒，尸骨遍地，生存的人不到百分之一二。三一二年，晋军击刘曜，刘曜掳走关中遗民八万余口，放弃长安。晋军在长安拥立晋愍帝。三一六年，刘曜攻陷长安，西晋残留下来的一些文武官，全被俘获，晋愍帝继晋怀帝做了降帝。他们都想投降求苟活，结果是受尽耻辱以后，在第二年都被杀死。

汉国推翻了西晋朝，西晋统治集团基本上消灭了。他们是自食其恶果，被消灭毫不足惜，可是无数农民也同样食了他们所造的恶果。农民自东汉末遭受大战乱以来，厌恶战乱，希望在西晋的统一国家内获得休息，因此给西晋统治集团以最大的容忍，这个容忍却给自己带来了恶果。

三一八年，刘聪死，刘粲继位。靳准杀刘粲，自称汉天王。刘曜自称皇帝，攻靳准，石勒攻汉国都平阳，掳去巴氐、羌人七万余落（户）。靳准死，石勒攻入平阳，靳明率平阳士女一万五千人投奔刘曜。石勒烧宫室，刘渊刘聪积贮掠获物的平阳城毁灭了。三一九年，刘曜建都长安，改国号为赵（前赵）。石勒自称赵王（后赵），建都襄国（河北邢台县）。石勒占地比刘曜多，兵力也较强盛，从此刘曜石勒二人的交战成为主要的战乱。

西晋覆灭后，汉族与非汉族间的界限愈益显著，汉族认继承西晋朝的东晋是自己的朝廷，就是非汉族的豪酋也不敢否认南方朝廷是华夏正统。这种建立在南方的各朝，一直到隋统一，始终享有正统的威望，为居住北方的汉族所向往。当刘渊起兵反晋时，说得很明白。刘渊说，推翻混乱的晋朝并不困难，但汉族人未必肯同我一起干，必须取得民望，才能成大事。刘渊宣告匈奴刘氏是两汉刘氏的外甥，立汉国继承两汉，祭汉高祖以下三祖（汉高帝、汉光武帝、汉昭烈帝）、五宗（汉文帝、汉武帝、汉宣帝、汉明帝、汉章帝）为自己的祖宗，不祭匈奴单于。他这样做，自然是想减轻汉族人的反对，可是刘渊势力在关东地区（黄河下游）的活动，主要还是依靠晋士族的野心家王弥。刘渊当作根据地的并州南部，也受到刘琨的严重威胁。三〇六年，并州刺史司马腾逃走，并州余户不满二万，刘琨继任为并州刺史，募得战士千余人，进据晋阳（并州州治，山西太原市），流亡的汉族人纷纷来归，连刘渊部下的非汉族人也有一万多落来归附。刘琨是晋朝的忠臣，又是腐朽的高级士族。他的声望招来了许多流亡人，他的腐朽统治，迫使来归的流亡人再逃走作流亡人。虽然如此，他在汉族人支持下，加上鲜卑拓跋部的武力援助，以晋阳为根据地（三一二年，自晋阳徙治阳曲），与刘渊刘聪对峙交战，牵制住汉国不少的兵力。这一事例说明汉族不愿受非汉族的统治，潜伏着强烈的反抗力量。刘渊刘聪占据并州一部分土地也并不稳固。刘琨昏淫无道，内部分裂，三一八年，阳曲被石勒攻陷，刘琨投奔占据幽州的鲜卑段部酋长段匹磾。段匹磾拥护晋朝，尊信刘琨。刘琨的儿子刘群阴谋夺幽州，段匹磾杀刘琨。刘琨被杀，引起汉族人和一些非汉族人的不满，段匹磾只好放弃幽州，投奔晋乐陵（治厌次，山东惠民县）太守邵续。这又说明汉族人对刘琨那种腐朽人也还是爱戴的，因为他始终坚持对汉国斗争。其他事例还不少。如三一七年，东晋元帝封鲜卑慕容廆官号，慕容廆不受，鲁昌劝慕容廆说，明公（指慕容廆）雄据一方，但还有许多鲜卑部不肯服从，因为明公的官号不是王命的缘故。高诩也劝慕容廆说，现在晋朝虽然衰微，但人心还是归附它。如果接受封爵，奉王命征伐诸部，名正言顺，谁敢反抗。慕容廆听从这些谋士的话，向东晋称臣，果然得到好处。三一八年，段叔军劝段匹磾杀刘琨，说，我们不过是些胡夷，汉族人受我们统治，只是因为怕我段部的武力，现在段部内部不和，如果有人奉刘琨起事，我段部就完了。三一八年，靳准杀刘粲后，对胡嵩说，从古没有胡人做中国皇帝的，现在请你带传国玺（汉国破洛阳时取得晋传国玺）回东晋。三一九年，慕容廆劝高瞻投降，说，晋朝丧乱，我要和诸君共除祸难，扶助帝室。你是中原大姓，定有同感，为什么把华夷的界限分得那样清楚，不肯和我合作呢！高瞻还是不投降，慕容廆也不敢杀他。这都说明北方汉族人民虽然亡了国，但并不顺从非汉族的统治者，他们的心是向往南方汉族朝廷的。了解了这一点，才能了解十六国、南北朝长期分裂后，终归全国统一的主要原因。

刘曜知道反晋的号召已经失去意义，刘渊刘聪祭两汉三祖五宗也不能欺骗汉族人，灭靳准后，改国号为赵，改祭冒顿单于、刘渊为祖宗。石勒禁人说胡字，号胡人为国人，建立以羯人为首的胡人国。三二五年，刘曜石勒两军在洛阳大战，刘曜军驻金谷，夜中无故大惊，士卒溃散，刘曜退到渑池，夜中又惊溃，刘曜退回长安。石勒军击败刘曜部将刘岳军，俘氐羌三千余人，坑死士卒九千余人，又攻破占据并州（并州属石勒）投降刘曜的叛将王腾，坑死士卒七千余人。石勒得氐羌人不杀，可以想见被坑死的士卒多是汉族和匈奴族人。刘曜军两次惊溃，也可以推想多是汉族人。刘曜败后，想学石勒的方法，封爱子刘胤为大单于，立单于台，自最高官左右贤王以下，全用匈奴、羯、鲜卑、氐、羌的豪酋，建立起以匈奴人为首的胡人国。三二八年，刘曜石勒两军在洛阳大战，刘曜大败被擒，士卒死五万余人。三二九年，石勒灭刘曜前赵国，杀刘曜子刘熙刘胤及王公将校以下三千余人，坑死屠各种人五千余人，刘渊借以起兵的屠各种人几乎被石勒杀尽了。

后赵——石勒是受尽苦难的羯族小帅和农民。因为他受尽苦难，养成了强烈的破坏性和报复性，也养成了非凡的军事才能和政治才能。他对晋高级士族仇恨极深，凡俘获二千石以上晋官，除去几个不贪污的人，其余全部杀死。他攻入城池，烧杀劫掠尽量破坏，俘获敌军，常坑死数千数万人。他不识文字，叫人读《左传》、《史记》、《汉书》，听了能懂得书中大意并且能提出自己的见解，这种见解常常表现出他的才能。他不象刘渊那样有五部匈奴作凭借，他只是凭借自己的凶悍和机智从战争中逐渐壮大起来，一直到暂时统一中国的北部（东北的燕除外）。

石勒在师欢家为奴，释免后，给人家当庸工，又被乱军捉获。石勒设法逃走，因为没有生路可走，约集王阳等八骑为劫盗。后来又得呼延莫等十骑，号称十八骑。石勒以十八骑为骨干，招集山野亡命之徒，成立一支凶悍的军队。三〇七年，从大盗汲桑等攻破邺城，杀晋新蔡王司马腾，烧邺城宫室，杀士族和居民万余人，掳掠妇女珍宝无数，东汉末曹操建都的名城，被石勒等人破坏得干净。司马越攻邺，汲桑石勒战败，石勒投降刘渊，成为刘渊部下的一个大将。

三〇八年，石勒攻掠冀州各郡县，有兵五六万人。三〇九年，石勒攻陷冀州各郡县的壁垒百余个，兵增至十余万人。这时候，石勒开始有些政治性的措施。以失意士人张宾为谋主，又招集低级士族，别立一营，号称君子营。刘渊也招引失意士人，但用人主要是用匈奴贵族，石勒用人主要是用这些失意士人。他们痛恨西晋统治集团，自然要为石勒尽力。石勒的善战加上张宾这群人的智谋，在当时成为一个无敌的力量。

三一一年，石勒消灭王衍所率司马越军，又杀死汉国大将王弥。王弥是石勒的劲敌，王弥军被吞并，阻止了汉国在黄河下游的活动。西晋遗留下的重镇还有幽州王浚、并州刘琨。三一四年，石勒杀王浚。三一八年，石勒攻走刘琨，西晋朝在北方的残余势力，全部被消灭。同年，石勒灭靳准，夺取平阳，对刘曜断绝君臣关系，说，称王称帝，凭我自己，何必要你刘曜来封。三一九年，石勒自称赵王。三二八年，石勒杀刘曜，灭赵国。三三〇年，石勒称皇帝。后赵与东晋以淮水为界，初次形成南北对峙的形势。三三三年，石勒死。石勒自己评价说，我要是遇到汉高帝，该当做他的臣属，要是遇到汉光武，我和他并驱中原，不知谁胜谁败，我是在二刘之间的人物。曹操司马懿从孤儿寡妇手里取天下，不是大丈夫行事，我不能那样干。他有意学汉高帝，在政治措施上有些也效法西汉。他出身羯族，对汉族是压迫的，他出身穷苦农民，对农民的痛苦多少是知道的，因之汉族人民在石勒统治下，比在汉国要好一些。

石勒在战争中，逐渐建立起政治制度。三一二年，从张宾计，建都襄国。三一三年，立太学，选士人为教师，选将佐的子弟三百人入太学读书。定租赋，令州郡官查实户口，每户出帛二匹，谷二斛。三一九年，石勒以所据河内（治怀县，河南沁阳县）等二十四郡为赵国，有民户二十九万。删简律令，选择重要条款，造《辛亥制度》共五千字。任用续咸为律学祭酒，管理狱讼。任用支雄、王阳（八骑中人）为门臣祭酒，专管胡人的狱讼。任用裴宪等为经学祭酒，任播等为史学祭酒。任张宾为大执法，总管朝政。遣使官巡行州郡，督促农桑生产。石勒为巩固自己的统治，特别重视士族，三二〇年，下令诸将帅，此后俘获士人，不得杀死，一定要送到襄国来。石虎出兵作战，获得做过西晋掾属小官吏以上的低级士族三百家，送到襄国，石勒设公族大夫专管这些士人。石勒修改魏晋以来九品官人法，令群臣及州郡官每年保荐秀才、至孝、廉清、贤良、直言、武勇各一人，令张宾管理选举，品定这些被保荐的人，给他们官做。石勒所立学校，有太学一所，小学十余所。三二四年，亲到太小学考试诸学生，按经学程度的高低各给赏赐。三二〇年，用经学考试秀才、至孝，作为评定九品的标准。三二九年，石勒巡行冀州诸郡，引见高年、孝弟、力田、文学之士，赏给谷帛。三三一年，令群臣保荐贤良、方正、直言、秀异、至孝、廉清各一人，考试及格，分三等给官职。三三三年，就是石勒死的一年，还令各郡立学官，每郡置博士、祭酒各一人，学生一百五十人。石勒提倡经学，重视士族，在他的政治措施里最为突出。他利用低级士族与高级间的矛盾，大量杀死高级士族，借以取得低级士族的拥护。他奖励清廉，严刑惩罚贪污的官吏，借以缓和汉族农民的反抗。这一点，石勒比起西晋和东晋的腐朽统治来，显得有些新气象。

石勒当作工具来使用的不仅是经学，而且还提倡佛教。天竺僧佛图澄于三一〇年到洛阳，自称已四百余岁，能听铃声知吉凶，想在洛阳建立佛寺。这时候洛阳快要陷落，连昏愚的司马越也知道不吉，逃出城去，佛图澄还想立寺，这叫做能预知吉凶么！刘曜攻破洛阳，佛图澄潜伏荒野中观看风势。大将郭黑略（十八骑之一）奉佛教，三一一年，佛图澄投奔郭黑略。郭黑略使佛图澄见石勒。佛图澄对石勒玩了一套魔术，石勒觉得可以用来欺骗将士，鼓励斗志，表示尊信。因此，石勒军中不论汉族人和非汉族人，都来奉事。佛图澄又给将士们治病，信徒愈众。石勒屡次试验佛图澄的法术，大概得到郭黑略等信徒的预先密报，佛图澄都显示出确能先知，石勒真正信服了。三一二年，石勒大兴佛事，建立寺庙，把儿子们送到佛寺里抚养，石勒亲自拜佛发愿，求佛保佑儿子们。石勒死后，儿子都被石虎杀死，佛图澄得到石虎更大的尊敬。

石勒提倡经学和佛教，但并不能消除汉族与非汉族间的矛盾。石勒严禁人说胡字，有一天，一个醉人骑马突入石勒宫门。石勒大怒，召管门官斥责说，刚才跑马入门的是什么人，为什么放他走。管门官害怕，忘了忌讳，答道，刚才有个醉胡跑马进来，阻止他不了。俗话说：和胡人难说话。我一个小官怎能阻止他。石勒笑道，胡人正是难和他说话。管门官免罪，也不追究那个犯门禁的醉胡。石勒任用樊坦做地方官。樊坦进见，衣冠破烂。石勒惊问，你为什么穷到这样。樊坦忘了禁令，答说，羯贼无道，把我的财物都抢光了。石勒笑说，羯贼如此劫掠，我替他们赔偿。樊坦想起禁令，连连叩头求饶。石勒说，我禁的是普通人，你们老书生除外。石勒立门禁，胡人犯禁得免罪；禁止胡人欺压士族，胡人劫掠士族得免罪。胡人仗势横行，可以想见普通汉族人受欺压的严重。后赵称羯族人为国人，称汉族人为汉人。后赵的文武官，除了石氏一家人，其余多是汉人。作为统治族的国人有权欺压汉人，所以石勒虽然收罗士族，但还不能和士族真正结合在一起。

石虎是石勒的侄子，石勒死，石虎夺取了后赵国政权。石虎性同野兽，比石勒残暴得多。三三五年，石虎迁都邺，大造宫室，昼夜荒淫，穷奢极侈，人民的脂膏被石虎剥削得干净，饿死了十之六七。石虎似乎也感到危险，一方面亲自执掌军事和刑法，一方面加强对高级士族和佛教的依靠。三三六年，下令恢复西晋九品官人旧制，有权势的人家，儿童多得好官，没有权势，即使有才德也被摈斥。这样，士族又出现了高级低级间的矛盾，石虎得到高级士族的支持，却招致低级士族的怨恨。石虎尊奉佛图澄，人民为逃避赋役，投奔佛寺，削发出家。东汉和曹魏只许胡僧在都邑立寺庙，汉人一概不得建寺出家。西晋时偶有汉人出家，为数极少。

三三八年，石虎下令，准许汉人不论贫富和社会地位，都可以出家为僧。士族有免徭役兵役作官吏的权利，僧徒不得作官吏但可以免徭役、兵役和租税，贫民被暴政驱迫，纷纷出家，寺庙主成为出家贫民的剥削者和统治者，在与世俗君主的关系上，成为对贫民的瓜分者和争夺者。贫民出家得享受士族权利的一半，因此宁愿给寺庙主充当奴役。从此佛教盛行，在荫庇民户的豪族大姓坞主壁帅一类封建主以外，又新添了一类性质相同的寺庙主。石虎失去这些贫民，自然要加紧对在家贫民的敲剥。汉族人民受尽石虎暴政和国人欺压的痛苦，与后赵统治者间的矛盾达到了最高点。

三四九年，石虎死。次年，石虎养子汉族人冉闵灭后赵，下令道，和我同心的人留在城（邺）内，不同心的人任便出城。周围百里内汉族人全数入城，羯人纷纷出城。冉闵杀了石氏一家人，知道羯人是不同心的，下令杀羯人，不论男女老少，无人得免，一天内就杀死数万人。前后共杀二十余万人。有些人仅仅因为鼻子高些胡须多些，也被当作羯人杀死。冉闵的行动是野蛮的，但石勒石虎利用国人欺压汉人，这次大惨杀的酿成也是势所难免的。自刘渊起兵以来，汉族人与非汉族人进行斗争，总是匈奴人羯人占优势，冉闵这一野蛮行动，爆发了将近五十年中汉族人对匈奴人羯人的积忿，也引起了无以复加的大破坏，汉族和非汉族人民在这个大破坏中不知损失了多少生命。

魏——后赵大官四十八人推冉闵称帝，国号魏。冉闵惨杀非汉族人，当然要引起猛烈的反抗。石虎庶子石祗据襄国称帝，非汉族人的州郡官和武将们都响应石祗。冉闵遣使人告东晋朝廷说，胡人作乱中原，现在诛灭了，请派兵来共同讨伐，扫清残余。东晋朝廷正在防止桓温篡夺，不许桓温出兵经略中原。冉闵率孤军和石祗大战。三五一年，石祗联合鲜卑慕容儁（前燕）、羌姚弋仲（后秦）夹击冉闵，冉闵大败，文武官及士卒死亡十余万人。冉闵所属徐州、豫州、兖州及洛阳守将降晋，东晋势力又回到北方。当时冉闵军与羌胡军互攻，没有一个月的停战，历来迁徙到冀州的汉人和氐羌胡蛮人，不下数百万，苦于战祸，各还本乡，路上互相杀掠，饥疫死亡，能到达本乡的不过十中二三，平原上只有尸骸，看不见耕者，生产几乎完全停止。冉闵尽力作战，杀石祗。三五二年，冉闵攻破襄国。慕容儁夺取幽州，进军至冀州，冉闵率精骑出击，十战十胜，后来陷入鲜卑大军重围中，冉闵战败被擒。

慕容儁杀冉闵，灭魏国，适逢大旱和蝗灾，慕容儁害怕，祭冉闵，谥为武悼天王。冉闵逞勇残杀，立国三年，死人无数，失败是必然的。但是，他的野蛮行动反映着汉族对羯族匈奴族野蛮统治的反抗情绪，所以他的被杀，获得汉族人的同情。慕容儁致祭赠谥，正是害怕汉族人给予冉闵的同情心。冉闵恃勇出击慕容儁时，不少人预料必败，大臣刘茂等人说，我主这次出去，一定不能回来了，我们岂可坐等敌人来戮辱，刘茂等人都自杀。邺都被攻破，大臣王简等人也都自杀。秦汉魏晋从来没有亡国后自杀的大臣，因亡国而自杀，是从冉闵的魏国开始的，这也说明汉族与非汉族间斗争的极端尖锐。

第二期　三五二年——三八三年

在这一期里，中原地区相继为前燕前秦两国占据。两国看到匈奴人羯人的覆没，对汉族人的压迫不敢再那样露骨，战争也减少了，疲惫已极的汉族农民得到短期的休息，比起第一期来，黄河流域多少安静了一些。

前燕——鲜卑慕容部酋长慕容廆受晋官爵，算是晋的藩属国。西晋末年，中国大乱，士族和各州郡流民逃到辽河流域避难，前后数万家。慕容廆用士族裴嶷等人为辅佐，建立起完全汉化的鲜卑国，三三三年，慕容廆死，子慕容皝继位。三三七年，慕容皝自称燕王，名义上仍尊奉东晋朝。三四二年，慕容皝屡次战胜，扩大占领地，迁都龙城（辽宁朝阳县），成为东北方强大的国家。流民户数已近十万户，比土著多十余倍，比慕容部鲜卑人自然更多。流民中十有三四得不到耕地，三四五年，慕容皝规定贫家借官牛耕官地，产物官收八分，耕者得二分；用私牛耕官地，官收七分，耕者得三分。经封裕切谏，改行魏晋旧制（官私六四分、对半分），燕国政治在当时是较好的。三四八年，慕容皝死，子慕容隽继位。三四九年，慕容隽起兵攻后赵，夺得幽州，迁都蓟（今天津市蓟县）。三五二年，杀冉闵。三五三年，慕容隽自称皇帝。东晋使臣来见，慕容隽对晋使臣说，你回去告诉你的皇帝，我为中国人所推戴，已经做皇帝了。三五七年，慕容隽迁都邺，攻取河南州郡，并准备进攻东晋，下令检查户口，每户留一丁，其余都充当兵士，想凑成一百五十万人的大军。三五九年，州郡征发的兵士到邺集中，城中大乱，不是白天，路上不敢行人。这种大违民心的乌合军队，如果攻晋，必然溃散。慕容隽恰在这时候死去，他的野心未能实现。三六〇年，慕容暐继位，贵族争权内乱，前燕已经到了灭亡的边沿。

三六九年，东晋桓温率步骑五万人攻燕。燕兵屡败，晋军威大振，进到枋头（河南浚县西南）。慕容暐想逃回龙城，可是桓温并不是灭燕的人物。早在三四七年，桓温攻灭成汉，朝廷得蜀地，桓温得声名，双方开始相猜忌。当时东晋已极衰微，桓温在高级士族中才干和威望都很高，手握重兵，坐镇荆州，一心想推翻东晋朝自做皇帝。东晋朝廷用声名很大才干毫无的清谈家殷浩来对抗桓温，惟恐桓温立功，坚决阻止他北伐。石虎死后，桓温要求出兵，朝廷不许，却派一个无能的褚裒率兵三万从东路北上，进驻彭城（江苏铜山县）。汉族人扶着老人，背着婴孩，成群来归附。东晋军三千人被后赵军击败，朝廷便召还褚裒。河北汉族人二十万口，渡河来归，东晋军已退，大遭后赵军的杀害。东晋朝廷不让桓温从西路并进，褚裒小败即召回，都是因为怕桓温得势。三五一年，冉闵战败，冉闵所属徐豫兖洛阳守将降晋，这时候派大军东西并进是有利的，桓温屡次要求出兵，朝廷屡次不许，却让殷浩从东路出兵。三五三年，殷浩被降将羌族酋长姚襄袭击，大败逃回。殷浩败后，桓温声势更大，取得扬州牧官号。扬州荆州是东晋的东西两门，两门都被桓温掌握，东晋也到了灭亡的边沿。三六八年，朝廷给桓温特殊的待遇，位在诸侯王之上。按照惯例，第二步就是行禅让礼。桓温出兵伐燕，东晋朝廷不放松一切促使他失败的机会，借以阻止禅让；桓温深怕兵力耗损过多，又怕灭燕后朝廷派出许多州郡官，增强实力，妨碍禅让的实行。因此，拒绝郄超乘燕慌乱直攻邺城的建议，进军缓慢，希望不耗兵力，稳取全胜。桓温抱着不战而胜的作战方针，被燕军看破了。燕将慕容宙说，晋军不敢攻坚冲阵，却勇于追击败兵，可以设饵钓取它。慕容宙出二百骑兵挑战，不待交锋便逃退，晋军出追，陷入伏中，死了很多士兵。桓温虽然兵到枋头，心里却想着东晋建都的建康，眼看灭燕不是那么容易，粮道又被燕军截断，就下令退兵，路上被燕伏军前后夹击，桓温军大败，死三万余人。又被前秦救燕军邀击，桓温军死一万人。桓温收散兵退到山阳（江苏淮安县），把失败的罪过推到运粮官豫州刺史袁真身上，袁真受诬，投降慕容暐。桓温想不战而得全胜，结果是不战而得全败，灭燕机会就在东晋朝廷和桓温的互斗中消失了。

当桓温北伐时，慕容暐遣使向前秦苻坚求援。谋士王猛与苻坚密议，定计出兵救燕，俟桓温退去，乘机灭燕。慕容垂阻止慕容暐逃走，率兵击败桓温，是前燕唯一的支柱，以慕容评为首的贵族们忌慕容垂声名太大，阴谋杀死他。慕容垂被迫投奔前秦，前燕势力愈益削弱。三七〇年，王猛率秦兵攻燕。慕容评率燕兵三十万人屯潞州（山西潞城县北），抵拒秦兵。王猛在阵上誓师，说：我王猛受国家厚恩，出将入相。今天同诸位深入敌境，大家都不要怕死，只许前进，不许后退，共立大功，报答国家。上朝廷领明主的厚赏，回家里讨父母的喜欢，不是很好么！将士们听了誓言，踊跃大呼，奋勇进攻。燕兵大溃败，慕容评单骑逃回邺。王猛替氐族苻坚打鲜卑人慕容暐，还能说出一套鼓动军心的话来，桓温北伐，名义正大，却说不出一句弔民伐罪的话，他的失败真是可耻的失败。王猛乘胜追击，攻破邺城，俘获慕容暐，前燕国亡。苻坚灭前燕国，得郡一百五十七，县一千五百七十九，户二百四十五万八千六百六十九，人口九百九十八万七千九百三十五。这些数字都不免夸大，但有一点是可以想见的，这就是非汉族人相继建立国家，边境外非汉族人大量迁入境内，给长期混战中消耗的人口作了一些补充。

前秦——氐族酋长苻洪拥众十余万，降附石虎。

苻洪死，子苻健据关中，三五二年，称帝，国号秦，都长安。三五四年，殷浩因北伐失败，被桓温逼迫免官。桓温率步骑四万人攻秦。桓温虽然免除了殷浩的对抗，但并不能免除东晋朝廷的猜忌，率孤军深入秦地，希望提高威名，倒不一定想灭秦国。桓温军分几路前进，汉族人男女夹路欢迎，行军很顺利。苻健太子苻苌率主力军五万人来拒，桓温督将士力战，苻苌军大败。苻健率老弱兵六千人守长安，发全部精兵三万人作游军，牵制桓温军。这时候秦国快灭亡了，可是桓温到了灞水上（西安市东），就停止前进。关中郡县争先来归附，老年人看到桓温军，流泪说，想不到今天又看见官军。王猛来见桓温。桓温问，我到关中，地方上豪杰还没有人来看我，是什么缘故？王猛说，你不怕走几千里深入敌境，现在长安近在眼前，却不渡灞水去进攻，大家看不透你的心，所以不敢来见。桓温被王猛打中了不可告人的心事，答不出话来。苻健从石虎手里夺得长安，看到民心思晋，不肯归附，特派使人到东晋朝廷请封官爵。民众以为苻健归附晋朝，秦雍两州汉族人和非汉族人都接受苻健的统治。苻健骗得了民众，便自称皇帝，从此民心又失去了。桓温入关，民众到处欢迎，实际是欢迎象征汉族政权的晋朝，桓温如果灭苻健，按照灭成汉的经验，东晋朝廷派个大官来，坐镇关中，桓温是不能抗拒的。这样，桓温得到的是威名，朝廷得到的却是实力。朝廷东有扬州西有关中两个重镇，桓温拥有荆州重镇，和朝廷势力对比，从一比一变为一比二，自然对自己不利，因此到了长安附近，就犹豫不进（三六九年伐燕，同样到枋头不进）。桓温原想等待麦熟，就地筹军粮，不料苻健把麦全部割掉，实行清野法，军中乏食，只好带领关中三千户和匈奴呼延毒所部一万人出潼关回荆州。三五五年，苻健死。三五七年，苻坚杀苻健子苻生，自立为秦帝。苻坚在皇帝群中是个优秀的皇帝，他最亲信的辅佐王猛，在将相群中也是第一流的将相。王猛出身贫家，幼年时卖畚为业。后来读书，尤其喜欢读兵书，桓温入关，王猛披着破旧短衣去见他，一面捉虱子，一面高谈天下大事。桓温说，江东没有人比得上你的才干。桓温退兵时，要王猛同行，王猛不肯。王猛知道，回到高级士族专权的东晋朝，自己不可能有前途，与其帮着桓温来篡晋，还不如留在关中看机会。不久，王猛成为苻坚的亲信人。苻坚统治下的秦国，镇压豪强，休息民力，出现汉魏以来少见的清明政治，这是和王猛的政治才干分不开的。苻坚灭燕，使王猛整理关东六州。王猛选拔清廉人作郡县官，废除慕容暐时恶政。迁燕王公百官及鲜卑四万余户到长安，又迁关东豪强及诸杂夷十五万户到关中。燕贵族大臣强占民户作荫户至少在二十万户以上，鲜卑族人居统治地位，自然要压迫别族人，豪强及匈奴羯等杂夷也是压迫者和扰乱者，苻坚把这些人迁到长安和关中，对中原居民是一种善政。三七五年，王猛病重将死，苻坚问后事。王猛说，东晋虽然远在江南，但正统所在，民心归附，我死以后，千万不要打算攻晋。鲜卑（慕容氏）和羌（姚氏）是秦的仇敌，必须逐渐消灭它们，国家才能安全。王猛说完话死了，苻坚大哭，可是并未接受王猛的最后忠告。

三七三年，苻坚攻取东晋的蜀地，三七六年，苻坚攻灭前凉国，占有了黄河流域和长江上游的广大地区，决心想消灭东晋。三七八年，苻坚使子苻丕与慕容暐等率步骑七万攻晋襄阳，又使慕容垂姚苌率兵五万，石越率骑兵一万，苟池等率兵四万，分三路会攻襄阳。慕容暐慕容垂是鲜卑，姚苌是羌，正是王猛所说秦国的仇敌，苻坚却用这些人作将帅来攻王猛所说不可攻的东晋。东晋守将朱序固守襄阳，秦兵十余万攻城不下。苻坚大怒，限苻丕明春攻下襄阳，否则自杀，不许生归。苻丕督兵力攻，被朱序屡次击败，只好后退。朱序以为秦兵已退，不再设备，部将李伯护贪重赏，投降苻丕作内应。三七九年，苻丕攻破襄阳，朱序被俘。苻坚另一路攻晋军人数也在十万以上，攻晋淮南诸城，进至三阿（江苏高邮县西北）。东晋朝廷大恐慌，发兵守长江。晋将军谢石谢玄率水陆军攻秦军，秦军大败退走。这两路战事，西路勉强得胜，东路大败，都证明王猛晋不可攻的预见。

三八〇年，苻坚分出关中氐族十五万户，使苻姓人和亲戚各领若干户散驻关外各州镇，企图借氐族来镇压各州镇民众的反抗。关中氐族的力量削弱了，原在关中的羌族和迁入关中的鲜卑及杂夷却成为大族。侍臣赵整作歌讽谏，说“远徙种人（氐）留鲜卑，一旦缓急（有紧急事）语阿谁”！苻坚听了付之一笑。三八二年，苻坚大会群臣，议大举攻晋。苻坚说，我做皇帝将近三十年，四方大体上已经统一，只有东南一角还存在着东晋。计算我的士兵，可有九十七万，我想亲自带着去灭晋，你们看行不行？文武官除了朱彤一个佞臣首先发言附和，其余都说不行。议论了好久，没有人赞同苻坚的意见。苻坚生气，让群臣退去，留下季弟苻融商议。苻融力谏伐晋的危险，主要理由是“民有畏敌之心”，所谓畏敌，就是不愿意和晋作战，并且说，凡是说晋不可伐的人都是忠臣。苻坚更生气，说，你也这样，叫我指望谁。太子苻宏、幼子苻诜、爱妾张夫人，都谏苻坚不可伐晋。最后苻融把不愿意说的话也说出来。苻融说，我们的国家本来是戎狄国，虽然强大不算是正统；东晋虽微弱，却是中华正统，天意一定不会灭绝它。苻坚一概不听。慕容垂、姚苌私下劝苻坚伐晋，请他“圣心独断”。苻坚大喜，认为可以和他们共定天下。在伐晋这件大事上，苻坚是完全孤立的，赞成苻坚的正是希望苻坚失败秦国崩溃的两个敌人。苻坚只见胜，不见败，只见外，不见内，把招致失败崩溃的一切都布置好了，才大举出发去攻晋。

三八三年，苻坚下令大举出兵。平民每十丁出一兵，富家二十岁以下的从军子弟，都给羽林郎官号，富家子弟来从军的有三万余骑。苻坚令苻融率慕容垂等带领步骑二十五万为前锋，令姚苌督率蜀兵顺流而下，苻坚自己带领步兵六十万，骑兵二十七万，军队首尾长一千里。东晋将军谢石、谢玄、谢琰、桓伊等率兵八万拒秦军。苻坚使朱序来说谢石等投降。朱序密告谢石说，秦兵百万，势不可当，现在趁它还没有到齐，迅速出击，打破它的前锋，大军就会溃散。谢石等从朱序的计谋，遣刘牢之率精兵五千攻洛涧（安徽怀远县境），秦兵大溃败，抢渡淮水，士卒淹死一万五千人。谢石督水陆军进击。秦军守淝水，谢玄使人告苻融，请秦军向后略退，让晋军渡水决战。苻坚苻融想在晋军半渡时予以袭击，下令退却。秦兵后退不可阻止，晋军渡水猛追，苻融马倒被杀。朱序在秦军阵后大呼，秦兵败了！秦兵败了！秦兵大奔溃散，路上听到风声鹤唳，以为追兵来了，昼夜不敢停息，死亡大半。苻坚收拾溃兵，到洛阳时只有十几万人。苻坚带着这些残兵败将回长安。

淝水大战是十六国时期最大的一次战争，也是决定南北朝对立局面的一次战争。东晋自桓温死后，谢安执朝政，内部比较统一，晋军人数少得多，可是上下一心，敢于作战。秦军将帅自苻融以下，都缺乏灭晋的信心，兵士多是汉族人，根本不愿意灭晋。苻融下令小退，兵士乘机大退，朱序假说战败，兵士信为真败，这都说明违反民心的战争虽然兵多，却更容易溃败。

螭首柄铜鐎斗

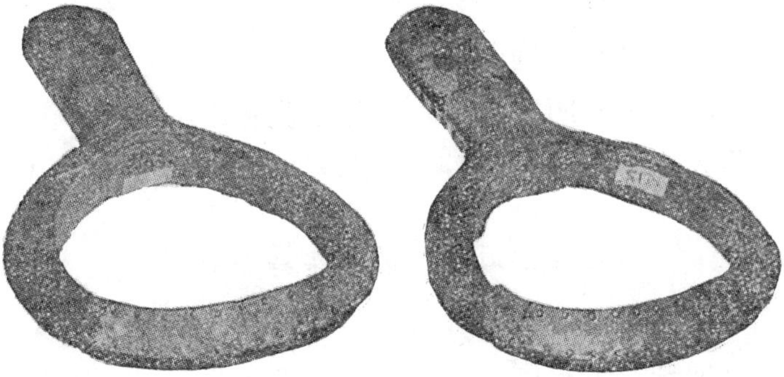

马 镫

辽宁北票出土北燕文物

第三期　三八三年——四三九年

淝水溃败后，苻坚的前秦国再分裂成燕秦凉三部分，许多小国，互相攻夺。三八六年，鲜卑拓跋部建立魏国，逐渐消灭割据者，终于统一了中国北部。

在前燕旧境内的诸燕国

后燕——三八四年，慕容垂自称燕帝，都中山（河北定县）。慕容垂死，子慕容宝继位。三九七年，魏军攻破中山，慕容宝丧失中原，徙都龙城。四〇九年，高句丽人高云杀燕帝慕容熙，后燕国亡。

南燕——四〇〇年，慕容德据滑台（河南滑县）自称燕帝。慕容德死，慕容超继位。四一〇年，东晋刘裕北伐，杀慕容超，南燕亡。

北燕——四〇九年，汉人冯跋杀高云，据龙城，自称燕天王。冯跋死，弟冯弘立。四三六年，魏灭北燕。

在前秦旧境内的诸秦国和夏国

前秦残部——三八六年，苻坚的族孙苻登得氐族人的拥护，据陇东（甘肃平凉县）称秦帝。苻登与姚苌混战多年，三九四年，苻登战败，被姚兴杀死，氐族的国家被羌族最后消灭了。

后秦——姚苌是羌烧当族人。三八四年，姚苌得羌族人的拥护，据北地（陕西富平县）自称秦王。三八五年，姚苌杀苻坚，取长安，自称秦帝。姚苌死，子姚兴立。姚兴是苻坚以后有作为的皇帝，他下令境内，凡平民因荒乱自卖为奴婢的人，一概释免为良人。简省法令，谨慎断狱，奖励清廉的官吏，严惩贪污。在长安设律学（法律学校），召集各郡县没有任专职的吏员来律学学习法律，选拔成绩优良的学生回到郡县做狱讼官。郡县有疑狱，可送上廷尉（最高狱讼官）请审判，有时姚兴也亲自审疑狱。这些，都是对人民有利的措施。姚兴得儒生姜龛等人，大兴儒学，长安有儒生一万几千人。又得名僧鸠摩罗什，大译经论，佛教盛行。长安有和尚五千余人，各州郡信佛人家，十中多至八九。佛教在后赵石虎时得到发展，姚兴时又得到进一步的发展，外来宗教通过十六国的大战乱，从此在中国各族人的灾难生活里建立了广泛的基础。姚兴的政治是比较清明的，因之在武功方面也有一些成就。当他即位的一年，便灭苻登的前秦。四〇〇年，击败西秦，西秦降服。四〇三年，灭后凉。在姚兴统治的二十余年中，后秦成为西方的强国。四一六年，姚兴死，子姚泓继位。四一七年，东晋刘裕攻灭后秦。刘裕率主力军自彭城西进，一路偏师由沈田子率领，自武关（陕西商南县）西进，后秦守州郡的文武官望风归降，尤其是沿路居民给晋军很有力的援助。例如晋王镇恶军攻下洛阳，进取潼关，魏发大军十万救后秦，守黄河北岸，阻击晋军运粮船。王镇恶军乏食，当地居民输送义米，王镇恶军得继续前进。沈田子兵仅千余人，击败姚泓自率的主力军。王镇恶军又击败姚泓残兵数万人，攻入长安。这次战争，刘裕优越的指挥，自然是取胜的重要原因，但民心附晋，也是一个重要原因。

西秦——三八五年，陇西鲜卑酋长乞伏国仁聚集鲜卑部落十余万人，据陇西，自称大单于。三八八年，乞伏国仁死，弟乞伏乾归继位。四〇〇年，乞伏乾归战败，投降后秦作附属国。四〇九年，乞伏乾归自称秦王，都苑川（甘肃靖远县西南）。乞伏乾归死，子乞伏炽磐继位。四一四年，灭南凉。四二八年，乞伏炽磐死，子乞伏暮末继位。西秦几个国王都是十分好战的人，连年与羌人、匈奴人、吐谷浑（青海游牧人，酋长是鲜卑慕容部贵族）人混战，西北地区化为炽烈的战场。四三一年，乞伏暮末战败，为夏所灭。

夏——赫连勃勃是匈奴族酋长，初为姚兴部属，四〇七年，自称大夏天王。赫连勃勃是一个极端残暴的人，他把人民看作草芥，任意虐杀，对他的臣下，也随手惨杀。他搜罗一些汉族士人来助虐，因之战斗常获胜利，成为强国。四一三年，赫连勃勃发民众十余万户筑统万城（陕西横山县西）作为国都。城基厚三十步，高六丈余。筑城的土都经过蒸熟，筑成后用铁锥刺土，刺进一寸，便杀筑者，残忍刻暴民不堪命。城中宫墙厚三丈余，也用蒸熟土筑成，坚硬可以磨刀斧。宫中楼台高大，殿阁弘伟，装饰土木，极其侈丽。赫连勃勃杀民工和匠人至少有数千人。文士胡义周作《统万城铭》，歌颂赫连勃勃的功德，说是“庶民子来，不日而成”。胡义周一类士人的心，和赫连勃勃同样是一颗兽心，人民遭受无限的灾祸，在他们看来，却是应该歌颂的功德。

刘裕灭后秦，算是立了大功，留十二岁的儿子刘义真镇守长安，自己赶忙回建康去夺东晋的帝位，关中的得失对刘裕是无足重轻的。赫连勃勃和他的军师王买德看中了这一点，四一八年，率大军进攻长安。刘裕留下的将帅互相残杀，沈田子杀王镇恶，王修杀沈田子，刘义真杀王修。这些将帅杀完以后，刘义真纵将士大抢掠，载着夺得的财物妇女，逃向潼关。车子太多了，一天只走十里路。赫连勃勃军追击，刘义真军全部覆没，刘义真逃归江南。赫连勃勃杀死刘义真军无数，积人头成大堆，称为髑髅台。长安居民以及刘裕军兵卒的损害和死亡是严重的，但是，刘裕只要自己做成了皇

新疆吐鲁番哈拉和卓高昌遗址的古可汗堡

帝，别人的损害和死亡，根本都是些度外之事，不负丝毫的责任。

赫连勃勃取得长安，自称皇帝。四二五年，赫连勃勃死，子赫连昌继位。四二六年，魏攻夏，入统万，取长安。四二七年，魏取统万。赫连昌逃到上邽城（甘肃天水县西南）。四二八年，魏俘获赫连昌。赫连定据平凉，击败魏军。赫连定与魏连年战争。四三一年，赫连定灭西秦，掳秦民十余万口，想逃到河西去，渡河时被魏属国吐谷浑击灭。

在前凉旧境内的诸凉国

后凉——三七六年，苻坚灭前凉。苻坚要开拓西域，三八三年，令大将氐族人吕光率步兵七万骑兵五千往攻西域诸国，三八四年，吕光击败龟兹国兵和诸国救兵数十万人，西域三十余国都来归附。吕光用骆驼二万余头带着西方的珍宝、文物和天竺名僧鸠摩罗什东归。三八六年，占领凉州，都姑臧（甘肃武威县），建立后凉国。吕光死后，诸子互相杀夺。四〇三年，姚兴灭后凉，得鸠摩罗什，大兴佛教。

南凉——三九七年，河西鲜卑酋长秃发乌孤占金城（甘肃皋兰县西北），自称西平王，黄河南鲜卑十二部大人都来归附。传至秃发傉檀（傉音奴 nú），四一四年，被乞伏炽磐攻灭。

北凉——沮渠蒙逊，匈奴族酋长。四〇一年，沮渠蒙逊杀吕光叛将段业，占领张掖，自称张掖公。四一二年，占姑臧，自称河西王。四一四年，听说刘裕将北伐，沮渠蒙逊害怕，派人到东晋称臣。刘裕灭姚泓，沮渠蒙逊更害怕，一个属官刘祥有事进见，沮渠蒙逊说，你听到刘裕入关，态度就和从前不一样了，立即把刘祥杀死。他深怕汉族人李氏建立的西凉国，因此专力对付西凉，四二〇年，灭西凉。沮渠蒙逊占有西凉七郡，交通西域诸国，财物丰富，战争较少，在境内大兴佛教。沮渠蒙逊在姑臧南百里山崖中（今武威天梯山），大造佛像，千变万化，使人惊异。西域来了一个僧人昙无谶，在姑臧译出《大般涅槃经》等十几部大乘经典，对佛学有重要贡献。他自称有役使鬼神医治百病及多生儿子的秘术，沮渠蒙逊使女儿、媳妇到昙无谶处学男女交接术，淫风盛行，号昙无谶为圣人。魏太武帝拓跋焘，听说沮渠蒙逊得到这个圣人，派使人来强索，说是要和他讲道，如果不送出昙无谶，就动兵来讨伐。沮渠蒙逊坚决拒绝拓跋焘的要求，并且杀死昙无谶。四三三年，沮渠蒙逊死，子沮渠茂虔继位。四三九年，魏灭北凉。

西凉——凉州大姓李暠（音搞 gǎo），四〇〇年，据敦煌，自称凉公。四〇五年，迁都酒泉，想号召汉族人推倒沮渠蒙逊的统治。四一七年，李暠死，子李歆继位。四二〇年，沮渠蒙逊灭西凉。

自三〇四年匈奴刘渊起兵，至四三九年魏灭北凉，前后凡一百三十六年。在这个长时期里，黄河流域遭受割据者的破坏是极其惨重的。大抵汉族经济文化最发达的黄河下游地区，战争尤为剧烈。关中在苻坚姚兴统治时期，居民多少得到喘息的机会，比下游地区总算好了一些。凉州自前凉以来是战争最少的地区，汉族的经济文化都还能保持旧状；吕光通西域后，西方的佛教和文化东流，先在比较安定的凉州停留，再由凉州流向内地，因之凉州在十六国时期是中国北部的重要文化区，对北魏的文化也起着重要的作用。

张氏的前凉是西晋的残留部分，李氏的成国是农民起义所立的国家，与上述那些割据者应有区别。下面叙述前凉与成两国。

前凉——凉州大姓张轨，三〇一年，受西晋朝廷任命为凉州刺史。西晋丧乱，张轨保卫州境，关中和中原人纷纷逃来避难，凉州成为中国北部唯一的安全地区，张轨所筑的姑臧城成为西北地区的文化中心。张轨以晋忠臣自任，得汉族人拥护，内部较为巩固。张轨孙张骏始自称假凉王，但仍对东晋朝廷表示忠诚，借以维系人心。张骏死后，前凉渐趋衰败。张祚自称凉王，群臣切谏，说不奉戴晋朝，大失人心，一定要亡国。张祚杀谏者丁琪，第二年张祚被臣下杀死。张天锡做凉王，正是苻坚强盛的时候，三七六年，苻坚发兵来攻，张天锡战败投降，前凉亡。

成——晋惠帝时，巴族人李特随关西六郡饥民十余万人，流入蜀地求食。朝廷强迫流民限期归还本乡。

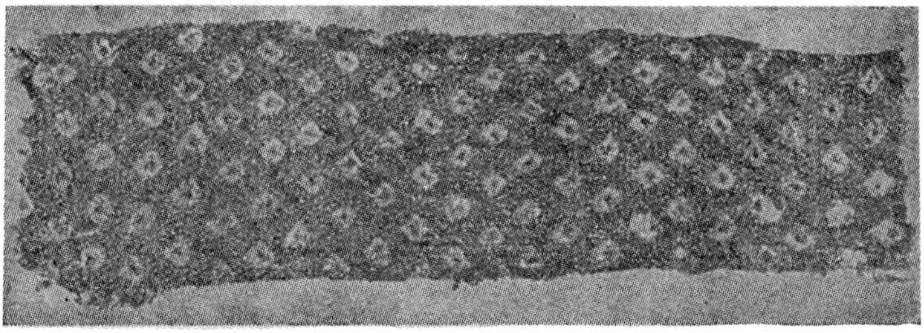

新疆吐鲁番出土西凉红色绞缬绢

前凉金错泥筩

流民散在各地，为豪富家作佣工，不愿意还本乡，晋官吏暴力逼迫，并且在归路上设关，要夺取流民的财物。李特屡为流民请求宽限期，得流民感戴，成为流民的首领。三〇一年，李特在绵竹（四川绵竹县）设大营收容流民，不到一月，聚众至二万，李特弟李流也聚众数千人。李特派阎彧去见晋平西将军益州刺史罗尚，请宽限期。罗尚正在布置军队，准备袭击流民营，欺骗阎彧说，你回去告诉流民们，我准许宽期了。阎彧说，人民看来似乎是弱的，但是决不可以轻侮。你待流民不合理，众怒难犯，怕要闯出大祸来。罗尚说，你说得对。我不骗你，你就这样去说吧。阎彧看透罗尚的诡谋，回来告诉李特。李特李流各率一营，等待晋军的进攻。果然，晋军步骑三万人来袭击，李特军反击，晋军大败。流民推李特为主，设立文武官，攻取广汉（四川广汉县）。罗尚为首的晋官吏，贪残愈甚，激起蜀民的怨恨。李特救济穷人，整顿军纪，得到蜀民的喜悦。蜀民唱着这样一首歌谣："李特犹可，罗尚杀我，平西将军（罗尚），反更为祸"。这首歌谣说明李特被迫起义，是得民心的，是正义的，罗尚一伙西晋统治者必须杀逐。

西晋派遣几路军队助罗尚攻李特，都被李特军击败。三〇三年，李特攻入成都城西部，纪律严明，居民安堵。罗尚据守成都南部。罗尚乘李特不备，袭杀李特。李特子李雄继领部众。经过几次大战，三〇四年，李雄攻取成都，罗尚逃走。李雄占有益州（四川），自称成都王。与李雄称王同年，匈奴族刘渊自称汉王。

大地主道教徒范长生，在蜀民中有声望。李雄请范长生为丞相，号天地太师。免范长生家佃户的军役，租税全部归范长生所有。李雄得范长生为首辅，地位愈益巩固。三〇六年，李雄自称皇帝，国号成。李雄在位三十年，刑政宽和，战事稀少，民赋每岁男丁纳谷三斛，女丁折半，疾病人又折半，户调绢不过数丈，绵数两。从农民战争中产生出来的成国，在当时全国范围内要算是无比的乐土。李雄选侄子李班为继嗣人，也是他还保存一些农民思想的表现。李班以为古时垦田均平，人人各得其所，现在贵人广占荒田，贫人无地可耕，富人有余粮出卖求利，这难道是均平的道理么！李雄很赞成他的意见，立他为太子。三三四年，李雄死，李雄子李期杀李班，自称皇帝。三三八年，李寿杀李期自立，改国号为汉。三四三年，李寿死，子李势立。李势是个暴君，人心离散。三四七年，桓温伐汉，李势军败散，晋军攻成都，李势到军前投降，汉国亡。

第五节　十六国时期的文化

一　佛　　教

十六国时期，黄河流域是现实的地狱，是充满着战争、灾祸、死亡、毁灭等等恐怖事件的黑暗世界。生活在那时候的人，无论是得势处于统治地位的那种人，或者是失势被蹂躏的那种人，都看不出自己有什么可靠的出路。那时候的人经历着忽兴忽败忽生忽死十分无常恶梦般的境地，自然而然地要发生迫切的问题：救星在那里？为什么是这样？少数族豪酋据中原称帝王，精神上是怯弱的，匈奴族靳准所谓“自古无胡人为天子者”，足以表达这些帝王的怯弱心理。他们希望获得一种根据来壮自己做中原帝王的胆，但是，在汉族传统的文化里是找不到的。他们也希望获得一种神奇的法术来帮助自己取胜，但是，儒学玄学里没有这种法术，连兴妖作怪的道教在当时也还不敢自夸有大法术。这些制造现实地狱的帝王和他的随从者固然迫切地想寻找救星，沦陷在地狱中遭受无边苦难的各族民众，当然更迫切地要寻找救星。救星在那里，成为整个地狱中人的共同问题。在剥削阶级统治的社会里，不公平不合理不可解释的遭遇，任何人都可以随时碰到。“天道福善祸淫”，“天道无亲，常与善人”一类训条，司马迁《史记·伯夷列传》已经发出“余甚惑焉，傥所谓天道，是邪？非邪？”的疑问。特别是在大乱的时候，一切疑问更集中地表现出来。为什么是这样，也成为整个地狱中人的共同问题。这两个问题，使得利害抵触的各种人群，同样都看不出什么是自己的出路。

佛教给各种人群送来了一条共同的出路。它有神不灭说和因果报应说，它有人死后受公平赏罚的天堂和地狱，它有神通变化的法术，它有丰富的唯心主义哲学，这样，人人都找到自己的出路了。因果报应说尤其是解答问题的关键。释慧远因有人怀疑善恶没有现验，特作《三报论》。他说，报应有三种：善人恶人当身受报，叫做现报。善人恶人当身不受报，来生一定要受报，这种报应叫做生报。比如说，现在的善人受了恶报，现在的恶人受了善报，因为现在的善人前生是恶人，现在的恶人前生是善人。还有一种叫做后报。一个人做了善事或恶事，要经过二生、三生、百生、千生才受到报应。有了这三报，还有什么事可以怀疑的呢！佛教和其他宗教幻化出各式各样的灵魂世界，主要是用来诱骗现身受苦受难的民众，教他们安心受苦难，准备来生受善报以至登天堂。汉族原有的儒家道家学说，都以一生为限，不讲前生与来生，在这一点上，比起那些宗教来，应该说是属于唯物论方面的了。但是，也就在这一点上，被外来的佛教取得喧宾夺主的优势。

石虎尊敬佛图澄，大兴佛教，有一次，东晋军来攻伐，石虎不利，发怒说，我奉佛供僧，却来了晋寇，佛有什么用。第二天，佛图澄见石虎说，你前生是个大商人，曾在西方佛寺设大会，预会的有六十个罗汉，我是其中之一。当时有一个得道的人预言过：这个施主后身要在晋地作帝王。现在你果然做了皇帝，难道不是前身奉佛供僧的好处么？石虎听了这套鬼话很喜欢，显然胡人做中原帝王是有根据了，并且这一生奉佛供僧，下一生做皇帝更可靠了。怀着怯弱心理做帝王的人，对什么小乘大乘那些佛教哲学都无所谓，真正感兴趣的就是因果报应和神奇的法术。

石勒石虎尊奉佛图澄，受苦受难的民众，不少人削发出家，求佛图澄的保护。石虎感到不利，提出无爵秩的百姓是否有权奉佛和百姓为避役（兵役徭役）奉佛，是否需要审查两个议题，令群臣详议。王度等依据汉魏旧制，主张凡汉人一概不许到寺庙烧香礼拜；上自官员，下至役隶，也一概不许拜佛；凡赵人（羯族人）已出家者一概还俗。这是汉族传统文化对外来宗教的排斥，当然要引起佛图澄等人的反攻，石虎终于顺从佛图澄，下令说，我不是汉族人，做了中国的皇帝，理应兼奉中国神和外国神。凡夷（羯族以外的非汉族人）、赵（羯族人）、百姓（汉族人）愿意奉佛的人，一概允许出家做和尚。石虎下了这道命令，佛教才真正发展起来。当时佛寺大抵是由下列三种人构成的。

寺主——《十六国春秋·石虎传》说“是时百姓因佛图澄率多奉佛，皆营造寺庙，削发出家”。这里所谓百姓，就是有钱有势的官员和豪强。他们出钱造寺庙，一方面为求来世的福，一方面为获当前的利。有了寺庙，寺主可以得到信徒的布施，可以役使下级僧众。势家豪姓向来占民户作自己的荫户，十六国时尤甚，例如前燕慕容暐时王公贵戚占民户为荫户，至少在二十万户以上。不过，这和国君有利害冲突，要保持荫户也不是没有困难的。寺主役使下级僧众，实际是变相的占有荫户，形式上却是奉佛供僧，不违国法。因此，出家的寺主或不出家的寺主（如石虎的官员张离、张良家富，事佛起大塔），都是大地主的一种。

道人——道人也称道士，是通晓佛教哲学的僧人。这种人多出身于寒苦的士族，钻研佛学，以传教弘法为出路。他们可以作寺主的重要辅佐，也可以上升为寺主。不论他们是贫僧还是富僧，都属于地主阶级。

下级僧众——劳苦人民在经济总崩溃时期，物质的解救是绝望的了，他们追寻着精神的解救以代替物质的解救。佛教的那一套正好给他们提供精神上的安慰，或者说，正当他们痛苦呻吟穷而无告的时候，佛教送来了鸦片烟，不难想见，很多人愿意接受这种麻醉品。他们进入寺庙，不能不劳而食，当然要受寺主的役使，不过，比起普通民众来，有免税免役的权利，在物质上也算是找到了出路。下级僧众对寺主是变相的荫户，对民众却是剥削者欺骗者的助手，虽然他们的出家，是由于暴政的驱迫，但既为僧众，就不再是普通民众的一部分。

石勒石虎是十六国时期最著名的暴君，尤其是石虎，比猛虎还凶猛得多，可是佛教正通过二石的凶残才开始大放光明，足见宗教的光明以世俗社会的黑暗为基础，社会愈黑暗，宗教愈光明，反过来，社会愈光明，宗教愈暗淡，一直到完全消灭。剥削阶级统治的社会里，黑暗面总是存在的，因之宗教也总不会失去它的基础。

十六国时期佛教盛行，与三个大僧人的传教关系极为密切，下面略述三个大僧人传教的事迹。

佛图澄——佛图澄能背诵数百万字的经卷，并精通文义，是一个杰出的佛学者。西晋末，到中国传教，恰好遇着大乱，给佛教开辟了畅通的道路。西晋在大乱前，士族中有认为名教中自有乐地，对鬼神主张敬而远之的儒学派，又有放浪形骸纵情享受主张无鬼论的玄学派、儒学派与佛教对立，玄学派采取佛经中某些哲理作清谈的辅助，并不信仰佛教。高僧如竺法护，只能专力译经，供玄学派的采取。当时佛教是玄学派的依附者，想独立发展是困难的。到了十六国，儒学自保不暇，对外来宗教失去抵抗力，玄学随着高级士族迁徙到江南，这才给佛教以独立发展的机会。佛教获得普遍的信仰，首先依靠它的法术。佛图澄是法术的能手，自称已经活了四百多岁，自称能念神咒役使鬼神，自称在手掌上涂些药物，能见一千里以外的事情，自称能听铃声，从铃声中得知吉凶。一句话，佛图澄是个十分机智的大骗子，石勒石虎两个虎狼般的凶人，也被佛图澄骗得心悦诚服，愿意出大力来提倡佛教。荒唐无稽的报应和奇异莫测的法术是传播佛教的重要条件，法术尤其是使人信服的先决条件。石勒召见佛图澄，先问佛道有何灵验，佛图澄当场玩了一套魔术，石勒居然信服了。佛教和其他宗教一样，为要取信于愚昧的人，总少不了使用各式各样的欺骗手段。这种手段盖上庄严神圣的装饰，就被称为法术或道术。

宗教仅仅依靠法术，还不能俘掳所谓有知识的人。它必须有哲学来阐发教义，使人们满足知识上的要求。佛教的哲学丰富深广，宗派众多，唯心主义的各种门道几乎应有尽有，足够引导坠入这个知识深渊里的人，各从所好，愈钻愈深，永远安居在虚幻的内心世界，自以为极乐。佛教有了这一类人，传教才有骨干，愚昧人群因法术而发生的信仰才能巩固。佛图澄对石勒石虎这群愚昧人专用法术，对所谓有知识人则传授哲学，培养了大批中国名僧，其中以释道安为最杰出。法术与哲学是佛教流行的两轮，缺一不行，佛图澄善于利用两轮，因而成为佛教的重要人物。

释道安——士族出身，十二岁出家。游学至邺，得佛图澄的赏识，被提拔为大弟子。道安是摆脱对玄学的依附关系、使佛教哲学独立传播的倡导人。东晋习凿齿说，道安"无变化技术可以惑人"，足见他专力传播佛图澄的哲学部分。道安在北方传教多年，有弟子数百人。三六五年，道安率徒众往东晋境内传教，到新野分出一批人往扬州等地，自己到襄阳。前秦苻丕围攻襄阳，道安又分散徒众往各地传教，东晋名僧慧远就在这次分散中到荆州。苻丕攻下襄阳，道安到长安，大为苻坚所尊信。道安一生传播佛教哲学，从此佛教在思想领域内以独立的姿态流行于中国全境。佛图澄主要用法术惑人心，道安主要用哲学醉人心，佛教两轮的哲学轮，到道安才成为有力的一轮。

鸠摩罗什——鸠摩罗什天竺人，生在西域龟兹国。幼年通小乘学（主要讲有学）。后来又通大乘学（主要讲空学），名震西域。道安闻名，劝苻坚迎鸠摩罗什来中国。苻坚本有用兵西域的意图，派大将吕光率兵七万攻西域诸国，顺便取鸠摩罗什。前秦亡后，吕光据凉州，鸠摩罗什在凉州闲住十余年，精通汉族语文。姚兴灭后凉，鸠摩罗什到长安。长安在苻坚时，道安等众多名僧聚会在一起，已成传教译经的中心地。姚兴时佛教更盛，鸠摩罗什到来，群僧有主，佛学达到十六国时期的最高峰。

鸠摩罗什主要事业是翻译经典。以前胡僧译经因不甚通达汉语，文句多晦涩难懂。鸠摩罗什改直译为意译，文句接近汉语，义理依据梵本。他临死时发誓说，如果译文不失大义，死后焚身，舌不坏烂。可见他对翻译的忠实是很自信的。鸠摩罗什在长安译经三百余卷，《晋书·载记》说“今之新经，皆罗什所译”。新经文美义足，在文士群中便于流传，佛教影响愈益扩大。

佛图澄的法术，道安的传教，鸠摩罗什的译经，合起来为佛教奠定了大发展的坚实基础。

二　艺术、音乐

汉族传统的文化是史官文化，它的优良特征是征实，它的缺点是想象力不很丰富。古代传下来的神话不多，就是缺少想象力的一个明证。一切神话，是在想象之中，借想象之力，去克服自然力，支配自然力，并给自然力以形象化的东西。这种东西对事实来说，自然是一片荒唐话，但对艺术来说，恰恰是艺术的宝库和园地，没有丰富的神话，或者说，没有无边的幻想，要发展艺术是困难的。佛教拥有成套成堆的神话，传到中国来，可以补史官文化的不足，在艺术方面起巨大作用。中国古代规模宏大的艺术作品的产生，和佛教是分不开的。北魏统一中国北部，从竭泽而渔得来的物力足以创造这种大作品，但在十六国时，较小规模的创造也已经开始。北凉沮渠蒙逊在山崖中大塑佛像，《十六国春秋》说这些佛像“千变万化，惊人眩目”，足见塑像艺术很高。又说，泥塑佛像中有个土圣僧，身裁同人一样高，从远处望去，土圣僧总在行动，走到近处看，便静止不动。这个神话也说明塑术的高妙。

经十六国大乱，汉魏相传的音乐散失了，西方音乐正可以填补这个空隙。三四八年，天竺送给前凉音乐一部，乐器有凤首、箜篌、琵琶、五弦、笛、铜鼓、毛圆鼓、都县鼓等，乐工十二人，歌曲有《沙石疆舞曲》，又有《天曲》。后凉吕光通西域，获得更多的乐器（其中有筚篥、答腊鼓、腰鼓、羯鼓、鸡娄鼓等乐器）和歌曲。凉州在当时是北中国保存汉族传统文化最多又是接触西方文化最先的地区。西方文化在凉州经过初步汉化以后，再向东流。音乐也是这样，隋燕乐九部，唐燕乐十部，除清商乐巴渝舞两部是汉魏旧乐，高丽乐来自东北，其余全是西凉乐和西方诸国乐，凉州乐的曲调尤为流行。

三 文 学

十六国长期战乱，文学几乎绝迹。这不是说没有人作些诗赋，而是说缺少著名的作者。虽然如此，还有悲壮的《壮士之歌》和奇巧的《璇玑图诗》两篇遗留下来，也不妨说是以少为贵了。

陈安出身农民，西晋丧乱，据秦州（治天水，甘肃天水县），自号秦州刺史。陈安力大善射，又和部属同甘苦，深得民心。陇上氐羌都来归附，有众十余万。三二四年，陈安与刘曜大战，陈安战败被杀。刘曜徙秦州杨、姜等大姓二千余户到长安，氐羌也被迫投降刘曜。陈安代表汉人和氐人羌人反抗匈奴压迫者，死后，陇上人想念他，为作《壮士之歌》。歌末四句是“为我外援而悬头，西河之水东河流，呵呵呜呼奈子何，呜呼呵呵奈子何”，流露出深厚的情感。这首歌可以表现当时被压迫各族主要是汉族对压迫者愤怒对反抗者同情的普遍心情。

苻坚部将窦滔镇守襄阳，窦滔妻苏若兰年二十三，被留在家里，用五彩丝织成一幅锦字回文诗，寄给窦滔。全幅横直各八寸，二十九行，每行二十九字，凡八百四十一字。按各种读法，可得各体诗二百余首。窦滔得诗，叹为“妙绝”，送走善于歌舞的宠妾赵阳台，迎苏若兰到襄阳。苏若兰寄诗时说，我的诗自成语言，只有我的丈夫能懂得。用限制极严的形式，表达多样家常生活和夫妻间情爱，技术上是很奇巧的。武则天称为《璇玑图》，撰文说“纵横反覆，皆为文章（诗），其文点画无缺，才情之妙，超今迈古”，可称确评。不过，技术上的奇巧，不一定就是好的文学，只有丈夫能懂的语言，文学价值也就很有限了。苏若兰所著文词有五千多字，《璇玑图诗》因奇巧得传。

四 儒 学

佛教可以欺骗广大劳苦民众，少数族统治者自然乐于利用，但儒学是汉族地主阶级传统的政治工具，要和士族合作来建立国家，废弃儒学，专行佛教，事实上是行不通的。刘渊刘聪刘曜都是汉化的匈奴人，他们所用文臣，多是匈奴族汉族的儒生，在汉国前赵国，儒学保持独尊的地位。石勒石虎汉化较浅，容易接受佛教，可是并不放弃对儒学的利用。石勒在襄国立太学，又增设宣文、宣教、崇儒、崇训等十几所小学，太小学各置博士教授五经。石勒受礼教的影响，下令禁止国人（羯人）报嫂（兄死，弟娶嫂为妻）、居父母丧时仍行嫁娶等旧俗。石虎令郡学增设五经博士，又令学博士到洛阳写石经，优礼天水名儒杨轲。石虎虽然昏虐无道，但是懂得怎样利用儒学和佛教。前燕慕容氏汉化最深，前燕专用儒学，不行佛教。前秦苻坚大兴学校，每日亲到太学，考核诸生经义的优劣。在王猛当政期间，恢复魏晋士籍，凡“正道”（儒）“典学”（经学）以外的左道异端一概禁止，谈老庄图谶之学的人处重刑，佛教也受到限制不得流行。王猛死后，苻坚才倾向佛教，攻破襄阳得释道安，备极尊崇，长安成为儒佛并盛的重镇。后秦姚兴时，儒学更盛，学生多至一万数千人。小国中前凉儒学最盛，敦煌因远在边境，兵祸较轻，财力殷富，因而儒学尤盛。在前凉，如宋纤有弟子三千余人；酒泉人祁嘉到敦煌学宫读书，博通经传，开门授徒，有弟子二千余人。在西凉，如宋繇读书数千卷，刘昞（音丙bǐng）著书多种，有学徒数百人。在北凉，如阚骃撰《十三州志》。敦煌是凉州文化的中心。敦煌儒生保持东汉以来的今文经学，多擅长阴阳术数图谶之学，儒生以外，还有不少擅长技艺的人。如索丞善于弹筝歌唱，悲歌能使欢乐人掉泪，改换歌调，能使掉泪人欢乐起舞，当时号为雍门调。又如张存善针术。张存有奴常常逃走，张存用针刺奴，使脚缩不能行动，要使用时，用针刺便能动。

敦煌是佛教流入内地的第一站，在这个站上，有今文经学以及音乐医药各式各样的接待者，宾主间有气味相投处，利害上又不发生什么抵触，佛教和西方文化的流入，敦煌恰好具备着顺利接受的条件。

因玄学的兴盛，儒学在西晋时已进入衰运。十六国时佛教盛行，儒学又受到更大的压力，儒生只能传授经学，不敢反对佛教。东晋儒学对佛教还有些抵抗，十六国儒学比起来显得更衰落了。不过，儒学即使衰落，在政治上仍保持崇高的名义，维持封建秩序的礼制，总必须依据儒学。

简短的结论

自二九一年，西晋贾后专权起，至四三九年，北魏统一中国北部止，前后一百五十年的长期战乱，是中国经济文化中心地区的黄河流域遭受几乎彻底破坏的黑暗时期。二八〇年至二八九年号称天下安业的太康年间，恰恰成为长期大战乱爆发前可怕的暂时寂静。

晋武帝统一中国，是东汉末年以来的一个进步，他实行了一些有利于统一和人民的积极性措施，也应该予以肯定。但是，他至少做了两件倒退的事伏下了大战乱的引火线。第一是西汉景帝以后，皇子受封为国王，除在国内收取规定的租税，并无其他权力。曹魏设禁尤为严厉，国王等于囚犯。晋武帝大封皇子和宗室为国王。国王有文武官有兵有民，在国内是实在的统治者。这种分封制度，倒退到西汉景帝以前的状况。第二是曹魏严防外戚干预政权，纠正了东汉外戚宦官相互争夺的惯例。晋武帝重用外戚，倒退到东汉的状况。历史是前进的，那怕是极迟缓的前进，倒退一定要受到历史的惩罚。

司马氏收买一部分高级士族，组成司马氏集团，夺取曹氏政权。在夺取政权的过程中，对另一部分高级士族组成的曹氏集团充分使用了险诈残忍的手段，对本集团则尽量纵容优待，换取这些人的拥护。统一中国后，朝廷上新气象很少，相反，险诈残忍贪污腐朽的气氛更浓厚了。

执掌政权的高级士族由司马氏诸王公、外戚、高门(大臣和名士)组成。这群人中间，外戚与诸王公、外戚与外戚、王公与王公有复杂的利害冲突，高门与诸王公外戚也有矛盾，但主要是高级士族和中下级士族间的利害冲突。

在高级士族的贪暴统治下，西晋社会间存在着三个乱源：第一，被高门压抑的中下级士族投奔诸王公、外戚和少数族豪酋，企图突破门阀限制，取得自己的富贵。高级士族和少数族豪酋(石勒是农民，但在羯族中是豪酋)是地主阶级中作乱的阶层，中下级士族是地主阶级中助乱的阶层。作乱者和助乱者都急于乘机动手，大战乱就在这些人的活动里接连爆发了。第二，居住边境上和内地的少数族，受汉族文化的影响，从游牧转化为农民，当然是愿意安居乐业的，可是，西晋统治者的残酷压榨，迫使少数族农民不得不寻找生路，要求起兵反抗。这种合理的要求，被本族豪酋利用，从反晋战争引导到各族间混战。第三，汉族农民被西晋统治者压榨，大量流亡。在蜀地，流民发动了起义。在黄河流域，因为匈奴族起兵在先，流民有些附和匈奴族共同反晋，有些随从乞活帅反抗匈奴军，有些投靠坞主壁帅（豪强大姓）守地自卫，有些逃到边境外依靠游牧族的豪酋。这种混乱分散的情况，使得农民不能组成庞大有力的起义军，同时也就助长了非汉族豪酋和汉族豪强大姓的割据势力。

二九〇年外戚杨贾两姓争权之乱，促使各种矛盾开始爆发了。从而引起三〇〇年开始的诸王混战，再从而引起三〇四年开始的刘渊起兵反晋，到三一六年，西晋朝廷完全覆没。从此，以反晋为名的战乱转入五个少数族豪酋相继混战的阶段。

匈奴族羯族表现破坏性最为猛烈，鲜卑族（慕容部）、氐族、羌族政治比较良好，黄河流域人民得到暂时的喘息。前秦败亡后，在前燕、前秦及前凉旧境内，纷纷出现许多割据小国，这时候鲜卑拓跋部强大起来，逐渐消灭这些小国，统一了中国北部。

在长期战乱中，汉族人民锻炼了坚固的民族性。冉闵对羯人的报复，苻坚的攻晋大败，姚泓的战败被俘，都是汉族人民不愿接受非汉族人的统治，有机会就要推翻它的显例。

由于五个少数族的豪酋都曾取得中国土地上的统治地位，本来居住在偏僻山谷里和居住在边境外的大批本族人，被吸引进入统治区内的较好地方，生活和文化都得到提高。本族豪酋失势以后，他们也就逐渐和汉族融合了。

西晋高级士族过着极度腐朽的生活，极度腐朽的玄学思想得以发达起来。十六国时期，社会变成现实的地狱，宣扬天堂乐趣的佛教得以广泛流传。佛教能麻痹劳苦群众的斗争性，因之从石勒石虎开始，统治者利用儒学以外，更着重地利用佛教。

第　五　章

长江流域经济文化发展时期
——东晋和南朝

——三一七年——五八九年

第一节　五个朝代的更替

东晋朝　三一七年至四二〇年

东晋朝的开始——正当八王混战、匈奴、羯起兵反西晋、黄河流域陷入大混乱的时候，长江流域算是较为安静的地方，中原一部分士族和民众开始渡江来避乱。三〇七年，晋怀帝任命琅邪王（邪音牙 yá）司马睿为安东将军，都督扬州、江南诸军事，镇建邺（晋愍帝时改称建康）。司马睿有了这个职位和地盘，来投靠的士族也就多起来，成为长江流域的中心势力。三一六年，晋愍帝被俘，西晋灭亡。三一七年，司马睿被推戴为晋皇帝（先称晋王，三一八年称帝），建立起东晋朝。

晋元帝（司马睿）向来缺少才能和声望，在晋宗室中又是疏属，他能够取得帝位，主要依靠王导的支持。王导出身中原著名的高级士族，是老练的政治家，是东晋朝的实际创造者。长江流域建立起汉族政权以后，有利于抵抗北方少数族的侵入，经济和文化也逐渐发展。自东晋至陈亡约三百年间，南方经济上升，文化更是远远超过北方。这是东晋和南朝在历史上所起的积极作用，首先创立东晋政权的晋元帝和王导是有功的。

王导在政治上的主要措施，就是收揽一批北方来的士族作骨干，联络南方士族作辅助，自已作为南北士族的首领，在自己的上面，安置一个姓司马的皇帝。这个措施说来很简单，可是做起来却完全不是简单的事情。因为北方来的士族间、北方士族与南方士族间、王氏势力与司马氏势力间都存在着矛盾。不能调剂这些矛盾使之处于相对的平衡状态，便不可能建立东晋朝。王导的事业就在于调剂这些矛盾，造成苟安江左的局面。

王导劝晋元帝选取北方名士百余人做属官。这些名士避乱南来，得到官职，算是有了安身地。其中有不少人怀疑晋元帝能有什么作为，例如桓彝，初到时见晋元帝势力单薄，对人说，我到这里避乱，原想得个安全，不料如此不济，看来难有前途。和王导谈话以后，知道他有些办法，才安心任职。大部分名士更是失望悲观。例如，有一次诸名士在江边一个亭上宴会，周顗（音蚁yǐ）叹气说，风景一样好，只是黄河边（洛阳名士多在黄河边宴会）换了长江边！名士们都哭起来。王导正色道，大家正应该出力辅助王室、恢复中原，何至于穷困丧气到相对哭泣！名士们听了都停哭认错。事实上王导并无恢复中原的意图，不过他能说这样的话来改变情绪，比起诸名士显得有见识。这批流亡士族在王导率领下逐渐趋于稳定。

西晋灭吴国后，南方士族被排斥，仕进很困难。陆机荐贺循表里说，扬州士人现在还没有人做到郎官，荆州和江南士人做京朝官的一个也没有。南方士族对中原士族的独霸仕途，当然不能满意。王导想在吴国旧境内建立以中原士族为骨干的东晋朝，联络南方士族便成为极其重要的事务。晋元帝初到建康，南方士族都不理他，过了大半年还没有人来求见。王导很担心，和从兄王敦商议，替晋元帝制造威望。一个节日，王导请晋元帝坐肩舆出巡，王敦王导和北方名士都骑马随从，显出晋元帝的尊严。南方士族顾荣等在门隙窥看，大惊，相率到路旁拜见。王导对晋元帝说，顾荣贺循是南方士族的首领，招这两人来任职，其余

广东广州出土
东晋永嘉砖

士人自然都来了。晋元帝使王导亲自去招顾、贺，二人应命来见晋元帝。从此，南方士族归附，成为东晋政权的一个构成部分。

士族间必须说洛阳话，通婚姻必须严格衡量门第的高低。王导为联络南方士族，常常说吴语。北方士族骄傲自大，说王导没有什么特长，只会说些吴语罢了。王导曾向南方士族陆玩请婚。陆玩辞谢说，小山上长不了大树，香草臭草不能放在一起，我不能开乱伦的例。北方士族轻视吴语，实际就是轻视南方士族，南方士族拒绝和北方士族通婚，表面上是谦逊，实际也是轻视北方士族。陆玩曾在王导家食酪（北方食品）得病，写信给王导说，我虽是吴人，却几乎做了伧（音仓 cāng 南人轻视北人的称呼）鬼。这都说明南北士族的界限很分明，北方士族的政治地位比南方士族高，南方士族并不心服。义兴郡（江苏宜兴县）强族周玘，因被北士轻侮，准备起兵杀诸执政，以南士代北士。阴谋败露后，忧愤发病，死时嘱咐儿子周勰说，我是被那伙伧子气死的，你能报仇，才是我的儿子。周勰集合一些怨恨北士的豪强，谋起兵攻王导、刁协等。事败后，王导因周氏强盛，不敢追究。在晋元帝即帝位以前，王导的政治措施，主要是在争取南北士族间相对的平衡，由于王导的忍让，基本上是成功了。

王导在政治上取得这些成功，关键在于给士族安排了经济上的利益。南方各级士族自然就是各级地主，其中强宗大族，如吴郡顾氏、陆氏，义兴郡周氏，都是拥有部曲的大地主，不允许北方士族侵犯他们的利益。王导定侨寄法，在南方士族势力较弱的地区，设立侨州、侨郡、侨县，安置北方逃来的士族和民众。侨州多至司、豫、兖、徐、青、并等六州，侨郡侨县为数更是繁多。这种侨州郡县大都在丹阳、晋陵、广陵等郡境内，形势上可以保卫建康，同时流亡士族保持原来的籍贯，凭借势力在寄居地依然奴役从北方流亡来的民众，逼迫他们当奴隶或佃客，为自己创立新产业。侨州郡县有大量的各级文武官职，当然又是流亡士族的出路。所以，侨寄法虽然是紊乱行政系统、加深人民穷困的恶劣制度，但对东晋政权说来，却是安置流亡士族，缓和南北士族间矛盾的重要措施。

流亡士族的权利以渡江先后为标准。北朝颜之推作《观我生赋》，自注说，中原士族随晋元帝渡江的有百家，因此江东有《百谱》(《百家谱》)。晋孝武帝时，贾弼之广集百家谱记，朝廷派人帮助贾弼之撰定《十八州士族谱》，共一百帙，七百余卷。贾弼之、贾匪之、贾希镜祖孙三代传谱学。贾氏《百家谱》抄本藏在官府中，有专人掌管，并且有专长谱学的人来辨别真伪，防止冒滥(如贾希镜受伧人王泰宝的贿赂，冒入琅琊谱，经王晏揭发，贾希镜几乎被齐明帝杀死)。这一百家人才是享受政治权利的士族，后来渡江的北方士族，被这百家人呼为伧，不得享受同等的权利。东晋政权主要是这一百家的政权，西晋士族的全部腐朽性，也主要由这百家移植到长江流域。

就在晋元帝登位以前，也不曾显出有什么开国的新气象。陈頵给王导信里说，西晋朝所以颠覆的原因，正在于用人不当。重虚名不重实用，看门第不看真才，政事败坏，不可挽救。现在应该改变旧习，分明赏罚，选拔贤能，共谋中兴。王导不听他的劝告。陈頵看到王府官属，贪图安逸，不管职事，写信给晋元帝说，现在官员都继承洛都积弊，看来前车覆了，后车还不知警戒。晋元帝也不听他的劝告。陈頵屡发正论，被名士们逐出王府去做郡太守。陈頵的劝告和被逐，正好说明东晋政权是一个怎样腐朽的政权。

三一八年，晋元帝改称晋王为晋皇帝。登帝位受百官朝贺时，晋元帝三四次请王导同坐御床受贺，王导辞让不敢当。原来晋元帝除了因为姓司马有权被推为皇帝，其他实力是没有的。他在政治上完全依靠王导，军事上完全依靠王敦，重要官职多被王家人占有，他想选用自己亲信人也不能无顾忌。当时人们说“王与马，共天下”，实际是司马氏势力远不敌王氏势力。作为一个开国的皇帝，要请一个大臣同坐受贺，可以想见司马氏的微弱。此后东晋政权的存在，不是因为它本身有力量，而是因为几个大姓间常常保持势力的平衡，共同推戴司马氏作皇帝来维持这种平衡。

晋元帝只想做个偏安皇帝，王导也只想建立一个王氏当权的小朝廷，他们的目光专注在江东内部的权利分配上，从来不作北伐的准备，而且还反对有人主张北伐。晋元帝将要称帝，周嵩上书劝他整军讲武，收复失地，那时候称皇帝不算迟。周嵩说忠直话，几乎被杀死。熊远要求朝廷改正过失，说不能遣军北伐是一失，朝官们忘记国耻，以游戏酒食为正务是二失。熊远说忠直话，掉了京官出去做地方官。谁主张北伐，谁就被排斥，至于实行北伐的祖逖，当然要遭到冷酷的对待。祖逖是当时最识大体最有才能的杰出人物。中原大乱，祖逖率亲友数百家来投晋元帝，要求率兵北伐。三一三年，晋元帝给他豫州刺史名义，又给一千人的食粮和三千匹布，叫他自己去募兵、造兵器。祖逖率部曲百余家渡江北上，在淮阴铸造兵器，募兵得二千余人。祖逖军纪律严明，得广大民众的爱护，屡次击败石勒军，收复黄河以南全部土地。晋元帝给祖逖镇西将军的称号。三二一年，祖逖准备渡黄河击石勒，收复河北。晋元帝却派仅有虚名的戴渊做征西将军，都督司、兖、豫、并、雍、冀六州诸军事、司州刺史。真正出征的祖逖官职是镇守；根本不出征的戴渊官职是出征，而且祖逖已收复的和未收复的州，都归戴渊统辖，这显然是不信任祖逖的表示。当时王敦和晋元帝对抗，东晋内乱势必爆发，祖逖感到前途无望，忧愤成病，就在这一年死去了。晋元帝深怕臣下在北伐中立功，建立起崇高的威望，对自己的帝位不利，却不想想专和臣下在内部计较权利，自己原来就很有限的一些威望将愈益缩小，对帝位的保持更加不利。格言说得好，“人无远虑，必有近忧”，晋元帝正是这样的一个庸人。

晋元帝登帝位后，不满意王氏的骄横，想削弱王氏势力。他引用善于奉迎的刘隗、酗酒放肆的刁协作心腹，暗中作军事布置。王导被疏远，仍能保持常态，士族一般都同情他，刘隗、刁协反陷于孤立。王敦本来是个野心家，乘机以反对刘隗、刁协，替王导诉冤为借口，阴谋篡夺。祖逖死后，王敦更无忌惮。三二二年，王敦在武昌起兵反晋，刘隗等人战败，王敦攻入建康。王导和朝官们消极抵抗，王敦无法实现他的篡夺野心，只好退回武昌。三二三年，晋元帝忧愤病死，晋明帝继位，王导辅政。王敦以为有机可乘，加紧谋篡夺。三二四年，晋明帝乘王敦病重，发兵谋讨王敦。王敦派兵来攻建康，被晋军击败。王敦病死，篡夺帝位的战争告一结束。

东晋统治集团内部最主要的矛盾是帝室和几个强大士族之间的矛盾。帝室如果安分享受尊荣，不干涉强大族的权利，那末，各种势力相对平衡，政治上呈现正常的局面。反之，帝室企图增强自己的权力，因而引起强大族的不满，野心家便乘机而起，要篡夺司马氏的帝位。归根还是那些强大族保护帝室，推翻野心家，使势力又趋于平衡。晋元帝信任刘隗、刁协，并且用南方士族戴渊作将军，这是和王氏势力不相容的。王导认为佞臣扰乱朝纲，同意王敦来杀逐这些人。这些人被杀逐以后，帝室势力退缩回去，王敦还想篡夺，王导便宣称“宁为忠臣而死，不为无赖而生”，表示坚决的反对态度来维持帝室。

东晋朝在三九九年农民起义以前，重大政治事件的演变，本质上无非是这个主要矛盾在反复表现。

东晋统治集团和广大民众间的矛盾，当然是严重的。东晋政治是西晋政治的继续。首先是用人，“举贤不出世族，用法不及权贵”，和西晋完全相同。大族人可以做大官，做大官可以横行不法，人民的痛苦，从这两句话里也就可见一般了。王导作扬州刺史，派属官到本州各郡考察政治。考察官回来向王导报告郡太守得失，只有顾和不说话。王导问他听到些什么事。顾和说，你是国家的首辅，应该让吞舟大鱼也能漏出网去，何必计较地方官的好坏。王导连声称赞他说得对，其他考察官都追悔自己不该说话。这说明有势力的人做了任何不法事，王导连听也是不愿意听的。扬州设立侨郡县，收容北方逃来的民众。他们不愿意屈服在非汉族的统治之下，背离乡土，流亡到南方，可是他们的遭遇是什么呢？三二一年，晋元帝下诏：中原良民遭难在扬州诸郡当奴隶或佃客的人，免除他们的身分，奴隶改充兵士，佃客改充运输兵。戴渊作征西将军，部下有奴隶改充的兵一万人。可以当兵的奴隶多至一万，当然还有老弱不能当兵和被主人隐藏的人，人数可能比当兵的人更多些，当佃客的人数也不会比奴隶少。这个数以万计的奴和客，都是有血气的中原民众，因为他们有血气，流亡到南方，却被士族强迫作奴客。这自然也是王导连听也不愿听的一件小事，但东晋人民所受压迫的严重，从这件小事里可以推知了。东晋民众对统治集团是不可能有好意的，不过它终究是汉族政权，民众希望它抵御北方非汉族统治者的来侵，更希望它能北伐。因此，后来想打破大族间势力的平衡，从而夺取东晋帝位的人，总是借北伐来提高自己的威望。

东晋朝的持续——晋元帝晋明帝在位共九年（三一七年——三二五年），在上述情况下，东晋朝算是确立起来了。自晋成帝至晋安帝隆安三年农民起义，共七十四年（三二六年——三九九年），情况同开始的九年区别不大，东晋朝也就象开始的九年那样安而复危，危而复安地持续着。

王导保持安的方法是"镇之以静，群情自安"。就是让有势力的大族在相互牵制下，以民众为牺牲，各自满足他们的要求，朝廷不加干涉也不加抑扬。他晚年常说，人家说我糊涂，将来会有人想念我这糊涂。的确，东晋是靠糊涂来求安静的。晋成帝时，外戚庾亮当权。庾亮想振作帝室，排斥王导，疑忌上游重镇荆州刺史陶侃，任意杀逐大臣，引起各势力间的不安。三二七年，野心家历阳（安徽和县）镇将苏峻、寿春（后改称寿阳，安徽寿县）镇将祖约以杀庾亮为名，率叛军攻入建康。幸得陶侃、温峤起兵救援，三二九年，击破苏峻祖约军。王导又执政，东晋朝又算危而复安。庾氏势力不得专擅朝政，转移到上游，宣称以北伐中原为己任，企图建立起自己的根基。庾亮庾翼兄弟相继镇守武昌，占有了东晋朝重要领土的一半。三四五年，庾翼临死，让他的儿子继任，开藩镇世袭的恶例。东晋朝廷不允许他的要求，是合理的，但用桓温去驱逐庾氏势力，东晋朝又出现篡夺事件。

桓温是当时最有才干的野心家。他做了荆州刺史以后，积极对外发展。三四七年，桓温灭成汉国，收复蜀地，威名大振。东晋朝廷疑惧，引用虚名甚大的清谈家殷浩参与朝政，专和桓温作对。桓温伐前秦伐前燕，都遭致失败，损害了他的实力和威望，在王谢两大族抵制下，桓温篡夺的野心未能实现。三七三年，桓温死，东晋朝又算危而复安。

桓温死后，谢安执朝政。桓温弟桓冲做荆州刺史，与谢安同心保护帝室。东晋朝内部出现前所未有的和睦气象，是和谢安完全继承王导力求大族间势力平衡的作法分不开的。谢安的作法是“镇之以和静”。三八三年，晋兵大破苻坚的南侵军。谢安乘前秦国崩溃，使谢玄等率诸将北伐。三八四年，收复徐、兖、青、司、豫、梁六州。三八五年，猛将刘牢之进入河北名都邺。东晋朝建立以来，这是最大的一次战胜扩地。取胜的重要原因之一就是内部和睦，有些力量可以对外。

谢安立了大功，内部和睦状态又开始破坏。当时的皇帝是整天酒醉昏迷的晋孝武帝。他重用同母弟会稽王司马道子。司马道子也是一个整天昏醉的酒徒，引用一批奸人作爪牙，合力排斥谢安。三八五年，谢安病死，朝政全归司马道子。司马道子委任儿子司马元显当政。帝室间晋孝武帝和司马道子兄弟争夺权力，司马道子司马元显父子争夺权力，同时帝室与大族间也展开权力的争夺。三九八年，京口（江苏丹徒县）镇将王恭联络藩镇殷仲堪、桓玄、庾楷等起兵反帝室。王恭被杀，藩镇推桓温的儿子江州（治武昌）刺史桓玄为盟主，形成大族推翻帝室的中心力量。

司马道子父子当权，贪污奢侈，政治败坏到无以复加的地步。早在司马道子当权的初期，儒生范宁就说现在边境上没有战事，国家仓库却空匮无物，现在民众服徭役，一年里几乎没有三天的休息，生下儿子不能抚养，鳏夫寡妇不敢嫁娶。好比在着了火的柴草上睡觉，国家危亡就在眼前了。司马道子父子一伙人当权十多年，受尽苦难的东晋民众再也不能忍受这种恶政。

依靠大族支持和民众容忍而存在的东晋朝，在统治集团内部分裂和民众起义反抗的情况下，不得不归于崩溃。

东晋朝的崩溃——桓玄为盟主的诸藩镇，占据建康以西的州郡，朝廷政令只能施行在东方的会稽（治山阴，浙江绍兴县）、临海（治章安，浙江临海县）、永嘉（治永宁，浙江永嘉县)、东阳（治长山，浙江金华县)、新安(治始新，浙江淳安县)、吴(治吴，江苏吴县)、吴兴（治乌程，浙江吴兴县)、义兴（治阳羡，江苏宜兴县）八郡，一切残酷的剥削自然也集中在八郡民众的身上。司马元显为防御王恭等人的进攻，调东方诸郡"免奴为客"人集合建康充当兵役，号称"乐属"。这又引起地主(乐属的主人）和佃客（乐属）的怨恨。五斗米道徒士族孙恩乘民心骚动，三九九年，从海岛率徒党百余人攻破上虞县(浙江上虞县)，又攻破会稽郡，部众骤增至数万人。其余七郡同时起事，攻杀晋官吏、响应孙恩，不到十天，孙恩有众数十万人。孙恩的徒党号称"长生人"，是一群奉五斗米道的亡命无赖。孙恩和这群人专事屠杀掳掠，破坏不遗余力。会稽是王羲之谢安等北方士族聚居的名郡，吴郡、吴兴(包括义兴)是南方士族的中心居地，这三郡号称三吴，是东晋朝经济文化发达的地区。当然，士族所在地的民众，受士族的压迫是说不尽的，对士族的仇恨自然也是难以抑制的，愚蠢而疯狂的野心家孙恩等人利用民众的积怒，纵徒党杀人，甚至婴儿也不能免死。晋将谢琰刘牢之率兵来攻，孙恩徒党在诸郡烧仓库，毁房屋，塞水井，砍林木，掳掠妇女财物，都逃到会稽郡来。谢琰收复义兴吴兴两郡，刘牢之收复吴郡，进军到浙江边。孙恩起初听说诸郡响应，对徒党们说，天下没事了，我带你们到建康享福去。后来听说刘牢之到了浙江边，对徒众们说，我割据浙江东部，还可以做个越王勾践。等到刘牢之军渡过浙江，孙恩对徒众们说，我是不以逃走为羞耻的。孙恩掳男女二十余万人逃往海岛。此后孙恩连年从海路入寇。四〇一年，孙恩率舟师十余万人自海路突袭京口，逼近建康，司马道子惊骇，不知所措，赖刘牢之部将刘裕奋勇进击，大破孙恩军。刘牢之等援军赶到建康，孙恩屡次战败，又逃入海岛。四〇二年，孙恩入寇临海郡，被晋兵击败。孙恩穷困投海自杀，徒党和妓（奏音乐的妇女）妄说他成了水仙，跟着投水的多至百余人。被孙恩掳去的二十余万人，三四年间，不是战死溺死，便是被贩卖作奴隶，到孙恩死时只剩下数千人。孙恩连年从海岛入寇，前后数十战，又杀死民众数万人。

孙恩死后，余众推卢循为首领，被刘裕追击，泛海逃走。四〇四年，卢循攻陷广州，以后连年入寇，四一〇年，率兵十余万逼近建康，被刘裕击败，卢循逃到交州。四一一年，交州刺史杜慧度击杀卢循。孙恩在败逃入海以前，多少还算是率领农民起义，卢循则完全是五斗米道作乱。

正当东晋朝全力攻击孙恩的时候，桓玄乘机吞并上游诸藩镇，占有东晋三分之二的土地。三吴破败，东晋朝失去了依靠，成为仅有空名的朝廷。桓玄认为灭晋称帝的机会到了，与孙恩军逼近建康同时，桓玄在江陵聚众，谋夺取建康。四〇二年，司马元显发兵要进攻桓玄，桓玄军却顺流而下，攻入建康，杀司马道子司马元显，政权全归桓玄。四〇四年，桓玄废晋安帝，自立为皇帝，国号楚。

东晋朝是王谢庾桓四大族势力平衡下的产物，王谢庾三族相继衰落，桓氏成为唯一的大族，骄奢淫昏毫无才能的桓玄便轻而易举地消灭了东晋朝。

孙恩乱后，东方诸郡大饥，一向腐朽的士族中人，这时候披着精制的罗衣，抱着心爱的金玉，关着大门整家整家地饿死。他们连掘些草根充饥的本领也没有，当然不会有人起来和桓玄争夺帝位。但是，桓玄也是腐朽已极的一人，他不可能维持既得的地位。当时存在着一个能够消灭桓族势力的人物——刘裕。桓玄刚登上帝位，刘裕便在京口纠集力量，率众一千七百人攻入建康，桓玄逃回江陵。晋兵杀桓玄，灭桓氏一族。刘裕恢复晋安帝的皇帝名义，自己在政治上武功上积极准备威望。四二〇年，刘裕废晋帝，建立起宋朝。

东晋朝十一帝，首尾凡一百零四年。

宋朝　四二〇年至四七九年

刘裕出身破落的低级士族。东晋初，刘家避难，从彭城迁居京口。刘裕幼年贫穷，不得读书，以耕地为业，兼做樵夫、渔夫及卖履小贩。他又是个酷爱赌博的无赖，曾因赌输，被京口大族刁逵缚在马桩上索赌债。这种经历使得刘裕懂得劳动民众的疾苦并具有冒险求利的性格。

京口是从北方各地流亡来的士族和民众聚居的地方，号称北府，与历阳同为扬州重镇。居民风俗强悍，敢于从军。谢安辅政，举谢玄为将。谢玄在京口募兵，得勇士刘牢之等人。刘牢之常领精锐当前锋，战无不胜，号称北府兵。淝水大战，苻坚军崩溃，晋军前锋五千人，就是刘牢之统率的北府兵。三九九年，刘牢之击孙恩，刘裕在刘牢之部下当小军官，勇悍善战，屡立大功。刘牢之部下诸将，抢掠财物，比盗贼更凶，独刘裕约束部属，纪律严明，大得民心。从此，刘裕成为北府兵的著名将领，击灭孙恩卢循，主要是刘裕的功绩。

四〇四年，桓玄篡晋，刘裕在京口约集失意士人密谋攻桓玄，被众推为盟主。刘裕击败桓玄，掌握东晋朝政权。后来积累战功，打下帝业基础，和晋元帝依靠大族推戴的情形完全不同。刘裕所创的宋朝，皇帝独掌大权，主要辅佐，多选用寒门，原来的高门大族，只能做名大权小的官员，难得皇帝的信任。削弱士族的政治势力，实行皇帝专制的中央集权，宋朝国内的统一程度远非强藩割据的东晋朝所能比拟，政权大大增强了。当时鲜卑拓跋部统一黄河流域，出现强大的魏国，如果没有统一的汉族政权，鲜卑人几次大举南侵，很有可能并吞长江流域，摧残发展中的经济和文化。所以，刘裕消灭纪纲不立、豪强横行的东晋朝，建立起比较有力的宋朝，对汉族历史是一个大的贡献。

刘裕灭桓氏后，要取消司马氏皇帝的名号，还必须自己先取得更高的威望。因此，刘裕为灭晋而进行北伐。同时也为消灭国内割据势力而进行统一战争。

四〇九年，刘裕攻南燕。四一〇年，破南燕都城广固（山东益都县），灭南燕，收复青州。卢循乘刘裕北伐，率军向建康进攻，刘裕亲率精兵回建康，击败卢循。四一一年，收复广州。四一二年，攻破江陵城，杀割据者刘毅。四一三年，刘裕遣将军朱龄石收复成都，杀割据者谯纵。四一五年，刘裕遣将军王镇恶攻克襄阳，驱逐割据者司马休之。东晋境内在刘裕势力下全部统一了。四一六年，刘裕率将军王镇恶、檀道济、沈田子等分五路，水陆并进，攻后秦国，沿途收复滑台（河南滑县）、许昌、洛阳等重镇。四一七年，刘裕军攻破长安，灭后秦国。刘裕出关回彭城，留守军内乱，四一八年，关中被赫连勃勃夺去。这次北伐，胜利是巨大的，关中虽失去，自潼关东至青州，却成为宋朝的疆土。后来宋魏间战争，多在这些土地上进行，使长江流域得到较为长期的安静。

东晋初，设立侨郡县，凭空增添官职，用以安置流亡士族。四一三年，刘裕实行土断法，令北方流亡来的士民，就所居地作为土著，与南方土著同等待遇。许多侨郡县从此省去，有利于行政统一和节省开支。

东晋朝重要地区用大族作镇将，因而形成割据的局面。刘裕改用皇子作镇将，特别是荆州江州两镇，所统兵甲占全国兵甲的半数，更非选皇子不可，从此建康朝廷不再受大族重镇的威胁。

刘裕完成了上述军事上政治上的措施，东晋朝显然再没有存在的余地了。四二〇年，刘裕很自然地建立起宋朝。四二二年，宋武帝（刘裕）死。四二三年，北魏攻夺宋地，司州（治洛阳）全部，青州、兖州、豫州大部，被北魏夺去。

四二四年，宋文帝即位。长江流域在宋文帝统治的三十年中，呈现东晋以来未曾有的繁荣气象。南方经济和文化的发展，到元嘉（宋文帝年号）时期才真正开始。

宋文帝凭借富强的国力，经常出兵击魏，想收复黄河以南土地。魏太武帝勇武善战，统一黄河流域后，有吞并江南的奢望。四五〇年，南北两个全盛的国家，爆发了决存亡的大战争。

四五〇年，魏太武帝自率步骑十万攻宋悬瓠城（河南上蔡县东），宋将陈宪坚守苦战，魏军死伤甚重，败退。接着，宋文帝发大军，分水陆数路北伐，魏太武帝也发兵号称百万渡黄河来应战。宋将王玄谟率主力军攻滑台，被魏主力军击败。柳元景薛安都破魏洛州守军，收复陕城和潼关。宋文帝因王玄谟溃败，召还柳元景等军。四五一年，魏军乘胜攻彭城，徐州刺史刘骏（宋文帝子）决心坚守，魏太武帝攻城不克，率大军南行，攻盱眙城（江苏盱眙县）不克，又率军南行直到瓜步

(江苏六合县境)，声言要渡长江。宋沿江戒严，每户都得出丁男来服役，王公大臣家子弟也不能免。魏兵缺粮，前面有大江，后面有宋兵坚守城镇，只好退走。魏太武帝攻盱眙，向宋守将臧质求酒，臧质给他一罐便尿。魏太武帝受辱，大怒，全力攻城三十日，魏兵尸体高与城平，仍不能攻入，又只好忍辱退走。

这次大战争，宋兵力小，魏兵力大，宋进攻中原，失败是难免的。宋文帝并无战争经验，每次出兵作战，总要预先制定计划，限制将帅的机动性。交战的日期和时刻，也必须由宋文帝亲自决定。朝廷离战阵路途遥远，常常坐失时机，这也是遭致失败的一个原因。魏是野蛮的国家，每次作战，总是驱迫汉民在前阵，鲜卑骑兵在后面驰逐，汉民前进得慢一点，就被骑兵踏死。魏兵走到的地方，屠杀宋民异常残酷，少数人被捕捉到北方去作奴婢，算是幸运，多数人都被杀死。攻城尤其避免用鲜卑人。魏太武帝猛攻盱眙，给臧质信里说，我派出的攻城兵，都不是我国人(鲜卑人)。攻东北城的是丁零人匈奴人，攻南城的是氐人羌人。你杀死这些人，省得他们在我国内作乱，对我只有好处，你尽力杀吧！魏兵作战就是这样消耗大量非鲜卑人的生命来进行的。魏太武帝南侵失败，尽量发泄了他的所有野蛮性。宋朝南兖、徐、兖、豫、青、冀六州地方，都遭受大破坏。魏兵一见丁壮人就杀，刺婴儿在长矛上，舞矛以为戏乐。掳去生口(被捕获作奴婢的人)一万多人，听说宋兵来追，把生口全部杀死。魏各军又捕捉宋民，驱回北方，有的捕得五千余家，有的捕得五万余家。魏兵经过的郡县，房屋被烧毁，变成一片白地，春燕归来，只好在树上造巢。宋从此国力大损，魏兵马死伤也过半数，南北两朝都疲惫，不敢再轻易较量兵力。

继承宋文帝的宋孝武帝是个暴君。他要更加增强皇帝的权力，厉行宋朝原有的典签制。每一镇将，不论是王或功臣，皇帝都派遣自己的亲信人去做典签官，代镇将掌实权或分掌实权，并且监视镇将的行动。他控制镇将愈紧，疑忌心也愈重，诸王因遭疑忌，先后被迫起兵作乱，宋朝廷从此陷入骨肉相残君臣互疑的一片混乱中。到宋明帝时，混乱愈益加剧，除了宋明帝自己的儿子，其余残存的诸弟（宋文帝子）和诸侄（宋孝武帝子）几乎全被杀绝。被疑忌的文武大臣，有的被杀，有的带城镇投降魏国。四六六年，徐州刺史薛安都等降魏，与魏军合力击败宋军，宋朝淮河以北青、冀、徐、兖四州及豫州淮河以西九郡先后被魏夺去，南朝疆域又一次缩小。四七二年，宋明帝死，子苍梧王继位，内乱更加炽烈，一个不甚被疑忌的普通镇将南兖州刺史萧道成，在内乱中造成势力。四七九年，萧道成灭宋朝，建立齐朝。

宋朝八帝，首尾凡六十年。

齐朝　四七九年至五〇二年

齐高帝（萧道成）侨居南兰陵（江苏武进县）。出身“布衣素族”（寒门），原来并没有夺取帝位的野心。宋明帝大杀宗室和文武大臣，以为自己的子孙可以永保帝业，事实恰恰是为萧道成开辟了帝业。齐高帝知道他这个做皇帝的机会是难得的，急于想保持它，问儒者刘瓛（音桓 huán）怎样才能久安。刘瓛说，想久安，要宽厚。宋所以亡天下，就是因为残刻。你如果以前车为戒，能宽厚待人，危可以得安，不然的话，只有危，不会有安。齐高帝很同意刘瓛这番话。

齐高帝改革宋孝武帝以来的暴政，提倡节俭，常说，让我治天下十年，当使黄金与泥土同价。他对民众的剥削比宋朝轻些，因而稳定了齐朝政权。他做了四年皇帝，临死时嘱咐继承者齐武帝说，刘氏如果不是骨肉相残，他族那得乘乱夺位，你必须深深记住。齐武帝遵遗嘱不杀诸弟，朝政也还严明，境内外十几年没有战事，南朝民众又得到一个休息时期。齐明帝继位，又走上宋孝武帝宋明帝的旧路，大杀齐高帝齐武帝的诸子，引起内乱。他的继承者东昏侯，也和宋苍梧王一样，凶狂乱杀，臣属人人自危，内乱大起。五〇一年，雍州刺史（镇襄阳）萧衍起兵攻入建康。五〇二年，萧衍灭齐，建立梁朝。

齐朝六帝，首尾凡二十三年。

梁朝　五〇二年至五五七年

梁武帝(萧衍)也是出身侨居南兰陵的素族，早年就博通众学，尤其擅长文学，与著名文人沈约、任昉等齐名。四九八年，被任为雍州刺史。乘齐朝内乱，在镇准备起事。他比其他起事人准备得周到些，因之一举便成帝业。

梁武帝在位凡四十八年，国境内平静无战事，当时北朝已经衰乱，无力大举南侵，南北两朝间不曾发生决存亡的大战争。南朝在这一长时期里，应该是休养生息、发展经济的好时机，可是，梁武帝恰恰是个伪善而残暴的、愚蠢而贪婪的统治者，他采用各种方法来维持他的政权，他又为社会大破坏造成各种条件，到末年爆发了侯景的大乱，接着爆发了诸王争夺帝位的大乱，整个长江流域遭受空前未有的普遍破坏，统治阶级的所有丑恶也都在大乱中暴露出来。

梁武帝看到东晋朝凭借士族的维持，国运延长到百余年，但皇帝无权，朝廷为大族所挟制。宋齐两朝用诸王作镇将，用典签监视诸王，权力集中在皇帝一人，但骨肉相残，政权为素族所夺取。梁武帝依据这些经验，定出两条基本方针，企图取三朝的长处，改三朝的短处，建立起久安的梁朝。

一　恢复百家士族的权利　宋齐两朝用素族来压制士族，梁武帝按照东晋的经验，认为不如用士族来压制素族较为有利，因之东晋初的百家士族又被重视起来。徐勉作吏部尚书，熟悉《百家谱》，写给每一个人的文告里，都避这个人的家讳，表示对百家士族的尊重。五〇八年，梁武帝置州望、郡宗、乡豪各一人，专掌搜荐。每州每郡每乡都有专官一人搜罗士人，推荐给朝廷，这种专官无疑是士族中人，被搜荐的人自然多数也是士族中人。用什么方法来安置这许多被搜荐的人呢？梁武帝令徐勉定百官九品为十八班。又增设镇、卫将军以下为十品，分二十四班，共有名号一百二十五个。不入十品的将军，别有八班，共有名号十四个。又增设施于外国的将军（如镇远、抚北等名号）为十品，分二十四班，共有名号一百零九个。大批将军以下，当然还有更多的军官名号，文武官名号如此繁多，可以容纳许多人。从最低的第一班向最高的第二十四班，逐次升迁，可以销磨许多人的时光，计谋算是很巧的了。可是官数终究有限，并不能容纳愈来愈多的求官者，梁武帝因而又大增地方官。自东晋以来，侨州郡县和实在的州郡县逐渐增多，五一二年，梁境内共有二十三州，三百五十郡，一千零二十二县，地方官数目本来已经够庞大，梁武帝还嫌不够，又增立许多州郡县名目。到五四〇年，共有一百零七州，按州的大小，分为五品：上品二十州，次品十州，次品八州，次品二十三州，下品二十一州。下品州多在边地，在一个村落里就设立起州或郡县，刺史太守县令及僚属都用非汉族的本地土豪，和朝廷只是有时候发生一些贡纳关系。五品州以外，还有二十余州，根本不知设在什么地方，官自然还是有的。边境上镇戍地点，居民很少，为提高镇戍军官的官位，都给与郡名，一个军官往往兼任两三个郡的太守。自文武朝官至地方官，都有品第，按百家士族、寒门素族和非汉族土豪的门第高低以及势力大小来配合官品，大概求官的人都可以相应地得到做官或僚属的俸给，虽然寒门被排抑，不得任显职，但在得官较易这一点上，对梁武帝的安排不能不满意。

二　提高诸王的权力　尽管梁武帝增设大量的文武朝官和地方官，但政权的实际分掌者仍是诸王。宋齐两朝典签监视诸王的制度废除了，诸王成为有实权的藩镇。诸王犯大罪，也只行家教，训诲一番就算了事，想用这种骨肉恩爱来改变宋齐两朝的骨肉相残。梁武帝的六弟临川王萧宏，是个奢侈放纵过度、贪财牟利无厌的人，用重利盘剥法夺取田宅邸（客店）店（商店），单是在建康的客店就有数十处。萧宏住宅内有库屋约一百间，关闭极严。有人告发萧宏谋反，库屋里藏的是兵器。梁武帝到萧宏住宅亲自逐屋检查，看到库屋三十余间，每间藏一千万钱，共有钱三亿以上。其余库屋满藏布、绢、丝、棉等杂货，不计其数。这都是巧取豪夺得来的赃物，梁武帝知道不是兵器，非常喜欢，对萧宏说，阿六，你家当不小！从此对萧宏更加信任。萧宏本来怕查出赃物得罪，经这一次检查，贪财成为合法的行为，搜括更无忌惮。其他诸王、公、侯，自然也要学萧宏的行为，因为贪财能得梁武帝的信任。梁武帝早年没有儿子，过继萧宏的儿子萧正德作嗣子。后来生太子萧统，萧正德还本，封西丰侯。萧正德失掉皇帝继承权，很不满意。五二三年，逃到魏国，自称废太子来避祸，希望魏国利用他来攻击梁朝。魏国正在内乱，待遇他很薄，萧正德失望，第二年又逃回梁朝。梁武帝哭着教训他，还给他西丰侯爵位。梁武帝的次子豫章王萧综，为南兖州刺史，镇守彭城，五二五年，魏兵来攻，萧综投降魏军，梁朝失彭城重镇，将佐士卒死十分之七八，梁武帝仍封萧综的儿子萧直为永新侯。梁武帝这样来实行骨肉恩爱，恰恰为晚年准备了比宋齐两朝更丑恶的骨肉相残。

梁武帝对待亲属和士族，一概不用法律，这些人犯了罪，都可以得到宽免。对待民众却完全相反。民众犯了罪，用法极严，如该从坐，不论老幼都不得免；一人逃亡，全家人都被囚禁罚作苦工。剥削阶级的法律，本来都是为压迫民众而制定的，不过，梁武帝连伪装的公平也不要了。五一一年春，梁武帝到南郊祭天，路上有个老人挡住车驾，说道，你使用法律，对民众太严，对权贵太宽，不是长久之计呵！这个老人冒险替民众说了话，当然，梁武帝有他自己的一套不可变的作法。

梁武帝对民众是这样的残暴，但是，他有任何一个皇帝做不到的特殊伪装术来掩饰他的残暴。他在冬天，五更就起床办事，手冻得拆裂，也不停笔。这算是他的勤劳。即位不久，便按佛教的规矩，长斋素食，祭天地祖宗以及朝廷大宴会，也只用蔬菜，不用牲畜。他一天只吃一顿菜羹粗米饭。自称不是公宴，不吃公家饭，宫里人也不吃公家饭。意思是说，他和宫里人的生活费，不要国库来供给。至于生活费从那里来的，还不是用另一种剥削形式从民间得来。他穿的是布衣，挂的是木绵制的黑色帐，一顶帽子戴三年，一条被子盖两年，不饮酒，平时不听音乐。这些都算是他的节俭。任何时候他总是衣冠整齐，就在大暑天也一丝不苟；对待宫内阉宦，也是礼貌严肃好似对贵宾，更不用说接待士大夫的礼貌。这都算是他的谦恭。他专精佛教戒律，每次断重罪（杀普通民众），总要涕泣，整天表示不高兴；士族犯罪一概宽免，亲属甚至是犯谋反罪，哭着教诲一番也就算无罪。王侯横行不法，或者白天在大街上公然杀人，或者夜间派人出去抢掠，盗匪逃进王侯家，就没有人敢追捕。梁武帝完全知道这种情形，因为讲慈爱，所以让他们无恶不作。这都算是他的慈爱。五四六年，一个直臣贺琛上书指出梁武帝的恶政：第一，搜括极其残酷，民不堪命；第二，官员穷奢极欲，无限浪费；第三，权臣玩弄威福，专找别人的罪过；第四，朝廷大兴土木，民众服役不得休息。贺琛说的都是实话，句句揭穿梁武帝的伪装。梁武帝看了大怒，举出自己的节俭生活作证，辨明没有那些劣迹。贺琛不敢再说话，梁武帝依然用他老儒兼老僧式的勤劳、节俭、谦恭、慈爱掩饰着他的残暴。

仅仅依靠伪装，到底只能起有限的作用，梁武帝利用这些伪装以外，又拿出儒学和佛教两套办法来欺骗人。

兴儒学、制礼、作乐——五〇二年，制定雅乐。五一二年，制成吉、凶、军、宾、嘉五礼，共一千余卷，八千一十九条，颁布施行。制礼作乐是儒学盛事，梁武帝即位，首先制成礼乐，连北方士族中也有人南望羡慕，想来投奔。当然，更重要的还在于兴儒学。五〇五年，梁武帝下诏提倡经术，在建康设立五经馆，每馆设博士一人，有学生数百人。学生生活费由国家供给，考试及格就给官做。不到一年，各地士人纷纷来投馆求学。这些投馆的士人无疑是寒门，他们有了做低级官的门路，自然也就满意了。

大兴佛教——自东晋至宋孝武帝，佛教在儒家、道教制约下，还不能独占上风。宋明帝开始佞佛，立湘宫寺，极其壮丽，自称功德极大。老臣虞愿说，这都是百姓卖儿贴妇钱造的，如果佛有知识，该多么悲悯！罪比塔还高，有什么功德！宋明帝发怒，赶虞愿下殿。齐宰相竟陵王萧子良笃信佛教，斋僧时亲自送饭送水，佛教开始盛行。儒生范缜不信佛，萧子良问：你不信因果报应，试问人为什么有富贵贫贱？范缜依据儒家学说作《神灭论》，驳斥因果说。朝野分儒佛两派展开争辩，佛教徒无法驳倒神灭论。虽然宋明帝、萧子良提倡佛教，但虞愿范缜所代表的反佛教思想还很有力量。到梁武帝时，南朝佛教才进入全盛时期。他大兴佛教，不是废弃儒玄（道家），而是用佛来调和儒玄。他本是一个博学无所不通的大学者，著《孔子正言》、《老子讲疏》等属于儒玄的书二百余卷，又著属于佛教的书数百卷，确实表现了他对儒玄佛三家学说的精通。他用儒家的礼（《孝经》引孔子说“安上治民，莫善于礼”）来区别富贵贫贱，用道家的无（刘向论道家“清虚无为，务崇不竞”）来劝导不要争夺，用小乘佛教的因果报应，来解答人为什么应该安于已有的富贵贫贱，为什么不要争夺。三家合用，非常有利，因此他创三教同源说，硬派孔子老子当佛的学生。他作《会三教诗》，以日比佛，以儒、道比众星，说“穷源无二圣，测善非三英”。所谓无二非三，就是佛教最高，儒、道是佛的辅助。他对三家学说进行调和，在推行上着重在佛教。他装成一副苦行僧的状貌，皇帝的生活享受，似乎都舍弃了，好叫人相信他的宗教信仰是纯洁无私的。他建立同泰寺，早夜到寺礼拜。屡设救苦斋、四部（僧、尼、善男子、善女子）无遮会、无碍会，在会上讲演佛经，说是做功德事，替百姓求福。五二七年，他到同泰寺舍身，表示要出家当和尚，过了四天，才回宫。五二九年，又到寺舍身，群臣出钱一万万，向同泰寺赎他回来。五四六年，又去舍身，宣称他和宫人以及全国都舍了。群臣出钱二万万又算赎回来。五四七年，又去舍身，这一次出家多至三十七天，群臣又出钱一万万赎回这个“皇帝菩萨”。他只用舍身法就替同泰寺讹诈得四万万钱，群臣一只手付出四万万，一只手向民众不知要掠夺多若干倍的钱。在他赎身回宫那一天的夜间，同泰寺的塔烧毁了。他说，这是魔鬼干的事，要做更广泛的法事来镇压魔鬼。下诏道，道愈高魔也愈盛，行善事一定有障碍，应该大兴土木，比旧塔增高一倍。他役使大量民众造十二层高塔，塔还没有完工，他就被侯景拘禁饿死了。梁武帝兴佛教，已经达到发狂的程度，虞愿斥责宋明帝罪比塔还高，梁武帝的罪恶，比宋明帝当然更要高无数倍。当时民众遭受如此残酷的剥削，不曾起来反抗，足见因果报应说的麻醉作用确实可以使被麻醉者陷入昏迷状态中。

梁武帝的残暴统治，得到士族、亲属及僧徒的共同拥护，在国境内维持了将近半个世纪表面上的平静，实际是内乱已经酝酿得足够成熟了。最后由于接纳东魏叛将侯景，造成梁国境内的大破坏。当时黄河流域也正在大破坏，南北同时大乱，西晋末年开始的灾祸，到梁武帝末年才真正达到全中国普遍大乱的最高峰。东晋宋齐三朝多少还能保持长江流域的偏安局面，梁武帝却引进北方的破坏势力来蹂躏江南，从这一点说，梁武帝是东晋以来最坏的统治者。

梁武帝初年，魏国开始内乱。梁乘敌国内乱出兵恢扩疆土，本是南朝政权应作的事，可是，在梁武帝指导下的军事行动，却给人民带来了灾难。下面列举几次军事失败的情况。五〇五年，梁大举伐魏，梁军器械精新，军容甚盛，魏军认为百数十年来未有的劲敌，不敢交锋。梁武帝舍韦叡等良将不用，却用懦怯昏庸的六弟临川王萧宏作主将。五〇六年，萧宏驻军的洛口（安徽怀远县境），一个夜里忽有暴风雨，萧宏恐惧，率数骑弃大军逃回建康。将士不见主将，纷纷溃散，器械全部遗弃，人死将近五万人。五一四年，梁武帝发徐扬二州民，二十户取五丁，役夫及战士合二十万人筑浮山堰（在安徽凤阳县境），企图壅遏淮水灌没魏国的寿阳城。水利工程家都说，淮河中沙土轻浮，不可筑堰，梁武帝不听，用铁器数千万斤沉水底，仍不能筑成。他又用木料叠成方框，中填大石，上面加土。役人担负木石，肩肉腐烂，疫病流行，尸骸满路，苍蝇声昼夜薨薨。冬季大寒，役人又冻死无数。五一六年，淮水暴涨，浮山堰崩坏，沿淮水城镇村落的居民十余万人都被水漂入海。北魏不动兵力，梁国民众死伤却在二十万人以上。此外，对魏战争不时发动，南北军民在战争中死伤不可数计。梁武帝是个"争城以战，杀人盈城"，但得不到什么城，"争地以战，杀人盈野"，但得不到什么地的无能而贪残的杀人恶魔，他装扮着一副佛教的慈悲面目，在战争上却更明显地暴露出他的真实面目。

对魏战争的残害民众，还只是梁武帝罪恶的较小部分，他最大的罪恶是接受侯景的降附。侯景是东魏高欢部下有谋略的将帅，统治黄河以南土地。五四七年高欢死，侯景与高欢的继承者高澄为敌，据河南反高澄。侯景投降西魏，受西魏官爵，又来投降梁国。梁武帝贪得河南土地，纳侯景降，封为河南王。侯景投降西魏和梁国，原想取得援助，攻灭高澄。他和高澄交兵，向西魏宇文泰求援，宇文泰知道侯景不可信任，以援助为名，出兵占据侯景所属土地的一半。梁武帝也出大兵援侯景，被东魏击败，亡失士卒数万人。宇文泰处置得宜，西魏不战获地；梁武帝贪婪昏愚，梁成为接受灾祸的对象。侯景早有灭梁的意图，这次战争更证明梁朝腐朽已达极度。五四八年，东魏大败侯景军，侯景率败兵八百人南逃，夺取梁寿阳城，准备灭梁，公然对人说，我取河北不成，取江南却有把握。侯景诱萧正德作内应，许事成后尊萧正德为梁帝。萧正德大喜。侯景举兵夺取谯州城（安徽滁县），梁武帝命萧正德防守长江。萧正德让侯景渡江，建康大惊乱。梁武帝令太子萧纲筹防御。萧纲命萧正德守宣阳门。

侯景渡江时，只有兵八千人，马数百匹。他乘梁君臣震骇，进攻建康城。萧正德开城门迎侯景入城。侯景攻台城（宫城），萧纲依仗良将羊侃，率众力战。侯景屡攻不克，众心离散。侯景令兵士掠夺民间粮食和妇女金帛，并胁迫民众数万人充兵士。侯景又招募梁奴隶得千数人，分配各军。奴隶被重用，人人感恩，愿出死力，侯景兵力又振。五四九年，侯景攻入台城，梁武帝饿死。萧纲即帝位（梁简文帝）。五五一年，侯景杀梁简文帝，自称为汉皇帝。

梁武帝在位年久，等待时机，积极准备夺取帝位的主要有这些人：侄子萧正德蓄谋最早，但势力最弱。五三一年，太子萧统（昭明太子）死。照继承惯例应立萧统的儿子作皇太孙；梁武帝却立儿子萧纲为太子，因此萧纲与诸弟萧纶、萧绎、萧纪之间，萧统的儿子萧詧（同察）与诸叔之间，充满着仇恨。侯景作乱，主要争位人阴私丑恶的面目，尽情暴露出来。萧正德引侯景入建康城后，便自称皇帝。与侯景约定，攻破台城，必须杀梁武帝和萧纲。台城攻破后，萧正德亲自执刀去杀，被侯景阻止，皇帝名号也被侯景取消。萧正德密谋攻侯景，侯景把他杀死。这个图谋帝位数十年，无所不为的萧正德，在一群谋图者中首先结束了他的丑恶的生命。南徐州刺史萧纶率军入援，与其他援军互相猜忌，拥兵观望，莫有战意。侯景破台城，萧纶逃走。五五〇年，萧纶据郢州（镇夏口——湖北汉口市），称自己办事的厅屋为正阳殿，表示要做皇帝，一面向北齐称臣投降，希望得到北齐的援助。北齐封萧纶为梁王。雍州刺史萧詧据襄阳，与荆州刺史萧绎交兵。五五〇年，萧詧向西魏称臣，请作附庸国。西魏派兵助萧詧，封萧詧为梁王。萧绎据江陵，声势最大。侯景围台城，萧绎声称举兵入援，实际是观望形势，积极消灭其他争夺帝位的敌人。西魏兵助萧詧攻萧绎，逼近江陵，萧绎也向西魏求和，愿作附庸国。萧绎又向东魏求和。五五一年，北齐（五五〇年，北齐灭东魏）封萧绎为梁相国。这时候，萧纶专附北齐，萧詧专附西魏，萧绎附北齐和西魏，北齐与西魏互相牵制，萧绎所受到的控制力比较松一些。侯景在江南毫无凭借，只有一些被胁迫作战的乌合军队。他破台城后，释放北方人在南方当奴婢的约一万人，指望得到他们的支持，势孤力弱可以想见。梁国任何一个争位人，都有力量击灭侯景，可是，这些人都想借侯景的手摧毁梁武帝和萧纲的地位，自己专力对付其他争位人。等到萧绎造成得位的形势，可以抽出一部分兵力进攻建康的时候，侯景早在这个空隙中，进行着空前规模的大破坏。

自东晋以来，建康一直是长江流域政治经济文化的第一个中心地点。统治集团在各地方搜刮财物，主要是集中到建康，在这里纵情耗费掉，商业和手工业，自然也跟着发达起来。梁武帝时，建康已经成为南北各四十里，拥有二十八万户的大城市。贺琛上梁武帝书里指出官员穷奢极欲无限浪费的情形，说：地方官所以贪残，总是由于风俗太侈靡。现在做一任地方官，得钱就可以上万万。罢官回京，尽量享受，一次宴会费钱超过百金，家中畜妓无数，极声色的乐趣。不过几年，钱财用完，追恨过去得钱不够多，再出去做官，贪残得更加厉害。贺琛说的只是地方官，至于王公贵戚和世家大族，贪残侈靡自不待言。梁武帝否认贺琛的指责，但也承认自己斋僧的饭菜，一个瓜能变出几十个式样，一种菜能做出几十种味道。素食还如此精致，可见贺琛所说风俗侈靡，确是事实。侯景宣布梁武帝罪状说，梁朝割剥民众，以供贪欲，你们如果不信，试看皇帝的大苑囿，王公的大第宅，僧尼的大寺塔，以及文武百官，都是美妾成百，仆从上千。这些人不耕不织，锦衣美食，不从百姓夺取，从那里得来！侯景的指责也是事实。侯景渡江攻建康城，梁武帝命提取诸寺院及公库所藏钱，得五十万万充军用。建康有的是钱和用钱的人，他们比赛豪华，衣服食物器具，力求精美，都要各地方运输进来，本城产品是很少的。侯景作乱，交通阻隔，粮食断绝，几个月功夫，人饿死大半。侯景攻台城，萧纲命人烧侯景所据宫殿，宫殿及多年积聚的图书文物几乎全部被烧毁。作为政治经济文化中心的建康，经侯景之乱的破坏，荡然无遗了。

五四九年，侯景攻入台城，就派遣部下诸将出外杀掠，告诫诸将说，攻入城市，要杀个干净，使天下人知道我的威名。因此诸将专事烧杀掠夺，做尽惨虐行为，以取笑乐。侯景军一路向三吴，有饥兵数百。梁吴郡太守有精兵五千，不敢抵抗，开城门迎侯景军。侯景军据吴郡，大掠财物妇女。侯景派兵攻破吴兴郡，又进攻会稽郡。会稽有精兵数万，粮食军器都很充足，侯景兵到，东扬州刺史萧大连（梁简文帝的儿子）弃城逃走，侯景军不战取得会稽郡。三吴最为富庶，是长江流域经济文化的第二个中心地点，经东晋末一度破坏后，宋齐以来，又恢复了它的繁荣景象。建康城的大量消费，主要是依靠三吴来供给。侯景据有三吴，夺完了金帛，又掠夺人口，有的被杀死，有的被贩卖到北方，遗民存留无几。五五〇年，侯景军一路向广陵。破城后，捕城中人不论老少，埋半身入地，侯景兵驰马射击，八千人一时都被惨杀，广陵成了一座空城。五五〇年，侯景军一路沿江西进。五五一年破江州，又破郢州。侯景率大军向江陵，萧绎向西魏求援，割汉中给西魏。萧绎有力量击败侯景，割地给西魏，实际是请求西魏不要助萧詧来夺取江陵。果然，侯景被萧绎军击败，逃归建康。侯景已经完成了他的大破坏动作，再没有什么事可做了，只好坐在建康城等待死灭。

萧绎击败侯景，取得江州和郢州，争位人之一萧纶也被西魏军杀死。五五一年，萧绎派大将王僧辩率军东下，陈霸先率精兵三万人助王僧辩。五五二年，王僧辩攻建康，陈霸先大破侯景军，收复建康城。侯景遁逃入海，路上被部属杀死。萧绎在江陵称帝（梁元帝）。建康已是一座荒城，江陵一向是西部重镇，为长江流域第三个经济文化的中心，舍不得离开；同时，在襄阳的萧詧，在成都的萧纪，都是主要争位人，需要防御，因此，梁元帝决定建都在江陵，使陈霸先镇守建康。

五五二年，益州刺史萧纪自称皇帝。五五三年，发兵来攻江陵。梁元帝请西魏攻蜀。宇文泰很喜欢，对诸将说，取蜀灭梁，就在这一次了。宇文泰派将军尉迟迥率军入蜀攻成都。萧纪宁愿失蜀，却一心想得江陵。他用金一斤或银一斤制成一个金饼或银饼，共有金饼一万个银饼五万个。临战，给将士们看看，但并不分赏给有功的人。萧纪军溃散。梁元帝兵追萧纪，萧纪掷一小袋金饼给追者，说，我用这金饼雇你，送我去见七官（梁元帝行七）。追者说，我杀了你，金饼会跑到那里去？萧纪就这样结束了他那条丑恶的生命。萧纪死后，益州全境也就为西魏所有。

一群争夺帝位的人，现在只剩下梁元帝和萧詧二人。五五四年，西魏宇文泰使于谨率兵五万合萧詧兵来攻。五五五年，攻破江陵。梁元帝自以为读书万卷，仍免不了亡国，把所聚古今图书十四万卷，一起烧毁，随后到西魏军前投降。他受尽萧詧的侮辱以后，结束了他那条极其丑恶的生命。

西魏封萧詧为梁主，以江陵附近约三百里土地作为梁国封地。使萧詧居江陵东城，西魏兵驻西城，监视萧詧。西魏取襄阳，掳走江陵府库中所藏全部珍宝，并捕捉王公百官以及居民数万人，分赏魏军作奴婢。长江流域第三个经济文化中心，随着建康和三吴也彻底破坏了。五五六年，萧詧在荒城里自称为皇帝。他和他的子孙对周（五五七年，周灭西魏）隋执臣礼甚恭谨。

五八七年，隋文帝消灭了这个丑恶的梁国。

梁武帝酿造祸乱，侯景和萧氏一群争夺帝位的人实行祸乱。这次大祸乱归根是士族制度自然的结果。颜之推说，江南士族至今已传八九代，生活全靠俸禄，从没有自己耕田的。田地交奴隶佃客耕种，自己连起一块土，耘一株苗也没见过。人世事务，完全不懂。所以做官不办事，管家也不成。都是太优闲的缘故。又说，梁朝士大夫，通行宽衣大带大冠高底鞋，香料薰衣、剃面搽粉涂胭脂，出门坐车轿，走路要人扶持。官员骑马就会被人上表弹劾。建康县官王复未曾骑过马，见马叫跳，惊骇失色，告人道，这明明是老虎，怎么说它是马。侯景作乱，士大夫肉柔骨脆，体瘦气弱，不堪步行，不耐寒暑，死亡无数。他们因为得不到食物，饿成鸠形鹄面，穿着罗绮，抱着金玉，伏在床边等死。隋炀帝也说，江东诸帝多抹脂粉，坐深宫。这都说明梁朝整个统治集团自皇帝以至士族已经腐朽到极度，剥削阶级的黑暗全部集中表现在这群人的行动上，既然西晋极度腐朽的士族造出了十六国大祸乱，梁朝同样腐朽的士族，自然也不能不造出梁末的大祸乱。

梁武帝为贪得土地，招纳侯景，结果是梁国内部大乱，失去广大的土地。东魏取得淮南和广陵，西魏取得益州、汉中、襄阳。江陵有西魏守军，实际也为西魏所有。南朝自巴陵（湖南岳阳县）至建康，与北朝对峙以长江为界。此后，南方汉族政权作为凭借的长江天险，

江苏南京陈永宁陵石麒麟

至少失去了一半，等到北方也建立起汉族政权的隋朝，一举灭陈，长江根本不起作用了。

梁朝四帝，首尾凡五十六年。

陈朝　五五七年至五八九年

陈霸先，吴兴郡长城县（浙江长兴县）人，在梁末大乱中，是一个保护南方汉族政权最有功的人。他家世寒贱，不列在士族。早年当里司、油库吏、传令吏等微职，后来得小军职，因镇压交州农民起义，官位渐显。五四九年，陈霸先在广州起兵讨侯景，排除当地割据者的阻碍，五五〇年，进军至南康（江西南康县）。五五一年，萧绎遣王僧辩率军东下至湓城（湓音盆 pén 江西九江），陈霸先率精兵三万人来会。五五二年，王僧辩攻克建康，陈霸先立功最多。五五五年，王僧辩、陈霸先在建康拥立梁元帝的儿子萧方智为主。北齐派兵护送梁武帝的侄子萧渊明来作梁主，王僧辩畏齐兵，迎立萧渊明。陈霸先再三苦争，王僧辩不从，陈霸先起兵袭杀王僧辩，立萧方智为梁帝（梁敬帝）。如果萧渊明得立，和江陵的萧詧一样，建康的梁将成为齐的附庸。陈霸先杀王僧辩，立梁敬帝，齐的势力被摈斥不得侵入江南。陈霸先击败齐兵并削平许多叛乱。五五七年，灭梁称帝（陈武帝），建立起对抗齐周和后梁（萧詧）的陈朝。

陈武帝和陈文帝、陈宣帝统治陈国共二十五年，虽然与敌国经常进行着战争，国内的叛乱也不时发生，但梁末遭受大破坏的南朝境内，经济和文化逐渐恢复起来了。陈宣帝的儿子陈后主（陈叔宝），就在这个恢复起来的物质基础上，又恢复极度腐朽的丑恶生活。

陈后主荒淫，使宠妾张贵妃孔贵人等八人夹坐左右，文士江总、孔范等十人参与宴会，号称狎客。妃嫔与狎客共赋诗，互相赠答，采取尤艳丽的诗篇，造作歌曲，选美女千余人奏乐歌唱。君臣酣歌，通宵达旦。陈后主又大造宫室，其中临春、结绮、望仙三阁最为壮丽。三阁各高数十丈，材料多用香木，装饰着大量金玉珠翠，东晋以来，还不曾有过这样侈靡的建筑物。不言而喻，他的搜刮是极其残酷的。赋税繁重，民不堪命，刑罚苛暴，牢狱常满，直臣傅縡（音宰 zǎi）劝他改过，说：陛下酒色过度，任用小人，恶忠臣如仇敌，看百姓是野草。宫中妾婢穿着拖地的长绣裙，厩里马匹饱得连豆粟都不想吃，百姓呢？流离失业，饿死不得葬，尸体抛弃在荒野上。天怒民怨，众叛亲离，我看陈朝就要完了。陈后主大怒，派人告诉傅縡说，你能改过么？你能改过，我想免你的罪。傅縡坚决拒绝，答道：我的心同我的面貌一样，如果我的面貌可以改，那末，我的心也可以改。陈后主更怒，杀傅縡。五八七年，隋文帝灭萧詧的梁国，定计灭陈。五八八年，隋发兵五十一万，以杨广为统帅，准备渡江。陈后主说，从前北齐三度来攻，北周兵也来过两次，都大败逃去。这次隋兵来攻，一定送死。宠臣们也说，隋兵决不能渡长江。君臣依然饮酒赋诗，守江诸将告急求救，一概不理。五八九年，隋将贺若（姓）弼自广陵直渡京口，韩擒虎自横江（安徽和县）直渡采石，攻入建康，俘获陈后主，陈亡。

陈朝五帝，首尾凡三十三年。

三一七年，晋元帝在建康立国，至五八九年隋灭陈，前后共二百七十二年。西晋灭亡后，黄河流域在少数族统治下，长期遭受严重的破坏，汉族在长江流域建立本族政权，抵抗少数族的南来蹂躏，这是有利于民众的事业，不能看作分裂和割据。长江流域比起黄河流域来，一向是落后地区，东晋时期，北方汉族人大量南迁，长江流域经济有很大的发展，逐渐接近黄河流域未遭破坏时的经济水平，文化的兴盛，更远远超过当时的北方。南朝文化为隋唐统一时期高度文化奠定了基础。闽江流域和珠江流域比长江流域又落后得多。东晋时一部分北方士族迁居晋安郡（治设原丰县，福建福州市），闽江流域经济文化开始发展起来。梁末大丧乱，晋安郡独富饶安宁，不受丧乱的影响。侯景陷三吴，会稽郡公侯士人很多迁居到岭南，汉族文化在珠江流域也开始有一些发展。每经一次大乱，总有一部分汉族向落后地区迁移，他们带来汉族的经济和文化，在落后地区起着进步的作用，影响当地的非汉族人。例如四三六年（宋文帝元嘉十三年），魏灭北燕，北燕主冯弘族人冯业率三百人浮海归宋，居住新会（广东新会县），宋朝命冯业世为罗州（治石龙县，广东化县）刺史。冯氏非本地人，号令不行。高凉郡（广东阳江县）有“蛮”族部落十余万家，酋长冼氏。冼氏有女多智谋，善于用兵，梁末，罗州刺史冯宝娶冼氏女为妻。冼夫人约束冼氏部落使从民礼，冯氏政令才得行施。陈霸先起兵讨伐侯景，得冼夫人援助，冼夫人成为陈朝在岭南的重要支柱。冯氏数百人终于影响冼氏十余万家。以此为例，汉族士人避难到闽江流域和珠江流域，在当地总要发生大小不等的影响。不过，由于士族的极度腐朽，在它统治力愈强的地方，劳动民众所受的痛苦也愈大，一直到造成大灾难，长江流域就是这样遭受破坏的。总的说来，南朝将近三百年的士族统治，对中国南部的开发，积极作用终究比消极作用要大一些。因为南朝以前，中国经济文化的主要基地只有一个黄河流域，经过南朝，长江流域也成为主要基地，中国经济文化的主要基地从此扩大了一倍，封建社会也就得到进一步的发展。隋唐时期的繁荣就是在这个扩大的基地上产生的。

第二节　南朝的经济状况

东汉时期，长江流域的经济已经表现出上升的趋势，孙吴建国时，又有些进展。西晋末大乱，黄河流域汉族人大量南迁，其中士族只是少数，极大多数还是劳动民众。他们带着北方比较进步的生产技术来到南方，在南方原有的生产基础上，加入新力量，因而生产力有显著的提高。东晋末和梁末两次祸乱以外，南朝境内没有发生过大的战争破坏，这也是生产力得以逐渐发展的一个重要原因。依据下列事例，可以说明南朝发展中的经济状况。

人口增加

长江流域向来人口稀少，最大的荆、扬二州，当西晋武帝太康全盛时，荆州有三十五万户，扬州有三十一万户。西晋惠帝割扬州七郡荆州三郡置江州，又割荆州三郡属梁州。西晋怀帝又割荆州五郡置湘州。荆州所属二十二郡割去了一半，但多数户口仍在荆州所属襄阳江陵及江州所属武昌一带地区。东晋时，北方流人大量南来，主要侨寓在荆扬二州。宋孝武帝时，荆、江、扬三州户口占江南全户口的半数。所谓三州，实际仍是太康时的荆扬二州（江州本是荆扬二州的一部分，荆州割归梁州湘州的八郡，不是户口稠密地区），假如北方流人户口和东晋以来荆江扬三州一百三十余年繁殖的户口，总数相当于荆州割去的八郡户口数，那末，宋孝武帝时荆江扬三州仍应有六七十万户，全江南应有一百二三十万户（不包括豪强藏匿的户口）。但四六四年（宋孝武帝大明八年）的户口数，全国只有九十万六千余户、四百六十八万余口。当时江南以外，尚有徐、南兖、兖、豫、青、冀、司、雍、梁、秦等州以及益州全部，全国实际户口，决不能只有此数。陈朝国土最小，陈宣帝时有户六十万，隋灭陈，得陈户五十万，男女口二百万。二八〇年，西晋灭吴，得吴户五十二万，男女口二百三十万。陈朝地比吴国略小，陈亡时户口也略少，自吴亡至陈亡，中间经过三百余年，户口似乎一点变动也没有，显然是不合实际的。东晋和南朝的户口数过度不合实际，原因主要在于士族享有特权。东晋元帝依靠士族立国，法禁宽弛，列入《百家谱》的士族固然特权最大，不入谱的北来士族以及东南原有的士族，也各享特权。这种特权之一是“挟藏户口，以为私附”，即并若干户为一户，士族出名作户主。户主势力愈大，所附私户数也愈多。东晋时山遐作余姚令，到县八十日，即查出私附一万余人。县中豪强，群起攻击，山遐要求朝廷再留二十天，追查私附，朝廷不许，免山遐官。会稽郡所属共十县，人口约三十五万（这是宋孝武帝大明八年人口数，东晋时人口也许较少），假如平均每县人口为三万五千，余姚一县私附竟多至万余人。余姚不是士族聚居地，豪强藏户已如此众多，其他郡县可以类推。

侨郡县并无一定境界，朝廷不问侨寓士族所占田亩数，当然不征租税和徭役，岁月积久，兼并愈甚，土断与侨寓两种主张成为政治上严重的斗争。所谓土断，就是主张把侨郡县士民作为土著，民众向朝廷纳租税服徭役，不再让士族独占这些利益。所谓侨寓，就是主张维持士族在侨郡县里一向独占的利益。土断对朝廷有利，凡有可能代替东晋自立朝廷的人都主张土断。三六四年（东晋哀帝兴宁二年），桓温实行土断，制定严法禁止挟藏户口，并在全国大查户口，普禁藏户，彭城王司马玄藏匿五户，被桓温惩罚，朝廷因此收入大增。

桓温失败后，土断制废弃不行。四一三年（东晋安帝义熙九年）刘裕又实行土断，省去不少侨郡县。宋孝武帝时，雍州刺史王玄谟请在雍州实行土断，宋孝武帝下诏并省雍州所属三郡十六县为一郡。宋完成了土断制，但士族制度既然存在，就无法变革挟藏户口的积弊。

齐高帝新建齐朝，想整顿黄籍。黄籍是普通民众的户口簿，是朝廷征取租税徭役的根据。黄籍向来是一个大弊窦，官吏受富民（非士族的地主和富农、商贾，商贾不一定要入仕，但可得士人免税的利益）贿赂，给纳贿者或注军功，军功户中至少有三分之二是假冒；或出钱一万余，伪造祖先爵位，就可以称士族；或因秃发，假托僧人；或迁徙无定，不立户名；或户存而黄籍不载，或人在而注已死亡，如此种种，弊端极多。免役免税的户口愈增，贫苦民众的负担也愈重。齐高帝设专官检查黄籍。齐武帝继续检查，罚纳贿改籍人到边地充戍役。四八五年，富阳（浙江富阳县）妖人唐寓之作乱，三吴纳贿改籍人来投奔的多至三万。齐武帝派兵进击，斩唐寓之。这次作乱，是富民反抗检查黄籍，畏罚叛变，根本不是农民起义。唐寓之虽然失败，纳贿改籍人的反抗依然强烈。四九〇年，齐武帝不得不取消检查，承认宋代黄籍上一切弊端完全合法有效。

梁武帝不敢再检查黄籍，却想从整理士籍入手，依据东晋贾弼之所作《士族谱》，宋刘湛所作《百姓谱》，设立谱局，改定《百家谱》，凡八十卷，东南士族另立一部，不在百家之内。梁武帝能定百家士族和东南士族的谱系，但不能防止富民的继续纳贿改黄籍，结果只能是百家士族、东南士族和富民冒名的士族并存，各按自己的势力去剥削劳动民众。梁郭祖深说，民众为避免重役，或自断手足，或投靠士族作附隶，称为属名。梁朝的属名，就是东晋的私附，足见豪强挟藏户口，一向保持不变。

自桓温首创土断制，至梁武帝定《百家谱》，都说明士族与朝廷争夺民户，朝廷并不能改变这个形势。因此，长江流域人口实际是增加了，在偶存的几个户口数字上却看不出人口的增加。

农业前进

江南地势卑湿，人口稀少，农民向来用火耕水耨法从事生产。所谓火耕水耨，就是烧去田里杂草，灌水种稻，草和稻并生，高七八寸，一并割去，再放水灌田，草死稻长。这样简单的耕种法，生产量自然很低微。西晋武帝时，杜预奏称东南水灾特别严重，原因在于火耕水耨必须高地蓄水，多筑陂堰，每遇水雨，堤坏泛滥，低田损毁，延及陆田。过去东南地旷人稀，不妨用这个旧法，现在户口日增，村舍相接，田地高低不一，每岁陂堰放水，为害实多。请令地方官决去曹魏以来新造诸陂堰，修缮汉朝旧堰及山谷私家小陂，借免水灾。晋武帝听从杜预的建议。魏吴对立，魏在边境上造陂堰，不顾吴境受灾害，西晋统一后，旧边境上人为的水灾可以减轻，至于火耕水耨的逐渐改革，主要由于户口日增，村舍相接，不得不改进耕作技术，以免水火的灾害。在人力薄弱的地区，自然还会保持着落后的旧耕种法。

扬（包括东扬州——会稽郡）、荆（包括雍州——襄阳和江州）二州，人口较多，农业也最发达。依据史书所记的一些材料，可以看出这些地区兴修了不少水利。例如东晋时，曲阿（江苏丹阳县）立新丰堰，溉田八百余顷，乌程（浙江吴兴县）筑荻塘，溉田千顷，勾章（浙江慈谿县西）修复汉时旧堰，溉田二百余顷。宋齐梁相继修复芍陂（在安徽寿县南）堰堤，溉田万顷。宋时修复汉六门堰（河南邓县西），溉田三万顷。江南多湖沼，泄水可变成湖田。宋谢灵运求会稽回踵湖，又求始宁（浙江上虞县西南）休崲湖（崲音皇huáng）作湖田。宋孔灵符奏请迁徙山阴县（浙江绍兴县）贫民到余姚（浙江余姚县）、鄮（音贸mào浙江鄞县东）、鄞（浙江鄞县）三县开垦湖田。作堰溉田和泄水成田，都是显示农业在发展中。用粪作肥料，不见记载，宋武帝功臣广陵人到彦之微时以挑粪为业，挑粪很可能用作肥料，因为荆扬等地，火耕水耨法已不能继续行施，必须采用施肥法。《史记·吴世家》记吴楚两国边邑妇女争桑树，引起战争（前五一八年），足见远在春秋时期，南方丝织业已很普遍，东晋以来，愈益发达。耕织都前进，树立了社会财富的基础。

手工业发展

南朝在手工业方面，有三个重要的进步，一个是炼钢术，一个是造纸术，一个是制瓷术。

炼钢术——人类使用铁的发展过程，按照炼铁技术的限制，形成熟铁、生铁、钢铁三个阶段。首先得到的只能是熟铁，因为当时的技术(主要是风箱)，还不能熔化铁矿石。熟铁缺乏炭素，性柔软，不能制造需要有相当硬度的工具，作用远不及青铜器，也不及石器。技术前进一步，能够熔化铁矿石，这就得到了生铁。生铁含炭素过多，性硬而脆，耐磨性较高，可以铸造农具，但还不能制造武器。熟铁比生铁难熔化，用炼生铁的方法(熔铁炉中铁矿石与木炭混合在一起)来炼熟铁，因风箱通风力量不够强，熟铁不曾熔化，却在高温下吸收了百分之零点二五至百分之一点七的炭素，这就成为渗炭钢。再加以淬、锻等工，挤出铁中所含熔渣(杂质)，就成为质量较纯的钢铁。有了这种钢铁，才能代替青铜在武器上的地位。中国古代炼铁技术的发展是迅速而卓越的，远在春秋前期，已经能够熔炼生铁，铸造农具和大鼎。按照铁的发展次序，春秋前期既有生铁，春秋以前应早有熟铁，只是缺乏硬度，不能用来作重要的生产工具。春秋后期，《吴越春秋》所记干将莫邪夫妇剪爪发投入炼铁炉因而制成宝剑的故事，暗示冶炼家开始摸索出渗炭钢的制炼法。战国时有钢，不仅可从文字记载上推知，并已有实物发现。到西汉武帝时，钢铁武器完全代替了青铜武器。炼成渗炭钢是伟大的成就，中国取得这个成就比世界上任何一个国家都早。不过，渗炭钢要制为纯钢，必须锻炼百来次，费人工太多，而且愈锻炼愈柔软，不适宜于战时的实用。曹操曾制百辟(避)刀五把，是百炼的宝刀，他说，我的儿子里有不好武而好文学的，每人给一把。足见百炼的钢刀，是不能上战场的。锻炼较少的钢制武器，又可能因熔渣和含炭量多了些，容易折断。要刚柔得中，生产较易，就得在制炼法上再前进一步。这一步在南朝时期实现了。

《重修政和证类本草》铁精条下引陶隐居(陶弘景)说"钢铁是杂炼生(生铁)鍒(音柔róu熟铁)作刀镰者"。杂炼生鍒法后世一直保持着。在近代炼钢法应用以前，它是一种进步的技术。《天工开物》里说这种炼法是熔铁炉中生铁和熟铁混合在一起，火力到时，生铁熔化，包裹和渗入熟铁，生铁多余的炭素被缺少炭素的熟铁所吸收，也排挤出一些熟铁所含的熔渣，生熟铁都成为钢铁。取出加锻，再炼再锻，反复数次，就成质量较纯的钢铁。这种炼法，费功较少，产量较多，既可制刀剑，又可制农用的镰(能制镰刀，价不会太高)，对发展生产力是一个贡献。陶弘景一生历宋齐梁三朝（四五六年——五三六年），所说杂炼生鍒法的应用，当与他同时或在以前。吴越在春秋时期最先发明渗炭钢，有冶炼技术的传统。齐时上虞人谢平创制刚（钢）朴，号称中国绝手。刚朴不知是何物，按朴原意为树皮，刚朴可能是指生铁熔液包裹熟铁（象树皮包裹树干）而同成钢铁，如果是这样，那末，谢平就是杂炼生鍒法的发明人了。南朝著名制造兵器的冶所是在会稽郡所属的剡县（浙江嵊县）三白山，看来会稽郡冶炼技术较高，谢平是尤高的冶炼家。东晋初年，会稽郡民众避重役，从海道逃到广州，刺史邓嶽大开鼓铸，好些非汉族居民因此知造兵器。可见会稽一向是南方冶炼技术较高的地方。

扬州在南朝，是鼓铸的重要地，建康有左右二冶，尚方（皇室工业）有东西二冶，工人多用囚徒。铁的产量多，梁铸铁钱，堆积如丘山，市上交易，用车载钱。梁武帝用铁数千万斤塞浮山堰决口，足见南朝铁产量是丰富的。梁武帝曾令尚方造刀剑，装饰极精巧。尚方有横法钢，仍是百炼的柔钢，技术可能比旧的百炼法有些改进。

造纸术——西汉时已有纸，经东汉蔡伦改良，纸的功用大进一步。至东汉末建安时，左伯改良造纸法，纸的功用又前进一步。左伯是东莱（山东黄县）人，东莱一带成为造好纸的重要地。陈朝徐陵《玉台新咏序》里说“五色花笺，河北、胶东之纸”，梁元帝《咏纸诗》“皎白犹霜雪，方正若布棋”，足见南北朝时，美色纸出在北方，南方造纸术也有很大的进步。剡溪（在浙江四明山区）一带四五百里盛产藤，取藤皮造纸，质地极佳，余杭（浙江余杭县）由拳村也出好藤纸。唐时书家以用藤纸相夸。制造藤纸开始在东晋时。范宁令属官说，“土纸不可以作文书，皆令用藤角纸”。藤角纸即藤纸。东晋末，桓玄选二王（王羲之、王献之父子）写在帛上和纸上的字迹，各装成一帙，常置手边。南朝书家写字多用麻纸，麻纸别称布纸，就是用破旧麻布制造的纸。麻纸可供二王写字，精美可以想见。王羲之曾一次赠送谢安纸九万张，当是这种麻纸。在纸上涂黄色防蠹药物称为黄纸。当时好纸已能大量生产，因之桓玄下令废竹简，用黄纸代竹简。隋灭陈，获得大量陈朝藏书。这些书籍多是陈宣帝时用纸抄写。纸到南朝完全代替了竹帛的地位，是和造纸技术的发展相适应的。

制瓷术——实物证明，商和西周的带釉硬陶器，可说是最原始的瓷器。两汉瓷器虽然还没有完全脱离原始状态，但制作技术继续在提高。三国西晋制瓷术又有进境，脱离原始状态转入成熟的初期。西晋文士作赋，茶、酒和瓷器联系起来，说明瓷器已是日常生活的用具。现在发见的瓷器，三国以迄南北朝都是青瓷，出土地点遍及南北。不过，制瓷术最高的地方还是在会稽郡。据现有的发掘资料，孙吴西晋，会稽制瓷业已渐发达。东晋和南朝将近三百年，会稽遭受战乱较少，是一个士族聚居地。士人享乐生活里饮茶也是享乐的一种，讲究茶具，对制瓷技术起着推动作用。茶具以外，日常生活用具及特制殉葬的明器，种类也很多，越窑和各地窑业成为一种重要的手工业。到唐朝，越窑声名更大，陆羽《茶经》说，“瓷碗，越州上，……或者以邢州处越州上，殊为不然。邢瓷类银，越瓷类玉，邢不如越一也；邢瓷类雪，越瓷类冰，邢不如越二也；邢瓷白而茶色丹，越瓷青而茶色绿，邢不如越三也”。照陆羽的比较，越窑所制茶具是最好的。陆龟蒙赞美越瓷诗，有“九秋风露越窑开，夺得千峰翠色来”句，大抵青瓷的制作，越窑确已达到最高境。唐时越瓷无疑是东晋南朝时越瓷的继续发展。

商业通畅

东晋和南朝时期，长江流域经济开始发展，以皇室和百家士族为首的统治阶级，在这个经济基础上过着奢侈腐朽生活。一般地说来，统治阶级用政治势力从农民手工业者搜刮得钱，通过商业用钱取得各种消费品，消费品的大部分是由农民手工业者生产出来的（小部分是奴婢、罪徒等人的无偿生产），通过商业，农民手工业者得以收回一部分钱来进行再生产。因之，社会经济在政治较好、剥削较轻、商业通畅的情况下，可以有缓慢的进展；在政治苛暴，但商业仍能流通的情况下，也还不至于全部窒息；只有遭受破坏性特别强烈的战争，商业完全停顿的时候，社会经济才呈现崩溃现象。梁末侯景大乱，就是这样的一个时候，其余大体上属于前两种情况，也就是长江流域经济上升的趋向，其中商业起着一定的流转作用。

建康是最大的商业城市。城中有四个市，又秦淮河北岸有大市，还有小市十余所。建康以外，京口、山阴(会稽郡治)、寿阳、襄阳、江陵、成都、广州等地也是商业城市。史称建康"小人率多商贩，君子资于官禄，市廛列肆，埒(音劣liè相等)于二京(长安、洛阳)"。商业主要为官人供给消费品，所有商业城市都是和建康一样。齐朝暴君东昏侯，极其淫侈，妃妾服装，都选用最珍贵的材料，向商市购买金宝，付钱比普通价高数倍。他宁愿用其他方法去搜括民间钱物，却不敢不付给商人所索的高价，这说明官和商相互依存，谁也缺少不了谁。

士人向来有免税权，因之士人多兼营商业。东晋王彪之整顿商市令里说，近查山阴市多有不法商人，或随地开设店肆，或隐漏估税，假冒豪强的名号，拥有贸易的厚利，凌践无势力的平民，独占居要害的地点。其他城市，情形大致相同。这里所说不法商人，或者就是兼营商业的士人，或者是和士人勾结、仗势横行的奸商，普通商人是不敢这样做的。又如东晋谢安有一个同乡罢官从广州回建康，带来蒲葵扇五万把。谢安取

浙江余姚出土东晋青瓷鸡首壶

南朝青瓷刻花壶

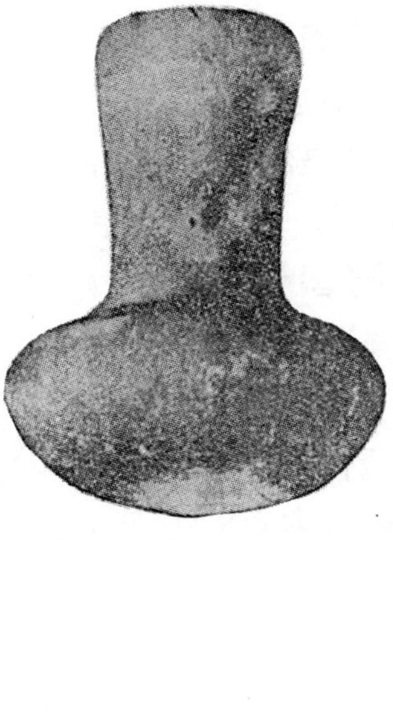

浙江德清出土南朝窑具

一把自用，建康人争出高价买蒲葵扇，这个同乡获利数倍。宋孔道成从会稽来建康，带货船十余艘，满载绵绢纸席等物。梁武帝弟萧宏，贮藏布绢丝绵漆蜜纻（细麻）蜡等杂货数十屋。萧宏在建康有数十处商邸，招待各路商客，廉价买进客货，贮藏起来，待价出售。萧宏又用高利贷的方法，吞并别人的田、宅、邸、店，建康和三吴不少人因此丧失产业。士人和贵族经商求富是普遍的，不过，对整个商业说来，主要经营者仍是社会地位卑微的商贩。

南朝重要产盐地，在江南是吴郡海盐县（浙江海盐县），在江北是南兖州盐城县（江苏盐城县）。海盐县海边有大片盐田。盐城县有盐亭（制盐场所）一百二十三所，公私商运，每年常有船千艘往来。经营盐业的自然是豪强，其中有商人也有士人。

军人（小军官，凡小军官都是素族，士人不作小军官）也是一向享有免税权，军事重镇寿阳、襄阳，与北方有商业上往来，在这里军官可以贩运求富。

南朝和海南诸国通商，主要是经由广州南海郡的番禺（广州市），交州的龙编、西卷。自宋朝开始，有林邑、扶南（柬埔寨）以至天竺、师子国等十余国与南朝通商，梁时商业尤盛。输入货物多是象牙、犀角、珠玑、琉璃、吉贝（又写作古贝、木棉布）、香料等，中国输出货物多是绫绢丝锦等。《宋书·夷蛮传论》里说外国珍货，为富贵人所喜爱，所以“舟舶继路，商（商人）使（使官）

交属（往来）”。梁时，外国商船有时一年到来十几批。当时北魏贵族已经腐化，也需要南货（南海货）供消费，梁就多输入南货在边镇与魏互市，交换北方产品。做交广二州官，很快就致巨富。宋时垣闳作交州刺史，任满回来，带资财值钱一万万。凡作广州刺史，无不暴富，俗话有“广州刺史但经城门一过，便得三千万（钱）”的说法。从官吏贪污的钱数来看，当时中外交易的货物，数量并不小。

南方水上交通便利，也是商业发达的一个原因。东晋安帝时，建康一次风灾，毁坏官商船多至一万艘。此后官商船当愈来愈多。孙吴时，海上大船长二十余丈，可载六七百人，装万斛重的货物。梁时，大船可载二万斛。南朝造船技术比孙吴有很大的进步。由于人口增加，有较充足的劳动力用以开发农业，手工业商业也随着发展起来，东晋南朝将近三百年的一个时期里，长江流域起了很大的变化。司马迁在《货殖列传》里描写西汉时长江流域的经济状况说，江南卑湿，人多夭死。地广人稀，生活依靠稻米鱼羹。种稻用火耕水耨法，懒散成俗，缺乏积蓄，少有冻饿的穷人，也少有千金的富家。经过东汉和孙吴，经济逐渐上升，到东晋南朝时，长江流域成为富饶的地区。沈约《宋书·孔季恭等传论》里说，江南地广，田亩肥沃，民众勤于本业（耕织），一郡丰收，可供数郡食用。会稽滨海傍湖，良田有数十万顷，上等田地，一亩值一金，北方上等田地还比不上它。荆

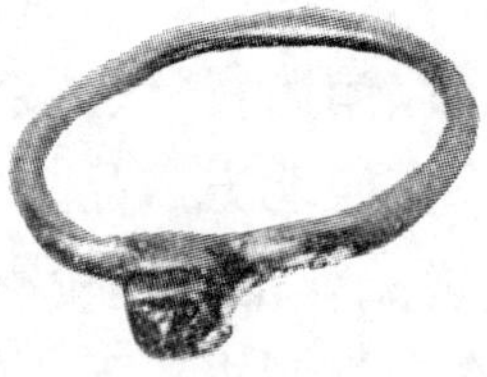

江苏南京东晋墓出土
的钻石戒指、玻璃杯

州扬州盛产鱼盐木材、丝绵布帛，运销四方，满足天下人的需要。看司马迁和沈约的两种描写，显然，南朝时期长江流域的面貌大不同于西汉时期了。

劳动民众改造长江流域的面貌，使它从贫困进入富饶，但富饶的享受者当然是那些剥削者，沈约所说良田，主要是为士族文武官员所占有，满足天下人的需要也只是满足剥削者的需要，劳动民众依然过着贫困的生活，因而社会经济的发展仍是很有限的。下面简单地分述剥削者和被剥削者两大类。

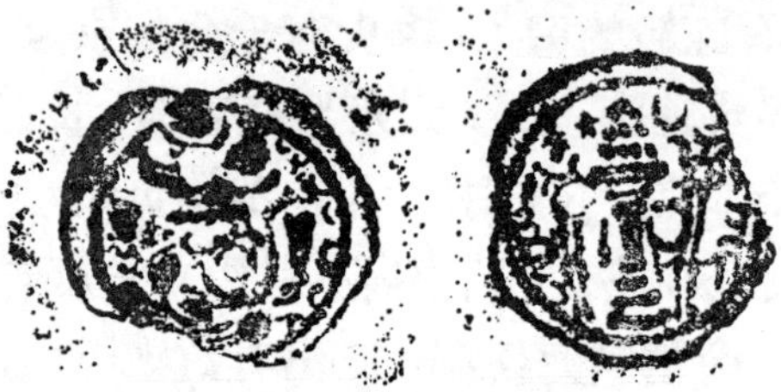

广东英德南齐墓出土的波斯银币（拓本）

皇帝——以皇帝为首的统治阶级，主要是用

沉重的租税、徭役及铸劣质钱来实行苛暴的剥削。

劳动民众为维护偏安的汉族政权，负担着过重的租税。东晋初年，承用西晋户调法，晋成帝改为按田亩实数收租制，平均每亩取十分之一，税米三斗，称为度田收租制。这是对地主不利的制度，地主拒交租米，积欠至五十余万斛。晋哀帝减田租，亩收二斗。晋孝武帝再对地主让步，废度田收租制，改定王公以下，丁男（十六岁称全丁，十三岁称半丁）每口税三斛。这一改变，对非地主的民众是极大的不利，为和缓反对，免除服徭役人的口税。过了六年，增税米为每口五石，服徭役人免口税的制度，不久也就无形取消了。贫民与王公平等纳税，负担不平等到什么程度！宋齐梁陈，口税有增无减。口税以外，又课丁男布绢各二丈，丝三两，绵八两，禄绢八尺，禄绵三两（禄绢禄绵供官禄）。害民尤甚的还有苛税多种，其中有所谓资税（财产税）。晋刘超做句容县官，以前县官亲到四乡估评百姓家产，刘超但作大函送各村，教百姓自写家产数目投函中，写讫送还县官。百姓依实投报，课税收入，超过往年。收资税不扰民的官只有刘超一人，可见其余都是扰民官。宋时资税，民家桑长一尺，田增一亩，屋上加瓦，都得抽税。因此，人民不敢种树垦地，屋破不敢涂泥。齐萧子良说当时官吏苛敛，民间桑树房屋都评价抽税，往往斩树发瓦，折钱充数。梁郭祖深说，官吏迫胁良善，比豺狼还要凶恶。齐时征塘丁税，萧子良上表称，浙东五郡，塘丁税每人一千文，贫民典卖妻子，不能足数，仍多积欠。这些苛杂税制，迫使民众加速地失业破产，沦落到佃客奴婢的地位。

从东晋到梁陈，有所谓估税，是抽百分之四的商业税。凡买卖奴婢马牛田宅，有文券的大买卖每一万钱抽税钱四百，卖方出三百，买方出一百，称为输估。不立文券的小交易，随物价百分抽四，称为散估。估税以外，还有过路杂税。如建康西有石头津，东有方山津，各设津主一人，贼曹（检查员）一人，直水（水上检查）五人，检查违禁品、来历不明人以及柴炭鱼苇等物。大小各津并十分税一。士人经商免税，商人纳百分之四的税，小贩过津口纳百分之十的税，朝廷设估税的理由是“人竞商贩，不为田业，故使均输（纳税），欲为惩励”，实际却是励士人惩商人，励商人惩小贩。

西汉以来，通行五铢钱。孙权在江东铸大钱，一个当五铢钱五百，又铸当一千的大钱。东晋时沈充私家铸小钱，市上与孙权钱并用。宋铸钱极劣，一千钱长不满三寸，称为鹅眼钱。比鹅眼钱更劣的钱，称为綖（音延 yán）环钱，入水不沉，随手破碎，商贾不敢行用。后来禁用鹅眼、綖环等钱，专用古钱（五铢）。古钱多被奸人剪凿破损，公家收税，必须圆大，人民纳两钱代一钱，或加七百买好钱一千，负担严重，因此犯罪受刑，冤苦无告。梁铸钱多种，轻重不一，币制纷乱，后废铜钱改铸铁钱，纷乱更甚。陈废铁钱，改铸五铢钱，一钱当鹅眼十钱。又铸六铢钱，一当五铢十，行用不便，人民愁怨。南朝钱法紊乱，轻重屡变，主要是造轻钱取利。齐武帝时孔颛指出铸轻钱的原因是由于朝廷“惜铜爱工”。所谓惜铜，就是用少量的铜铸多数的钱；所谓爱工，就是粗制滥造，不管质量的恶劣，归根是朝廷利用劣钱来夺取民众的财物。

繁重的徭役对农业生产是一种极大的破坏力。东晋范宁说：“古代役民，一年不过三天，今世役民，几乎一年不得三天的休息。”齐朝与北魏接境的扬徐二州，人丁服军役三中取二。远郡每人出米五十斛免行，仍须充杂役。梁郭祖深说，人民充军役身死，有的主将给死者妄加叛亡恶名，死无对证，按叛亡惩罚，全家同村，悉遭破坏。人民被迫或自斩手足，避免重役，或投靠士族做附隶，称为属名。这是因为士族有免役特权，附属在士族户下，为户主服役，比服官役要好一些。梁武帝曾停止各地女丁服役，足见妇女也不能免役。只看这些事例，再看范宁说的那句话，可以想见东晋南朝徭役害民的严重。

上述各种苛暴的剥削，都是以皇帝的名义，通过全部官吏来进行，所有劳动民众都得接受这种剥削。皇帝以外，还有两种主要剥削者，一种是从来就有的地主，一种是齐梁新起的僧尼。

地主——东晋南朝是少数大地主的政权，所以土地集中在少数大地主手里。晋刁协家有田一万顷。谢混家有田业十余处。宋沈庆之家财累万金，有产业在娄湖(在江苏昆山县)，指地告人说，钱都在这里。孔灵符产业殷富，有墅(庄园)在永兴(浙江萧山县)，周围三十三里，水陆地二百六十五顷，又有果园九处。当时大族，都拥有广大土地，这些只是偶见的例证。

他们土地的获得，有所谓赐田，如王导有赐田八十余顷在钟山(南京城东北)西。有所谓求田，如谢灵运求会稽回踵湖，始宁休崲湖，决水为田。有所谓悬券，如萧宏放高利贷，借钱给人，文契上预先指定田地房屋作抵押，到期不还，驱逐业主，收归已有。更强暴的方法是霸占山泽。如刁协家专擅京口山泽，蠹害贫民。齐萧子良在宣城(安徽宣城县)、临城(安徽青阳县)、定陵(青阳县东北)三县封闭山泽数百里，禁民樵采。山林湖泽被势家占有，百姓误入捕鱼，罚布十匹，汲取饮水，刈割柴草，都有罚禁。甚至有些统治者也感到横暴太甚，民愤难抑，在法律上规定霸占山泽的禁律，事实上禁律依然是一些空文。

势家大族拥有部曲，作为私有的武力。部曲本是大地主胁迫本族贫人、佃户及附近农民组成的私人军队。大地主作将帅时，部曲当作亲兵随从出战，在平时，用部曲压迫民众，霸占山泽田宅。部曲有部曲将，这一种人是大地主的爪牙，是附属于大地主的一种剥削者。

南朝士族又拥有称为门生的一种人。晋陶潜有脚病，使一门生与二儿舁篮舆。陶潜是贫士，还有一个门生为他服役。宋徐湛之有门生千余人，都是三吴富家子弟，衣服鲜丽，随从徐湛之出入。谢灵运有门生数百人。齐刘瓛每出游，一门生持胡床随行。门生对主人似乎有些象亲随人的身分。梁顾协标榜廉洁，有门生新来投靠，不敢献厚礼，只献钱二千文，顾协发怒，赐杖二十。姚察有门生送南布（木棉布）一端，花綀（音束 shù 葛类）一匹，姚察厉声驱出。顾协姚察不收礼物，算是例外，其余当是以收门生礼物为敛财的一个方法。东晋南朝最重门第，凡不入士流的微族，即使豪富，不敢僭士族，也不敢希望获取高的官位，可是出钱买做门生以后，得服事贵人，自觉身分提高。贵人出仕，更得随从到任，分润赃物。例如益州历任刺史，莫不大事聚敛，多至万金，随从宾僚，都是京城穷子，出去做郡县官，尽量贪污致富。刘秀之做益州刺史，整顿政治，人民悦服。门生地位比宾僚低，情谊却很亲近，他们跟随主人，自然也要仗势剥削。

佛寺——齐萧子良提倡佛教，南朝佛教开始兴盛。梁武帝时，佛教极盛。建康有佛寺五百余所，各拥大财产。僧尼十余万人，食肉饮酒，穷奢极侈。外州郡佛寺，不可胜数。男僧得收白徒，女尼得收养女，白徒养女不入户籍，免除一切课役。郭祖深说，天下户口，几乎失去一半。郭祖深主张革除白徒养女，准僧尼蓄奴婢。僧尼只许蔬食，婢女只许著青布衣。梁武帝正在大兴佛教，当然不听郭祖深的建议。

佛寺财产丰富，兼营高利贷。齐江陵长沙寺僧铸黄金为金龙，重数千两埋土中。甄彬曾持一束苎向长沙寺库房质钱，后赎还苎，苎中有黄金五两，问寺库知是有人持黄金质钱，管库僧误置苎中。小自一束苎，大至黄金贵物，都可以质钱，想见营业范围的广泛。后世典当业，从南朝佛寺开始。

上列从皇帝到僧尼，是一大群残酷的剥削者，长江流域经济不能有更多的发展，主要是受这群人的阻碍。劳动民众在这个阻碍下辛勤地进行着长江流域的开发事业。

小农——占有一小块耕地，农业生产以外，兼营副业，勉强维持一家人生活的农民，在数量上是较大的，租税徭役，朝廷主要是从这部分农民取得。史载宋武帝刘裕微时的生活，可以代表这部分农民。刘裕是个农民，有时贩履卖芦苇，穿的是妻臧氏手制的短布衫袄。做皇帝后，保存所用耕具示子孙。在皇宫里仿照农民住屋造自己的寝室，床头有土障，壁上挂葛制的灯笼，麻制的蝇拂。他的孙子宋孝武帝看了说，田舍翁有这些，已经算是很好了。大抵普通农民，连葛灯笼麻蝇拂也是没有的。宋孝武帝时，山阴县人多田少（多被大族占有），孔灵符请迁徙贫民到余姚、鄮、鄞三县开垦湖田。当时朝臣全数反对孔灵符的建议，说山阴豪族富家，田并不少，贫民佣耕，可以谋生。朝臣代表大地主的利益，要贫民来充当佃户，孔灵符代表最高地主（朝廷）的利益，要贫民垦得一些田地，为朝廷纳租。宋孝武帝不听众议，移民垦田，都成良业。自然，这些良业终究还是被豪族富家占去。

东晋定制，官品第一第二，佃客不得过四十户，自第三品起，每品减五户，第九品五户。农产物主客酌量分配。都下民户多投王公贵人当佃客，朝廷制度，并不实行。士族有免役特权，民众为避免可怕的徭役，不得不投靠士族当属名。既然很大部分的土地为豪族富家所占有，佃客数量无疑也是很大的。

江苏南京出土南朝的男、女陶俑

奴婢——南朝士族又多拥有奴婢。如晋陶侃有家僮千数，刁协家有奴婢数千人。宋谢混有奴僮千数百人，沈庆之有奴僮千人。其他大族所有奴僮数量当不相上下。普通士族家庭，也养奴婢当作重要的财产，兄弟分家时分取奴婢。奴婢主要用在耕田织布，所谓“耕当问奴，织当问婢”，就是使用奴婢的目的。有时也派奴到远方去经商，不会逃走。五二五年，梁将元法僧逼迫彭城兵将三千余人来建康，都印额为奴。足见奴隶额上印着字，所以无法逃走。齐时，刘寅使奴当伯上广州，经过七八年还是回来。据说当时六斗米约抵钱五千，奴婢一人抵米六斗或值钱五千至七千。奴婢来源主要是破产农民，奴婢身价惊人的低也就说明农民生活惊人的恶劣。奴隶是劳动民众中最受压迫的一层，侯景作乱，奴隶成为侯景的唯一支持者。

手工业者也是开发长江流域的一个重要力量，炼钢、造纸、制瓷、造船都是他们特出的贡献。

劳动民众推动长江流域的经济前进，士族享受了这个前进的利益，其中一部分人在文化上作出贡献，算是对劳动民众提供了一种报酬。

隋唐文化继承南朝，隋唐经济也依仗南方。数全国财富，“扬一益二”，就是长江流域开发的结果。到唐中期，韩愈说“当今赋出天下而江南居十九”，长江流域地位更见重要。所以，将近三百年的东晋南朝，在政治上是偏安一隅，在经济文化上却有巨大的成就。

第三节　南朝文化的发展

西晋末年，中原士族逃奔江南，建立东晋以及后来的南朝政权。他们在政治上、经济上享受特殊的权利，生活非常优裕，地位非常巩固，因之黄河流域的文化，移植到长江流域，不仅是保存旧遗产，而且有极大的发展。中国古文化极盛时期，首推汉唐两朝，南朝却是继汉开唐的转化时期。唐朝文化上的成就，大体是南朝文化的更高发展。

一 文 学

士族过着腐朽委靡的生活，反映在文学上，就是只讲求形式的美观，也就是用事务求繁富，对偶务求工整，声律务求和谐，说到内容则几乎是空乏或者是污秽。但是，单就形式美来说，对文学发展上也还是一个成就，因为没有南朝文士的讲求，便不能有盛行于唐朝的文学，至于真正代表东晋南朝文学的，显然不是这些形式美的文学而是违反当时文学习尚，较为朴素的作品。

诗歌——古体五言诗在建安时期是个高峰，在太康时期又是一个高峰，到了南朝特别是梁朝，成为大高原，由此转入律诗的新境界。宋齐以下，凡参与士流的人，都学作五言诗，梁钟嵘（音荣 róng）《诗品序》说“今之士俗，斯风炽矣，才能胜衣，甫就小学，必甘心而驰骛焉”。因为上自朝廷会同，下至友朋酬酢，都得赋五言诗，否则便被轻视。有一次，梁武帝在光华殿宴饮群臣，聊句作诗，武将曹景宗力求参加。梁武帝说，你技能很多，何必在诗上争能，意思就是劝他不必在士人面前出丑。曹景宗酒醉，力求不已。梁武帝给他竞、病韵。曹景宗作诗道“去时儿女悲，归来笳鼓竞；借问行路人，何如霍去病”。宴会上人无不惊叹。这确是南朝唯一有气魄的一首好诗，比所有文士作的靡丽诗都要好得多，这也说明不入士流的武人，同样学五言诗。五言诗风尚如此广泛，不象建安太康时期那样限于一部分文士作诗，所以说象个大高原。

曹魏末年，清谈家何晏一类人始作玄言诗。所谓玄言诗，就是用些老庄的话头，做成浮浅乏味的诗句。西晋清谈家所作诗很少见，钟嵘《诗品》说郭璞“始变永嘉平淡之体”，可见西晋末通行的是玄言诗。东晋初，一些清谈家逃到江南，作诗用老庄语又加上佛经语，玄言诗愈益盛行。《文心雕龙》说，江左诗篇，沉溺在玄风里，没有好诗。但是，东晋初郭璞和晋宋间陶潜，却是受玄风影响又不受玄风约束的特出的作者。

郭璞非常博学，识见比那些清谈家高出无数倍。他看到大乱不可免，在刘渊起兵以前，去江南避难。东晋建国，看到内乱仍不可免，心情是沉郁的，冒死斥责王敦的叛逆，性格是刚毅的，他是有肝胆、忧世的志士，所作《游仙诗》，文采鲜明，异于玄言诗的平淡，寓意慷慨，异于玄言诗的浮浅，阮籍《咏怀诗》以后，《游仙诗》可称独步。

陶潜的情感是炽热的，他在《杂诗》里自述“忆我少壮时，无乐自欣豫，猛志逸四海，轻翮（音核hé）思远翥”，又说“丈夫志四海，我愿不知老”。《咏荆轲诗》更显出他的心情，“雄发指危冠，猛将冲长缨，……其人（荆轲）虽已没，千载有余情”，这里惋惜刺客的失败，无非借来发泄自己的猛气。这些都可见陶潜本来很想有所作为，可是，环境迫使他不可能有所作为。东晋自司马道子当权以后，变乱纷起，晋宋交替，变动更大，陶潜眼见世路的险恶，宁愿隐居园田，避免横祸。《归园田居诗》里说，“少无适俗韵，性本爱丘山”，乱世的俗，既不肯适，又不能抗，那末，顺适本性也就成为唯一可走的道路。《与子俨等书》说自己“性刚才拙，与物多忤，自量为己，必贻俗患”，可见他归隐是出于不得已。他在《咏贫士诗》里说，安贫与求富两个念头，常在胸中交战，安贫乐道的念头，总是处于战胜者的地位，所以他那种躬耕劳苦、饥寒交至的生活，和他那种清静恬淡坚贞不移的性情，能够融合无间，因而发为诗（四言诗、五言诗）文（赋、辞），处处见真性情，处处见真生活，使读者自然发生对这个高士的爱慕。何晏一类人的玄言诗，用老庄的辞句掩盖着一团欲火，他们怕流露出真心，掩盖惟恐不厚，作诗者的真心既然见不得人，人也无心去看他们的诗。东晋玄言诗流传极少，都被合理地淘汰了。陶潜诗也有玄言诗的色彩，但由于蕴藏在内心的是洁净的热情，足以振起平淡的文体，平而引人入胜，淡而饶有余味，就是因为平淡的外形包裹着热情的内容。陶潜诗几乎篇篇有酒，但并不引起读者的烦厌，也正因为酒在陶潜诗中是热情的表现物。“何以称我情，浊酒且自陶”，显然这种酒与酒徒的酒、纵欲人的酒大异其趣。萧统作《陶渊明集序》，说“有疑陶渊明诗篇篇有酒，吾观其意不在酒，亦寄酒为迹者也”，就是说酒在陶诗中的特殊意义。《诗品》评陶潜诗“文体省（简洁）静，殆无长语（平淡），笃（厚）意真古（质朴），辞兴惋惬”，“古今隐逸诗人之宗”，是恰当的评语。

东晋人作诗，“诗必柱下（老子）之旨归，赋乃漆园（庄子）之义疏”（这里诗赋虽分谈，实际都是依附老庄，不必拘泥），玄言诗流行了一百年，当然不能不变。晋末宋初谢灵运颜延之改变诗体，谢创山水诗，颜创对偶诗，对玄言诗说来，都是新开辟的诗境。谢灵运性爱山水，作诗主要是描写景物，景物之美也确实被他精刻地描写出来。如《游南亭诗》“密林含余清，远峰隐半规”，《登江中孤屿诗》“乱流趋正绝，孤屿媚中川；云日相辉映，空水共澄鲜”等句，非经深思搜索，不能得此佳句。谢诗全篇每以繁芜、雕琢为累，但秀句挺出，亦复清新可玩。颜延之作诗句句用故事，也句句相对偶，《诗品》说“动无虚散，一句一字，皆致意焉”；《文心雕龙》说“俪采百字之偶，争价一句之奇”，都是指颜诗专在对偶上用功夫。《诗品》又说颜诗“喜用古事，弥见拘束”，对偶与用事是不可分的，没有充足的故事，句子就对不起来，就是对起来，也只能称为“言对”，属于低级的一类。颜谢在宋初并称大家，谢诗比颜诗高，颜诗却比谢诗容易学。学谢诗必须摄取自然界的美，非身临山野，不能有所领会，也就不能学得谢诗的长处；学颜诗只要多读书，多记故事就可以，这是士族人能做的事，因此颜诗远比谢诗盛行。《诗品序》里说“颜延谢庄，尤为繁密，于时化之，故大明（宋孝武帝年号）泰始（宋明帝年号）中，文章殆同书抄”。梁武帝曾和沈约比所知关于栗的故事，沈约比梁武帝少三条。沈约出宫，对人说，这个老翁爱面子，不让他一些就会羞死。后来梁武帝听说，大怒，要治沈约的罪，沈约不久被逼死。一个皇帝和臣下在记故事的多少上争高低，甚至逼死对手，足见当时文人重视记事。承认记事不如人，等于承认文章不如人，这就势所必争，顾不得什么君臣的关系。

南朝人习惯上称有韵文为文，无韵文为笔，经颜延之等人的提倡，文笔都要用事和对偶，这在古体文笔（魏晋以前）向今体文笔（唐朝的律诗律赋四六）转化过程中是一个关节，介于古体和今体（律体）之间的俳（对偶）体在这时期形成了。

到了梁朝，由于沈约一派的文人提倡声律，用事对偶以外再加上声律这个重要因素，因此诗和其他文笔形体上都由俳体逐渐向律体变化。自玄言诗以至对偶诗，大都是缺乏性情或者是不敢露出真性情的诗，梁陈诗人却敢于说出真性情，虽然这种真性情多是污秽的，但终究是有了内容。代表这种形体和这种内容相结合的诗叫做宫体诗。梁武帝的太子萧纲(梁简文帝)和著名文人徐摛(音痴 chī)、庾肩吾以及徐摛子徐陵、庾肩吾子庾信创制一种轻丽的文体,因为是皇太子提倡的,所以文士们都模效着做,宫体诗代颜延之一派的对偶诗而盛行于梁陈两朝。

宫体诗正是统治阶级生活极端腐朽的表现,它所描写的对象,主要是色情。《内人昼眠》、《娈童》(梁元帝诗)也用来作诗题,污秽可厌。不过,梁陈诗特别是陈诗,对诗体的发展来说,确有它的成就。梁陈诗应用声律、对偶、用事三个因素,已经相当成熟地达到配合匀称、平仄和谐的境界,五言律诗虽然还没有定型,但一篇八句,已成一般趋势,如范云的《巫山高》,张正见的《关山月》,庾信的《舟中夜月》等诗,宛然唐律了。其余五绝如柳恽《和梁武帝景阳楼诗》、梁简文帝《梁尘诗》、陈沙门慧标《送陈宝应起兵诗》;七绝如萧子云《玉笥山诗》,虞世南《袁宝儿诗》;五言排律如庾丹《秋闺有望诗》;七言排律如沈君攸《薄暮动弦歌诗》,都已无异于唐诗。七律的完成较晚,但如庾信的《促柱弦歌》,陈子良的《我家吴会》,虽音节未尽谐合,体制已属七言律。梁陈文人从古体诗中寻求新体,偶得这些篇制,数量不多,却都为唐朝各种近体诗奠定基础。

文人所作古体五言诗在东晋南朝,经过玄言诗、对偶诗、原始律诗三个阶段,结束了汉魏以来的古体诗。

这时期五言诗的盛行远超过建安、太康，但就严格的意义来说，古体诗人中堪称卓越的作者却只有陶潜一人。非文人所作，出于民间流传的歌诗，也是构成东晋南朝诗的重要部分。这类民间歌诗情深而净洁，语短(多是四句或三句诗)而采多，富有南方清丽宛转的风格，如《子夜歌》、《华山畿》、《读曲歌》、《杨叛儿》等篇，使人屡读不厌，与《国风》、汉乐府同为乐而不淫的正声。

赋——东晋南朝赋也和诗相似，经过玄言赋、俳赋、原始律赋三个阶段。东晋盛行玄言赋，孙绰《游天台山赋》，可作这一类赋的代表作品。郭璞《江赋》，源出汉魏大赋，气魄雄伟，取材宏博，两汉魏晋最重大赋，非大学问家不敢作，郭璞博学有高才，完成了最后的一篇大赋，此后，作大赋的历朝虽有其人，却再没有名篇。陶潜作《闲情赋》，《自序》说是取意于东汉张衡的《定情赋》。《定情赋》已亡佚，从残存句看来，《闲情赋》是《定情赋》的充分发挥。萧统《陶渊明集序》认为“白璧微瑕，惟在《闲情》一赋”，其实，《闲情赋》情致深厚缠绵，实是情赋的杰作，说它缺少风谏的意义，无助于风教，未必是确评。陶潜《归去来辞》，也是属于赋类的名篇。赋的作用在于体物写志，东晋赋家，郭璞是体物的巨匠，陶潜是写志的绝手，在玄言赋盛行的时期，郭璞、陶潜独能违反流俗，卓然自立，可谓豪杰之士。

宋齐俳赋兴起，《文选》所录宋鲍照《芜城赋》、《尢鹤赋》，谢惠连《雪赋》，谢庄《月赋》，梁江淹《恨赋》、《别赋》等，都是俳赋中的名篇。宋范晔《自序》，说自己深通声律，看古今文人，都不懂声律，偶有懂得一些的，也并不是真能从根本上懂得。年轻人里只有谢庄可能懂得。因为谢庄通声律，所作《赤鹦鹉赋》(文已残缺)，被认为律赋的滥觞。梁陈文人专力作诗，在创制新体上，成就也较多。赋体巨大，调谐音节更不易，因之梁陈赋虽向律赋演变，但还少见成形的律赋。

骈文和散文——骈文起于东汉，至魏晋时达到最高峰。魏晋骈文，句法整(不是对偶)而兼有疏散，色采淡而兼有华采(偶用故事)，气韵静而兼有流荡，声调平而兼有抑扬(不拘声律)，大自论说，小至柬札，都具有独特的风格，境界之高，难可追攀。东晋骈文仍能保持西晋余风，王羲之尤为出色。王羲之比较恬淡，有政治识见，所作文辞，质直尽言，以达意为主，不事采饰，《晋书·王羲之传》所录《与会稽王(司马道子)笺》、《与殷浩书》、《与谢安书》、《与谢万书》以及《兰亭诗序》、《父墓前自誓文》等篇，都是体兼骈散，就风格方面看，应是骈文的上品。

以宋颜延之为代表的一派骈文，偏重辞采，非对偶不成句，非用事不成言，形体是很美观的，但冗长堆砌，意少语多(所谓"瘠义肥辞")，也是这一派的通病。以齐梁任昉、沈约等人为代表，所谓永明体(齐武帝年号)的一派骈文，修辞更加精工，渐开四六的门径。以梁陈徐陵、庾信为代表，所谓徐庾体的一派骈文，已形成为原始的四六体，对魏晋骈文说来，徐庾体是新变成的文体，对唐四六说来，徐庾体却仍保持较多的古意。南朝骈文演变至徐庾，特别是庾信所作，可称绝美。骈文自东汉以来，虽然文体屡变，但总的趋向是求美观，庾信骈文正是这个趋向达到最高峰的表现。

骈文不宜于叙事，所以，骈文尽管盛行，并不能排摈散文在史书上的地位，以为东晋南朝时散文已经绝迹，是不合事实的。不过，东晋南朝人撰史书，凡论赞都用骈文，惟梁陈时姚察、姚思廉父子作《梁书》、《陈书》，论赞独用散文，超出一般史家的窠臼。姚察以前，陶潜作《孟府君传》、《五柳先生传》，也是境界很高的散文。唐朝以韩愈为代表的古文运动，在反对四六文的意义上来说，是进步性的文体革新，陶潜、姚察则是这个革新运动的先驱。

总结性的文学著述——南朝产生了几部重要的总结性的文学著述。这些著述主要产生在梁朝，因为梁是文学上新旧交替的重要关头。宋鲍照说："工言古者先考绩于今"。就是先得了解当今的事情，然后才能谈已往的事情。梁朝已经有了新体文学的萌芽，作者据以观察古体文学，从比较中得知它们的优劣所在，从而作出有见解的论述。几部重要著述都出现于梁朝，显然是有原因的。

《世说新语》，宋临川王刘义庆撰，梁刘孝标注。今本《世说新语》自《德行》至《仇隙》凡三十六目，事起东汉末年，止于东晋，主要内容是记录清谈家的言行。清谈至东晋末告结束，宋时正好作总结。刘义庆爱好文学，招聚文士多人，《世说新语》当是众文士所编辑。清谈家的特征是言语玄远耐思索，行动有风趣不同于常人，《世说新语》用生动精练的文辞，刻画这些特征，隽永无比。刘孝标作注，引书多至四百余种，或引申正文，或纠正错误，注文配合正文，更增加全书的美妙。后世模仿《世说新语》而作的书很不少，可是都显得不能相比，因为《世说新语》是魏晋清谈的产物，后世没有魏晋式的清谈，也就不可能产生同样隽永的作品。

《文选》，梁昭明太子萧统撰。萧统是博通众学的大文学家。他招集著名学士，商榷古今，聚书将近三万卷，研读不倦。《梁书》说当时"名才并集，文学之盛，晋宋以来未之有也"，足见萧统不仅自己有足够的学力，而且也凭借众人的学力，合众力来选录古今文章，宜乎《文选》三十卷成为选择最精的文学总集。《文选》取文标准是"事出于沈思，义归乎翰藻"，就是说，入选的文章必须情义与辞采内外并茂，偏于一面的概不录取。在这个标准下，《文选》自然是正统派的文集，以立意为宗，不甚讲求采色的文章就很难入选了。《文选》取文，上起周代，下迄梁朝。七八百年间各种重要文体和它们的变化，大致具备，固然好的文章未必全得入选，但入选的文章却都经过严格的衡量，可以说，萧统以前，文章的英华，基本上总结在《文选》一书里。唐李善《上文选注》里说“后进英髦，咸资准的”。唐士人有“《文选》烂，秀才半”的谚语，《文选》对唐以后文学的影响是十分深远的。

《诗品》，梁钟嵘撰。《诗品》是汉魏以来五言古诗的总结，作者自两汉古诗至梁沈约等凡一百二十人，分列为上中下三品。《诗品》评诗的标准是“干之以风力，润之以丹采”，与《文选》“事出于沈思，义归乎翰藻”的标准相同。在《中品序》里主张诗由“直寻”（出于自然），反对颜延之派的专用故事，在《下品序》里主张声调流利，反对沈约派的专讲声律。钟嵘生在颜延之、沈约两派盛行的时候，指名反对两派的弊病，可称诚实之士。他讥笑趋时学诗的人说，那些富贵子弟，怕不会作诗，天天用故事，夜夜调声律，自己看来觉得很警策，让大家一看，原来还是个平钝。他把各种庸音杂体，一概削弃，认为“无涉于文流”，只有真诗人才得列入三品。对入品的诗人，各加直率的褒贬语，无所忌讳。当时庸俗诗人的宗师如颜延之、鲍照、谢朓、任昉、沈约，都列在中品，并指出学这些人的诗的流弊。钟嵘敢于这样做，因为他相信自己的褒贬公正无私，被评论的各诗派也承认他的褒贬确实是公正无私。

《文心雕龙》，梁刘勰在齐朝末年撰。刘勰是精通儒学和佛学的杰出学者，也是骈文作者中希有的能手。他撰《文心雕龙》五十篇，剖析文理，体大思精，全书用骈文来表达致密繁富的论点，宛转自如，意无不达，似乎比散文还要流畅，骈文高妙至此，可谓登峰造极。

刘勰撰《文心雕龙》，立论完全站在儒学古文学派的立场上。《序志篇》说，本来想注儒经，但马融郑玄已经注得很精当，自己即使有些独到的见解，也难得自成一家；因为文章是经典的枝条，追溯本源，莫非经典，所以改注经为论文。这里说明刘勰对文学的看法，就是文学的形式可以而且必须有新变（《通变篇》），文学的内容却不可离开圣人的大道（《原道篇》、《征圣篇》、《宗经篇》）。《文心雕龙》确是本着这个宗旨写成的，褒贬是非，确是依据经典作标准的。这是合理的主张，因为在当时，除了儒学，只有玄学和佛学，显然玄学佛学不可以作褒贬是非的标准。刘勰自二十三四岁起，即寓居在僧寺钻研佛学，最后出家为僧，是个虔诚的佛教信徒，但在《文心雕龙》（三十三四岁时写）里，严格保持儒学的立场，拒绝佛教思想混进来，就是文字上也避免用佛书中语（全书只有《论说篇》偶用“般若”“圆通”二词，是佛书中语），可以看出刘勰著书态度的严肃。

儒学古文学派的特点是哲学上倾向于唯物主义，不同于玄学和佛学。尽管刘勰精通佛学，但在论文时，却明确表示唯物主义的观点。《神思篇》《物色篇》都说，先有外面的事物，沿着人的耳目，感动人的内心，内心动了，经过分析（“善于适要”），得其“要害”，造成文章来适应外面的事物，达到“瞻言而见貌（事物），即字而知时”的目的。刘勰依据这样的认识，所以不承认有抽象的文学天才，而主张仔细观察事物的“要害”，学习作文的法则（“术”），并且要保养体力，使精神常处于饱满状态。《养气篇》说人的精神，依附于身体，养神首先在养身，感到劳倦，必须休息。《文心雕龙》的根本宗旨，在于讲明作文的法则，使读者觉得处处切实，可以由学习而掌握文术，即使讲到微妙处（“言所不追”处），也并无神秘不可捉摸的感觉。

《文心雕龙》五十篇（其中《隐秀篇》残缺），总起来是科条分明，逻辑周密的一篇大论文。刘勰以前，文人讨论文学的著述，如曹丕《典论论文》，曹植《与杨德祖书》，陆机《文赋》，挚虞《文章流别论》，李充《翰林论》，都只是各有所见，偏而不全。系统地全面地深入地讨论文学，《文心雕龙》实是唯一的一部大著作。

《文心雕龙》是文学方法论，是文学批评书，是西周以来文学的大总结。此书与萧统《文选》相辅而行，可以引导后人顺利地了解齐梁以前文学的全貌。

《玉台新咏》，陈徐陵在梁朝末年撰。梁皇太子萧纲提倡作艳诗（宫体诗），令徐陵搜集汉魏以来涉及妇女的诗篇，成《玉台新咏》十卷。《玉台新咏》流传很广，这是因为专咏妇女，也是编诗集的一种新格局。许多诗篇赖《玉台新咏》得以保存，成为大观，从这里可以了解封建社会妇女的生活状况和士人对妇女的各种态度。如西晋傅玄所作《苦相篇》，叙述男女间的不平等，妇女在父家夫家身受的苦痛，这种同情妇女的诗在这本书中是罕见的。主要由宫体诗人轻侮妇女的诗篇集合而成的《玉台新咏》，由于有了《苦相篇》一类的诗，虽然不多，这部诗集也就值得流传了。

二 史 学

东晋南朝士人在学术上所走的路不外儒、玄、文、史四学（宋文帝立四学，宋明帝立总明观仍是四学）。史学既是士人事业的一种，私家得撰写史书（包括撰写当代史），又还没有官修的限制，因之东晋南朝史学甚盛。晋史撰人最多，唐时尚存正史体史（纪传体）八家，编年体史十一家，除陆机是西晋人，其余多是东晋人和少数南朝人。唐太宗时官修《晋书》，十九家晋史全部失传。宋范晔广集学徒，博览旧籍，以《东观汉记》为蓝本，删烦补略，成《后汉书》纪传九十篇。梁刘昭取西晋司马彪《续汉书》中八个志共三十卷补入范晔书，并为志作注。范晔纪传、司马彪志合成《后汉书》，称为堪与班固《汉书》相比的良史。西晋陈寿撰《三国志》，文嫌简略，宋裴松之搜集史书一百四十余种，为《三国志》作详注，开注家未曾有过的新例，注文本身也就成为一部丰富的史料书。沈约在齐武帝时据徐爰等人的旧本撰成《宋书》纪志传一百卷。梁萧子显撰《齐书》纪志传六十卷（唐时亡一卷）。陈姚察撰梁陈二史，死后子姚思廉继续修撰，至唐太宗时才完成《梁书》纪传五十六卷，

《陈书》纪传三十六卷。撰史最难处是撰志，非老于典故，不敢着手。范晔姚思廉所著书都没有志，沈约萧子显所著书有志，自然比范姚高一层，但都不作食货志，仍是避难就易。司马彪《续汉书》也没有食货志。所以自西晋至梁陈，史家虽多，没有一个人能追上班固。最杰出的史家范晔，《狱中与诸甥侄书》自称“比方班氏所作，非但不愧之而已”，无非是自负考核史事和论赞文字上有长处，可是，撰史不撰志，撰志不撰食货志，尽管有长处，总不能无愧于班氏。

三　经　学

东晋时褚裒孙盛论南北学风不同处，说，“北人学问，渊（深）综（繁）广博；南人学问，清通简要”。僧徒支遁同意他们的说法，作比喻说，“北人看书，如显处视月；南人学问，如牖中窥日”。意思是北方学者，以章句训诂为学问，缺少识见，好象在平地上看月亮，处处有月光，但都是淡光，什么也看不清楚。南方学者以探求义理为学问，能提出自己的见解，好象从窗洞里看太阳，不见他物，但太阳看得很真切。《隋书·儒林传叙》也说“南人约简，得其英华；北学深芜，穷其枝叶”。这些话实际只是说，北方保持东汉（古文经学派）的学风，南方发展魏晋的学风。这里所说东汉学风和魏晋学风，从经注方面看，南方经师《周易》用王弼《注》，《尚书》用《伪孔传》,《左传》用杜预《注》;北方经师《周易》、《尚书》用郑玄《注》,《左传》用服虔《注》,至于《诗》南北同用《毛传》《郑笺》,《三礼》同用郑玄《注》,南北差别似乎并不很大,但从说经方面看,南北确有很大的差别。北方经师说经,墨守东汉经师的家法,讲明训诂章句,不敢在家法外别出新义,是一种保守的停留在书面上的学风。南方经师说经,兼采众说,阐发经义,贵有心得,不拘家法,是一种进展的从书面进入书里的学风。大抵北方经学宗尚郑(玄)学,排斥王(肃)学,当然更排斥玄学;南方经学不仅郑王兼用,并兼采玄学。《魏书·李业兴传》载李业兴到梁朝聘问,梁武帝问他儒玄二学怎样贯通。李业兴答,我只学五经,不懂深义(指玄学)。梁武帝又问,太极有没有。李业兴答,我从来不习玄学,不知道太极有没有。李业兴答朱异问南郊,伸明郑学,排斥王学。这一问答,可以说明南北学风的不同。

玄学家崇尚清谈,剖析名理,所谓谈功,也成为士人的一个重要事业。佛教聚徒讲经,更具有庄严的规范,清谈家和佛教的风习,影响儒生说经,到梁时,盛行登讲座讲经,听讲人数有时多至千余人(严植之每登讲座,听者千余人)或数十百人(伏曼容每登讲座,听者有数十百人)。口头讲经的记录称为讲疏或讲义,如梁武帝有《周易讲义》、《中庸讲疏》。还有一种称为义疏,是阐发经义比经注更详尽的著作,不同于讲义和讲疏为口讲的记录。南方儒生有讲义和义疏，北方儒生有义疏，无讲义一体。东汉古文经学以训诂章句纠正西汉今文经学的穿凿附会，是一个进步，魏晋经学以探求义理纠正东汉古文经学的琐碎寡要，又是一个进步。南朝开始有讲疏义疏，是魏晋经学的继续发展。释道安始创义疏之学，讲解佛经，儒家义疏，显然是受佛教的影响。

南朝末年，王弼《易》学、费甝（音含 hán）《古文尚书疏》传入北方，为北方学人所接受，南学开始流行。唐孔颖达撰《五经正义》，采用南儒义疏，因此，魏晋经义在经学上取得统治地位，东汉经学亡佚。清儒尊东汉经学，怨孔颖达废黜汉学。不知南儒已从经注发展为经疏，北儒抱残守缺，背诵旧注外别无新说，孔颖达凭借义疏作《五经正义》，势必重南轻北，他自己本来学郑玄注的《尚书》，可是作《尚书正义》，不得不用《伪孔传》，因为《伪孔传》有费甝《疏》可凭，用郑玄《注》便做不成正义。凡守旧必失败，南北经学的兴废也是一个实例。

郑玄《三礼注》最称精密，南北儒生讲《三礼》，无不依据郑《注》。南朝士族极重家谱，严格辨别亲疏尊卑，丧服学因此成为被重视的专门学问，比郑《注》更加精密。

南朝儒生讲经，重在义理。王弼《易》学，贯通儒道两家，魏晋以来，一向盛行。儒佛两家极难沟通。宋戴颙撰《中庸传》，梁武帝撰《中庸讲疏》，无名氏撰《中庸义》，从《礼记》中提出《中庸篇》来提倡，目的在于发挥儒经中很少讲到的性命哲学，从这里可以向佛学凑合。后来两宋理学家采取道、佛教义，借《大学》、《中庸》两篇高谈儒家的性命哲学，开端远在南朝。

四 玄学和道教

儒家祭鬼神而怀疑鬼神的有无，墨家相信有鬼神，道家不相信有鬼神，三家对鬼神的态度不同，但都不信有长生不死的神仙。战国时燕齐一带始有方士。所谓方，就是不死之药的方。又古来相传有一种能通鬼神、用药治病的巫师。方士炼丹求长生（仙术），巫师用符咒求鬼神保佑（神术），方士和巫师只有术，没有学说，骗术还不算很高。齐国邹衍创阴阳五行学，战国末年，方士巫师采取阴阳五行学，于是有术又有学说，成立神仙家。秦始皇时，神术仙术阴阳五行学合流的神仙家大得信任，《史记·封禅书》说，“怪迂阿谀苟合之徒自此兴，不可胜数”。“怪迂阿谀苟合之徒”，是神仙家最确切的评语。它和儒墨道三家完全异源。它依附阴阳五行家，但阴阳五行家不一定就是神仙家。归根说来，神仙家是学术上不成其为家的一伙骗子。

神仙家的术，主要是仙术的炼丹（衍成丹鼎派），其次是神术的符咒（衍成符箓派）。用来装饰术的学说，除了始终依附阴阳五行学，还经常在寻找其他更有力的靠山，最后找到道家的创始人老子。

秦时孟子学派的儒生与阴阳五行家合流，西汉今文经学是阴阳五行化的经学，因此，秦及西汉，神仙家曾依附儒家。秦始皇求仙，博士做《仙真人诗》。西汉大儒董仲舒，会作法求晴止雨。大儒刘向依《淮南枕中鸿宝》(淮南王刘安所著书)的秘法炼黄金。东汉崇尚谶纬之学，神仙家与儒生更无甚区别。《后汉书·方术传》所载有神术的方术士，很多就是儒生。东汉末，魏伯阳附会《易经》造《参同契》一书，专讲炼丹的秘法。儒者张衡作《同声歌》，说男女按图淫戏是仙术(房中术)。可是，东汉古文经学派逐渐发展起来，古文经学派以王充为代表，反对阴阳五行学和谶纬学，神仙家感到不可能再依靠儒家。魏晋时古文经学完全代替了今文经学，神仙家也就脱离了儒家。

东汉时，神仙家曾试图依靠信鬼神的墨家，造墨子《枕中五行记》五卷。可是墨家在汉朝是被废黜的学派，依靠它是得不到好处的。神仙家终于找定了老子。老子虽然不信鬼神，但《道德经》里有“玄之又玄，众妙之门”；“谷神不死，是谓玄牝”；“善摄生者，陆行不遇兕虎，入军不被甲兵，……以其无死也”；“深根固柢，长生久视之道”一类神秘性的话。《史记》说老子“百有六十余岁，或言二百余岁，以其修道而养寿也”，又说他西出关，“莫知其所终”。这些，都是神仙家穿凿附会的好资料。道家清静无为的宗旨，更可以借来作妖术的掩饰。无神论的老子被神仙家硬扮成教主了。

神仙家在《汉书·艺文志》里还只是诸子百家中的一家。东汉佛教开始流传，神仙家依附老子，模仿佛教，开始创道教。《后汉书·襄楷传》说，汉顺帝时，琅邪人于吉，自称得神书一百七十卷，号称《太平清领书》。于吉的门徒宫崇献书给汉顺帝，收藏在官府。这部书以阴阳五行学说为本，再加上巫术。书中宣扬神咒的作用，说天上有永恒的神圣，常常下来把重要话传授给人，人用这种话使唤神吏，神吏完全听从。这种重要话就是神咒。诵咒一百次验一百次，诵咒十次验十次。神咒可使神为人消灾除病，无不效验。这显然是神仙家的符箓派。丹鼎派不能造出大量丹药来给人吃(改用神水，仍须通过符咒)，符箓派却可以随时造出符咒来欺骗大量的人，因之，当神仙家扩大成为道教时，符箓派代替丹鼎派，处于主要的地位。襄楷献《太平清领书》给汉桓帝，张角、张道陵等人依据《太平清领书》立太平道，又称五斗米道，可见汉顺帝以后，《太平清领书》已经流传，道教成立了，道士的名称也确定了(佛教僧人称道人)。汉桓帝祭老子，因为老子是道教的教主。

襄楷说"或言老子入夷狄为浮屠"，所谓或言，就是道教徒说了这种话。道教虽然模仿佛教，但要排斥或贬低佛教，含有汉族自已创立宗教抵抗外来宗教的意义。在这一点上，它和反对佛教破坏汉族传统礼法的儒家可以联合起来(在北朝，这种联合尤为显著)。另方面，道教虽然宗奉老子，但和宗奉老庄，研究哲理的玄学家，却没有信仰上的关系。魏和西晋的玄学家，都主张无神论，他们只是采取一些佛教教义作谈助，并不信佛教的神，同样，他们不信老子是神，服寒食散，为的是养生(嵇康作《养生论》)，并不求长生不死。所以，必须区别玄学和道教，认明玄学是属于道家流派的一个哲学派别，道教是从神仙家扩大而成的一个宗教。

东晋玄学家探研佛理，比西晋更为普遍和深入，他们在哲学上采取佛理，在文学上也玄佛并用。宋檀道鸾《续晋阳秋》说，王弼何晏始创玄学，东晋佛理尤盛行，许询孙绰作文辞，玄言外又加佛语。许孙二人是一时文宗，因此造成文学界的风尚。东晋以后，玄学作为四种学问的一种，与儒文史并列，始终保持着一个哲学派别的面目，与佛教接近，与道教有距离。梁武帝谈玄又学佛，排斥道教，著名的丹鼎派道士陶弘景给梁武帝诗说:“夷甫(王衍)任散诞(放纵)，平叔(何晏)坐论空(谈空无)。岂悟昭阳殿，遂作单于宫”。诗意是讥刺梁武帝和一般士大夫谈玄崇佛，有亡国的危险。可见道教徒不赞成玄学和佛教，玄学家和佛教徒也不赞成道教。

最大的道教徒是东晋葛洪。葛洪著《抱朴子·内篇》二十篇，《外篇》五十篇。《自叙》说“其《内篇》言神仙方药、鬼怪变化、养生延年、禳邪却祸之事，属道家(这里所谓道家实际是神仙家)，其《外篇》言人间得失、世事臧(善)否(恶)，属儒家”。《内篇·明本篇》定儒学与道教的先后，说“道者儒之本也，儒者道之末也”，这是道教对儒家关系的说明。《释滞篇》说，老子五千言都是泛论，不切实用，庄子、关尹全无至理，以生存为徭役，以死亡为休息，离神仙家千万里。这是道教对道家（玄学）关系的说明。显然，道教是和儒家接近的。这是道教采取儒家的伦理道德学说，与儒家有相同处。《内篇·对俗篇》说“为道者当先立功德。……为道者以救人危，使免祸；护人疾病，令不枉死，为上功也。欲求仙者，要当以忠孝和顺仁信为本，若德行不修而但务方术，皆不得长生也。”它不同于儒家处，主要在长生不死这一点上。《对俗篇》又说“若委弃妻子，独处山泽，邈然断绝人理（伦理），块然与木石为邻，不足多也。……求长生者，正惜今日之所欲耳（世俗生活），本不汲汲于升虚（到天上）以飞腾为胜于地上（人间世）也。若幸可止家（留在家里）而不死者，亦何必求于速登天乎”。照葛洪的说法，道教并不是想脱离人世，相反，它幻想着求得一种吃了可以不死的药物，永远享受人世的乐趣。春秋时期，齐景公饮酒很快乐，对群臣说：人要是不会死，该多么快乐呵！晏婴回答道：人要是不会死，快乐是属于古人的，怎么会让你来享受（《左传》昭公二十年）。这样浅显的事理，道教徒到死也不懂得，专心一意用妖妄的方法求长生不死。《抱朴子·内篇》就是这样的一部妖妄书，并且是集合战国以来神仙家一切方术的一部妖妄书。

道教固然是妖妄的宗教(凡是神道设教,都不免带着妖妄),但是,妖妄里面还含有一部分可取的成分。在《金丹篇》、《黄白篇》里,主要用矿物炼丹药炼金银,开化学的远源,在《仙药篇》和其他不少篇里,主要用植物治疗百病,实是较为原始的药物学。道教徒主观上是为自己求不死,客观上却为这些科学开先路,削去那些妖妄语,《抱朴子·内篇》可以供给不少的科学史材料。

《抱朴子·外篇》,完全是儒家面貌,不见怪诞的语句。特别是《诘鲍篇》,用荀子和韩非子的观点驳斥道家学派鲍敬言"古者无君,胜于今世"的谬论,表现出社会进化思想。《外篇》许多处说到今胜于古,如《尚博篇》说"俗士多云,今山不及古山之高,今海不及古海之广,今日不及古日之热,今月不及古月之朗。何肯许今之才士,不减古之枯骨。重所闻,轻所见,非一世之所患矣"。他在《汉过篇》说"反经(儒经)诡(违)圣(周孔),顺非而博者,谓之老庄之客。……左道邪术,假托鬼怪者,谓之通灵神人;卜占小数,诳饰祸福者,谓之知来(知未来)之妙"。这不仅否定了老庄学派,否定了今文经学和阴阳五行学派,甚至连自己《内篇》所讲的那些神仙术也否定了。他最后不得不归到古文经学派方面来,承认"王仲任(王充)作《论衡》八十余篇,为冠伦大才",而《论衡》恰恰是反对一切妖妄的儒学著作。

汉族文化的特点之一是崇尚征实的史官文化,对宗教信仰向来是淡薄的。东汉时,佛教传入中国,"索隐(寻求隐暗无证据的事)行怪(作怪妄的事)”、“舍人事而任(信仰)鬼神”的阴阳五行学以至左道邪术,在佛教影响下,汇合起来成立一个称为道教的宗教。它不能离开儒学而自立,也只有依附儒学,才能和佛教作斗争。东晋南北朝是道教活跃时期,南方有葛洪、陶弘景;北方有寇谦之,都是道教的重要人物,因此,在这里给道教作较多的叙述。

五 佛 教

外来的佛教,要在宗教信仰淡薄、伦理(根本伦理是孝和忠)基础深厚的汉族精神生活里,争得一个立足点并且发展起来,并不是一件容易事。东晋和南北朝,正是佛教经历着艰难的但是发展的一段路程。这里只说东晋南朝佛教的情况。

西晋丧乱,以王导为首的一群名士(玄学家)避乱,在江南建立东晋朝,一群僧徒也避乱南来。《世说新语》载支愍度想过江,和同行的一个僧徒商议说,用旧的一套说法去江东,恐怕找不到饭吃。两人于是共立心无义。所谓心无义,就是玄学家所谈的空无,东晋很多僧徒能谈玄,因为这是找饭吃的途径。在谈玄的僧徒里,支遁最负盛名,他注《庄子·逍遥游篇》,又作《逍遥论》,俨然是个大玄学家。支遁以后,释慧远最负盛名。东晋士人继承西晋的玄学,但多少感到猖狂放肆的危害，不敢蹈西晋名士破坏礼法的覆辙，儒学又逐渐取得传统的地位。这个趋势在慧远的学问上得到反映。慧远深通玄学，并擅长儒学，尤擅长《三礼》《毛诗》。宋文帝立四学，以雷次宗主儒学，雷次宗就是慧远的学生。慧远讲《丧服经》，后来雷次宗依慧远讲义作《丧服经传略注》。慧远主张“内(佛)外(儒玄)之道，可合而明”，就是企图以佛学为主，以儒玄为辅，达到会之有宗(佛)，百家(儒玄)同致的目的。支遁依附玄学，慧远想用佛来融合儒玄，从两人的态度上，可以看出慧远时佛教有了发展，取得自立的地位。

与慧远同时，又有一个名僧法显。法显于三九九年自长安出发，西行寻求戒律，路经西域，入北天竺，又经中天竺到狮子国(锡兰)。法显经历三十余国，求得梵本戒律，附商船归中国。四一三年，到建康。法显记载西方诸国情形，成《佛国记》一书。研究当时西域和印度的历史，《佛国记》是一部极重要的著作。

慧远住庐山三十余年，聚集僧徒，讲授佛学，为南方佛教首领。他约集信徒刘遗民、周续之(二人是玄学家)、宗炳、雷次宗(二人是儒家)等名士一百二十三人，在阿弥陀佛像前，立誓死后要往生弥陀净土。往生净土的方法是坐禅修定，息心忘知(不起妄念)；口宣佛号，心注西方(极乐世界)，说是死后就可以享受极乐。这是极简易的方法，口宣佛号即所谓念佛三昧，是人人能做的事，经慧远等人的提倡，因此净土宗在南方得以广泛流传。慧远也提倡翻译佛经，给许多译本作序文，并和北方译经大师鸠摩罗什交流译本。法显与名僧们共译戒律多种，添补译经事业中缺少戒律的空隙。慧远和法显对翻译佛教经典的贡献是巨大的。在慧远法显倡导下，南朝译经事业有很大的成就，梁陈时从扶南国来的高僧真谛，居住在广州，专译法相唯识一派的佛书，与鸠摩罗什、唐玄奘被称为三大译家。

宋齐两朝，佛教一直在发展，梁陈两朝，比宋齐又有进展，尤其是在梁武帝时期，南朝佛教登上了最高峰。南朝佛教发展的特点，在于这一时期里，汉族信徒对佛教哲学部分，表现出初步消化的趋势。自东汉时起，佛教徒的事业，主要是译经。翻译佛经，等于吞咽食物。大体上释道安以前，属于吞咽的阶段。魏晋以来，玄学盛行，从探求老庄的义理扩展到探求佛经的义理（译经事业自然并不偏废），由此，外来的佛教逐渐成为汉化的佛教，佛教的思想逐渐融合在汉族思想里，成为汉族哲学的一个组成部分。儒佛道三家鼎立，互相斗争，也互相吸收，这是初步消化的阶段。以道安慧远为标志，开始了这个阶段。宋明理学则是完全消化的阶段，这时候儒学又恢复独尊的地位，实现儒为主佛老为辅的局面，佛老之学（主要是佛学），被用作养料来丰富儒学（理学）。佛教的哲学部分既被儒学吸去，它只好主要地依靠迷信部分来维持自己的存在。

汉族在东晋南朝初步消化佛学的情况，有如下几种：

（1）作注疏——僧徒承受师传，为佛经作注，这是儒家给僧徒的影响。僧徒推衍义旨，为佛经作疏，解释比注为周详。后来儒家也为儒经作义疏，这是僧徒给儒家的影响。作注“非师不传，不敢自由”，作疏则依据作者的研究，申明经旨，不必拘泥于师说。

（2）作法论——宋明帝敕陆澄撰《法论》。梁武帝敕宝唱撰《续法论》。这两部《法论》搜集梁以前关于阐发佛法的论文数量很大，虽然两书都已亡佚，但就僧肇《般若无知论》、《物不迁论》和残存的篇目如道安《实相义》、《性空论》，慧远《辩心意识》、《释神名》等来看，应都是总摄要义，经过自己的思考，才作出这些通论或专论。法论的大量出现，说明佛学是在消化中。

（3）与儒家和道教作辩论——这种辩论，既刺激佛学的加速消化，也催促佛学的逐渐汉化，对佛教的发展，作用最大。因为在激烈的思想斗争中，佛教徒如果不精通佛理，机械地搬运佛经的辞句来应敌，是不能立足的；佛教在外国，宗教势力超出政治势力，但在中国，不论帝王如何尊信佛教，帝王终究要依靠儒家的礼法来统治人民，佛教徒如果不适应中国社会的传统惯例，使佛教汉化，在不抵触儒家伦理道德的情况下进行宗教活动，而企图传播完全外国面貌的佛教，也是不能立足的。对儒学和道教进行辩论的重要论文，大体收集在梁朝释僧佑的《弘明集》和唐朝释道宣的《广弘明集》

里，僧佑《弘明集后序》对佛教被儒家攻击的六个问题（一，“经说迂诞，大而无征”；二，“人死神灭，无有三世”；三，“莫见真佛，无益国治”；四，“古无法教（佛教），近出汉世”；五，“教在戎方（西方），化非华俗”；六，“汉魏法微，晋代始盛”）进行辩护，只能用儒书中事例“为法（佛教）御侮”，不敢用外国事例来攻击儒学，这是佛教不得不汉化的显例。

（4）作传记——天竺记史事往往与神话混杂，或残缺不全，但佛教传入中国，由于受汉族特重史学的影响，作风大变。东晋南朝佛教徒写成有关佛教的传记，种类甚多，现存的著作是梁朝慧皎所作《高僧传》十六卷。本书上起公元五八年（东汉明帝永平元年），下讫五一九年（梁武帝天监十八年），列举南北高僧二百五十七人，附见二百三十九人，采访极广，务求信实（当然，宗教记载不可免地要杂入迷信荒诞事）。后世依据成规，屡续《高僧传》，成为研究佛教史的一种重要资料，这也是佛教汉化的一个显例。

佛教在南方继续上升，在佛寺方面，数目有很大的增加。就建康一地计数，东晋时约有佛寺三十七所，梁武帝时又累增到七百所。建康以外，各地佛寺的增加，比例当相类似。梁郭祖深上书说，“都下佛寺，五百余所，穷极宏丽。僧尼十余万，资产丰沃。所在郡县，不可胜言”。这是当时佛寺大兴的实录。在造像方面，多用金属铸造形象，宋文帝时，萧摹之请限止用铜造像，足见当时有很多铜像。此后，宋孝武帝造无量寿金像，宋明帝造丈四金像，梁武帝造金银铜像尤多，他曾造丈八铜像置光宅寺，又敕僧佑造剡溪石像，坐躯高五丈，立形高十丈，建三层高的大堂来保护石像。其余王公贵族造像也不会少，确是奢靡无极，大耗民财。在佞佛方面，齐竟陵王萧子良设斋大会众僧，亲自给众僧送饭送水，也就是舍身为奴的意思。至梁武帝竟公开舍身同泰寺，表示为众僧作奴，佞佛达到极点。此后，陈武帝在大庄严寺舍身，陈后主即位，在弘法寺舍身。舍身成为皇帝在位的一种仪式，类似儒家仪式的皇帝南郊祭天，道教仪式的皇帝受箓。如果三种仪式作比较，舍身是最虚伪卑劣的表现。

南朝兴佛教，虽然有上列三种情形，但重点仍在研究佛教的义理，对中国唯心主义哲学的发展是有巨大影响的。南朝和北朝趋向不同，北朝兴佛教，重点在发扬佛教的形迹，建寺院、造石窟，佞佛求福比南方更甚。这些形迹对中国艺术的发展也是有巨大的贡献。作为一个宗教的佛教，在宗教信仰淡薄的汉族社会里，经过一度兴盛以后，终于衰落了，它的哲学和艺术，经过长时期的消化，却丰富了汉族古文化的内容。

六　儒、佛、道教相互间的斗争

生和死，在人类思想上是一个最严重的问题。儒家重生不重死，学说着重在怎样做人，怎样规定人与人的关系和怎样统治人民，儒经所讲不外伦理道德和政治制度，对死后事(鬼神的有无)置而不论。所谓“未知生，焉知死”(生前的事未知的还太多，那里管得死后的事)，就是儒家对生和死的态度。又如“朝闻道，夕死可矣”，更显示重生轻死的精神。这是儒家学说的切实处，但也因为这种切实的学风，在哲学思想上或者说在精神现象的研究上(孔子极少讲性、命、天道)，孟子和董仲舒为代表的唯心主义学说，荀子和王充为代表的唯物主义学说，研究的宽度和深度，都是很不够的。佛教的传来，使得儒家唯心主义哲学大大发展起来(宋明理学)。从哲学的整个发展过程来说，这是一个大的推进。不论儒学如何吸收佛教哲学，但对生死问题，在说经时依然保持“未知生，焉知死”或神灭论的儒家面目，所以儒学始终不曾宗教化。道家不信死后有鬼神，学说着重在个人生前的适意求乐（“长生久视”也是适意求乐的一种)。它的支派魏晋玄学，正如《列子·杨朱篇》所发挥的那种无鬼论，是极端消极腐朽的思想。东晋以后的玄学，与佛教联合，玄学家既要生前享现世的乐，又愿死后享来世的乐，玄与佛不曾发生过斗争，实际上玄学附和了神不灭论，已成佛教的助手。佛教和道教都相信神不灭，但对不灭的想法却不同。道教以“无死”(肉体常生)为宗，是贪生的宗教。它希望得不死药求长生，还希望带着妻妾奴仆甚至鸡狗全家登天，这就是想用自己现有的肉体永远享受无穷的人欲。所谓尸解羽化，是后来制造的骗术，原来是想肉体永生的。《抱朴子》说“服阴丹以补脑，采玉液于长谷”（房中御女术），可以延年，黄帝带一千二百女升天，说明道教思想何等的贪婪，何等的丑恶。它本身并没有什么哲学，只是一片妖妄。它和佛教发生斗争，不是因为哲学不同，而是因为想用自己的幻想排斥外来的幻想。佛教以“无生”（精神不死）为宗，是畏死的宗教。它确认死是必不可免的事，因此宁愿放弃现世的人事，专心为死后作打算，借以逃脱生死之苦，避免轮回（报应）之痛。慧远致刘遗民等信里说，“意谓六斋日（每月有六天斋戒），宜简绝常务，专心空门，然后津寄之情笃，来生之计深矣”。本来玄学家一向简绝常务，专心空无，现在说这是为来世种福根，宜乎东晋以来，玄佛合流。以上四派，分成斗争的两个营垒，一方面是儒学，一方面是佛教。道教附儒，玄学附佛。儒佛斗争的根本问题是神灭论与神不灭论，其他如礼制、华夷等问题，都是较次的争论。

儒佛争论，在东晋，主要为礼制问题。晋成帝时庾冰执朝政，主张沙门见皇帝，应该行跪拜礼。佛教徒（朝官和僧徒）坚决反对。经反复辩论，庾冰的主张失败了。桓玄又提出跪拜问题，与佛教徒反复辩论，等到篡位后，放弃了自己的主张。宋孝武帝诏令沙门拜皇帝，他的儿子宋废帝废除宋孝武帝的诏令。僧徒不拜父母和皇帝，等于否认儒家的根本伦理，儒家要僧徒拜皇帝，等于否认僧徒的弃俗出世，而且正如反对桓玄的桓谦等人所说，如果僧徒改变不拜皇帝的规矩，那末，其他应该改变的事还很多，一改再改，也就不成其为僧徒。在这一斗争中，儒家的进攻敌不过玄佛两派的联合反抗。

宋齐间，出现道教和佛教的斗争。东汉道教徒已有老子入夷狄为浮屠的谬说，西晋道士王浮造《老子化胡经》。到宋末，道士顾欢作《夷夏论》，极意诬佛，引起两教的大争论。《夷夏论》要旨在于“舍华效夷，义将安取”？就是说，汉族人有自己的礼制风俗，为什么要模效外国的礼制风俗。齐道教徒假托张融名义作《三破论》，仍是《化胡经》之类的谬说。道教徒一贯用造谣诬蔑为斗争的手段，佛教徒也造些谣言来反攻，如《正诬论》说老子闻道于竺乾古先生，竺乾即天竺，古先生即佛，所以老子是佛弟子。又如《清净法行经》说佛遣三弟子到震旦（中国）教化，儒童菩萨即孔子，光净菩萨即颜渊，摩诃迦叶即老子。道教攻击佛教，竟向谣言求助力，当然是毫无意义的辩论。在这一斗争中，道教徒被佛教徒战败了。

神不灭论是佛教的根本依据，只有儒家的古文经学派能够推倒这个根本依据。儒家在平时对鬼神持不可知论，但在反对主张有鬼神的学派时，它可以主张无鬼论，战国儒家曾用无鬼论反对墨家学派，就是一个先例。东汉今文经学派盛行，王充曾主张无鬼论来反对今文经学派。王充的学说，到齐梁间，由于范缜作《神灭论》，得到很大的发扬。范缜以前，宋何承天反对轮回说，作《达性论》，说“生必有死，形毙神散，犹春荣秋落，四时代换，奚有于更受形哉！”宋范晔曾想著无鬼论，说死就是灭，天下决无佛鬼。《后汉书·西域传》说佛教“好大不经，奇谲无已”，“精灵起灭，因报相寻，若晓而昧者，故通人多惑（被骗）焉”。这些都是不信轮回，不语怪神的儒家思想。齐竟陵王萧子良大兴佛教，声势极盛，儒家思想也高度发展，成为范缜的《神灭论》。范缜是名儒刘瓛的学生，博通经术，尤精三礼，秉性质直，敢于发高论。萧子良招名士萧衍、沈约等人作宾客，范缜也被招请。当时著名士人多集中在竟陵王府，正是儒佛斗争的最好场所。萧子良崇信佛教，范缜当面反驳。萧子良问，你不信因果，那末，为什么人有富贵贫贱？范缜答，人生在世，好比树上同时长的许多花，随风飘去，有些落在茵席上，有些掉在粪坑里。贵贱固然不一样，因果究竟在那里？萧子良说不出理由，很不满意范缜的回答。范缜作《神灭论》，证明物质是实在的，精神是附生的，论中设有问答凡三十余条，大旨如下：

（1）精神是肉体（形）的作用，肉体是精神的本质。肉体存在，精神也得存在；肉体死灭，精神也就消失。好比一把刀。精神是犀利，肉体是刀口，没有刀口，就不会有犀利。所以，没有肉体，也就不会有精神。

（2）物质有多样的种类。譬如木是无知的物质，人是有知的物质。人死了，身体变成象无知的物质，因之死人也就象木质的无知。

（3）物质变化有一定的规律。譬如树木，先是活树，后是枯木，枯木决不能又变活树。犹之活人要死亡，而死人决不能再变活人。

（4）心脏（那时候不能知道脑的作用）是思想的器具。心脏有病，思想就错误，可知精神是物质（心）的产品。

（5）鬼神是没有的。儒家祭祀鬼神，只是教人孝悌，不是说真有鬼神来饮食。妖怪也是没有的，古书记怪事，不可凭信。佛教说人死变鬼，鬼又变人，是毫无证据的谎话。

《神灭论》最后指出世人信佛，动机由于自私自利。富贵人不惜竭财破产布施富僧，对贫穷人丝毫不肯救济，因为布施富僧有来世得厚报的希望，救济贫穷得不到一些报酬。现在国家贫弱，人民困苦，都是相信精神不灭的缘故。归根到底只有耕田吃饭，养蚕穿衣，才是人生真实的事业。

《神灭论》发表后，佛教信徒喧哗反对，萧子良集众僧和范缜辩论，都被范缜驳倒，有些人写《难神灭论》，可是他们只能拿些书本上的鬼神来证明鬼神，谁也拿不出一个真鬼神来。范缜依据真理，和他们进行论战，确是做到"辩摧众口，日服千人"，佛教受到致命的打击。一个佛教信徒王琰借儒家尊敬祖宗的信条作武器，想一下子难倒范缜，说，范先生呵！你竟不知道你的祖先神灵在那里！意思是说，你不承认你的祖先神灵在天上，就是不孝。范缜回答说，王先生呵！你既然知道你的祖先神灵在那里，为什么不自杀去找他们！萧子良使王融劝范缜，说，象你这样的美才，不怕不迁升到中书郎那种高官，何苦坚持这个议论，阻碍自己的前途。范缜大笑答道，我范缜如果卖论求官，更大的官也做到了，何在乎你说的那个官。范缜是这样有骨气的一个思想家，佛教徒束手无策。萧衍做皇帝后，下了一道答臣下神灭论的敕书，硬说范缜违经（儒经）背亲，言语可息（不许再说）。又给范缜加上罪名，流放到广州。僧徒释法云拿着这道敕书，送给王公朝贵们看。王公朝贵六十二人写回信，跟着梁武帝来责骂范缜，佛教徒算是依靠政治压力挽救了佛教的危机。范缜遭贬斥，儒家的反对并不停止。郭祖深抬着棺材到宫门极谏，说行佛法要亡国。荀济也上书痛斥佛教，几乎被梁武帝杀死。张僧繇专画寺壁，曾在江陵天王寺画毗（音皮pí）卢舍那佛及仲尼十哲像。梁武帝问张僧繇，何故佛寺中画孔圣人。张僧繇答，将来还得靠他。这个答话是有意义的，佞佛的人也知道佛教终究压不倒儒学。

凡是佛教徒，都主张调和儒佛，沈约作《均圣论》，就是这种思想的表现。道士陶弘景作《难沈约均圣论》，反对“内圣(佛)外圣(周公孔子),义均理一”的说法。足见在佛教极盛的时候,道教徒还是依附儒家,反对佛教。

儒家佛教道教的关系,大体上,儒家对佛教,排斥多于调和,佛教对儒家,调和多于排斥;佛教和道教互相排斥,不相调和(道教徒也有主张调和的);儒家对道教不排斥也不调和,道教对儒家有调和无排斥。梁武帝原来是父祖相传的道教徒,做皇帝后(五〇四年,天监三年),在佛前立誓舍弃老子(道教)的邪法,一心事佛,又敕群臣舍道事佛,说,老子周公孔子都是邪道,只有佛是正道。可是,就在这一年,为孔子立庙,置五经博士。在立学诏(五〇八年)里又说,“建国君民,立教(儒学)为首,砥身砺行,由乎经术”,对儒学崇奉备至。这正说明儒学有传统的力量,即使梁武帝看作邪道,也只能用调和手段,不能用佛教来排斥儒学在政治上的地位。道教却确实被排斥了。陶弘景三十六岁便退出仕途,他给亲友信里说,“知几其神乎,毋为自苦也”。这就是说,道教徒在政治上不可能得到出路,不如隐居为妙。

七 科 学

东晋南朝在科学研究上,也有杰出的人物,其中祖冲之的成就尤为巨大。

虞喜——古来谈天体的学说有浑天、盖天、宣夜三家。浑天家以为天裹地似卵含黄，天地俱圆。盖天家以为天似盖笠，地似覆盘，天圆地方(《周髀算经》)。天文学家多持浑天说。宣夜家以为天并无形质，日月众星自然运行在虚空之中，这些独到的见解，因不被重视而失师传。东晋虞喜依《宣夜论》作《安天论》(天不动)，反对浑天说，尤反对天圆地方说，以为“方则俱方，圆则俱圆，无方圆不同之义”。他的重大成就是首先发现岁差现象。虞喜以前的历数家，天周(恒星年)与岁周(回归年)不分，以为太阳自今年冬至点环行天空一周到明年冬至点是永远相吻合的。虞喜开始测出太阳从今年冬至点到明年冬至点，并不是在原点上，而是不及一些。这个不及处称为岁差，又称为恒星东行或节气西退。虞喜测定每五十年冬至点西退一度，虽然很不精密，但岁差的发现，是历数学的一个大进步。

何承天——宋何承天继承母舅徐广四十余年观测天象的记录，自己又观测四十年，创制新历法。宋文帝采用他的新历法，称为《元嘉历》。《元嘉历》创定朔法，使日月食必在朔望。又创调日法，为唐宋历数家所沿用。

祖冲之——齐祖冲之是古代著名的大科学家。他的祖父祖昌，宋时作大匠卿。大匠是朝廷管理营造的最高官，想见祖昌是个建筑师。祖冲之早年就以博学著称，得到宋孝武帝的重视。他擅长数学，最特出的贡献是求得圆周率。《周髀算经》定圆周率为三，即圆周的长度为直径的三倍。经数学家相继探求，圆周率的推算逐渐进步，西汉刘歆求得三·一五四七，东汉张衡求得三·一六，曹魏刘徽求得三·一四，宋何承天求得三·一四二八，到祖冲之才计算出圆周率在三·一四一五九二六与三·一四一五九二七之间。祖冲之注《九章算经》，又撰《缀术》。唐朝国学里教数学，就用《缀术》作课本，学习期限定为四年，这部书的重要性可以想见。

何承天的《元嘉历》比古历十一家都精密，祖冲之认为还嫌粗疏，创制称为《大明历》的新历法。《大明历》测定一回归年（太阳自今年冬至点到明年冬至点）的日数为三六五·二四二八一四八一日，与近代科学所得日数相差只约五十秒。又测定月亮环行一周的日数为二九·二一二二二日，与近代科学所得日数相差不到一秒。古人称木星为岁星，春秋时期用岁（岁星）在某次（天分十二次）来纪年，因为当时认为岁星恰恰十二年行一周天。刘歆《三统历》知道古法有误，创岁星一百四十四年超一次的超辰法。祖冲之改正刘歆的粗疏，定“岁星行天七匝（音zā，环绕一周。七匝，八十四年），辄超一次”（《三统历》是岁星行天十二匝，超一次）。木星公转一次是一一·八六年，七次是八三·〇二年，和祖冲之所测定的八十四年，相差颇近。《大明历》开始应用虞喜的岁差法，此后历数家无不研究岁差度数，逐渐趋向精密。《大明历》多有创见，宋孝武帝令朝臣会商，有人以“诬天背经”为理由，反对采用《大明历》。直到梁武帝时，才用《大明历》代替《元嘉历》。

祖冲之又能制造机械。他曾为齐高帝造指南车，车内设铜机，车子任意圆转，不失方向。又造千里船，一天能行百余里。《南史》还说，祖冲之本诸葛亮木牛流马遗意，造一种陆上运输工具，不借风力水力，机械自身能运动，不劳人力。这可能是不很费人力的机车，也可能是史家的虚构，因为唐宋还有类似千里船的人力轮船，机车却从不见于后世的记载。

祖冲之的儿子祖暅之（暅音宣 xuān），幼年就传习家学，当他深思入神的时候，霹雳声也不会听到。有一次在路上行走，头触大官徐勉，徐勉叫他，才惊觉。他用立体几何中的一种方法求得圆球的体积，又造铜日圭（测日影用）、漏壶（滴水计时器），都极精密。他的儿子祖皓，也传家学，擅长历算。侯景作乱，祖皓被杀。自祖昌以来父子相传的科学世家，被侯景覆灭了，是多么大的损失！

八 医　学

东晋南朝，士族多精医学。东晋殷浩妙解脉理，治一百岁老妇人病，一剂便愈。殷仲堪亲为病人诊脉制方，借示仁慈。宋孔熙先善疗病，兼精脉理；羊欣善医术，撰药方数十卷。这些医家中最出色的要算道教徒葛洪和陶弘景。葛洪说，道士一定要兼修医术，以免诸疾病。葛洪搜集戴霸、华佗所集《金匮绿囊》、崔中书《黄素方》及《百类杂方》五百余卷，又搜集甘胡、吕傅等人所撰《暴猝备急方》几百个，作《玉函方》一百卷，按病名分类，按病类施方，检查很方便；又作《肘后救猝方》三卷。他说，家里有了这个《救猝方》，可以不用医生。医生多是承袭世业，有名无实。他们自造虚名以图财利，开方喜用贵药多至数十种，贫家请他们不起，请来了又多害人，倒不如自己懂得医方，比请无知医生要妥当些。葛洪所作《救猝方》，都是验方，药物用易得的草木，不用贵品。陶弘景注《本草经》，又撰《药总诀》，又增补葛洪《肘后救猝方》，作《肘后百一方》。葛洪陶弘景都说，医师和药物多在京城里，京外城邑就不多，乡村更是缺少医药，他们作肘后方，是为贫家着想，用意是很好的。城邑里医学发达，就《隋书·经籍志》所载南朝医药书，有脉理、病理、药性、制药、针灸、孔穴、制丸、制散、制膏、制丹、单方、验方、家传秘方等书；分科有小儿科、产科、妇女科、痈疽科、耳眼科、伤科、疟疾、痨病、癞病、软脚病、饮食法、养生术、男女交接术、人体图、兽医科（马牛驼骡）、印度医方等。撰书人多是著名士族，科目分得很精细。

九 艺 术

书法——书法自东汉以来，成为一种重要的艺术。魏钟繇始创真书，独辟新境，因此被称为秦汉以来一人而已。至东晋王羲之，集书法之大成，被称为书圣。王羲之不仅吸收汉魏诸书家的精华，更重要处还在于脱出钟繇真书的境界又自辟新境。这就是说，钟繇的真书多少还留有隶书的遗迹，王羲之的真书，形体完全能自立。有人以为"右军（王羲之曾作右将军）书成而汉

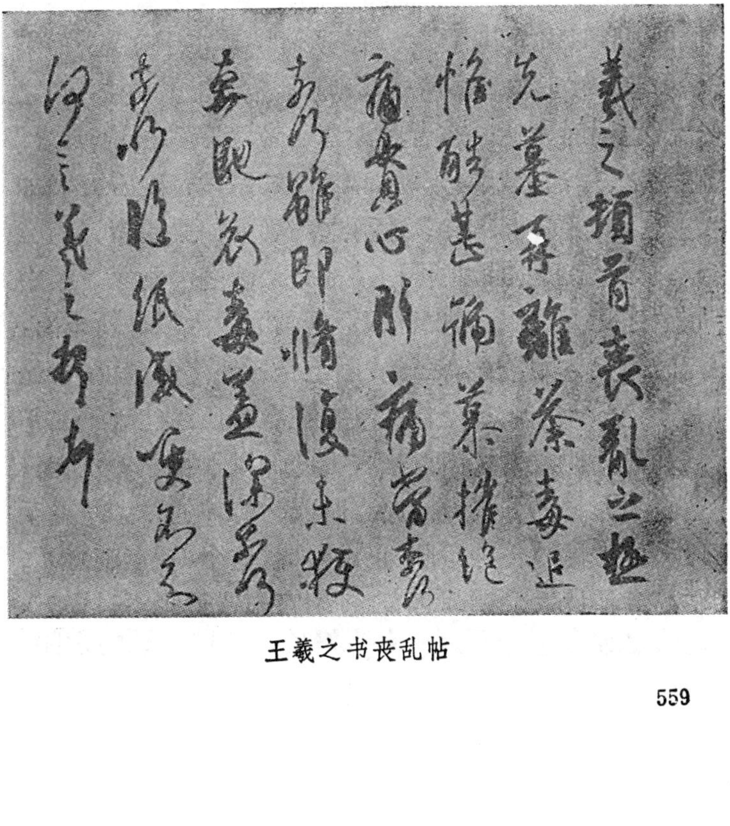

王羲之书丧乱帖

魏西晋之风尽，右军固新奇可喜，而古法之废，实自右军始”，就是指这一点说的。王羲之的儿子王献之，书法不比王羲之低，人称为小圣。父子合称为二王。齐朝王僧虔说“变古制今，惟右军、领军(二王)尔。不尔，至今犹法钟(繇)张(芝)也”。梁武帝评王羲之书，说“如龙跳天门，虎卧凤阁，故历代宝之，永以为训”。二王真书为南方书体的正宗，北方沿袭魏晋(西晋)旧书体，因之南北书法不同。南北统一后，经唐太宗的提倡，二王真书成为全国书体的正宗。

绘画——唐张彦远《历代名画记》说“象物必在于形似，形似须全其骨气。骨气形似，皆本于立意，而归乎用笔，故工画者多善书”。南朝士族特重书法，因之绘画也同时发达。东晋朝如晋明帝、王羲之、王献之、顾恺之、戴逵、戴颙，宋朝如陆探微、宗炳、谢庄，齐朝如谢赫、刘瑱(音镇zhèn)、毛惠远，梁朝如梁元帝、陶弘景、张僧繇，陈朝如顾野王，都是最著名的画家。其中顾恺之尤为杰出。谢安称顾恺之画为生人以来所未有，当时人又称顾恺之有三绝，画绝是三绝之一(其余二绝是才绝、痴绝)，足见他的绘画在当时已经达到了空前的境界。他改变汉魏以来古拙的作风，特别着重在传达画中人物的神情，因此点睛成为传神的一个重要手段。他常说，“传神写照，正在阿堵(这个，指点睛)中”。瓦棺寺僧设大会请朝官布施，朝官施钱最多不过十万，顾恺之独布施一百万。令寺僧备一新壁，顾恺之闭门

人 牵 马

人 牵 牛

河南邓县出土南朝画像砖上的劳动形象

月余，画维摩诘像一躯，告寺僧说，观众第一日可请施钱十万，第二日五万，第三日随意布施。画毕开寺，维摩诘画像光彩耀目，据说有“清羸示病之容，隐几忘言之状”。几天得钱数百万。现在还存在的《女史箴图》，相传是顾恺之的真迹。其他画家如：宗炳善画山水，顾景秀善画虫鸟。谢赫善写真，称南朝第一。刘瑱善画美女，毛惠远善画马，都称当时无匹。梁元帝善画外国人物，张僧繇专画寺壁。谢庄制方丈木版，画中国山川疆域，分开是一州一郡，集合是全国地图。画地图不是艺术，但也表现出他的巧思。

汉魏以来，书家常著书法论，阐发书法的秘巧。自东晋起，画家也作画法论，如顾恺之有《论画》，谢赫有《论六法》（一、气韵生动；二、骨法用笔；三、应物象形；四、随类赋彩；五、经营位置；六、传模移写），王微有《叙画》。唐以后人论书法画法，没有人能超出东晋南朝的范围。

雕刻——戴逵工书画，人物山水，妙绝当时。戴逵又善铸佛像及雕刻，曾作无量寿佛木像高丈六，并旁侍两大菩萨。因旧传雕刻术朴拙，不能起人敬心。戴逵潜坐帷中，密听观众批评，所有褒贬，悉心研究，接连三年，修成新像，众人惊服。戴逵子戴颙，传父业，宋太子在瓦棺寺铸丈六金像，像成觉头面瘦小，工匠无法再修改，请戴颙审视。戴颙说，这不是面瘦，是臂胛过肥。削损臂胛，形相就变得很雄伟。其他雕铸如梁释僧佑造剡溪大石像，释法悦铸丈九金像，用铜四万三千斤，技术也颇有可观。不过，南方佛教发展的重点在义理方面，宗教形迹方面不甚重视，因此，雕刻远不及北方佛教的规模巨大、技术精湛。

摹拓术——王羲之学书，得力于蔡邕石经、张芝《华山碑》和钟繇的书法（主要应是《受禅碑》）。这些碑都在北方，疑当时已有拓碑术。顾恺之有摹拓妙法，用好纸依法上蜡，拓名画不失神采笔意，这比拓碑术更精致得多。拓碑的方法，一朝有人应用到木版上，就会变成印刷术。

梁萧景墓前石柱上的
阴文反写石刻

南方权贵大营宫室，僧徒盛造寺塔，规模虽不及北方，建筑术却也有相当的成就。南方士族多擅长音乐，创制新声。又围棋与书画同样重视，称为手谈，或称坐隐。凡是能满足精神上享乐的文化事业，南朝都有高度的发展。高欢说，江东有萧衍老翁，专讲衣冠礼乐，中原士大夫企慕他，说是正朔所在。隋灭陈，得清商乐，隋文帝说，“此华夏正声也”。北方承认南方文化是华夏正统，不仅音乐一端，所以，军事上北朝战胜南朝，文化上却是南朝战胜北朝。

简短的结论

西晋末大乱，北方一部分士族和大量劳动民众迁移到长江流域，对南方经济文化的发展，起着促进的作用。

东晋南朝立国将近三百年，除梁末大乱，其余战乱，都是局部的，短期的，破坏性并不太严重。大体上社会处在安定状态中，因此，经济和文化的发展，获得了必要的条件。

东晋南朝是汉族建立的政权，在对抗北方非汉族政权的意义上，得到南方士族和广大民众的拥护，也得到北方汉族民众的同情。北方统治者两次大举南侵（三八三年前秦苻坚，四五〇年北魏太武帝），南方政权用小的兵力击败北方军，主要是依靠南北汉族的合力支持。自然，南方执政者的军事部署和长江天险的利用，也是击败北方军的重要原因。

以王谢两家为首的百家士族，始终是南方政权的骨干。宋齐梁陈四朝皇帝都出身素族，他们纵然引用一些有功和得宠的寒人，百家士族的尊严地位，仍不可触动。在皇帝统率下，百家士族和贵族（皇帝家子弟）共同执掌政权。百家士族和贵族是享有各种特权的一个社会阶层。

新朝代兴起，总有一个社会比较安静的时期，民众从而多少获得一些休息的机会。等到这个朝代的暴君出现，一个新朝代又起来代替它。所以，将近三百年中，南方改换了五个朝代，对稳定社会来说，是有积极意义的。

长江流域经济就在这种情况下继续发展起来。特别是杂炼生𫐐的炼钢法被发现，使南方生产工具得到改进。水利的兴修，扩大了水田面积，耕作技术的进步，提高了农作物的产量，稻谷产量比粟麦高，这就有可能繁殖长江流域的人口。东晋以下，人口有显著的增加，依靠劳动民众的力量，一向落后的经济，逐渐追上黄河流域的水平。黄河长江两大流域合起来，中国封建经济的势力更繁盛了。在这个基础上，才产生出比两汉更强大的唐朝。

劳动民众发展长江流域的经济，享受特权的士族和贵族，得到充裕的物质供养，过着富饶安闲的生活，有余力来从事文化事业。东晋南朝在文化上的成就是划时代的。就文学艺术说，汉魏西晋，总不离古拙的作风，自东晋起，各部门陆续进入新巧的境界。艺术部门，王羲之的书法，顾恺之的绘画，戴逵的雕刻，都在东晋时完成革旧布新的事业。文学部门，革新开始于宋齐，至梁陈接近于完成，进一步就成为唐朝的律诗律赋和四六文。另一种革新，是以古文（散体文）改革骈体文，开始于陈朝的姚察，为唐韩愈开古文运动的先路。就经学、哲学、宗教说，西晋以前，总不离拘执不开展的作风（魏及西晋玄学，对两汉经学是开展的表现，但仍拘执于老庄之学），自东晋起，各部门都无拘执地开展起来。首先是佛教，对各方面发生巨大的影响。玄学和佛教合流，道教仿佛经大造道经（《隋书·经籍志》道教经戒三百一部，九百八卷，饵服四十六部，房中十三部，符箓十七部。这种道经大部分是东晋南北朝道士所造），儒学也采取佛学中义疏体作儒经义疏，梁朝皇侃作《论语义疏》，还用一些佛理来解释儒学。不管玄道（教）儒三家与佛或合流或反对，在佛教影响下，各有开展的现象，是不可忽视的事实。

汉族人宗教信仰一般是淡薄的，即如虔诚的佛教徒梁武帝，虽然宣布道教是邪法，但仍尊敬陶弘景，要他制成神丹，让自已也可以长生；陈武帝是虔诚的佛教徒，但又是道教的信徒。佛教盛行，道教也同样盛行，三吴及滨海各地，道教尤为得势。一般人希望从这一宗教的神也从那一宗教的神得到各种好处，无专奉一教专求一神的信心，这种思想的本质，依然还是儒家的那个鬼神不可知论。儒家的伦常、礼法，佛教的因果报应，道教的长生成仙，都可以共居在一个人的头脑里，梁武帝等人三教同源合流的主张，并不是没有依据。用佛教的五戒（不杀、不盗、不淫、不欺骗、不饮酒）、十善（不犯杀、盗、淫、妒忌、忿恨、愚痴、谎话、巧辩、挑拨、恶骂），配合儒家的五常（仁义礼智信），再加上天堂地狱因果报应的整套神道设教，统治者以为可以化民成俗，坐致太平，因之，催促儒佛合流，尤为致力。

但是，儒学中的正统派思想家（古文经学派中的王充派），在神灭或不灭的根本问题上，与佛教进行着不调和的斗争。这一派论家人数虽少，真理却在这一派方面，范缜《神灭论》发表后，震动了当时的整个思想界，因为真理是具有真正威力的。自东晋时起，特别是从宋时起，儒佛斗争愈趋尖锐化，宗炳作《明佛论》，主张人死神不灭，何承天著论驳宗炳。何承天作《达性论》，主张人贵物贱，否认佛教众生平等说，又主张神灭，反对佛教轮回说。颜延之著论驳何承天。范缜作《神灭论》，引起更广泛的辩驳。大抵南朝思想家析理精细，反复深入，辩驳解答多至七八次，始终保持严肃的态度，不动意气，这一点堪称论家的良好模范。梁武帝用政治压力阻止范缜的答辩，破坏了这个惯例，实际上等于梁武帝为首的神不灭论者，宣告自己理屈辞穷，承认失败。

在东晋南朝时期，长江流域开发出来了，使隋唐封建经济得到比两汉增加一倍的来源；文化事业发展起来了，使隋唐文化得到比两汉提高一层的凭借。东晋南朝对历史是有贡献的，不能因为政治上是偏安，轻视它们的贡献。

第　六　章

黄河流域各族大融化时期——北朝

——三八六年——五八一年

第一节　北朝魏、齐、周的兴亡

魏　三八六年至五三四年

一　统一黄河流域以前的代国

东汉时期，匈奴衰落，鲜卑族逐渐兴起。自东汉至魏，鲜卑大人檀石槐、轲比能征服许多游牧部落，相继组成巨大的军事行政的联合体，西接乌孙国，东到辽河流域，东西一万二千里，南北七千余里，塞外匈奴旧地，全被鲜卑族占领。鲜卑连年侵扰幽（河北省北部）并（山西省）二州边境，成为汉魏北边新起的大敌。

鲜卑族长期停顿在原始社会阶段上，以畜牧射猎为业，生活简单朴野，刻木作符信，没有文字。檀石槐以后，开始行世袭制度，各部大人不再推选。轲比能得中原降人，造兵器甲盾，并学文字和兵法。檀石槐、轲比能两部，魏晋间隐没不显，继起的强部有宇文氏、慕容氏和拓跋氏。慕容拓跋两部在东晋时期，先后参与中原争夺战。慕容部接受汉文化，迅速进入封建社会，在辽河流域建立燕国，占领中原五六十年。拓跋部比匈奴、羯、慕容鲜卑、氐、羌都落后，对汉文化有缓慢的接受又有顽强的抵抗，尽量保持游牧部落的生活方式，凭借它的高度野蛮性——残酷的屠杀和贪婪的掳掠，终于战胜大小割据者，宋文帝元嘉年间，统一了黄河流域，结束了十六国混乱的局面。

据魏收的《魏书》所记，拓跋部的酋长毛，曾组成三十六个部落，其中包括九十九个氏族的部落联盟，毛被推选为大酋长。东汉击走北匈奴，拓跋部酋长诘汾正在这时候南迁，经历“九难八阻”，走出了高山深谷，率部众进入匈奴旧地游牧。诘汾立了这个大功，在部落间颇有威望。他的儿子力微，并吞强大的没鹿回部，其他部落大人都来归附，力微成为统率骑兵二十余万的大酋长。力微迁居盛乐城（山西大同市西北三百余里），祭天，表示自己拥有大权力。诸部大人来助祭，只有白部大人不来。力微杀白部大人，诸部畏服，拓跋部从此正式取得了统率权，力微也取得了大酋长世袭权。由于贵族平民两个阶级的初步形成，部落联盟也就进化为原始的国家。在这个原始国家里，原始公社的制度并无大改变，大酋长和四部大人共同管理诉讼事，没有法律和监狱，议定了就判决。没有文字，只在木片上刻花纹用以记大事，号令约束全凭言语。但大酋长既然世袭，表示财产私有制已在发展，不同于财产完全公有的原始社会，应该说是国家的开始。

二六一年，力微遣长子沙漠汗到魏都洛阳当质子，魏国给与金帛等赏赐，并允许互市。晋武帝时，沙漠汗归国，诸部大人在路上迎接。沙漠汗用弹弓射落飞鸟，诸部大人大惊，说他学得晋人的异法怪术，如果继位，一定要改革旧俗，对大人们不利。力微也怀疑沙漠汗晋化，允许诸部大人在路上杀死沙漠汗。拓跋部一开始就表现了拒绝高级文化、保持旧习俗的顽固态度，和慕容部走着不同的道路。

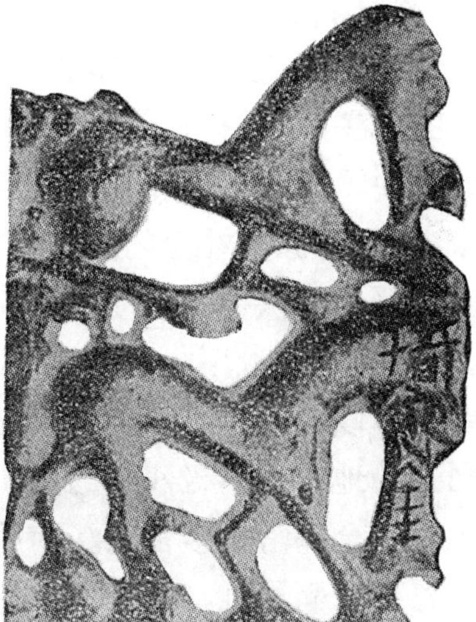

内蒙古乌兰察布盟凉城县发现的四兽形金饰件“猗㐌金”

力微死后，属部离散，经过内乱十七年，二九五年，力微少子禄官继承大酋长位。这个继承权本来属于沙漠汗，禄官不敢违反长子继承的惯例，分国为三部，自己率一部在东，居濡源西（濡音nuān 河北宣化县西)；沙漠汗长子猗㐌率一部在中，居参合陂北(山西大同市西)； 猗㐌弟猗卢率一部在西，居盛乐。这时候正是西晋八王作乱，代郡失意士人卫操、卫雄、箕澹等十余人投奔拓跋部，猗㐌用这些士人作将相，并多招避乱晋人来归附。猗㐌出巡，有洛阳大商人携带金帛货物跟随着做买卖。繁畤(山西繁畤县)巨商莫含得猗卢器重，常参与军国大谋。猗㐌猗卢得到汉人的帮助，国力愈益强盛。猗㐌、禄官先后死去，三〇八年，猗卢总统三部。西晋并州刺史刘琨和前赵对抗，主要是依靠猗卢的助力。三一〇年，刘琨请晋朝封猗卢为代公，割陉岭以北地(山西代县西勾注山以北)给猗卢。三一四年，进封代王。猗卢得晋人辅助，已经是封建专制性质的国王，可是拓跋部还是“国俗宽简，民未知禁”。这就是说，拓跋本部和附属部的贵族及平民，自力微以来，仍保持原始社会的旧习惯，君与臣、官与民的关系，并无严格的法律和制度来区别尊卑主从。猗卢做了国王，对各部大人不能行施绝对的权力，各部大人依惯例要同掌政权，也不能容忍国王一人专断。猗卢为提高国王的地位，用极残酷的刑罚压服部属。违犯了他的军令，全部落都被杀死。前后杀死上万人。拓跋本部和属部惊骇思乱。三一六年，猗卢子六脩违令，猗卢往讨，被六脩击败。猗卢逃匿民家，有妇人认识他，告诉六脩，猗卢被杀死。猗卢的战败和被杀，正反映着封建国王的权力和鲜卑旧俗间的对抗。

猗卢死后，国中大乱，新旧猜忌，互相残杀。所谓新旧，就是鲜卑人称旧人，归附的晋人及乌桓人称新人。新旧斗争主要是晋人与鲜卑人间的斗争，也就是封建势力与原始社会残余势力（各部大人）间的斗争。猗卢信任新人，引起旧人的憎恨，这时候旧人起来压迫新人，新人首领卫雄、箕澹率晋人及乌桓人三万家逃归刘琨，原始社会残余势力在代国又占优势。

代国经过多年内乱，三三八年，什翼犍即代王位。什翼犍在石勒都城襄国作质子十年，受汉文化影响，即位后，始设官职，分掌政务；始制法律，规定叛逆、杀人、奸盗等罪的刑罚；用汉族人燕凤为长史，许谦为郎中令。代国开始确立了国家的体制。国王的权力得到进一步的巩固，部大人的议政权比过去缩小了，但仍统治着自己的部落。三三九年，什翼犍召诸部大人议建都，连日不决。母王氏说，我们祖先，一向游牧为业，现在筑城定居，如果有敌兵来，往那里逃避。三四〇年，什翼犍建都盛乐，在故城南筑盛乐新城。定居以后，农业也逐渐开始。三六七年，前燕兵经过盛乐附近，损毁穄（高粱）田，什翼犍怒，出兵击燕兵。当时在代国的非鲜卑人，统被称为乌桓，其中自然有汉族人。鲜卑人以畜牧为业，种穄田的人应是汉人和汉化的非汉族人。代国开始有农业，虽然在经济上并不占主要地位，但总是一个进步。

三七六年，前秦苻坚出大军击代国，什翼犍使白部、独孤部御秦军，都被秦军击败。又使南部大人刘库仁率骑兵十万御秦军，又大败。什翼犍率诸部逃漠北，遭当地高车等部攻击，不得游牧，闻秦军稍退，还归盛乐。不久，庶长子寔君杀什翼犍，并杀诸弟，部众溃散，国中大乱。秦军灭代国，分为河东河西两部。苻坚命刘库仁统率河东部，后来又兼统河西部。什翼犍长孙拓跋珪得到刘库仁的保护，待机恢复代国。

鲜卑拓跋部一向在北荒游牧，诘汾以前的酋长推寅和诘汾的父亲邻，都曾谋南迁，两人都被部众称为推寅，意思是钻研有智慧。南迁是拓跋部的共同愿望，诘汾南迁成功，威望和权力自然要增进；新牧地远比北荒肥美，生产力前进了，自然要推动部内贫富的变化。力微取得大酋长世袭权，开始形成了雏形的国家。这样的国家，奴隶制度应是它的发展道路，可是，它所接触到的却是封建制度的汉族社会。猗卢得汉族士人商人的辅助，又受晋朝的封爵，想做一个封建专制独掌大权的国王是很自然的。这对诸部大人所代表的原始社会残余势力不能不发生矛盾。什翼犍引用汉族燕凤许谦等人作辅佐，在盛乐附近出现农业，意味着代国是这样的一个国家，经济上主要依靠鲜卑人的畜牧业，其次才是乌桓人（主要是汉人）的农业；军事上主要依靠鲜卑诸部大人，政治指导上主要依靠汉族士人。三五〇年，后赵国崩溃，什翼犍主张乘机进兵中原，争夺霸权，诸部大人反对出兵，什翼犍只好放弃自己的主张。进兵中

敦煌莫高窟北魏供养人像（摹本）

原，是国王和政治指导者的想法，出战怕损失，是诸部大人的想法，这也反映国王和诸部大人间的矛盾，而诸部大人的势力是不弱的。沙漠汗的被杀，猗卢、什翼犍的兴起和死后的离乱，都是封建势力和原始社会残余势力间斗争的表现。什翼犍在位三十九年，有利于封建势力的发展和巩固。九年后拓跋珪又得复国，并且开始进行黄河流域的统一战，力量的主要来源就是这个封建势力。

二 强盛的魏国

三八六年，拓跋珪受诸部大人的推戴，即代王位。拓跋珪用张衮为长史，许谦为右司马，政治指导者仍属汉族士人。同年，拓跋珪改国号为魏，表示不再受晋朝的封号。拓跋珪的首要措施是务农息民，取得后燕（慕容垂）的援助，借以抵御内部诸部大人的不稳定性。这些过着游牧生活的部大人，叛服无常，不懂得在一个固定的国家内服从一个国王对自己有什么利益。三八七年，拓跋珪定出一条有效的办法，就是颁赐群臣将士各有差（每次战胜后，按战功分赏虏获物）。从此拓跋部成为坚强的好战集团。三八八年，魏攻库莫奚（奚是东胡种），大胜，获杂畜十余万头。三八九年，大破解如部，获男女杂畜十余万口，又大破高车（高车本名敕勒，也写作铁勒）诸部落。三九〇年，大破高车袁纥（回纥）部，虏获生口马牛羊二十余万口。三九一年，大破拓跋部的世仇刘卫辰部(南匈奴的别支),获马三十余万匹,牛羊四百余万头。黄河以南(河套)各部落都来归附,魏占有河南广大牧地,国富兵强,准备进取中原。三九五年,在参合陂大破后燕太子慕容宝军,俘获文武将吏数千人,器甲资财无数。三九六年,拓跋珪率大军四十余万人攻后燕,夺得并州。又率大军出井陉(河北井陉县),与后燕军连年大战。三九七年,攻破后燕国都城中山(河北定县),大河以北诸州郡全为魏有。是年,拓跋珪建都平城(山西大同市)。三九九年,改号称皇帝(魏道武帝)。南北朝对立的形势,基本上形成了。

魏道武帝有战必胜,迅速建立起封建大国,是由下列几个原因造成的。

在军事方面,主要是利用班赐群臣将士各有差的办法,使得诸部大人和鲜卑兵知道战争中掳掠的利益比游牧大得多,愿意跟随他力战,很少发生叛逃事。在班赐物中,自然包括奴隶。许谦从军攻刘卫辰部,有功,受赏得僮隶三十户(僮隶户也称隶户,是失去自由但有自己的家室的人,还不算是奴隶,这种人的来源主要是被俘的敌国民户)。大将长孙肥屡立战功,受赏得奴婢数百口,牲畜上千头。王建有功,受赏得奴婢数十口,杂畜数千头,又受赏得僮隶五千(千疑是十的误字)户。安同有功,受赏得妻妾及隶户三十,马二匹,羊五十口。张济有功,受赏得奴婢百口,马牛数百,羊二十余头。李先有功,受赏得奴婢三口,马牛羊五十头。依据这些事例看来，受赏数量并不大，为什么能够激发好战心呢？崔浩谏阻魏太武帝攻宋的信里说，“在朝群臣及西北守将，从陛下征讨，西灭赫连（夏），北破蠕蠕（柔然），多获美女珍宝，马畜成群。南镇诸将，闻而生羡，亦欲南抄（攻宋），以取资财”。这里说得很清楚，好战的目的在于大肆掳掠，班赐只是承认掳掠为合法的一种形式。魏自四八四年（魏孝文帝太和八年）起，才制定俸禄，在这以前，文武百官以掳掠贪污为正当生活。

河北景县封氏墓出土的北魏骑俑

掳掠人口尤为武官致富的重要手段，最大的人口掳掠者就是魏皇帝。东晋安帝时(与魏道武帝同时)，仇池公杨盛上表叙述魏国情形，说魏国妃妾都住瓦屋，有婢女千余人，织绫锦，酤酒，养猪羊，牧牛马，种菜蔬，贩卖谋利。魏皇帝利用婢女来养活妃妾，可以推想文武百官也是靠奴婢、隶户来养活。魏国由于军事上的巨大胜利，以皇帝为首的统治集团下至一部分鲜卑士兵，各占有多少不等的奴隶，有向奴隶制度发展的趋势，这对一个暴发的落后社会说来，走奴隶制度的道路，是很自然的。可是，它受到汉族封建制度社会的影响，不可能顺利地发展起来。虽然如此，这种趋势却一直保持到鲜卑统治最后崩溃(北周)的时候。

在政治制度方面，也由于军事上的巨大胜利，魏国占领了汉族居住的广大土地。要统治汉族，首先得接受封建制度。猗卢、什翼犍在汉族士人辅助下，封建制度已经在代国起着推进社会的作用。魏道武帝得并州，开始成立正规的政治机构，自刺史、太守(地方长官)、尚书郎(中央办事官)以下官，一般都用文人(汉族士人)。他留心招纳，士大夫来军门求见，不论老少，一概引入谈话，尽量录用。三九九年，在平城立太学，置五经博士，增生员共三千人。命郡县大索书籍，送平城。四〇一年，亲祭先圣周公先师孔子。魏国用大量汉族士人作文官，魏皇帝依靠这些汉族文官的支持，才建立起封建政治制度的统治机构。这个机构所统治的

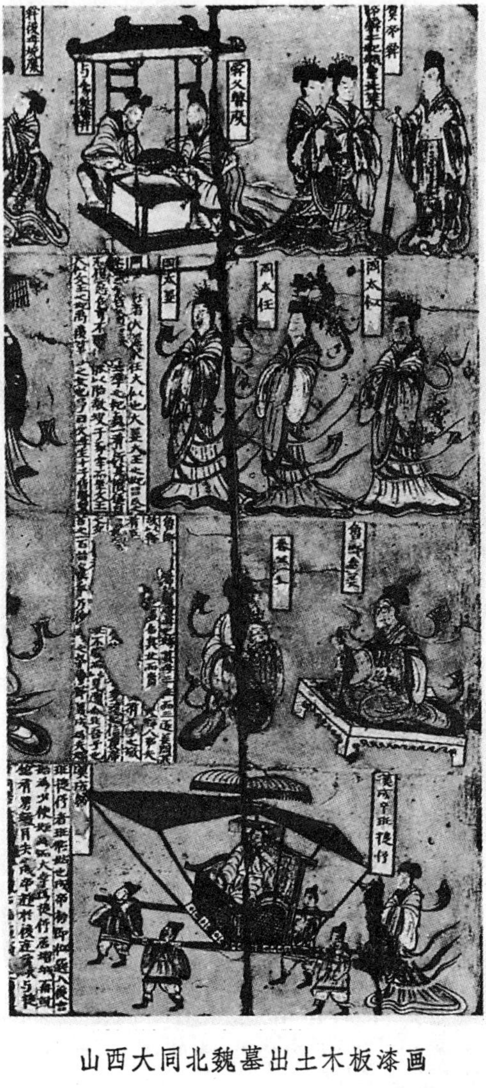

山西大同北魏墓出土木板漆画

人，自然，主要是汉族劳动民众。三九七年，魏大军攻后燕国都中山，屡战不胜，军中大疫，兵士死去什之五六，诸将都想北归。魏道武帝说，有民就有国，我不怕没有民。意思是说，鲜卑人走了，我有汉官汉民也可以立国。诸将听了这些话，才不敢再说北归。这里说明魏皇帝的支持者，固然鲜卑族是主要的，但已经不是唯一的支持者，也说明军事上依靠鲜卑族，政治上却必须依靠汉族士大夫，否则，就无法在中原立足。

在经济方面，以旧都盛乐新都平城为中心的魏国本土，农业的重要性愈益增进，鲜卑族的贵族也逐渐转化为地主，畜牧业渐转到次要地位。什翼犍时，代国已有穄田。拓跋珪即代王位，首先重视农业（“务农息民”）。三九五年，后燕慕容宝攻魏，收魏穄田百余万斛，说明魏国本土已有相当规模的农业。三九八年，灭后燕，徙后燕境内吏、民及徒何（鲜卑）等杂夷三十六万，百工伎巧十余万口到魏京，给内（魏本土）徙新民耕牛，计口授田。又徙后燕国太守、县令、豪强二千家到魏京，无疑也要给予田地。当时划平城周围为畿内，畿外分四方、四维，置八部帅各管一方一维。这种方、维帅是朝廷派遣的地方官，不同于原有的部大人。在方、维内居住的部落，被解散为普通民户，分地定居，不许自由迁徙，部落君长大人也被当作普通民户看待。四〇四年，诸部子孙失业赐爵者二千余人，当是对这些部落君长大人的不满表示让步。方、维帅劝课农耕，按农业成绩定方、维帅的功过。四〇〇年，魏道武帝亲耕藉田，为百姓作表率。贵族和跋将死时，告诉诸弟说，灅水北土地瘠薄，你们可移居水南，耕种良田，广兴产业。农业比畜牧业利厚，足见贵族在有农业条件的土地上，兴农求利，不愿继续保持畜牧业。耕田人里大多数是从中原迁来，计口授田的新民和分地定居的鲜卑人，他们耕种小块土地，每年给皇帝（最高地主）缴纳租赋；还有一部分是为贵族豪强种地的佃户和隶户。这些都是封建制度下的关系，因此魏国是封建制度的国家，虽然原始社会的残余和奴隶制度的趋向同时并存，但并不能阻止鲜卑社会的封建化。

魏道武帝建立起由鲜卑人汉人组成的大国以后，迫切地寻求稳定皇帝统治权的方案，任用大批汉官为魏国制定各种制度，提倡农业，解散游牧部落，都是这种方案的表现。这方面，他取得了成就。但在另一方面，汉族与鲜卑族间的矛盾，鲜卑贵族与魏皇帝间的矛盾，却迫使他陷于精神失常，直到发狂被杀，成为鲜卑社会急剧变化中的牺牲者。

张衮是魏道武帝的第一谋士，最得信任。张衮荐中原名士崔逞，崔逞即被重用。魏道武帝攻中山，军中乏食，向群臣问计。崔逞说，桑椹可以补助食粮，古人说过，鸮鸟（鸣声恶劣的一种鸟）吃了桑椹，鸣声会变好。崔逞说这些话，可能是出于无意，也可能是讥刺鲜卑军的残暴。他听从崔逞的献计，令民缴桑椹当租，心里却痛恨崔逞有意侮辱。又命张衮崔逞写信给东晋雍州刺史郄恢(郄音戏 xì),指定要在信里侮辱东晋皇帝。张衮崔逞只称为贵主(指晋帝),他看了很不满意。不久,杀崔逞,贬张衮。后燕大官封懿来降,他询问燕国的事情,嫌封懿对答简单,认为士人看不起自己,不让封懿做官。魏道武帝出身游牧部落的大酋长,性情凶暴,习惯于杀人。三九五年,俘获慕容宝军四五万人,在参合陂一起杀死。后来攻中山城,城中军民死力防守,魏军不支,几乎溃败。他使人到中山城下问守城人,你们为什么死守不降?守城人说,我们宁愿战死,不能象参合陂那样被杀。他得到这个教训,以后作战,不敢任意惨杀。四〇二年,桓玄在东晋作乱,一批晋官要奔降魏国,魏道武帝听到这个消息,非常喜欢。等了好久,这批晋官分别逃到南燕和后秦去了。他很奇怪,派人去探问原因。答复是,晋官原来是想投奔魏国的,半路上

山西大同北魏墓出土石砚

听到崔逞被杀事，临时改变主意，决计到燕秦去。魏道武帝深为懊悔，也算是得了个教训，此后对士人不得不宽容些。他要取得汉族士人的助力来统治汉族民众，可是汉族士人和民众，对鲜卑族的统治，总是存在着或隐或显的矛盾，他无法消除这个矛盾，而且还必须压抑自己所体现出来的游牧族的野蛮性，抑郁久了，会变成神经失常的人。

尤其紧张的是鲜卑贵族与魏皇帝间的矛盾。鲜卑族原始社会的残余势力，猗卢以来，虽然逐渐在削弱，但对皇帝集权仍是一个有力的阻碍。魏道武帝在政治、经济上的措施，是要解散部落势力，催促鲜卑社会加速封建化，在这样急剧变化中，皇帝与贵族间表现出特殊的紧张状态。四〇六年，他下了一道诏书，说人们以为汉高帝起于布衣（平民）而有天下，这种想法是错误的。要知道汉高帝受天命做皇帝，决不是凭争夺得来。他劝臣下安分知足，才能“保荣禄于天年（善终），流余庆于后世（死后有子孙）”。接着又下一道诏书，劝臣下不要争夺名位权利。这都反映当时贵族争夺官爵甚至要夺取帝位，使得他惊慌失措，烦闷不安，或几天不吃饭，或通宵不入眠，自言自语，见神见鬼，觉得朝官和内侍，都怀有恶意。事实上鲜卑大臣穆崇、拓跋仪也确实想杀死他。他留心臣下言语行动，一有可疑，便亲手击杀。只有汉族大臣崔宏、崔浩父子不被猜疑，其余朝臣人人自危，不敢见他的面。四〇九年，他被儿子拓跋绍杀死。《魏书》说魏道武帝是因为吃寒食散得的病，其实这只是一个不重要的原因，主要原因还在于无法解决上述两个矛盾特别是对鲜卑贵族的矛盾。

魏道武帝是有力地推动鲜卑社会前进的积极人物。他灭后燕国，建立强大的魏国，为结束十六国长期混乱、统一中国北部作了准备，在这一意义上，他对中国历史也是有贡献的。

四〇九年，魏明元帝杀拓跋绍，即魏帝位。他采取拓跋部四部大人与大酋长共同管事的惯例，命长孙嵩、安同、崔宏等八大臣共听朝政，号称八公。又使燕凤、封懿等共议政事。鲜卑贵族和汉族士人都有人参与朝政，魏国紧张局面得以缓和。四一五年，魏国连年霜旱，畿内民多饥死。有些朝官建议迁都邺城。崔浩周澹二人反对迁都，说，山东人（指太行山以东的汉人）不知鲜卑人虚实，以为人畜众多，称为“牛毛之众”（象牛毛那样多）。如果现在迁去，山东人看到鲜卑人数有限，一定要发生轻侮心。不如等待明春草生，取马牛乳和蔬菜充饥，挨到秋熟，难关就渡过了。魏明元帝赞成崔浩的意见，说，只有崔浩周澹二人合我的意，但怕挨不到来秋。最后决定挑选最穷困的国人（鲜卑人）到山东定、相、冀三州，令汉民每户出租米五十石来养活这批穷国人。从崔浩这些话里可以看出，首先是鲜卑统治者深怕汉族民众窥见底细，因为鲜卑人数比汉民少得多；其次是魏国本土农业已经远比畜牧业重要，并且

宋魏对立形势简图

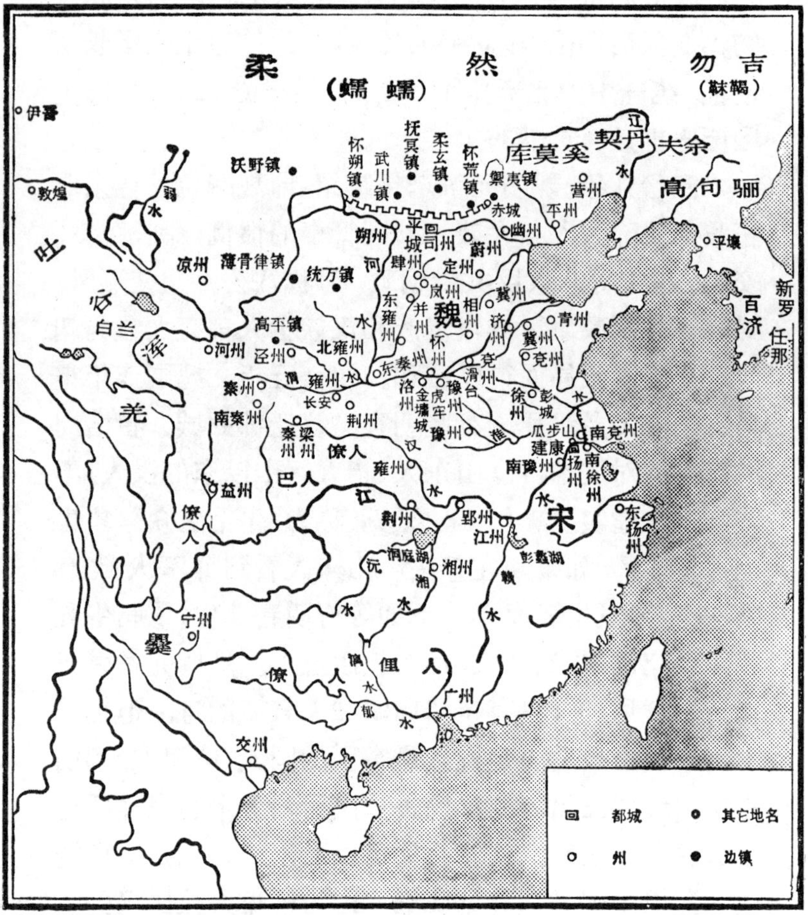
柔然
（蠕蠕）
勿吉
（靺鞨）
伊吾
敦煌
沃野镇
怀朔镇
武川镇
抚冥镇
柔玄镇
怀荒镇
御夷镇
库莫奚
契丹
夫余
高句骊
营州
平州
赤城
幽州
平壤
吐谷浑
凉州
薄骨律镇
统万镇
朔州
平城
司州
肆州
蔚州
定州
岚州
并州
相州
冀州
魏
东雍州
河
水
高平镇
白兰
河州
泾州
北雍州
怀州
济州
青州
冀州
兖州
新罗
百济
任那
秦州
雍州
长安
东秦州
洛州
金墉城
虎牢
豫州
滑台
兖州
徐州
彭城
南秦州
荆州
秦州
梁州
獠人
巴人
汉
雍州
豫州
淮
瓜步山
建康
南兖州
南豫州
扬州
南徐州
羌
益州
江
荆州
郢州
江州
宋
东扬州
洞庭湖
彭蠡湖
沅
湘
湘州
赣
水
宁州
爨
獠
俚人
漓
水
郁
水
广州
交州
都城
其它地名
州
边镇

有一批脱离畜牧业又不农耕的穷国人。这批人是鲜卑兵的主要来源。明元帝时，北方柔然已成强敌，魏处于防御地位，无力大举进攻(四二三年，筑长城二千余里，保卫平城)；南方后秦姚兴，占有黄河以南诸州郡，国势正盛。四一七年，宋武帝灭后秦，取黄河以南州郡，魏守黄河北岸，无力渡河争夺土地。魏用兵机会大减，穷国人也就愈益增多，遇天灾就要饿死。四二二年，宋武帝死，魏明元帝立即大举渡河攻宋，崔浩极力谏阻，他坚决不听。显然，鲜卑统治者和穷国人上下一致的好战心，决不肯放弃攻宋的机会。和宋军经过多次苦战，四二三年，魏夺得司州(治洛阳)全部，兖州、豫州的大部分。魏在黄河以南取得许多州镇，确立了南北朝对立的形势。

四二三年，魏明元帝死，魏太武帝继位。鲜卑族到魏太武帝时期，武功达到最高峰，完成了黄河流域的统一战争。魏太武帝和魏道武帝一样，是魏国杰出的皇帝。

魏太武帝依靠崔浩的谋略和鲜卑人的慓悍，战无不胜。四二四年至四二五年，大举出击柔然，迫使它逃奔漠北，暂时不敢南侵。四二六年，出兵攻夏国，取长安城。四二七年，攻破夏都城统万。四二八年，俘获夏主赫连昌。四三一年，攻取夏最后都城平凉，夏国亡，魏取得关中。四三二年，出兵攻北燕国，围龙城，不克。四三六年，灭北燕国，魏取得辽河流域。四三九年，出兵灭北凉国，魏取得凉州。自三〇四年开始的十六国大乱，到这时候黄河流域才得到统一，劳动群众比割据时期多少安定了一些。

魏国在战胜中，俘获人畜财物不可数计，诸将受皇帝班赐，再加上私自掳掠，正如崔浩所说，“多获美女珍宝，马畜成群”，个个成了大富豪。早在四一三年，魏明元帝遣将击破越勤、倍泥部落，获马五万匹，牛二十万头，人二万余家。这些被俘的人，计口受田，不当作奴隶看待。可是战胜军归来时，班赐将士牛马奴婢各有差。这里所赐的奴婢，当是战争中在另一种情况下俘获的人，被贬为奴婢。《魏书》记俘获，有些称男女或新民，有些称生口，前者指民户或隶户，后者指奴婢，身分自有区别。将士私自俘获的人，应是属于生口类。魏太武帝时俘获的生口数量更大，不仅班赐给出战的将士，而且还班赐给留台文武(未出战的在朝文武官)生口缯帛马牛各有差。出战和未出战的文武官都分到生口，出战将士又有私有生口，再加上鲜卑兵受赐和私有的生口，魏国在魏太武帝时，奴隶制度的趋势，比魏明元帝时又大进一步，也就是说，魏国存在着大量的奴隶，从事生产来供养文武官和鲜卑兵。

魏太武帝统一北方后，连年出击柔然和西域诸国，获得多次胜利，最后自然要进攻南方，企图削弱宋国并掠夺更多的生口和财物。四四九年，魏太武帝出兵大破柔然，掳获人口和牲畜共一百余万。柔然大败后衰弱，再不敢大举来侵犯魏边塞。四五〇年，魏太武帝亲率大军攻宋。这时候正是宋文帝在位，国力强盛。魏宋大战，魏军不能攻破宋国重要城镇，只能在城镇外大杀大掠，尽量破坏，使居民遭受极其惨重的损害。宋军民痛击魏军，魏军也死伤大半。四五一年，魏太武帝只得退兵回平城。他用兵没有受过这样的挫败，大为国人所怨恨；鲜卑人从来没有遇到这样的死伤，此后害怕同南朝作战。四五二年，魏太武帝被宦官宗爱杀死。

鲜卑拓跋部人数本来不是很多。魏得黄河南北州郡后，更显得本部人太少。每有战争，驱迫汉人和非鲜卑人（所谓“杂夷”）临前敌，让鲜卑骑兵在阵后督战，不顾前面士兵的死伤，一味强迫前进，战败了，鲜卑骑兵便首先逃走。魏国用这样的方法来保存本部人，使得鲜卑人只发扬游牧族的残暴性，却消失了游牧族的悍战性，再加上不牧不耕，专事掳掠，多年来养成的堕落性，鲜卑拓跋部实际上已经衰弱了。经攻宋一战，它的衰弱现象暴露出来，从此，魏国由强盛转到衰弱的阶段上。

三　由衰至乱的魏国

魏太武帝的继位者魏文成帝在位时（四五二年至四六五年），是魏国衰弱时期的开始。这时候，对外战争基本上停止了，国内汉族劳动民众和鲜卑统治者间的矛盾便升到第一位。魏文成帝屡次下诏，斥责地方官侵害百姓，以营家业。又斥责地方官串通大商富贾，重利盘剥民财，共同分赃，规定官商犯赃十四布以上，处死刑。又诏令平民（良家）因穷出卖子女为奴婢，得赎还子女。又禁止贵族和士族与百工伎巧卑姓通婚，理由是“贵族之门，多不率法（奉法），或贪利财贿，或因缘私好，在于苟合，无所选择”。所谓贪利财贿，就是贵族士族和大商富贾通婚，官商勾结来盘剥民众。他下了这些诏书，并不能减轻民众的痛苦。魏文成帝亲到河间郡鄚县（鄚音莫mò河北任丘县北）镇压攻取富户的贫民，十五岁以上男子全被惨杀，十五岁以下男子，当作生口班赐随从各官，这也并不能抑止民众的反抗。到魏孝文帝时，汉民的反抗，规模愈益扩大，有政治才能的魏孝文帝采取各种措施，暂时和缓了这个危机。

鲜卑拓跋部从来就是一个以掳掠为职业的落后集团。军事上靠掳掠来鼓动军心，政事上也同样靠掳掠（表现的一种形式是贪污）来使用百官。史称“魏百官不给禄，少能以廉白（清白）自立者”，确是当时的实在情形。地方官直接统治民众，经常的、普遍的、残酷的贪污行为，民众受害尤为深切。在拓跋部武力削弱的时候，民众反抗贪污政治的活动便广泛地开展起来。四七一年，魏孝文帝即位。就在这一年，青州人封辩自号齐王，聚众千余人起事。平陵（山东历城县东）人司马小君聚众起事。此后，民变连年发生，有的聚众至五千余家。至于攻取富户财物被称为劫盗的贫民，更是遍地蜂起。四七三年，魏国定出一条法令，就是：县令能平一县劫盗的，兼治两县，能平两县的兼治三县，三年升为郡守；郡守能平两郡至三郡的，三年升为州刺史。这自然是一种空想。四七七年，下一道诏书说，诸州刺史以下地方官，纵奸（豪强）纳贿，违法营私，闹得盗贼并起，攻掠愈甚，你们百官都替我想个办法。四八〇年，出布帛一百万匹及伐齐所得俘虏班赐群臣。四八一年，攻齐，获得三万余口，以一万余口班赐群臣。从敌国掳掠人口，分一部分给群臣，想阻止群臣的贪污，鲜卑统治者就是用这种暴行来处理政治问题的，当然丝毫也不能阻止贪污。四八三年，魏孝文帝下诏说，我很想知道百姓的疾苦，每有从州郡来的人，我问他们地方官苛虐的情况，他们都不肯说实话。本该斩首，现特从宽放他们回去，以后不得再欺骗。这种聊以解嘲的诏书，对贪污现象确实到了无法可施的地步，但是，民众反抗贪污政治的浪潮，迫使魏国不得不寻找可施行的办法。

四八四年，魏孝文帝才决心实行俸禄制。魏国旧制：户调：帛二匹（宽二尺二寸，长四十尺为一匹，六十尺为一端），絮二斤，丝一斤，谷二十石。许多州郡县不产丝帛，只产麻布，因此，又令每户出帛一匹二丈，存放州库，作为由官府委托商人调换布帛的费用。这里就有一批商人在为官府调换布帛的形式下同享贪污的利益。魏孝文帝所定新制是，每户增调帛三匹（疑是原调二匹外新加一匹），谷二石九斗，作为百官的俸禄。产麻布各地即用麻布充税，不再换丝帛。另增调外帛二匹（一匹二丈，外再加二丈，凑足二匹），作为废除商人的费用。班禄以后，官得赃一匹，即处死刑。地方官刺史以下各官，犯赃发觉，被杀死四十余人。行均田制后，规定地方官得收公田租，刺史十五顷，太守十顷，县官六顷。地方官不愿意受禄，淮南王拓跋佗出面，请求恢复断（无）禄制。魏孝文帝坚决执行新制，严厉惩罚贪官，开国以来的贪污积弊，一时显得颇有变化。

史书都说魏孝文帝于四八五年，采取李安世的建议，实行均田制，又于四八六年，采取李冲的建议，立三长制。按李安世疏中说，“州郡之民，或因年俭（荒年）流移，弃卖田宅，漂居异乡，事涉数世，三长既立，始返旧墟（故乡）”。这里明说立三长在前，建议行均田在后。事实上也只有校正户籍以后，才有可能按户口奴婢牛具分配田地，如果按照立三长前的大户（三五十家成一户）分田，每户得田太少，无法进行耕种，因此，两事先后，当有错误，这里假定立三长在四八五年，行均田在四八六年。

魏孝文帝在三年内实行班俸禄、立三长、行均田三大改革，民众对鲜卑统治的反抗，多少有些趋于缓和。当然，反抗还是继续着。四八七年，魏孝文帝问高祐如何止盗。高祐说，要精选地方官，更要停止勋臣贵族作地方长官（州刺史、郡太守），足见改革的实效并不大。

魏国的本土，即平城周围的畿内，形势也很不稳定。鲜卑平民不畜牧不耕作，三分之二是游手浮食人。鲜卑贵族过着奢侈腐朽的生活。工商人家（魏道武帝灭后燕时迁来）积储大量财富，连一些奴仆也衣食精美。这样的现象，畿内特别显著地呈现着：农夫吃不到糟糠，织妇穿不上短衣，无力进行生产；另方面却是官库里谷帛充盈，商市上宝货满列。到街上看，很多是衣服华丽的人，到家里看，更多的是衣食匮乏的人。一遇荒年，就有许多人饿死。四八七年，大旱，魏孝文帝只好让大批贫民出境去求食。魏国本土鲜卑兵力已经衰弱，农民大都穷困不能生活，作为根据地的畿内，不再有控制山东的实力，如果山东诸州郡有大变，鲜卑统治的崩溃将很难避免。

鲜卑统治者利用汉族士人来统治汉民，汉族士人也利用鲜卑统治者来保持士族压迫汉民众的利益。但是，汉士族与鲜卑贵族之间，存在着很大的不平等，士族处在屈服地位，并不是甘心愿意的。崔浩的遭遇，可以表现士族与鲜卑贵族的关系。崔浩出身北方第一名门，是魏太武帝最信任的谋士。他力主恢复五等封建制，认为秦始皇废封建立郡县是弊政。道教主寇谦之也赞成他的主张。本来魏道武帝已定王公侯子（废伯男二爵）四等封爵，崔浩的父亲崔宏受封为白马公，他自己也曾封为武城子，后来又袭封白马公。显然崔浩的主张，不是要改四等为五等，而是要世家大姓的首领在本人势力所在地，按势力大小受五等爵号，也就是要魏皇帝承认世家大姓历代相传的割据势力为合法。这种议论反映汉族割据势力受鲜卑地方长官（州刺史郡太守很多是鲜卑贵族）的压制，要求象西周那样，诸侯各治自己的国，对王室只保持朝贡关系（崔浩力争用汉族士人数十人作郡守，也有反对鲜卑贵族的意义）。汉士族最讲究礼制，鲜卑族却非常落后。鲜卑拓跋部人头发打成辫子（称为索头），男女服装便于骑马，汉士族以衣冠自诩，当然看不惯游牧人的习俗。拓跋部人同姓通婚（四八四年才下诏禁止），更被看作野蛮。其余不合汉族礼制的事自然还很多。魏太武帝令崔浩撰国史，崔浩把拓跋部丑事都直书不讳，《魏书·崔浩传》说他“尽述国事，备（详尽）而不典（不雅观）”，并且刻石立在大路边，让来往的人都看见。魏太武帝和鲜卑人大怒。四五〇年，崔浩被囚，受尽侮辱后（崔浩排斥佛教，也是被报复的一个原因）才灭族。他的亲戚范阳卢氏、太原郭氏、河东柳氏也都灭族。崔浩智谋无双，善于估计利害，他做这个危险事，也反映出汉族和鲜卑族在文化上的尖锐矛盾。崔浩被惨杀，士族与鲜卑贵族间的不和却并未中止。鲜卑人自四五〇年大战后，害怕同南朝作战，当时北方的柔然早已衰弱，南朝成为唯一的敌国，如果北方士族响应南朝的北伐，鲜卑统治将很难应付这个危局。四八九年，魏孝文帝向群臣访问安民的方法，李彪提出几条，其中一条是应在河表七州人中，选择高门，召来京城，同中州人（鲜卑贵族）平等待遇，给予官做。这样，可以调和新（新选七州高门）旧（鲜卑贵族），也可以阻止士人投向南朝。李彪所称河表七州，就是荆、兖、豫、洛、青、徐、齐七个与南朝接近的州。魏孝文帝很注意李彪的建议，此后行政着重在利用汉士族和调和汉士族与鲜卑贵族间的关系。

大河南北诸州郡是魏国的真实根基，居住在这个地面上的是汉士族和汉民众，鲜卑统治者依靠偏远的畿内和不多的鲜卑人想控制全国，事实上有极大的困难。四九三年，魏孝文帝自平城迁都洛阳，实行与汉族同化。魏孝文帝深慕汉文化，所以要变鲜卑俗为华风，但更重要的原因还在于适应政治上的需要。他想用同化的方法，保持拓跋氏的统治地位，因之排除阻碍，决计迁都。

魏孝文帝不敢提出迁都的主张，召集群臣，宣称要大举攻伐南朝。以任城王拓跋澄为首的文武百官纷纷反对。魏孝文帝发怒道，国家是我的国家，任城王想阻挠用兵么！拓跋澄反驳道，国家固然是你的国家，但是，我是国家的大臣，明知用兵有危险，怎能不说话！退朝后，魏孝文帝召拓跋澄到宫中谈真心话。魏孝文帝说，我们鲜卑人起自北方，徙居平城，这是用武的地点，不能作文治的中心（意思是说，现在武力已不可靠，必须用政治来维持国家）。我想以用兵为名，率领众人迁都中原，你意下如何？拓跋澄被提醒，改为全力拥护，赞助迁都大计。魏孝文帝出动二十万人（号称三十万）的大军，宣称南伐。到了洛阳，仍骑马上路，表示还要继续进军，群臣跪在马前，叩头哭求不要再前进。魏孝文帝说，你们既然不愿南伐，那末，就得听我的话，迁都到洛阳。群臣不愿迁都，但更不愿南伐，只好承认迁都。

魏太武帝灭夏国，在河西建立大牧场，养马二百余万匹，牛羊无数。魏孝文帝迁都洛阳，四九四年，就建立起河阳牧场（在河南汲县地），养军用马十万匹，每年从河西牧场选马到并州牧场，过些时又迁到河阳，使马匹习惯内地水土，不至死伤。四九五年，选鲜卑勇士十五万人组成宿卫军。同年，魏宫人和文武百官全部迁到洛阳。魏孝文帝准备了自卫的武力，同时着重进行鲜卑族的汉化和诸州士族门第的评定。按照“以贵袭贵，以贱袭贱”的规则，官职按门第高下来分配。低级地方官（县官）从低级士族中选取，让这些士人也有仕途。魏国经这次大改革，政治制度与南朝完全相同，汉士族满意了，魏国统治权也确实稳定下来了。鲜卑贵族和一般鲜卑人不甘心对汉士族作这样的让步，四九六年，魏太子元（本年，改拓跋为元）恂谋逃回平城，许多高级贵族数次谋据平城自立一国，都遭到魏孝文帝的严厉镇压。此后，汉士族（包括南朝文武降臣）成为魏国的有力支持者。

魏迁都洛阳，与南朝邻近，更显得南朝对自己的威胁。四九七年，魏孝文帝亲率大军攻齐，想扩大疆域，无功退回。四九八年，魏孝文帝起大军攻齐，又无功退回。四九九年，齐将陈显达攻魏，魏孝文帝带病去抵御，陈显达败退，魏孝文帝也在归路上病死。这三次战争，说明魏国武力已经衰弱到和南朝相等的程度。

魏孝文帝死后，魏国进入内乱时期。

四九九年，魏宣武帝继位。他宠任奸佞，国政大坏。贵族豪门，竞尚奢侈，魏宣武帝下令严立限度，节制放荡，可是最放荡的就是他本人。他迷信佛教，养西域僧三千余人，择嵩山形胜处造闲居寺，备极壮丽。贵族仿效，佛教大行，洛阳城内造五百余寺，州郡共造寺庙一万三千余处。宠臣元晖作吏部尚书，定价卖官，大郡二千匹，次郡减半，下郡又减半，其余各官都按等级出售。佛寺的发达和官吏的贪污，说明民众遭受严重的剥削。四九九年，幽州人王惠定聚众起事，自称明法皇帝。此后，连年有人聚众起事。五一四年，幽州沙门刘僧绍聚众起事，自称净居国明法王。起事人揭出明法做号召，足见民众深感政治黑暗的痛苦。

五一五年，魏孝明帝继位。胡太后擅权，荒淫残虐，无恶不作。她相信佛法能减轻罪过，大兴寺塔，在宫侧造永宁寺，又在伊阙口（在河南洛阳）造石窟寺，土木工都极壮丽。永宁寺尤为宏伟，有高丈八尺的金像一躯，普通高度的金像十躯，玉像二躯。九层浮图（塔）高九十丈，上刹（相轮）又高十丈。夜静，塔上铃铎声可

河北景县北魏墓出土网纹琉璃碗

闻十里。僧房一千间，都用珠玉锦绣作装饰。自佛教传入中国，这样的塔庙，还是第一次出现。魏宣武帝初年，在龙门山凿一百尺高的佛龛（音堪kān）两个，魏孝明帝又凿一龛，前后凡二十四年，耗费八十万余工。其他营建寺塔，布施僧众，赏赐宠臣，所费不赀，却从不对贫民施些小惠。宗室权豪，也竞赛淫侈，穷极享乐。

河北定县出土北魏石函中的波斯银币

高阳王元雍有奴仆六千，使女五百，元雍吃一顿饭要费钱数万。河间王元琛与元雍比富，骏马十余匹用银槽喂养，招集王公宴饮，食器有水晶（玻璃）锺、玛瑙碗、赤玉壶，制作精巧，都不是中国产物。章武王元融看了懊恼，卧床三天不能起，其实元融财物并不比元琛少。魏君臣骄奢如此，不待言，民众遭受的是什么灾难。

魏孝文帝为统治汉民众，对汉士族大让步，迁洛以后，内迁的鲜卑贵族同汉士族融合在一起，统治力加强了。但是，鲜卑族内迁部分和守边部分间却因此发生冲突。早在魏明元帝时，魏筑长城防柔然，自赤城（河北赤城县）西至五原（内蒙古自治区五原县）长二千余里。魏太武帝在长城要害处设武川、抚冥、怀朔、怀荒、柔玄、御夷六个重镇，保卫平城。六镇外，又有沃野（在内蒙古自治区鄂尔多斯右翼旗境）等镇。任镇将的都是朝廷亲贵，镇将部下各军官也都是鲜卑贵族。这些守边军官不仅受优厚的待遇，而且官职众多，升迁容易，例如沃野镇自镇将以下各官多至八百余人，至少有五分之二是冗官闲职。魏太武帝大破柔然以后，边镇战事稀少，守边官不再留意边

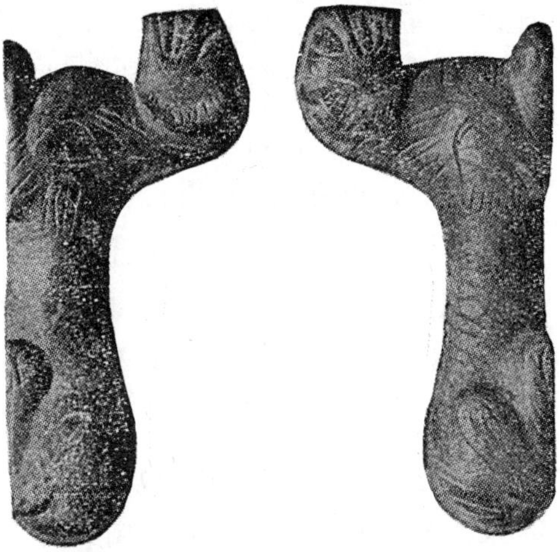

内蒙古呼和浩特市出土的
北魏“河内太守”铜虎符

防，却专心发财致富。各官选部下精壮兵，迫使到边外掳掠，有时被柔然掳去当奴隶，有时掳得财物归来，全部被各官夺去。老弱兵里面，如有人略会一些技艺，便被迫作手工，苦役百端。其余老弱兵或入深山伐木，或在田地上耕耘，或经营商业，一切利益全归各官所有。守边兵一部分是鲜卑平民，一部分是鲜卑化的各族人（包括汉人及其他非鲜卑人）。他们应得的军食军衣都被各官扣去，穷得无法生存，往往在路上倒毙。守边官与守边兵之间，关系一向是恶劣的。魏孝文帝迁洛以后，内迁贵族仕途通达，排斥守边贵族，号为“府户”，当作仆役看待，一生不得上进。朝中权贵还刻剥各镇，少给衣食，各镇军官自然更残酷地刻剥守边兵。守边兵对守边军官切齿，守边军官对镇将和朝官（内迁贵族和汉士族）切齿。此外，随从魏孝文帝内迁的普通鲜卑人和宿卫军人，被看作寒人或武人。寒人永无入仕的希望，武人不列清流，不得任高官美职，这种人也对朝官切齿。为各方面所切齿的朝官，分成派别，争夺权位，又互相切齿。这样，鲜卑族内部的分裂，愈来愈深刻，到魏孝明帝时，鲜卑政权已经失去大多数鲜卑人的支持，并且为守边兵所仇视。

魏孝文帝死后，贪污政治又盛行。贵族士族求官的人太多，吏部尚书（掌选用人才）不敢选拔招怨。五一九年，魏国行停年格，只按求官人的年资依次序补官，不再论人才高下。又削减百官俸禄，补助皇室的浪费。这种措施，实际是正式恢复贪污政治。后来，索性按纳货多少出卖官职，只有贪污人才得做州郡长官，郡县小吏职也得出钱购买，自然，小吏也全是贪污人。民众穷困，人心浮动，本来汉民众和汉族以外的一切非鲜卑族民众，都是反对鲜卑统治的，到魏孝明帝时，民众推翻鲜卑统治的要求愈益迫切了。

魏朝廷专力防备民众的反抗和南朝梁兵的进攻，却没有注意边镇守兵的起事。五二三年，怀荒镇人（守边兵）杀镇将于景。接着沃野镇人破六韩（姓）拔陵（名）聚众起事，杀镇将，改元真王。破六韩拔陵开始发出反魏的号召，各镇人纷起响应，各地也纷纷聚众起事。五二四年，高平镇（甘肃固原县）人赫连恩等起事，推敕勒酋长胡琛为高平王。破六韩拔陵攻破武川、怀朔两镇。其余四镇也起事反魏。秦州（甘肃天水县）人莫折（姓）大提（名）起事，杀魏刺史，自称秦王。南秦州（甘肃成县）氐人张长命等起事，杀魏刺史，据城响应莫折大提。莫折大提攻破高平镇，杀魏镇将。莫折大提死，子莫折念生继位，自称天子，设立百官。凉州小军官于菩提等杀魏刺史据城起事。秀容（山西忻县）人乞伏（姓）莫于（名）聚众起事。南秀容牧子（地位类似奴隶的牧人）万于（姓）乞真（名）聚众起事。营州（治龙城）人就德兴聚众起事，自称燕王。夏州（治统万城）一带胡人起事，围统万城。关中一带蜀人（被迁徙到关中的蜀人）起事，攻长安城。汾州（治蒲子城，山西隰县境）一带胡人起事。在这一年里，魏国北境西境东北境都发生战事，魏朝廷依靠汉士族的协助，控制黄河南北诸州郡，还可以出兵去抵御，互有胜败。总的趋势则是反魏势力在扩大，魏势力在削弱。

边地上的战事，一时未必就会推倒魏朝廷，只有到了内地也发生战事，在内外夹攻下，魏朝廷的崩溃，才无可避免。五二五年，柔然可汗阿那瓌（音规 guī）攻沃野镇，破六韩拔陵军大败，部众二十万人投降魏朝。魏朝使降众到内地冀（治信都，河北冀县）定（治卢奴，河北定县）瀛（治乐成，河北献县）三州求食。柔玄镇人杜洛周起兵，据上谷（河北怀来县），改元真王，怀朔镇人高欢等人归附杜洛周。五二六年，沃野镇降人鲜于脩礼等起兵据左城（河北唐县境），攻定州城，又攻破燕州城（京京昌平）。鲜于脩礼死，葛荣代统部众。葛荣在博野县（河北博野县）境击杀魏大将元融，自称天子，立国号为齐。这时候战事的重心移到河北，魏控制力进一步削弱，汉民众也纷纷起兵反魏。五二七年，葛荣攻破信都城。五二八年，杜洛周攻破定州城和瀛州城。葛荣杀杜洛周，并统杜洛周部众。葛荣所部数十万人号称百万，占有冀、定、瀛、沧（治饶安，河北盐山县西南）、殷（治广阿，河北隆尧县）五州地。沃野镇和六镇的鲜卑人（包括鲜卑化的汉人）降魏后到三州以及随从杜洛周等大量内迁，数量是巨大的。他们是变兵，是寻求生存的流亡者，是根本不知生产为何事的破坏者。

他们毫无纪律，专事屠杀掳掠，葛荣攻破沧州城，居民被杀十之八九。他们横行河北诸州郡，象沧州城那样，破坏都是极其惨重。腐朽昏乱的魏朝廷，造成这个大祸殃，汉族民众又遭受一次大屠杀。

五二四年，秀容人乞伏莫于、万于乞真等聚众起事，都被秀容酋长尔朱荣镇压下去。尔朱荣拥有部落八千余家，马数万匹，散家财接纳豪强，侯景、贺拔（姓）岳、高欢等人先后来投靠，兵势强盛，养成了一个新起的势力。尔朱荣驻兵在晋阳（山西太原市），五二八年，魏孝明帝怨胡太后揽权，密令尔朱荣率兵来洛阳，胁迫胡太后。尔朱荣令高欢为前锋，行至上党（治壶关，山西壶关县），胡太后杀死魏孝明帝。尔朱荣立长乐王元子攸为魏帝（魏孝庄帝），举兵攻洛阳，杀胡太后，召魏百官二千余人齐集淘渚（在河南孟县），尔朱荣责百官骄侈成俗，贪虐酿乱，下令全部杀死。尔朱荣入洛阳，魏朝百官除了一些残余旧人，其余都由尔朱荣部属任职，元氏的魏朝实际上已经灭亡了。

尔朱荣杀朝臣太多，不敢在洛阳久居，率兵归晋阳。葛荣军南下，前队已过汲郡城（河南汲县），洛阳受威胁。五二八年，尔朱荣亲率骑兵七万，以侯景为前锋，在邺城北大破葛荣军，阵上擒获葛荣。尔朱荣收用葛荣部将武川镇人宇文泰等，让余众数十万人散居各州郡，归地方官管理。六镇人内迁作乱，算是告一结束。当然，这些不事生产的鲜卑流民，在地方上还是依靠杀掠汉民来维持自己的生活。

以尔朱荣为首的尔朱氏集团，拥有强大的兵力。魏国在凶暴愚蠢的尔朱氏集团支配下，从统一的形式转向分裂的形式。

五二八年，梁武帝遣将军陈庆之率兵数千人护送魏降人北海王元颢至洛阳争魏帝位。五二九年，魏孝庄帝逃往河北，陈庆之入洛阳，元颢改元称帝。梁兵入魏境，一路取得三十二城，接战四十七次，每战必胜，这并不是由于梁兵强大，而是魏国有人拥护元颢。尔朱荣击败陈庆之，杀元颢，尔朱氏势力仍得支配魏国。魏国西境胡琛、莫折念生等部，五二六年，都并入万俟（音莫其 mòqí 姓）丑奴（名）部，攻掠关中，想夺取长安。五三〇年，尔朱荣使尔朱天光为雍州（治长安）刺史，贺拔岳、侯莫陈（姓）悦（名）为左右大都督，入关击万俟丑奴。尔朱天光等击杀万俟丑奴，魏国西境全部收复。贺拔岳部将宇文泰镇守原州（即高平镇），他在当时豺狼般的诸将中，较有政治才能，多少留意些民事，在关西取得了一些声望。

尔朱荣想夺取帝位，却只知道暴力胁迫，魏孝庄帝想保存帝位，却只知道杀尔朱荣泄愤。五三〇年，尔朱荣自晋阳来朝，魏孝庄帝伏兵杀尔朱荣。尔朱兆等攻入洛阳，俘获魏孝庄帝，送到晋阳杀死。

尔朱兆使部将晋州（治白马城，山西临汾县）刺史高欢统率六镇流民。这种流民就是葛荣余众。葛荣败后，一部分余众二十余万人流入并州，受尔朱部人虐待，穷困无以为生，大小二十六次反抗，都遭到尔朱部残酷的镇压，被俘杀将近半数。高欢本是葛荣部属，统率流民，大得流民的爱戴。五三一年，高欢率流民到山东，得殷州赵郡大族李元忠、冀州大族高乾高敖曹兄弟协助，据有冀殷二州地。高欢对鲜卑流民说，葛荣行军没有纪律，百万人一败就溃散。你们既然推我为主，第一，不得侵犯汉人，第二，要服从我的号令。鲜卑流民表示愿受约束。鲜卑化的汉人高欢，从此成为鲜卑流民汉大姓联合势力的领袖。高欢立元朗为魏帝（魏后废帝），与尔朱氏所立魏前废帝对抗。尔朱兆率大军来攻，被高欢击败。五三二年，高欢取邺，尔朱兆尔朱天光等率大军来攻，又被高欢击败。尔朱兆部将斛斯（姓）椿（名）等在洛阳大杀尔朱氏和其徒党，尔朱氏势力被消灭。高欢入洛阳，取消前后两个废帝的帝号，立元脩为魏帝（魏孝武帝）。魏国的政权，从尔朱氏转到高欢手里，高欢自居晋阳，控制洛阳的魏朝廷。

尔朱天光出关攻高欢，战败被杀。贺拔岳占有关西，以宇文泰为辅佐。五三四年，侯莫陈悦杀贺拔岳。贺拔岳部众推宇文泰为主，攻杀侯莫陈悦，关西为宇文泰所占有。

魏孝武帝被高欢胁迫，五三四年，逃出洛阳，投奔宇文泰。高欢立元善见为魏帝（魏孝静帝）。从此魏分为东西两国。洛阳逼近关中，高欢使魏孝静帝迁都邺。

此后，洛阳到潼关路上，成为高氏宇文氏两大势力的决斗场，繁荣超过南朝国都建康的洛阳城，又一次化为灰烬。

四 东魏与北齐

东魏 五三四年至五五〇年

北齐 五五〇年至五七七年

尽管魏孝武帝只是个拥空号的皇帝，但是，高欢失去了他，也就失去挟天子以令诸侯的优势，宇文泰也就一跃而成为高欢的政治劲敌。高欢深悔自己的失算，拥立魏孝静帝后，形式上竭力表示恭敬，以魏丞相名义积极地铲除元氏势力，培养高氏势力。

高欢的政权，武力主要依靠居住在并州的六镇流民，必须满足这些鲜卑人的贪欲，才能得到他们的支持。可是，鲜卑人的贪欲是无限的，这就必然要过度地侵犯汉士族和汉民众，当时西方宇文泰行西周礼制，南方梁武帝制礼作乐，都在招引中原士族，汉民众更是从来倾向于南朝，如果汉士族和汉民众反抗高氏政权，鲜卑武力也就不能存在。高欢在这样的形势下，进行各种措施，求得相对的一致，完成创业的任务。《北齐书》说他把握时机，变化若神，固然是谀辞，但高欢也确实有些政治才能，足以建立起高氏的齐国。高欢制定为他的继承人所遵行的措施，主要有下列几条：

高欢确认自己是鲜卑人，他的政权是鲜卑人压制汉人的政权。他以晋阳为主要根据地，和六镇流民结合在一起，作为高氏政权的根基。自认鲜卑人的意思，是想保持鲜卑人的野蛮性。齐文宣帝（高洋）的太子高殷，温和好学。齐文宣帝嫌高殷懦弱，得汉家（鲜卑人称汉族人为汉家）性质，不象是自己的儿子。高殷曾奉命去亲手杀人，高殷割了几刀，还没有割下头来。齐文宣帝大怒，拿马鞭打高殷，认为这是懦弱的表现，不堪继承自己的帝位。代表六镇流民的高氏一家人，坚守鲜卑人与汉人的分界，按照鲜卑人习俗，以杀夺为能干，以凶暴为英雄，他们的政权，始终是含有高度野蛮性的鲜卑人政权。高欢和他的一家人知道，汉士族与汉化了的元氏政权关系是密切的，要消灭元氏政权的残余，必须取得汉士族的助力，但高氏能给汉士族的待遇，决不能比元氏优厚些，汉士族给高氏的助力，也决不能比给元氏的更多些。这样，高氏政权唯一可靠的支持者，只能是六镇流民，因此决定了高氏政权不能不是鲜卑人政权。

高欢确定鲜卑人是支持自己的第一种力量，同时，也争取汉士族作为支持自己的第二种力量。他对汉人自称是勃海大族高氏的子孙。五三一年，高欢率六镇流民到山东，认信都守将高乾高敖曹为族叔，使长子高澄行族孙礼，拜见高敖曹。嫁女儿给华阴大族杨愔（音因yīn），引用大族清河崔㥄（音灵líng）、博陵崔暹等高级士族。这些士人拥护高氏政权，但和鲜卑勋贵存在着矛盾，高氏统治者在处理这个问题上，有决定政权存亡的意义。高敖曹是高欢部下著名猛将，所率士兵全是汉人。鲜卑人对待汉士人态度傲慢，见到高敖曹却不敢放肆。高欢对军队讲话，总是用鲜卑语，高敖曹如在行列，高欢就改用汉语。高敖曹有武力，为鲜卑人所畏惮，其余士人都是些文官，忍受鲜卑轻侮，当然不会心服，要进行隐蔽形式的斗争。高欢自居晋阳，五三六年，使长子高澄居邺，控制东魏朝廷。五三八年，高澄废停年格，选拔贤能人补官。所谓选拔贤能，就是收买有声名的士族，使脱离元氏政权。高氏政权中汉士族的成分增加了，汉士族与鲜卑勋贵间的矛盾也随着发展起来。汉士族对待鲜卑勋贵的态度大抵有三种。第一种以李元忠为代表。李元忠和高乾是最早协助高欢在山东获得立足地的功臣，后来李元忠常做大官，却不问世事，只是饮酒消遣，得到的财物都分给穷人。高欢曾要李元忠做仆射，高澄说他是醉人，不可任要职。李元忠的儿子劝他节酒，他说，我觉得作仆射并不比饮酒快乐，你爱仆射，你不饮酒就是了。这是消极抵抗鲜卑勋贵的一种表现。另一种以杜弼为代表。杜弼也是辅佐高欢的旧臣。高洋将灭魏称帝，问杜弼，治国该用哪种人。杜弼答：鲜卑人只会骑马坐车，治国还该用中国人（汉士人）。高洋以为讥刺自己，怀恨许久，终于杀杜弼。杜弼轻视鲜卑勋贵，是汉士族的普遍心理，鲜卑勋贵与汉士族总是互相轻视的。还有一种以杨愔为代表。杨愔是高欢的女婿，与鲜卑勋贵有类似的地位，对鲜卑勋贵的斗争也较为显著。齐文宣帝将立汉人李夫人为皇后，高隆之高德政（汉人）想讨好鲜卑勋贵，坚称汉妇人不可为天下母。杨愔力争，齐文宣帝立李夫人为皇后。李后生太子高殷。高殷即帝位，杨愔辅政，抑制鲜卑勋贵。高演（齐孝昭帝）篡夺高殷帝位时，娄太后（高欢妻，高演母）责骂李后说，我母子那可受你汉老婆摆布！杨愔等都被杀死。这是汉士族与鲜卑勋贵争权的斗争，失败者自然是汉士族。高欢至齐文宣帝还能使用汉士族，得他们的助力，齐孝昭帝以后，汉士族的地位更低，鲜卑勋贵也就不能独力支持高氏政权。

高欢要满足鲜卑勋贵的贪欲，只好让这些人去做州郡长官。鲜卑勋贵残害汉民众，比虎狼更凶毒。五三七年，高欢部将刘贵来见高敖曹，有人进来说，治河役夫多溺死。刘贵说，一钱汉（意谓汉人生命只值一文钱），随他死！高敖曹大怒，拔刀斫刘贵，刘贵奔逃回营。高敖曹发兵要攻刘贵营，各将劝解许久才停止进攻。鲜卑人就是这样看待汉民众的，这迟早会引导高氏政权归于灭亡。高欢也懂得这一点，他采取的措施是：对鲜卑人说，汉民是你们的奴隶，男人为你们耕田，妇人为你们纺织，送给你们粟帛，让你们温饱，你们为什么欺压他们。对汉民众说，鲜卑是你们的雇客，受你们的粟帛，替你们打仗，让你们安居，你们为什么仇恨他们。高欢治军，法令严肃，鲜卑兵卒的凶暴可能有些限制，这种双方劝解，也许有一些作用。不过，汉民众最感痛苦的还是鲜卑勋贵的贪暴。杜弼因文武百官太贪污，请高欢予以惩治。高欢说："杜弼，我告诉你：文武官贪污，早成了习惯。现在将帅家属多在关西，宇文泰常来招诱，人情去留没有定；江东还有萧衍老翁，专讲究文章礼乐，中原士大夫南望羡慕，认为正统所在。我如果过急地整顿纲纪，不相宽容，怕将帅都投宇文泰，士大夫全归萧衍，人物流散，我还立什么国！你安心等待，我不会忘记这件事。"五三七年，高欢将出兵和宇文泰作战，杜弼请先除内贼。高欢问内贼是谁，杜弼答，诸勋贵掠夺百姓的就是。高欢说，诸勋贵出入战阵，百死一生，虽然贪鄙，没有他们却不成，那能用常法来要求他们。高欢与宇文泰两次大战后，局势逐渐稳定，五四四年，开始整顿纲纪，惩治贪污。高欢使高澄出面立威，自己在必要时出来和缓高澄与勋贵间的冲突。高澄使崔暹、宋游道严纠贪污，最大勋贵司马子如等人都受到惩罚。当然，这只是表示反对贪污的一种姿态，并不能禁止贪污。远自北魏内乱时起，县官多由权贵派自己的奴仆去做，要他们替自己搜括财物（五六六年，齐武成帝才改用士人做县官，士人未必不贪污，一般说来，比奴仆也许好一些），直接治民的县官是奉命搜括的权贵家奴仆，贪污积习如何能革除。

高欢比较均平地分配田地给民众，这是高氏政权得以建成的重要原因。他虽然无法革除贪污积习，但也定些补救的办法。高欢令沿河各州及渡河津口设立谷仓，分段漕运，供军食并备饥荒。又在滨海各州煮盐，补助军费。五四〇年前后，山东连年丰收，谷一石只值钱九文，民众困苦多少减轻了些。地方官收户调，不按旧制，民众尤感不便。高欢确定绢长四十尺为一匹，不许额外勒索。又划一斗尺，禁止私造。五四四年，派遣括户大使，分行诸州，查出无籍民户六十余万，使与有籍民户均平负担徭赋。高欢一方面行施这些补救的办法，另方面保存魏孝文帝所定的三长制。元孝友说，法令规定一百家为族，有族长一人；二十五家为闾，共有闾长四人；五家为比，共有比长二十人，一百家共有长二十五人。长免一切徭赋，还要侵夺所管各家。苦乐不均，羊（被管各家）少狼（长）多。元孝友建议，一闾改为二比，计一族可省十二个长，国家可增加十二个丁的徭赋。高欢不采纳这个建议，因为正需要大量的狼来监视民众。

高欢的敌国，西有宇文泰的西魏，南有南朝的梁国。高欢使侯景为河南大将军，统辖黄河以南诸州郡，将兵十万对付梁国。侯景是高欢部下最有谋算的大将，一向轻视高澄和其他战将，公然对人说，高王（高欢）在世，我不敢有异心，他死了，我不能与鲜卑小儿（高澄）共事。高欢不得已还是重用侯景，以便自己专力对付当前的主要敌人宇文泰。

五三七年，高欢攻西魏，前锋窦泰在潼关内战败，被宇文泰杀死，高欢收兵退去。同年，高欢大举渡河入关中，与宇文泰军大战，高欢军败，退回河东，丧失战士八万人。宇文泰大举进军到洛阳，侯景烧洛阳城内外官府和民居，存留的不过十之二三。五三八年，宇文泰与侯景战，宇文泰战败。五四三年，高欢与宇文泰在邙山大战，宇文泰败，逃回关中。东西魏经两次大战，证明势力相敌，双方利在守不利于攻，消灭对方的企图都暂时放弃，各自注意本国内部的整理。

高欢自五三二年入洛阳，至五四七年死，前后十六年的经营，完成了灭东魏立北齐的条件。高欢死后，侯景起兵反高澄，被高澄击败，投奔梁武帝。五四九年，高澄正准备受魏禅，被奴隶兰京（梁人，被俘后配厨房作奴）杀死。高洋继承高澄的地位，五五〇年，高洋灭东魏，自立为齐皇帝（齐文宣帝）。

齐文宣帝重用杨愔，严禁贪污，开始制齐律，分民户为上中下三等，富户税钱，贫户出力。魏孝昌（魏孝明帝年号）以来，豪家大族，公主勋贵，纷纷建立州郡，甚至一百家的小城，便称一州，三四家的小村，也立一郡，州刺史郡守县守为数至多。五五六年，齐文宣帝下诏省去三个州，一百五十三个郡，五百八十九个县。这些政治上的措施，有助于齐国内部的稳定。齐文宣帝选健斗的鲜卑人充宿卫军，号称“百保鲜卑”，又选勇武的汉人充防边军，号称“勇士”。连年出击柔然、突厥、契丹，大都获胜利。五五五年，发民一百八十万人筑长城，自夏口(居庸关)西至恒州(治平城)九百余里。五五六年，又筑长城东至于海。前后所筑东西凡三千余里，大抵十里置一戍，要害处置州镇凡二十五所。这些军事上的战守措施，有助于齐国边境的安静。齐文宣帝虽然残虐淫乱，但在他统治时期，齐国还是一个强盛的国家。

五五九年，齐文宣帝死。五六〇年，高演夺高殷的帝位，自立为帝（齐孝昭帝）。五六一年，齐孝昭帝死，高湛（齐武成帝）继位。齐武成帝残虐淫乱，又是一个暴君，赋役繁重，民众怨苦，政治情形远不及齐文宣帝时。他怕自己死后，帝位又被诸王夺去，五六五年，禅位给儿子高纬，自称太上皇帝，监护高纬。五六八年，齐武成帝死。高纬比以前几个齐皇帝更奢侈昏暴，民众穷困，无法生活。五七三年，杀朝中上书谏诤的诸汉官。被杀汉官的家属发往北边，妇女罚作官奴婢，幼男被阉割，财产被没收。五五九年，齐文宣帝大杀姓元的人，前后杀死七百余人(《北史》说三千人)，只有几家得免。现在高纬又大杀汉官。这两次大杀，表示高氏政权与汉化的鲜卑士族分裂，最后与汉士族分裂，在齐国政治中心的邺城里，高氏政权已经丧失了支持者，它只剩下军事中心的晋阳了。这时候，正是周武帝在位，周国达到最强盛的时期。

五七六年，周武帝率大军向晋阳进军，沿途经多次苦战，逼近晋阳。高纬逃往邺城。周军围晋阳，晋阳人坚守不降，童儿女子也投砖石来抵抗，六镇流民是拥护这个鲜卑政权的。周军攻破晋阳后，向邺城进军。五七七年，周军到邺城下，朝官纷纷出降，士卒莫有斗志，高纬出逃被俘获。周灭齐，得州五十，郡一百六十二，县三百八十，户三百三万二千五百，人口二千万余，又得以李德林为首的中原名士。周在文化上比齐落后，周武帝重用李德林，说我从前看李德林为齐朝所作公文，以为是天上人，想不到今天为我所用。周武帝统一

河南安阳出土北齐男俑

黄河流域，为隋统一全中国作了准备，自北魏内乱以来，只有这一次战争是有积极意义的战争。

五　西魏与北周

西魏　五三五年至五五七年

北周　五五七年至五八一年

宇文泰据关西，民贫兵弱，势力远不敌高欢。五三四年，魏孝武帝逃出洛阳，投奔宇文泰，从此，宇文泰政治上可与高欢为敌。五三五年，宇文泰杀魏孝武帝，立元宝炬为魏帝（魏文帝），宇文泰完全控制了魏朝廷。宇文泰不象高欢那样，有六镇流民可供兵力，又有大批魏国朝臣可供使用。宇文泰要扩大自己的势力，唯一的道路，只能是竭力争取汉士族（主要是关西汉士族）和汉民众，这就使得这个鲜卑人所建立的政权，非力求汉化不可。当然，他并不甘心让鲜卑人融化在汉族里，恰恰相反，他要参加统治集团的汉人鲜卑化，借以保持鲜卑人政权。

五三五年，宇文泰重用苏绰，制定计账（预计次年徭役的概数）、户籍等制度。奖励清廉，厚赏河北太守裴侠，严禁贪污，宇文泰的内兄王超世犯贪污罪，依法处死刑。五四一年，宇文泰改革政治，讲求强国富民的方法，苏绰赞成他的主张，建议减官员，置正长（《北周书》作二长，当是正长之误。苏绰奏上《六条诏书》中说"党族闾里正长之职，皆当审择"，又说"夫正长者，治民之基”。隋仍周制，五家为保，置保长；五保为闾，四闾为族，置闾正族正)，并行屯田制以补充军资。苏绰又作《六条诏书》：一、清心，二、敦教化，三、尽地利，四、擢贤良，五、恤狱讼，六、均赋役。宇文泰完全采纳苏绰的建议，令百官都得诵习《六条诏书》。州刺史郡守县官不通六条及计账法，不许做官。又设学校，选取小官作学生，白天治公事，晚间入学校讲习。宫门外置纸笔，让士民论时政得失。西魏政治显然比东魏好一些，宇文氏政权开始趋于巩固。

五四三年，宇文泰与高欢在邙山大战，宇文泰战败。在这次大战中，诸旧将都无功，只有耿令贵、王胡仁、王文达等三个关西人立战功，宇文泰改三人名，王胡仁赐名勇，耿令贵赐名豪，王文达赐名杰，以表彰功绩。于是广募关中陇上一带的豪强来充实军旅。宇文泰创立府兵制，选拔体力合格的民众充府兵。府兵免本身应纳的租庸调，每岁农闲时受军事训练。府兵一人所用马匹粮食武器，由六家供给。共有百府，每府设一郎将，分属二十四军统率。最高将帅有宇文泰及汉人李弼、李虎（唐高祖李渊的祖父）、赵贵等共八人，号称八柱国。八柱国中宇文泰总督中外诸事，元欣是魏宗室，不管军事，其余六个柱国，每人各统两个大将军，共十二大将军。其中汉人有李远、杨忠（隋文帝杨坚的父亲）、王雄等三人。每一大将军各统两个开府，每一开府统率一军。府兵是汉民众，高级将帅有六个汉人，中级军官多是关陇豪强，显然，宇文政权不仅在政治上依靠汉士族，而且在军事上也同样依靠汉豪强和汉民众。因此，宇文泰必须力求汉化。他表示要行《周礼》，令苏绰卢辩依《周礼》改定官制。五五六年，实行新官制，宇文泰为太师、大冢宰，李弼为太傅、大司徒，赵贵为太保、大宗伯，独孤信为大司马，于谨为大司寇，侯莫陈崇为大司空。其余百官，都仿《周礼》。太师、太傅、太保是三公或三孤，地位最高，汉人占两位，足见宇文政权中汉人势力是大的。周武帝灭齐后，又增加了大批汉士族。

宇文泰出身散亡了的鲜卑宇文部，西魏君臣是鲜卑拓跋部人（汉臣及少数宇文部人除外），宇文氏灭西魏，拓跋部人自然并不甘心，八柱国十二大将军里很多是拓跋部人，宇文部人反居极少数。后来宇文政权轻而易举地转移给隋文帝，汉士族势力的增长和拓跋部人的归附是重要的原因。

宇文泰想用汉人鲜卑化的方法来抵消鲜卑人的汉化。五五四年，宇文泰使改姓元的人（包括魏帝）都再姓拓跋。魏孝文帝改鲜卑人复姓为单姓，宇文泰使改单姓的人一律恢复复姓。宇文泰又使汉将帅改姓鲜卑姓，如李弼赐姓徒河氏，赵贵赐姓乙弗氏，杨忠赐姓普六茹氏，李虎赐姓大野氏，耿豪赐姓和稽氏，王勇赐姓库汗氏。宇文泰不仅使汉将帅改用鲜卑姓，并且使各将帅所统率的士卒都改姓将帅的鲜卑姓。宇文泰以为自将帅以至所统率的府兵都用一个鲜卑姓，可以恢复鲜卑部落的原来组织，保存鲜卑人的原始面貌，政权尽管汉化，政权的掌握者还是姓鲜卑姓的人，汉化也就对鲜卑政权无害了。事实上宇文泰这一作为，只能引起以元氏为首的汉化鲜卑人的不满，更引起广大汉人的不满，杨坚作周相时，下令被改姓的文武官都恢复原姓。

宇文泰处境比高欢差。高欢的拥护者是反对元氏政权的六镇流民，东魏朝廷上的掌权大臣都是高欢自己的部属，又自称是渤海高氏，对争取汉士族也比较容易些。宇文泰的拥护者是贺拔岳旧部，将帅与宇文泰是同僚的关系，魏王公大臣随魏孝武帝来关中，在西魏朝廷上元氏君臣还保持相当大的势力，汉士族绝大多数居住在山东，关西名门较少，不能给宇文泰更多的助力。高洋称帝后，齐国正在强盛时期，宇文泰以讨叛伐罪名义出兵无功，未曾增长自己的威望。但是，宇文泰终究树立了卓绝的威望，这主要是从对梁国战争中取得的。侯景灭梁国，继起的是梁国诸王内部大乱。五五三年，宇文泰遣大将尉迟迥率兵攻蜀，当年就取得全蜀。五五四年，宇文泰遣于谨、宇文护、杨忠率兵五万攻破江陵，俘获梁元帝，掳梁国王公以下及百姓家男女数万口作奴婢，分赏三军，驱归长安。宇文泰从来没有获得过这样的大胜利，宇文氏有可能代替元氏政权了。

五五六年，宇文泰死，诸子年幼，不能统率诸将帅，宇文泰的侄子宇文护得于谨的全力支持，继宇文泰执掌政权。宇文护使西魏帝封宇文泰的嫡子宇文觉为周公，准备灭西魏。五五七年，宇文觉登天王位，建立周国。这一年，宇文护杀宇文觉，立宇文泰的长子宇文毓为天王。五五九年，宇文毓改称皇帝（周明帝），显示宇文氏政权已经进一步得到巩固。五六〇年，宇文护杀周明帝，立宇文泰子宇文邕为帝（周武帝）。五七二年，周武帝杀宇文护，取回全部政权，周国进入强盛时期。

周武帝是解脱了鲜卑旧俗，真正接受汉文化优良部分的英明皇帝，最明显的表现是在周国内释放奴隶和杂户。五六五年，下诏：被俘作奴的江陵人，凡年在六十五以上，一律放免；所有公私奴婢，年在七十以上，官代为赎免。这里虽然只释放一些老年奴婢为庶人（平民），但比掳掠人口为奴婢，死不肯释放的鲜卑旧俗，终究是文明了些。他这样做，也可能是当时还没有亲掌大权，避免触犯鲜卑勋贵的利益。杀宇文护后，他的做法就不同了。五七三年，下诏：凡江陵所获俘虏充官口（官奴婢）的人全部释放为民。五七七年，灭齐，下诏：齐武平（高纬年号）三年（五七二年）以来，河南诸州被齐掳掠作奴隶的人，不问官私，全数放免为民。早在四三九年，魏太武帝灭北凉国，掳掠沮渠氏宗族及吏民三万户，驱到平城供奴役，称为隶户。早在四六九年，魏献文帝夺刘宋青（治东阳，山东益都县）齐（治历城）二州地，掳掠青齐居民，驱到平城，一部分供奴役，称为平齐户(与隶户同类),一部分作奴婢,分赐百官。鲜卑人每次作战,都要掳掠人口作官私奴婢,被掳后得作隶户、平齐户等总称为杂户的人,还算是较为幸运的。这种杂户父子世代相传,为数甚大,遍布在各州郡,与奴隶同是最受压迫的社会阶层,他们的大量存在,是鲜卑野蛮统治的一个显著标志。周武帝灭齐,下诏:“凡诸杂户,悉放为民”,从此齐旧境内不再有杂户名称。又下诏:永熙三年七月(五三四年,魏孝武帝入关投宇文泰的一年)以来,去年十月(五七六年,周武帝大举伐齐)以前,凡东魏及齐国人被掳掠在周国作奴婢以及江陵平民被掳掠作私家奴婢的人,一概放免为平民。如旧主人还必须共居,可留男子为部曲,妇女为客女。五七四年,周武帝灭佛教,佛寺中所有僧祇户、佛图户(杂户)自然也得到释放,齐国佛教极盛,灭齐后,得释放的僧祇户、佛图户,数量很大,可以想见。十六国大乱时,即使象刘渊刘聪石勒石虎那样的残暴人,都还不大量掳人作奴隶,最落后的鲜卑拓跋部进入山东,才开始大量掳人。自三九七年魏道武帝破后燕中山,二百年间战争频繁,奴隶和杂户不断在增加,周武帝毅然释放官私奴婢和杂户,确实是北朝唯一的英明皇帝。南北朝连年交战,南朝也掳北方人作奴婢,南朝统治者同样表现了野蛮性,周武帝这一英明措施,比南朝统治者也是文明得多。

周武帝生活朴素,勤政爱民,统率将士,赏罚严明。

五七七年，颁行《刑书要制》，凡执武器合群强夺布帛一匹以上，不执武器合群强夺五匹以上，各级监管官物的官员自盗官物二十匹以上，诈取官物三十匹以上，正长隐没五户及十丁以上，隐没地三顷以上，都处死刑。这是过度从重的刑法，为禁止贪污特别是齐旧境的贪污积习，行重刑的用意也还是有可取之处。

周武帝灭齐，颁发划一的权衡度量，通行全国。又令山东诸州举贤才，上县六人，中县五人，下县四人，到朝廷共论政治得失。又令山东诸州保送通一经以上的儒生到朝廷。这些人自然是山东诸州的士人，他们做了官，宇文政权中山东士族的成分增加了。

五七八年，周武帝死。他的继位者周宣帝是个荒淫狂乱的人。五七九年，周宣帝传位给儿子周静帝，自称天元皇帝。五八〇年，周宣帝死，周宣帝后父杨坚掌握政权。五八一年，杨坚称帝（隋文帝）灭周国，建立起隋朝。

自西汉末王莽以下，用禅让形式夺取帝位，都要经过长时期的执政和排除多种的阻挠，才能新旧相代，象杨坚那样容易而迅速地取得帝位，以前不曾有过，根本原因就在于宇文政权中汉人势力远远超过宇文氏势力。

六　北朝北境外的强国

北朝和南朝南北对立。北朝和北境外强国也是南北对立。这些北境外强国都是处在原始社会末期、向奴隶社会发展、以掳掠人口和财物为专业的游牧国家，对北朝的威胁是严重的。北朝对南朝要攻、守、和、战兼施，对北境外强国也要攻、守、和、战兼施，所以北朝的处境比较复杂，对付北境外强国，在政治上占有重要地位。

柔 然 国

力微时，拓跋部掠骑（掳掠人口的骑兵）捕获一个不知姓名的幼童作奴隶，给名为木骨闾（意为头秃）。木骨闾长大后，免奴为骑兵。猗卢时，木骨闾逃走，集合逃亡人百余，投奔纥突邻部。木骨闾死，儿子车鹿会勇健，自立一部，号称柔然。木骨闾子孙以郁久闾为姓，郁久闾即木骨闾的变声。魏道武帝征服高车等部，独柔然部不服，三九一年，魏击破柔然，迁部众到云中（治在内蒙古自治区托克托县）。三九四年，柔然贵族社仑率部众数百人逃往漠北。四〇二年，社仑征服高车诸部，雄据漠北，兵马强盛，自号豆伐可汗（可汗犹匈奴人称单于，据《通鉴》所记，拓跋部先世酋长也称可汗）。原先柔然人战败逃走时，让母牛在前，驱牛群跟着走。母牛走得疲乏，便伏地不起，牛群也就无法前进。别部人教柔然人改让犍牛在前，柔然人说，母还不能行，何况它的儿子，始终不肯试一试。因此，柔然畜群常被追兵掳去。豆伐可汗学得了一些魏国兵法，开始组织军队，以一千人为军，置军将一人，一百人为幢，置幢帅一人。上阵的人，力战有功，掳获物得归私有，作战不力，就得处死或痛加鞭打。将帅用羊屎记兵数大概，后来渐知刻木记数。豆伐可汗据有西至焉耆（西域），东接朝鲜，南临大漠的广大牧地，逐渐南移，攻掠魏国北境，成为魏国的强敌。

四二三年，魏明元帝要夺取宋河南州郡，先在北境筑长城二千余里，设立戍镇，防柔然侵入。四二九年，魏太武帝怕宋文帝北伐，对群臣说，一定要先灭柔然，免得腹背受敌，我决心大举攻柔然。魏太武帝自率大军袭击柔然，大获全胜。得柔然降人三十余万落，马一百余万匹，牲畜数百万头。柔然可汗率残部逃走。魏军又袭破高车，得降人数十万落，马牛羊百余万头。魏迁柔然高车两部降人到漠南魏边镇上使从事耕牧，缴纳贡赋，大大增加了魏国的人口和财富。魏国获得这一大胜，才能出兵南御宋兵，东灭北燕，西灭夏国，完成统一北方的战功。四四九年，魏太武帝准备攻宋，先出兵击败柔然，掳获人口和牲畜百余万。柔然经两次大败，国力衰弱，不敢侵犯魏边境。四五〇年，魏大举攻宋，进兵至长江北岸瓜步山。

魏国为充实畿内，保卫平城，迁徙战败被俘获的柔然、高车等部和山东诸州郡汉人到六镇及平城等地。这种大量移民与鲜卑拓跋部兵民杂居，逐渐鲜卑化，语言习惯同于鲜卑，可以说是鲜卑人了。魏国用鲜卑贵族作镇将及各级军官，对这种移民是当作隶户、营户(杂户的一种)看待的，要他们当兵，也要他们供各种役使，他们是被压迫的鲜卑人。柔然衰弱以后，魏边祸减轻了，可是边镇上兵民和军官间的关系却愈益恶劣了。魏国惯例，边镇每年秋冬两季，分东、中、西三路出边游击，防柔然来攻，仲春收兵归镇。四七一年，魏大将源贺以为游防往来疲劳，不可持久，建议招募健兵三万余人，在三路上筑三个城屯田，冬季讲武，春季耕种。四八四年，高闾以为北方游牧部落长于野战，短于攻城，建议在六镇北再筑一条新长城，要害处开门，门旁造小城，置兵守卫。高闾说，筑新长城有五种好处：一是免得每年秋冬出兵游防，二是旧长城以北可以放牧，三是以逸待劳，四是六镇可以安居，五是可以预储粮草。为免出兵游防，源贺高闾两人的建议，应是有利于魏国的良计，可是镇将和军官的利益却在于乘柔然衰弱，以游防为名，驱迫守边兵出境去掳掠人畜。镇将和军官既是贵族，魏朝廷也就不会采纳两人的建议，只会让镇将和军官对边镇兵民尽量进行残虐的压迫。

五○六年，柔然可汗派使人到魏国请和，魏朝廷骄慢地对使人说，你们的祖先社仑是魏国的叛臣。你们现在衰微了，大魏只许你们称藩，不能和你们通和。魏迁都洛阳以后，北边很少有战事，各镇逐渐被看作荒远地区，不再留意边镇内部酝酿着什么祸患。

五二○年，柔然内乱，阿那瓌可汗投奔魏国。魏使阿那瓌居住在柔玄怀荒两镇中间的边外牧地，阿那瓌收集部众，号称三十万。五二三年，沃野镇民破六韩拔陵起事，六镇相继响应，敕勒（高车）东西两部附从破六韩拔陵，魏无力进击，只好退守恒州。阿那瓌为魏攻破六韩拔陵，五二五年，击杀破六韩拔陵。破六韩拔陵余众二十万人降魏，内徙冀定瀛三州，鲜于脩礼葛荣等人率这些流民在河北起事，边镇居民大量内徙。阿那瓌占有魏北方旧境，仿汉制设立侍中等官，信任汉人淳于覃，使掌管文书，柔然又成为大国。

五三四年，魏分裂为东西两国。高欢宇文泰都要接交柔然，减轻后顾之忧。五三六年，高欢使东魏孝静帝嫁公主给阿那瓌为妻，约两国和亲。五三八年，宇文泰使西魏文帝娶阿那瓌女为后。宇文泰与柔然连兵，谋伐东魏，高欢不得已娶阿那瓌女为正妻。阿那瓌收受东西魏的赠物，不再攻掠边境。

突 厥 国

《周书·突厥传》说突厥酋长姓阿史那，世代居住在高昌国的北山里。柔然可汗社仑征服高昌国，扩地西至焉耆。突厥部落被柔然役属，迁到金山（阿尔泰山）南，为柔然做铁工。五五一年，铁勒部将要出兵攻柔然，突厥酋长土门袭破铁勒，得铁勒降众五万余落，突厥从此强盛起来。土门向阿那瓌求通婚，阿那瓌大怒，使人去辱骂土门，说，你是我的锻奴（辱骂为奴，并非真奴隶），那敢说出这种话！土门也发怒，杀柔然使者，派人到西魏求通婚，宇文泰使西魏文帝嫁公主给土门为妻。五五二年，土门袭破柔然国，阿那瓌自杀。土门获大胜，自号为伊利可汗。五五四年，齐文宣帝大破柔然兵，生俘数万口，柔然余众向东迁移，又被齐营州刺史邀击，俘获名王数十人。五五五年，齐文宣帝筑长城防柔然南侵，自率精骑追击到怀朔镇，大破柔然兵，又追逐到沃野镇，俘获酋长及生口二万余人，牛羊数十万头。柔然大败后，已不能立国。五五六年，突厥木杆可汗灭柔然国。突厥又西破哌哒（音亚达 yà dā），东逐契丹，北并契骨（吉尔吉斯），辖地东起辽海，西至西海（咸海），长万里，南至沙漠以北，北至北海（贝加尔湖），长五六千里，突厥代替柔然成为北方的强大国家。

齐与周连年交兵，两国都争取突厥作自己的外援。五六三年，周武帝谋与突厥连兵攻齐，向突厥请婚，愿娶突厥女为后；齐武成帝也遣使向突厥请婚，送礼比周更多。最后，突厥允许与周通婚，出骑兵十万，自恒州分三路进来，会合周兵攻晋阳。齐兵击败周兵，突厥惊骇，引兵出塞。自晋阳以北七百余里，被突厥兵沿路大掠，人畜不留。五七二年，突厥木杆可汗死，弟佗钵可汗立。佗钵可汗分国为东、中、西三部，自居中部。周国与突厥和亲以来，每岁送给突厥缯絮锦彩十万段，突厥人往来长安，每岁常有千数人，周国供给上等衣食，尽力优待。齐国怕突厥入寇，也送给大批贿赂。佗钵愈益骄横，对臣下说，只要我在南的两个儿子(周齐)常常孝顺，我不愁没有财物使用了。周武帝为了专力对齐，屈意交接突厥，灭齐的第二年，五七八年，周武帝亲率大军分五路北伐突厥，在路上病死，周军退回。此后突厥屡寇边境，五七九年，周修齐文宣帝所筑长城，防备突厥。突厥轻侮中国的局势，到隋文帝时才改变过来。

第二节　北朝的经济

曹丕《典论自叙》描写东汉末年大乱的情形时说，名豪大侠，富室强族，都大兴义师，讨伐董卓。董卓迁都长安，山东呈现割据状态，大者连郡国，中者婴(守)城邑，小者聚阡陌(乡间)，互相吞灭。凡是朝廷的统一势力衰退，地方的割据势力便显著地勃发起来。占据几个郡国和占据县城的大中割据势力，终究要被更大的势力吞灭掉，至于乡间的割据势力，在保卫本乡本村的名义下，是会得到本地民众的支持的，它为数极多，任何大的势力也不能逐个予以消灭，因此，乡间割据势力是一个持久的割据势力，其中有些大姓强族，势力足以影响州、郡、县甚至影响全国，并不局限在一乡一村间。

西晋末至隋统一，前后将近三百年的战乱，乡间割据势力愈益巩固，并且起着多种的作用。这里先举例说明战乱地区存在着大量的坞、壁、垒、堡等自卫小城。

十六国大乱开始时，汉人就用坞壁来自卫。三〇八年，刘渊部将石勒等七人掠魏郡汲郡等地，攻下五十余垒，收壮健人五万为军士。三〇九年，石勒攻陷冀州所属郡县堡壁百余，军队扩充至十余万人。三一〇年，石勒寇襄阳，攻陷江西垒壁三十余所。三一二年，石勒南侵被晋兵击败，自葛陂（河南新蔡县北）北还，沿路民众都坚壁清野，石勒军掳掠无所获，饿得人相食。到枋头，攻破向冰的壁垒，才得到粮食。三一〇年，刘渊部将王弥刘聪等攻掠梁、陈、汝、颍间，陷垒壁百余。三一五年，刘聪部将曹嶷攻掠齐鲁间，陷郡县垒壁四十余所。东晋祖逖北伐，谯郡有张平、樊雅各聚众数千人为坞主，樊雅归附祖逖，祖逖得进驻谯城。蓬陂坞主陈川，自称陈留太守，被祖逖击败，投降石勒。祖逖进至陈留，沿河诸坞，先前已降附石勒，祖逖允许两属，坞主都感恩，真心帮助祖逖，黄河以南诸坞，多叛石勒归附祖逖。从这些事例里，可知坞壁是自卫性质的军事组织，有战乱的地方，到处都存在着。它们对强大势力表示降附，缴纳一定数量的赋役；强大势力无法消灭它们，也只好承认它们保有一定程度的独立。大小坞壁间的吞并和小坞壁附从大坞壁，在一个地区内形成以一个强大坞壁为首的坞壁群。大小坞壁的首领，实质上无异于早期封建社会的公侯伯子男，最强大的首领就是霸主，汉魏以来的名门望族，常常被公认为这种霸主。这是大量的封建割据，不过，在战乱的情况下，劳动群众从坞壁多少得到可能有的保护，多少能够抵抗落后族的武装掳掠，应该说是含有一些积极意义的割据。从十六国到隋统一，这种割据形势总是存在着，并且基础巩固，成为北方社会重要的组织形式。

魏太武帝时，崔浩力主恢复五等封爵制，与同僚论五等制与郡县制的是非，指责秦始皇汉武帝的错误，同僚们都钦佩崔浩的好古识治。北方社会实际通行的是强有力的割据制，地方官权力受割据者的限制，官威不能很高。崔浩依据这种实际情形，所以主张废郡县，要朝廷承认割据者的合法性，给予五等封爵。同僚们认为崔浩识治，也就因为他认识这种实际情形。崔浩的主张，显然与魏朝廷的利益不相容。郡县制的存在，表示魏国是统一的，是鲜卑人统治的国家，不是汉人割据的国家。魏太武帝杀崔浩并大杀与崔浩通婚姻的高级士族，这也是一个原因。葛荣作乱，赵郡大姓李元忠率诸李数千家，筑垒自保，屡次击退葛荣的进攻。葛荣用全力围攻，捉获李元忠，但也不敢杀害。东魏济州刺史高季式有部曲（私兵）千余人，马八百匹，武装齐备。高氏是冀州大姓，高季式的部曲，给养自然是从高氏保护下的劳动群众取得。其他大姓如冀州刘姓，清河张姓、宋姓，并州王姓，濮阳侯姓，一姓将近万家，势力盛大。依据上列事例，将近万家的大姓到几十家几百家的小坞小壁，是北方汉族的主要组织形式，鲜卑人以外的非汉族人，要得到保护，也只好加入这些坞壁，生活上加速融合于汉族。讲北朝经济措施，必须从这一事实出发。

魏道武帝取得河北，迁徙大量居民到平城及其附近地区（畿内），封建经济在畿内发展起来。四二一年，魏明元帝令六部（四一七年，分鲜卑人为天、地、东、西、南、北六部人，每部置大人一员），民户养羊满百口，出战马一匹。要鲜卑平民按一百只羊出一匹马，是在游牧部落里推行封建制度。不过，畿内兴农业和游牧部落封建化，不是魏国经济的重要部门，支持魏国连年用兵武力强盛的经济，主要是山东诸州郡。

魏赋税制：常赋每户每年纳帛二匹，絮二斤，丝一斤，粟二十石，又纳帛一匹二丈。常赋外又有杂调。从数量上看，一户负担常赋杂调是烦重的，但一户包含三五十家或多于三五十家，各家分担，国家对每户所取的赋税不算过多。同姓各家合成一户，户主是一户内的豪强，称为宗主。异姓的贫弱小民投宗主家作荫附，得免官役，宗主奴役荫附，赋敛也很烦重。宗主统率同姓各家和荫附，势力较大的宗主就成为坞主壁帅。

魏朝廷一向承认宗主的权利，以便通过宗主来取得赋税，也就是对宗主让步，让宗主与朝廷共分赋税。到魏孝文帝时，才对宗主展开争取民户的斗争。

四八五年（？），魏孝文帝采纳李冲的建议，创立三长制。五家为邻，置邻长一人，五邻为里，置里长一人，五里为党，置党长一人。三长本身免官役，又邻长家有一人得免官役，里长家有二人，党长家有三人。一百家中有三长共二十五人，免官役人共三十一人，合计五十六人。又改革赋税制，户调每户(一夫一妇)每年纳布或帛一匹，粟二石。朝廷按收入布帛总数，分为十五份，其中十份为公调，二份为调外费，三份为内外百官俸。另外还有杂调。男子年十五岁以上，未娶妻成室，四人出一夫一妇的调数。从事耕织的奴婢，八人出未娶男子四人的调数。耕牛二十头出奴婢八人的调数。朝廷宁愿一百家中有五十六人免役，又宁愿减轻户调，目的在于分化大户为小户，并使荫附自立门户，削弱宗主的势力。三长制初行时，豪强很不愿意，大概当了三长，仍能役属四家(邻长)到一百家(党长)，也就相安无事了。四八七年，齐州刺史韩麒麟上表说，往年立三长，校定户籍，租赋轻少，臣所统齐州，租粟仅可给俸，很少能够入仓，虽对民有利，但不可长久。他建议减收布帛，增收谷租，使仓谷充实，有备无患。立三长和减轻赋税，宗主势力在形式上确实发生了变化，魏政治统一也前进了一步，但在实质上，三长依然是宗主的化身。

立三长后，四八六年(？)，魏孝文帝采纳李安世的建议，行均田制。男夫十五岁以上受露田(不种树的田)四十亩，妇人二十亩(一夫一妇受田六十亩)。男夫受桑田二十亩。露田不得卖买，身死归还官府。桑田是世业，可传给子孙，也可卖买其中的一部分。奴婢依照良丁受同数的露田，奴又有同数的桑田。牛一头，受田三十亩，一户畜牛不得超过四头。早在四七七年，魏孝文帝令民一夫治田四十亩，中男(未娶妻的男子)二十亩，均田制无中男受田的规定，当是史文漏略。魏国贵族士族占有大量奴隶，普通地主也卖买奴婢使从事耕织，供主人剥削。均田制给奴婢与良丁同数的露田，奴婢种自己分得的田，未必有余力耕主人的田，即使主人全部取得他们的收获物，主人分得的田，只好自己去耕种。限止牛数(两牛共拖一犁)，含有限止使用多数奴隶的意义。奴有桑田，主家妇女未必能替奴养蚕织帛，也只好给奴婚配。当时地旷人稀(《魏书·地形志》载州郡户口数)，实行均田，一般不感困难。小豪强占夺的民田，为法令所迫，可能归还原主，大豪强却不受法令的限制。四八八年，魏孝文帝采纳李彪的建议，立农官，取州郡户十分之一为屯民，给予耕地牛畜，使在官地上屯田，每年缴纳粟六十石，免正赋及兵役、杂役。这种屯民，大部分是豪强家的荫附。他们田产被占夺，本身被奴役，为屯民比为荫附，生活自然要好一些。四九〇年，魏孝文帝派遣使官与州郡官宣扬法令，劝隐口漏丁，报名立户，如仍愿作荫附，或豪强迫胁孤弱，不让立户，都按法令治罪。魏孝文帝用均田制与豪强争民户，扶助荫附并限制普通地主使用奴隶，实是进步性的重大措施。孟子以来作为一种理想的井田制，晋武帝仅有空名的占田制，到魏孝文帝才以均田的形式付诸实施，不能不是封建经济史上一件大事。隋唐经济比两汉南北朝有进一步的发展，魏孝文帝的均田制是起着积极影响的。

魏孝文帝行均田制，似乎不曾遇到什么阻力，原因在于承认贵族士族及有势力的豪强，保持大规模使用奴婢的权利。这从齐武成帝的均田制里可以推见大概，虽然齐均田制不完全与魏孝文帝的均田制相同。齐均田制：亲王的奴婢受田限三百人，嗣王（亲王的继位人）限二百人；第二品嗣王以下至庶姓王（不是姓高的王）限一百五十人；正三品官以上至王宗，限一百人；七品官以上限八十人；八品官以下至庶人（有势力的豪强）限六十人（西汉末年，孔光等奏请限制奴隶，吏民家占有奴隶不得超过三十人。北齐比西汉加一倍，想见北齐奴隶数量很大）。限外奴婢不受田，也不纳租调。齐灭东魏，齐文宣帝封东魏孝静帝为中山王，赐奴婢三百人，田一百顷。这时候齐并未创立新制，奴婢三百人和田百顷，当是沿用魏制。自王公百官以至所谓庶人，实际上得无限止地使用奴婢，仅仅是豪强家失去一些荫附，均田制的推行，也就无须阻挠了。

魏末年经长期战乱，豪强盛行兼并，均田制遭受破坏。东魏时分给民田，豪贵都得良田，贫弱都得薄田，经高隆之告发，高欢下令纠正，务求均平。其实，一个命令不可能求得均平。齐三长制和均田制，大体上承袭魏制。至五六四年，齐武成帝始有改革。三长制改为十家为比邻，五十家为闾里，百家为族党。均田制改为一夫受露田八十亩，妇四十亩，奴婢依照良人受同数的露田。又每夫给永业二十亩为桑田。租调：一床（一夫一妇）调绢一匹，绵八两，垦租二石，义租五斗。未娶妻的男丁纳半床租调。受田奴婢的租调比良人减半（半床）。《隋书·食货志》说齐文宣帝时，豪强兼并，户口益多隐漏，可见齐时均田制比魏末年破坏更甚。齐武成帝改制，无非是减少三长人数以增加役夫，承认兼并（露田数比魏制加倍）并增收奴婢租调。《隋书·食货志》称职事（有官职的人）及百姓（豪民）请垦田者名为受田。这里所谓受田，不再是国家分配耕地给农民而是兼并者向国家请垦地。贫弱农民无力自请垦地，只好给兼并者耕种，又回到荫附的旧路上去。

宇文泰据关西，行《周礼》，设司均官，掌管田里的政令，已娶妻的男夫给田一百四十亩，未娶的男丁给田一百亩；设司赋官，掌管租调的政令，已娶妻的男夫，每岁纳绢一匹，绵八两，粟五石，未娶的男丁租调减半；设司役官，掌管力役的政令，民自十八岁至五十九岁，都得服役，丰年不过三十日，中年二十日，下年十日。周男夫受田数等于齐武成帝所定的田数（一夫一妇有露田一百二十亩又加桑田二十亩），关西人口比齐稀少，均田制在周国当是实际行施的制度。奴隶受田不见明文，按隋制，奴婢五口给园宅一亩，单丁（良人）及仆隶的租调比已娶的男夫减半，未受田的不出租调。六〇四年，隋炀帝下诏免除“妇人及奴婢、部曲之课”，隋沿周制，可信周也有奴隶受田的制度。周武帝释放大批奴隶和杂户为良民以后，奴隶在农业生产方面的使用，比以前大为缩小。魏孝文帝行均田制，扶助荫附自立门户，推动社会生产力前进了一步，周武帝释放奴隶，社会生产力又推进了一步，劳动群众在十六国大乱和鲜卑拓跋部统治时期所积累起来的灾祸，经两次改革，得到颇大程度的减轻，因此，他们是这一时期中有功于劳动群众的两个好皇帝。

魏孝文帝立三长，行均田，隶属在宗主势力下的荫附，确实被释放了一部分，可是，寺主势力逐渐兴盛起来，又成为与朝廷争夺民户的一个严重力量。统治阶级迫切需要宗教，特别是佛教，必须大力予以提倡，也就必须让寺主分享剥削的利益，分享得过多，朝廷又感到损失太大，对自己不利，其中斗争和联合的情形是复杂的。代表宗主利益的儒家和道教，参加这个斗争，表现为儒佛道在思想上的争论，归根还是地主阶级内部（朝廷、宗主、寺主）为争夺剥削对象（劳动民众）而发生离合变化。

寺院是佛教的坞壁，僧人是寺主的徒众（寺主的爪牙和从事各种劳动的人），寺主是宗主，强大寺主就是世俗的坞主壁帅。四四六年，魏太武帝伐盖吴所率反魏军，在长安佛寺中发现藏有弓箭矛楯，又发现酿酒器具及州郡官、富人寄藏在寺内的大量财物。此外还有与贵家妇女淫乱的密室。魏太武帝认为是佛寺谋反的证据，大举灭佛。其实佛寺就是坞壁，藏武器和代人保藏财物，都是平常事，说僧人企图谋反，无非是灭佛的一种借口。魏文成帝恢复佛教，四五二年，限制每年出家人数，大州五十人，小州四十人。允准沙门统（掌管佛教的僧官）昙曜的请求，创立僧祇户和佛图户两种名目。所谓僧祇户，就是平齐户及诸民户如能每年送给僧官（自然也是大寺主）谷六十石（称为僧祇粟），即取得这个名义。僧祇户开始时可能得到僧官的一些保护，逃免官府和宗主的压迫。所谓佛图户（又称寺户），就是犯重罪的平民及官奴，被发给寺院，为寺院服苦役并种田地。僧祇户即荫附，佛图户即奴隶。寺主有爪牙（维那、典录、典坐、香火、门师等名目）供奔走，有普通僧人供役使，从事各种劳动，又有荫附和奴隶，寺院成为合法的大小坞壁。魏孝文帝太和元年——四七七年，国内寺院，平城有一百所，僧尼二千余人，州郡有六千四百余所，僧尼七万七千余人，朝廷也感到民众逃避赋役、涌入寺院的严重性。四九二年，魏孝文帝限制出家人数，每年大州准一百人，中州五十人，小州二十人。五一七年，魏孝明帝令每年度僧，大州保送三百人，中州二百人，小州一百人，由僧官（州沙门统）地方官共同挑选出大州一百人，中州五十人，小州二十人。

又禁止奴婢出家，禁止私度僧尼。寺院增加一个僧尼，朝廷便损失一个剥削对象，朝廷设立这些限制，自然是想保持自己的利益，但同时又在大兴佛教，使得这些限制都归于虚设。五一五年，魏境内有寺院一万三千七百余所。五一八年，洛阳城内有寺五百所。魏末年，洛阳有寺一千三百六十七所，州郡有三万余所，僧尼多至二百万。

大量寺院的存在，说明有大量的寺主和他们的爪牙在进行残酷的剥削活动。首先是侵夺田宅。五一八年，任城王元澄奏称，迁都以来（四九四年，魏迁都洛阳），不过二十几年，洛阳民宅，被寺院夺去将近三分之一。州镇僧寺也同样侵夺小民，广占田宅。长安中兴寺有稻田一百顷，还有种梨枣等树的大果园，足见元澄所说是事实。寺院又经营高利贷，如长安僧人竺法护，一次就贷出钱二十万，济州沙门统道研，贷出钱财，叫郡县官替他索还本息。五一一年，魏宣武帝诏书里说，僧官用僧祇粟放高利贷有两种情形：一种是自放，或取利过本，或偷改券契，侵害贫弱，毫无法纪。一种是借给富家转放，僧官和富家共分利息。僧官出借僧祇粟取利，也逼勒僧祇户取利。沙门统昙曜曾于四七六年，奏准拨凉州军户（平齐户以外的一种杂户）赵苟子等二百家为僧祇户，给僧官送僧祇粟。按定章，僧祇户仍留本地，也不专属一寺，魏宣武帝时，僧官违章逼令离乡服役，二百家中五十余人自杀了。寺院是贪图财物，无

河南登封北魏嵩岳寺塔

恶不作的魔窟，戒律所称八不净物（田园、种植、谷帛、畜奴仆、养禽兽、钱宝、褥釜、象牙金玉饰床及诸贵物），寺院全有，而且很多。凡是世俗间宗主所能做的罪行，寺院做得更多更恶，因为还有皇帝为首的统治阶级，都想大修功德以求福应，在寺院外加强剥削来填满寺院的欲壑。下面略举一些例。

四五四年，魏文成帝在五级大寺造释迦立像五躯，各长一丈六尺，共用铜二万五千斤。和平年间（四六〇年——四六五年）魏文成帝令昙曜在平城西武州塞，开凿石窟五所（山西大同云岗石窟），刻石像各一，高的达七十尺，其次六十尺。四六七年，魏献文帝在平城造永宁寺，有七级塔，高三百余丈，基架宽广，为天下第一。又在天宫寺造释迦立像，高四十三尺，用铜十万斤，金六百斤。不久，又造三级石塔，高十丈，全部用大小石块构成。魏国佛教大盛，还是从魏宣武帝时开始。魏宣武帝在洛阳造瑶光、景明、永明等大寺。瑶光寺有五级塔，高五十丈，尼房五百余间。景明寺有房一千余间，七级塔一所。永明寺有房一千余间，住外国沙门三千余人。这些大寺以外，又仿照平城灵岩寺石窟，在伊阙山开凿石窟。自五〇〇年至五二三年，前后开凿石窟三所，共耗人工八十万余工。五一六年，魏孝明帝在洛阳城内立永宁寺，有九级塔一所，高一百丈，上有金铎一百二十枚，金铃五千四百枚。大殿中有丈八金像一躯，较短金像十躯，绣珠像三躯，织成像五躯。僧房楼观一千余间。王公贵人以至地方豪富，也纷纷造像立寺，如贵戚冯熙一人，在各州郡造寺多至七十二所。《小法灭尽经》说寺院“但贪钱物，积聚不散，不作功德。贩卖奴婢，耕田垦殖，焚烧山林，伤害众生，无有慈愍。奴为比丘，婢为比丘尼，无有道德。淫佚浊乱，男女不别”。这自然只是寺院腐朽生活的一部分。杨衒之《洛阳伽蓝记》描述当时寺院穷奢极侈的情形，比《小法灭尽经》所述更具体，想见劳动民众的财物，几乎被求功德者敲剥净尽了。

齐国佛教比魏更盛，都下（邺）大寺，约有四千所，住僧尼将近八万。齐境内有寺四万余所，僧尼二百万以上。

周国财力不足，寺院较少。周武帝在周齐境内大规模消灭寺院，虽然只是表面的暂时的打击，但对劳动民众说来，也算是获得了一个喘息的机会。

从魏宣武帝时起，世俗的宗主和宗教的寺主，同时进行着土地兼并，夺取民户，均田制能够维持到什么程度，实在是很难推想。大抵周武帝消灭寺院以后，均田制可能有很大程度的恢复。

魏孝文帝以前，交易用布帛谷当货币。魏孝文帝始铸钱，称为太和五铢。魏宣武帝又铸一种五铢钱。魏孝庄帝铸永安五铢。齐文宣帝铸常平五铢，制作甚精。周武帝铸布泉，以一当五，与五铢钱并行。又铸五行大布钱，以一当十。周宣帝铸永通万国钱，以一当十，与五行大布钱及五铢钱并行。魏齐周钱法紊乱，权贵豪强私铸劣钱，流行市上，无法禁止。不过，比起魏孝文帝以前用实物交易，显得商业上有些进步。

冶铁业因供给农具兵器，未受战乱影响。相州牵口冶（河南安阳县水冶）用水力冶铁，技术也较高，魏武库中兵器主要在牵口冶制造。齐时綦毋（綦毋音其无 qíwú 姓）怀文造钢刀，据说能斩铁如泥。魏宣武帝时开采铜矿银矿，产量不大。

魏齐周经济是落后的，魏孝文帝行均田制后，农业趋于发展，可能恢复到汉魏西晋的生产水平。依靠农业的恢复，以佛教为主体的北朝文化才得以发展起来。

第三节 北朝的文化

鲜卑统治阶级，从迷信方面来接受并提倡宗教，特别是崇奉佛教，是很自然的。儒学生根在汉士族群中，随着汉族在政治上的地位逐渐上升，到北周时，儒学竟压倒佛教。儒、道、佛的相互关系，在北朝，多少反映出汉族与鲜卑族间势力消长的过程。

一 经 学

北朝经学，《易》、《书》、《诗》、《三礼》、《论语》、《孝经》用郑玄注，《左氏春秋》用服虔注，《公羊传》用何休注，完全遵守东汉经师旧说，不尚变通。王弼《易注》，杜预《左传注》偶有传授，不发生显著的影响。北朝少见名儒，自魏孝文帝时起，始有徐遵明最称通博学，讲学二十余年，学徒前后多至万人。《周易》、《尚书》、《三礼》、《左氏春秋》都是徐遵明所传。徐遵明尤长《左氏春秋》，得西晋旧本服氏《春秋》(服虔注《左氏春秋》)研读数年，撰《春秋义章》三十卷。他的弟子李炫撰《三礼义疏》，熊安生撰《周礼》、《礼记义疏》。与徐遵明同时的刘献之，擅长《毛诗》，作《毛诗序义》，授李周仁、程归则。程归则传刘轨思，李周仁传李炫。李炫撰《毛诗义疏》。刘轨思传刘焯、刘炫。刘炫作《毛诗述议》。北朝著名儒生和主要撰述，大体上也只有这些。大抵北朝经学，学风保守，撰述较少，都缺乏开展的气象，唐朝修《五经正义》，重南轻北，重魏晋新注，轻汉儒旧说，就是因为北朝经学比不上南朝经学。

北朝经学虽然衰落，但在政治上仍保持佛道两教不敢争夺的正统地位。魏道武帝进入中原，便在平城设立太学，置五经博士生员千余人，后又增至三千人。魏献文帝设立乡学，大郡置博士二人，助教四人，学生一百人；最小郡也置博士一人，助教一人，学生四十人。魏迁都洛阳后，私学尤为盛行，儒生开门授徒，多或千余人，少也不下数百。官学私学的学生，同样可以被州郡选为茂异（州）孝廉(郡)，取得官职。魏乱以后，私学仍盛。高欢得卢景裕(徐遵明弟子)，使教诸子经学，齐诸帝都是暴君，却照例要选名儒教自己的儿子。宇文泰尤重儒学，以至实行《周礼》。周武帝定三教先后，儒为第一。鲜卑人逐渐革去落后习俗，儒学所起作用是不小的。

二 道 教

道教自称能羽化飞天，长生不死，其次也能画符诵咒，消灾灭祸。东汉以来，道教流传渐广，张角兄弟三人用太平道教发动黄巾起义，张鲁用五斗米道教占领汉中。士大夫欣慕道教的法术，但也不免有些顾虑，因此，没有人敢大规模提倡道教。西晋时沙漠汗居洛阳，他的侍从务勿尘奉道教，说是在伊阙山成了仙。道教影响，第一次带到了拓跋部。魏道武帝笃信道教，置仙人博士，立仙坊，煮炼百药求长生。他和他的儿子魏明元帝都被药毒死。道士寇谦之革新天师道，得到魏太武帝的提倡。它反对佛教也更尖锐化，终于引起了魏齐周两次灭佛、一次灭道的宗教冲突。

寇谦之是嵩山道士，自称太上老君亲自封他为天师，继承天师张陵（张道陵）的地位。他改革道教，除去三张（张陵、张衡、张鲁）收租米（五斗米）钱税的旧规，解除了士大夫的顾虑。又反对男女交接的妖术，说大道清虚，岂有此事（房中术）。他的新道教以礼拜求度为主，以服气食药闭精练气为辅。他制造许多道经，说是太上老君传给他《云中音诵新科之诫》二十卷，又传服气导引口诀之法；太上老君的玄孙李谦文传给他《录图真经》六十卷，教他辅佐北方泰平真君（指魏太武帝）。寇谦之的新道教，模仿佛教仪式更相似，求功德的方法也力求简便，男女信徒只要在家立坛，朝夕礼拜，就可得到上等功德，不必出家修行。魏太武帝初即位，寇谦之来平城献道经，得崔浩推荐，大为魏太武帝所崇信。魏太武帝在平城立天师道场，亲到道场受符箓，表示受了天命，有权做中国皇帝。崔浩是儒家，利用天师道来反佛教。四四六年，魏太武帝灭佛教，就是听从了崔浩的力劝。天师道是汉族人自创的宗教，所奉的神是汉族人认为本族的神，不同于外来佛教的胡神，因此，魏太武帝以后的魏诸帝，不管怎样崇奉佛教，即位时总要举行受符箓的仪式，作为鲜卑拓跋部统治汉族的一种依据。

齐依靠六镇流民立国，特别强调鲜卑人的优越地位，在宗教上也特别崇奉佛教。高澄准备灭东魏，于五四八年，取消天师道坛。五五五年，齐文宣帝灭道教，强迫道士剃发当和尚，齐境内佛教大盛。

周依靠关西汉族立国，特别强调儒学，道教也被重视。五七四年，周武帝废佛道二教，令和尚道士还俗。

道教排斥佛教，但不主张杀害佛教徒。从寇谦之开始，一直保持着这种主张，因之，佛道斗争仅限于言语攻击，没有引起残酷的报复。四三九年，魏灭北凉，魏太武帝捕获为北凉守城的僧人三千人，下令屠杀。寇谦之替僧人说情，三千人得免死。四四六年，魏太武帝大杀境内僧人，寇谦之对崔浩力争，劝崔浩勿杀，崔浩不听。后来齐文宣帝灭道教，只杀不肯剃发的道士四人，周武帝灭佛教，不曾杀一个僧人。宗教斗争激化的北朝，得免互杀事件，在这一点上，寇谦之是有见识的。

三 佛 教

佛教造像立寺及广度僧尼等所谓功德事，在经济上都起着破坏的作用。一部分精通佛学的僧徒，阐发宗旨，在中国哲学的发展过程中，却起着开拓的作用。天竺各教派，南北朝时期，大体上都传入中国，中国僧徒各就所学，标举心得，聚徒传授，成立学派，为隋唐佛教全盛时期作了重要的准备。佛学目的在于修行证果，途径不外戒、定、慧三端。南朝佛学偏重智慧（义理），北朝佛学偏重禅定，戒律南北并重，北方戒律尤为专门之学。这样，由于南北的环境不同，佛学形成了南北不同的学风。在南北不同学风中，各学派得以充分发挥本派的独到处；在同一学风中，各学派得以互较短长处。在南北不同环境中，佛教与儒学所作入世出世的斗争，佛教与道教所作较量地位高低的斗争，佛教与儒学、道教所作华戎之辨的斗争，都带有不同的特色。南北朝因为佛学的兴盛和儒佛道的争论，呈现战国时期以来的又一次百家争鸣，比起汉朝今古文经学之争、魏晋（西晋）儒学玄学之争，规模扩大得多，论旨深入得多（道教鄙陋，除外）。佛学处于斗争的主要面，所以说，南北朝时期，佛学在中国思想界起了开拓的作用。

十六国时期，长安是佛学中心，前秦苻坚尊礼释道安，翻译佛经，宣扬佛教。后秦姚兴，得鸠摩罗什，译事更盛，中外名僧云集。赫连勃勃攻入长安，灭佛杀僧，僧徒逃散，号称白脚禅师的惠始，就是鸠摩罗什的学徒，最早到平城传教，受魏太武帝礼敬的一个名僧。凉州自从张轨以来，一向是西北方佛教中心，敦煌地接西域，道俗人都熟悉西域佛教的旧式（规矩和技艺等），村坞相连，多有塔寺。魏灭北凉，俘掳僧徒三千人，北凉国人三万户（或说十万户）到平城，魏国畿内佛教开始盛行。沙门统昙曜建议魏文成帝开凿云岗石窟，昙曜是凉州僧人，开凿石窟的工匠，大概也有熟悉佛教技艺的凉州人。

凉州是禅学最盛行的地方，魏文成帝兴佛后，先后任沙门统的师贤、昙曜，都是凉州禅师，作为北朝佛学主流的禅学，以及规模巨大的佛教艺术，都导源于凉州，凉州在接受西方文化时所起的作用是值得重视的。

禅的意义是澄心静虑，坐禅入定，绝灭一切妄念，专心求解脱。净土是北朝禅学中的一个大宗，流行最广，信徒最多。净土宗分弥勒净土、阿弥陀净土两派，都是念佛修禅定，希望死后往生安乐土（净土）。所谓念，就是一心想念佛的名号、佛的相（形状）好、佛的光明、佛的神通、佛的功德，等等，心里没有其他杂想，前后相续的想念全部是佛，想念得久了，会在定中看到诸佛。这是可能的，因为精神失常，会看到日常专心想念的东西。心念外还有一种口念佛号，方法比心念简便，流行也较广泛。据说，口念也具有不可思议的威力，这就是口念久了同样会精神失常。他们临死时，邀集三五个同道，帮着将死病人口不停声地高唱弥勒佛或阿弥陀佛名号，一直到病人死去为止，说是死者往生乐土了。怕死本是人之常情，净土宗正是依据人怕死的心理，用简便方法取得广大的信徒。心念口念外，还可以让富贵人也得往生乐土，那就是劝他们出钱财，造像建塔，大修各种功德。他们有的是钱财，自然乐于接受这种更简便的方法。北朝大量佛教艺术品，都是净土宗盛行的遗迹。

禅法也是北朝禅学中的一个大宗。禅法主张寂坐修心，不重讲经（义门）。鸠摩罗什译《禅要》，北凉沮渠京声译《治禅病秘要法》等书，标示禅法，为禅学者所宗。天竺僧佛陀禅师来平城，得魏孝文帝礼敬。迁都洛阳后，在嵩岳少室山为佛陀造少林寺。佛陀倡导禅法，有徒众数百人。此后，僧徒悉皆禅诵，不复以讲经为意。大概在魏宣武帝时，南天竺僧菩提达磨自梁国来到洛阳，北朝禅学进入更发达的阶段。菩提达磨所修是大乘虚（空）宗的禅法，称为壁观，意思是外息诸缘，内心无惴，心如墙壁，可以入道。达磨用《楞伽经》四卷教徒众，要破除妄想，遗荡一切诸相，必罪福并舍，空有兼忘；必心无所得，必忘言绝虑。达磨的禅学与老庄清静无为，心如死灰的思想颇相类似。北朝不行玄学，但在欲火炽烈，无可满意的人心里，还是需要老庄一类的思想当作清凉剂。达磨所创始的禅宗，正是代替老庄来供给更寒冷的清凉剂，因而成为禅学的主流。

达磨主张忘言，不随于言教。他是禅宗的始祖，他的继承人所谓二祖三祖以至六祖等人，都只是口头说法，不立文字，不出著述。禅宗以明心见性一切皆空为宗旨，只有我心最尊，其他都可废弃。老庄学派的嵇康阮籍，要破除礼法和儒经，禅宗也要破除一切名相，连佛菩萨和佛经都包括在内。以空无为宗，自然会发生嵇阮禅宗的想法。玄学禅宗和其他佛教各宗派都属于唯心主义的哲学，但玄学禅宗在反对不同派别的哲学时，却起着猛烈进攻的作用。

禅宗主张心无执著，遗荡一切执见，使思想从各种拘束中解脱出来，也就否定了自身以外的佛教各派别，到后来，空无到极端，连自身也被否定了。禅宗是从佛教内部摧毁佛教的重要力量，达磨创立禅宗，在佛教史和中国哲学史上都是一件大事。

五一五年，魏冀州沙门法庆聚众起事，自号大乘。封勃海人李归伯为十住菩萨、平魔军司、定汉王。法庆专毁寺庙，斩僧尼，烧经像，说是“新佛出世，除去众魔”。他教兵士杀人，杀一人称一住菩萨，杀十人称十住菩萨。法庆可能受禅宗一切皆空唯我独尊的影响，因为他的行为，正是空无的一种表现。

四　儒佛道的斗争

自寇谦之革新天师道以后，道佛两教相互攻击，儒攻佛不攻道，形势上似乎儒道联合攻佛。攻佛的理由之一是华夷之辨，这就影响北朝非汉族的皇帝，对华夷之辨需要表示态度。宗教斗争含有政治意义，因之表现的形式比南朝剧烈。四四六年，魏太武帝灭佛，固然由于崔浩寇谦之的劝说，但也由于魏太武帝想证明自己亲汉不亲胡。他在灭佛诏里说"朕承天绪，欲除伪（佛）定真（儒道），获羲（伏牺）农（神农）之治……自今以后，敢有事胡神（佛）及造形像泥人铜人者门诛（灭一门）。……诸有佛图形象及胡经，尽皆击破焚烧，沙门无少长悉坑之"。后赵石虎说过，胡人该奉胡神，我是胡人，所以兴佛教。魏太武帝排斥胡神，显然是在对汉人说，我是黄帝子孙（拓跋部自称是黄帝子昌意的后裔），有权继承羲农的正统。五五四年，齐文宣帝策问秀才说，和尚道士几占民户的半数，国用大感不足，你们认为那个该废除？他作出决定，灭道兴佛，令道士剃发当和尚。他不让道士还俗，足见灭道不是为"有润邦家"（补助国用）而是为尊奉胡神。五七七年，周武帝灭齐境佛教，对僧徒任道林说，佛生在西域，我不是五胡，对他不发生敬心。既非正教，所以该废。魏太武帝周武帝灭佛表示亲汉，齐文宣帝兴佛表示亲鲜卑，其实，佛早就是汉族和非汉族共同崇奉的大神，灭佛兴佛，都不能产生多大的政治作用。

周武帝避免魏太武帝所采取的残杀手段，用比较和缓的方法，经过长期的准备来废佛教。当时有个卫元嵩，曾出家为亡名法师弟子，亡名当是受禅宗和嵇阮影响的和尚，教卫元嵩佯狂求声名。卫元嵩还俗，著佛道二论，崇道抑佛，与道士张宾相结合，共排佛教，大得周武帝的尊信。周武帝一向崇儒，这样，造成了儒道联合攻佛的形势。五六八年，周武帝登大德殿，召集百官和尚道士等，亲讲《礼记》，显示儒学的特殊地位。五六九年，周武帝又登大德殿，召集百官道士和尚等讨论佛道两教教义。会后一个月，正式召集百官、儒生、和尚、道士二千余人到正殿（当是紫极殿）大会，周武帝亲自校量三教优劣，名儒沈重代表诸儒宣扬儒学。会后五天，又召集大会，讨论三教。会后又号召道俗诸人，尽量表示意见。五七〇年，甄鸾上《笑道论》三卷，周武帝召集群臣，说《笑道论》伤害道教，当众烧毁。道安法师又上《二教论》，攻击道教。周武帝重道轻佛，早有定见，不过形式上还让二教争辩。五七二年，周武帝到玄都观，亲登法座讲道经。五七四年，周武帝召集百官、儒生、和尚、道士等，判定三教先后，以儒教为先，道教为次，佛教为后。由于佛教徒剧烈驳斥道教，周武帝下令禁止佛道二教，和尚道士一律还俗。别设通道观，选著名道士和尚一百二十人入观学老、庄、《周易》，称为通道观学士。所谓通道，就是要和尚通过学习变成道士，废二教实际是废一教。五七七年，周武帝在邺召集僧徒五百人，宣布废佛，慧远法师抗声争论，最后用阿鼻地狱恐吓周武帝。周武帝说，只要百姓得乐，我愿受地狱诸苦。僧徒技穷，只好从令还俗。还俗僧徒任道林上书要求辩论，周武帝召他入宫，使立御座旁辩论多次，周武帝终于声明我不是五胡。既然说到这一点，任道林就有触犯忌讳的危险了。因此，任道林请求同其他和尚十人入通道观求学。周齐境内佛像被破坏，经卷被焚烧，四万所以上的寺庙，赐给王公作宅第，将近三百万的和尚，还俗作平民，寺院财物散给群臣，寺院奴婢得到释放，周武帝灭佛比魏太武帝深入得多。可是，佛教既有存在的社会原因，想用政治手段消灭它决不能收实效。五七八年，周武帝死，佛教又兴盛起来。

五　佛教艺术

北朝佛教以修功德为首要事务，单就现在还存留着的大量艺术作品来看当时社会财富的耗费状况，已经是可惊的，何况消失了的财富如僧尼生活费、巨大建筑物等等，耗费量比这些艺术作品要大得无数倍。佛教徒为了求自己的功德，不惜浪费任何财物作代价，替佛教徒付出代价的却是劳动民众，这实在是太可惜了。付出的代价既如此巨大，遗留下来的又只是这些艺术作品，因之，必须予以十分珍惜，必须从这里吸收有益的资料来取得补偿。

下面大体上按年代先后，略述最重要的艺术作品。

敦煌千佛洞

佛教传入西域，再传入内地，敦煌正是从西域到内地的咽喉处。西域北路的龟兹国，南路的于阗国，都是佛教特盛的国家。在这些国家里，开凿石窟供奉佛菩萨，其中有塑像、有壁画，形成西域式与天竺式相结合的一种石窟艺术。《魏书·释老志》说，“敦煌地接西域，道俗交得其旧式”。敦煌所得的旧式，石窟艺术大概也是其中的一种。敦煌出现石窟，显然受西域的影响，不过，它既到了敦煌，就得加入些中国式，成为最早的中国石窟艺术，由此传入内地，加入更多的中国式，再回到敦煌来，发展成一个伟大的艺术宝库。

敦煌城东南鸣沙山，东端有断崖，开凿六百多个窟洞，其中四百六十九个都有壁画和塑像。这些窟洞的开凿，一说，开始于三五三年（东晋穆帝永和九年），据唐人碑记，最早的一个叫做莫高窟，是三六六年（前秦苻坚建元二年）僧人乐僔（音 zǔn）所作。此后，历代都有造作，现存魏窟二十二个（包括西魏和周），隋九十六个，唐二百零二个，五代三十一个，宋九十六个，西夏四个，元九个，清四个，年代不明的五个。魏窟实际数字可能多于二十二个，但从历代盛衰的趋势看来，极盛时期是在隋唐二朝，魏窟只是这个极盛时期的先驱者。

现存的二十二个魏窟，艺术家们按照壁画塑像的作风和云岗龙门等地作比较，判断为魏中期至晚期（四七七年——魏孝文帝太和元年至五八一年——周静帝大象三年）的作品。这是因为魏窟艺术比起云岗昙曜五窟的早期艺术来，魏窟已经添加了较多的中国民族形式，可见现存的魏窟以前，还有一段西域作风更多、中国作风较少的艺术存在过。艺术家们推想从最早的敦煌艺术传到平城（昙曜五窟）以后，经过一个阶段的改变，再传到敦煌，才成为现存魏窟的艺术。乐僔及其后继者所作最早窟洞，久已遗失，无法取证，但这种推想，还是可信的。

云岗石窟

云岗石窟在山西大同市西北的武州山北崖上，共有大小四十几个主洞，佛像可能有十万个左右，是中国最大的石窟群之一。

四五〇年，魏文成帝令沙门统昙曜开凿五个大石窟（现存石窟的第十六窟至第二十窟），后人称为昙曜五窟。其余石窟大部分是迁都洛阳以前的作品。最大的一个窟是第六窟（魏孝文帝时开凿），由地面到窟顶高达二十公尺，中央直立一个宽约六十平方公尺的大塔柱，上连窟顶。整个塔柱和洞壁，嵌满了大小佛龛和多种装饰，很难找出一块没有雕刻的空隙。在山石上用人力来完成凿大窟雕佛像的工作，比敦煌石窟规模大得无数倍。

云岗石窟参照外来形式进行开凿，有一定的规格，昙曜五窟表现得较为明显。此后所造诸窟，雕刻家似在力求打破这种规格上的限制，尽量使汉族传统艺术的形式适用于这种佛教雕刻艺术。

佛像的形状，一般是唇厚、鼻高、目长、颐丰、肩宽，有雄健的气概。它们不很象佛经上描写的佛相，也不很象汉族人的状貌，这大概是依据魏开国诸帝的面貌经艺术家加以佛化后得出的形状。魏文成帝即位，恢复佛教，照自己的身样造石像，脸上足下各嵌黑石，和他的真身上黑子相同。昙曜造大佛像，模仿皇帝面貌以取宠幸，是很可能的。

大佛像高大雄伟，显示举世独尊，无可对比的气概。其他石像，各按品级一个低似一个，全体服从大佛像。再配上飞天和侏儒，为大佛服役。飞天手执乐器，飞舞天空，表示在大佛庇荫下服役的愉快。

侏儒身形矮小，躯干健壮，雕刻在龛基、座础、梁下、柱顶等处，用力举重物，神情仍甚欢喜，表示为大佛服重役是快乐事。大佛象征皇帝，其他各级石像是大小群臣，飞天侏儒是各种服役的奴隶和民众。在每一个石窟里，雕刻着这样一幅完整的封建统治和谐图，自然是符合统治者政治上的需要。它使入窟的人，就在这个窟里，通过美妙的宗教艺术，感受到服从皇帝统治

龙门石窟古阳洞

的全部教训。魏国势自魏文成帝时开始趋向于衰弱，因之向宗教求助也开始趋向于迫切，云岗石窟的主要部分都产生在迁洛以前四十余年中，也就不难理解了。

龙门石窟

四九四年，魏孝文帝迁都洛阳，石窟艺术也从平城转移到洛阳来。洛阳南有伊阙，西岸名为龙门山，东岸名为香山，两岸石质都是坚硬的大理石悬崖。四九五年，魏宗室比丘慧成开始在龙门山开凿称为古阳洞的大石窟。五〇〇年至五二三年，魏宣武帝魏孝明帝连续开凿总称为宾阳洞的北、中、南三个大石窟，古阳洞的续修和宾阳洞的修建，共费人工八十万以上。这些主要石窟以外，还有药方洞以及东魏时开凿的莲花洞等石窟。

北朝石窟都在龙门山。古阳洞自慧成至东魏末五十余年的营造，整个石窟刻满了大小佛像。宾阳中洞刻有帝后礼佛图，最为精美。龙门诸窟比云岗诸窟，表现出更多的中国艺术形式，大佛姿态也由云岗的雄健可畏变为龙门的温和可亲。以宾阳中洞主佛为代表的佛像，清癯面上含着微笑，仿佛想要人和它亲近。佛面变化，反映魏统治力量强弱的变化。

伊阙两岸特别是西岸上，石窟和露天的石龛当有几千个，其中北朝所造约有百分之三十左右，唐朝最

麦积山石窟

多，约有百分之六十以上。龙门诸洞还保存着石刻文字，至少有一千四百余种。

敦煌石窟是绘画的最大宝库，云岗和龙门石窟是雕刻的最大宝库。

麦积山石窟

甘肃天水县麦积山石窟，也是一个佛教艺术的重要地区。麦积山石窟可能在后秦时已开始建造，魏孝文帝以后，渐趋发达。现存魏、西魏、周石窟大约还有三十个。麦积山石质不宜于雕刻，佛像一般都是泥塑。经过一千几百年，塑像并未溃败，泥土几乎与坚石相似，这种特殊的和泥法本身也是一种艺术。自隋唐以至明清，历朝都有塑像。大塑像高到十五公尺以上，小塑像高仅二十多公分，一千几百年间各朝代塑像术都有自己的特点，聚集在麦积山的石窟群里，可说是陈列塑像的大展览馆。

义县万佛洞

辽宁义县万佛洞，四九九年，魏营州刺史元景创建。东区西区各有六个石窟，窟中还有些雕像遗存。

炳灵寺石窟

甘肃永靖县炳灵寺石窟，现已查出共有三十六个窟，九十八个龛。其中北朝十窟两龛，唐二十一窟八十

炳灵寺石窟北魏龛

五龛，明五窟一龛。有些石雕像已经风化，艺术价值不免减损，但仍是著名的一个石窟群。

巩县石窟寺

河南巩县有石窟寺。魏、东魏、齐陆续开凿，共有五个窟。窟中刻礼佛图多幅。礼佛人（供养人）躯干高大，仪态华贵，侍从人身体矮小，手执仪仗服事主人，也是阶级在艺术上的一种表现。

南北响堂山石窟

河北邯郸市峰峰镇有北响堂山和南响堂山。齐文宣帝在北响堂山开凿三个石窟，其中称为大佛洞的石窟最为宏大，雕刻精美，可与龙门宾阳洞、巩县第五窟以及云岗各大窟相比拟。南响堂山共有七个窟，都是齐时开凿，规模不及北响堂山。

天龙山北齐石窟

天龙山万佛洞

山西太原天龙山，五五一年，齐文宣帝在山上刻石佛，高二百尺。五五六年，又刻石佛，高一百七十尺。两个大石佛已不见遗迹，当是年久崩坏了。天龙山又有五六〇年创建的石窟，经齐隋唐陆续开凿，东岸有八窟，西岸有十三窟。齐窟三个在东峰，隋窟一个在东峰，两个在西峰，其余都是唐窟。

上列大石窟群以外，还有不少较小的北朝石窟，散在河南山东山西等地，也可能还有未曾发现的石窟。就已知的石窟来说，窟内作品或因艺术精美被盗贼掠夺而去（主犯是帝国主义分子），或因愚昧无知不加爱惜，破坏的情况是严重的。必须保护这些残存的艺术作品，为今后发展人民艺术提供重要的参考材料。

六　文　学

西晋太康时期昌盛的文学，经永嘉大乱，随着士族流迁到长江流域，在北方，文学几乎灭迹。当然，这并不是说，民间创造的文学也灭迹了。民间文学很少被保存，但从《木兰诗》看来，可信民间是有创作的。北朝末年，南方文学回灌北方，衰落已久的文学开始在士人中出现活动的气象。

诗赋——《木兰诗》中君主或称可汗或称天子，木兰家在黄河南，出征地点在北边，看来这首诗当是魏迁都洛阳以后，六镇起事以前的作品。魏自道武帝起，对塞外用兵，总是一击就归来，从没有接连作战甚至一去十二年才完结的战事。可能有一个女儿曾代老父从过一次军，这自然是非常动人的奇迹，民间歌颂这个英雄女儿，逐渐扩充成大篇、修改成精品。诗中描写的木兰，确实表现中国妇女的英雄气概和高洁道德。中国妇女是有这样的气概和道德的，因之这首诗的内容也是真实的，倒不必考证木兰是否真有其人，真有其事。《木兰诗》和东汉末古诗《为焦仲卿妻作》，是古代人民群众自已创造的两篇伟大诗篇。北朝有《木兰诗》一篇，足够压倒南北两朝的全部士族诗人。

在东魏和齐，北方开始出现温子升、邢邵、魏收三个著名的文士，号称三才。三人互相指责，邢邵斥魏收偷窃江南任昉，魏收斥邢邵在沈约集中作贼，魏收说温子升不会作赋，不算大才士。三人都模拟南朝人作诗文，并无特色。在西魏和周，有王褒庾信两个大文士。王褒庾信原来都是南朝做宫体诗的名手，梁国破亡，他们到西魏做官，给北方将兴的文学以很大的推动。王褒人品卑劣不堪，所作无非是些宫体。庾信颇有国亡家破的感慨，自称凡有造作，不无危苦之辞，惟以悲哀为主。经历西魏周二朝，所作诗赋，辞采靡丽，情感充溢，如《咏怀诗》、《哀江南赋》等篇，华实相扶，文情并茂，卓然超轶南北两朝众文士，成为当时的文宗。庾信上集六朝精华，下启唐人风气，文学史上地位，堪与屈(原)宋(玉)启汉相比拟。唐张说诗“兰成(庾信)追宋玉，旧宅偶词人，笔涌江山气，文骄云雨神”，杜甫用清新二字评庾信诗，又作诗，说“庾信文章老更成，凌云健笔意纵横，今人嗤点流传赋，不觉前贤畏后生”，唐人推崇庾信备至，正因为受庾信影响至深。

骈文和古文——梁陈骈文实际已经是四六文。《四库提要》说“庾信骈偶之文，集六朝之大成，导四杰之先路，自古迄今，屹然为四六宗匠”。他在魏周，声望极高，公卿家碑志，多请他撰文，北方文体为之大变。《四库提要》的评论是确切的。

宇文泰令苏绰撰《大诰》，作为文章的程式。这种矫枉过正，纯袭训诰形貌的文字，比骈文更不合实用，宜乎远不敌庾信所作南朝文体的得人喜爱，但从有意摈斥浮华，提倡质朴的用意来说，苏绰《大诰》终究是唐人古文运动的正式起点，在文学史上还有它应得的地位。

七 重要著作

郦道元《水经注》——汉武帝时孔安国传授《古文尚书》，数传至汉末涂恽。涂恽传授桑钦。桑钦撰《水经》，列举全中国大小水道一百三十七条，大大扩展了《禹贡篇》，这是《古文尚书》经师对地理学的一个贡献。

《四库提要》疑《水经》出三国时人之手，非桑钦所作，也可备一说。魏郦道元注《水经》，成书四十卷，收集有关各水的文记极为广博。清末王先谦说，郦道元注书旨在“因水以证地，而即地以存古”，凡水道经过的地方，所有山陵城邑建筑名胜珍物异事等项，详为叙述，元魏以上故事旧记，都可以从注文中考求得知大概。《水经注》不仅是水道变迁地理沿革的重要记录，就是叙事写物，文章也极精美，读来没有枯燥繁杂的感觉。《禹贡》、《山海经》、《汉书·地理志、沟洫志》讲水道，一般是简略的，到郦道元作《水经注》，才进入一个新的阶段。

贾思勰《齐民要术》——贾思勰生年大概比郦道元晚一些，当是魏末和东魏时人。他在《齐民要术自序》里说，“采捃(音郡jùn)经传，爰及歌谣，询及老成，验之行事”。这部书引用书籍多至一百五六十种，采取农民口传的农事歌谣三十条，再访问有经验的老农，并且经过自己的实际考查。贾思勰写成这部书，用功非常勤苦，因而成为不朽的农业巨著。全书共九十二篇，合成十卷，凡是当时农业和手工业所已经获得的知识和技术，都叙述在书中，可谓集西周至元魏生产知识之大成。十六国以来，黄河流域民众屡遭战乱，但生产的知识和技术却并不低落，《齐民要术》可以作证。只要全国统一，战乱停止，生产力就会很快地恢复起来。

杨衒之(衒音漩xuàn)《洛阳伽蓝记》——杨衒之魏末和东魏时人。他亲见富贵人侵夺百姓财物，造寺塔，养僧尼，祸害无穷。洛阳残破后，撰《洛阳伽蓝记》五卷。记中描写战乱前寺观庙塔的弘壮侈靡，穷形极相，尽文笔之能事，有力地说明奉佛求福的祸国殃民。他在《自序》里说，“麦秀之感，非独殷墟；黍离之悲，信哉周室”，足见《洛阳伽蓝记》是寄托政治情感的著作，文字精美，还只是作者的余事。

颜之推《颜氏家训》——颜之推本是梁人，宇文泰破江陵，被俘入关中。他不愿给国仇作臣属，率妻子逃奔至齐。齐亡后入周，至隋文帝时病死。他在《观我生赋》里说，自己一生做三次亡国的人。自注：一次是侯景杀梁简文帝灭梁，二次是宇文泰破江陵灭梁，三次是周武帝灭齐。他反对宇文氏，却不得不做周国的官，在这篇赋的结束处，表现极其沉痛的心情，他说“向使潜于草茅之下，甘为畎亩之人，无读书而学剑，莫抵掌（谈论）以膏身（有声名），委明珠而乐贱，辞白璧以安贫，尧舜不能荣其素朴，桀纣无以污其清尘，此穷何由而至，兹辱安所自臻！而今而后，不敢怨天而泣麟也”。他是当时南北两朝最通博最有思想的学者，经历南北两朝，深知南北政治、俗尚的弊病，洞悉南学北学的短长，当时所有大小知识，他几乎都钻研过，并且提出自己的见解。《颜氏家训》二十篇，就是这些见解的记录。《颜氏家训》的佳处在于立论平实。平而不流于凡庸，实而多异于世俗，在南方浮华北方粗野的气氛中，《颜氏家训》保持平实的作风，自成一家言，所以被看作处世的良轨，广泛地流传在士人群中。

南朝重要著作都是文学，北朝重要著作多切实用，北士著书远比南士少，贡献却比南士多。南北两朝文化上各种成就，作为整体来看，是战国以来又一次出现的辉煌时期。

第四节　黄河流域各族大融化

黄河流域或者说黄河南北两岸的中原，是汉族生息的中心地区。由于大战乱的推动，一方面，汉族从中心地区出发，向边远落后地区流亡，在那里扩展了汉文化的面积，也给落后族以汉文化的影响；另方面，落后族得到汉文化的帮助，凭借武力，向中心地区迁移，接受更多的汉文化影响，到后来，陆续融化在汉族里。隋唐时期居住在黄河流域的汉族，实际是十六国以来北方和西北方许多落后族与汉族融化而成的汉族。元胡三省有亡国之痛，注《资治通鉴》寄感慨说，“呜呼！自隋以后，名称扬于时者，代北之子孙十居六七矣，氏族之辨，果何益哉！”从姓氏来源看，隋唐时，重要的政治人物，固然很多是鲜卑人，从文化水准看，他们却已经是卓越的汉族士人了，事实上再没有任何意义要辨别他们的氏族。

汉族人大量流亡，落后族大量内迁，是从西晋末年正式开始的，到隋文帝灭周才告结束。这中间相隔将近三百年，形式上是接连不断的战乱，实质上是文化程度不同的许多落后族在“野蛮的征服者总是被他们征服了的民族底较高的文明所征服”这个历史底永恒规律支配下，在中心地区进行融化运动。这种融化运动必然要经历着一个痛苦的过程，十六国和北朝，正是这样的一个过程。

居住在长城内外的落后族，政治上一向受汉族统治阶级的压迫，他们有必要进行反抗，生活上他们要求得到较高的物质享受，文化上他们乐于吸收以儒家思想为主体的汉文化。因此，他们和汉族有敌对的一面，又有融化的一面，当他们在政治上得势的时候，为了统治汉族，必须促进本族的文化，当他们失势的时候，更需要提高文化，才能在中心地区生存下去。归根说来，各族发展的总趋势，不能不是与汉族融化成一体。

各族分两段大融化，前一段是十六国时期，更重要的是后一段的北朝时期。自秦汉至北朝，许多边塞旧族，几乎全为后来新出现的各族所代替，旧族基本上都成了汉族人。

一　十六国时期

并州匈奴五部，共有三万户，入塞匈奴人口当有数十万。刘渊据离石起事时，二十天就聚众五万，足见匈奴人数并不少。刘氏建立汉国和前赵国，匈奴成为统治族，五部以外的匈奴人和杂夷自然要前来归附。刘渊都平阳，掳掠民户充实国都，例如刘曜在长安战败，驱男女八万余口归平阳，又刘曜攻破晋军，掳获晋司徒傅祗家属及二万余户归平阳。刘聪强盛时，平阳及附近地区，有汉民四十三万户，匈奴族为主体的六夷二十万落（户）。刘曜都长安，前后迁上邽氐羌二十余万口及陇西民户万余户到长安，又迁秦州大姓杨姜等族二千余户到长安。刘氏政权崩溃后，匈奴人失势，他们和大量汉人杂居，也就逐渐合并在汉族里。

羯人石勒立后赵国，都襄国。计石勒前后掳获民户在三万户以上，氐羌约二十万落，不用户或落计数的人口约有四万人。石虎都邺，前后掳获各族人有数十万户，人口多至数百万。石勒石虎号羯人为国人。冉闵灭后赵，杀邺附近国人二十余万人。羯本是小族，竟聚集至二十万人以上。亡国后，未被杀死的羯人，在中原很快地并入汉族。

鲜卑慕容部建立前燕国。慕容廆都棘城，收容汉士族和流民数万家，人数比慕容部人多若干倍，因之，慕容部人汉化较深。慕容廆破扶余国，掳获万余户，攻鲜卑宇文部，掳获数万户。这些被掳户都迁居棘城。慕容皝迁都龙城，攻高句丽，掳掠男女五万余口，攻宇文部，掳获五万余落，又袭击后赵幽、冀二州，掳获三万余家。这些被掳人户分置龙城昌黎郡等地。慕容儁入都蓟，徙鲜卑胡羯三千余户到蓟。慕容儁杀冉闵，迁都邺，棘城、龙城、昌黎等地的旧部众，自然要大量迁入中原。三七〇年，前秦苻坚灭前燕，迁鲜卑四万余户到长安。经过十七年，西燕慕容恒率鲜卑男女四十余万口离长安。这个数十万人的鲜卑慕容部，最后还是并入汉族。

各族的融化，要经历长期的痛苦的过程，并不是一件简易的事情。举一个例可以推知大概。三八四年，苻坚淝水战败，丁零人翟斌反秦，十天内召集丁零兵数千人。慕容凤、王腾及辽西鲜卑段延，听说翟斌起兵，各聚部曲数千人响应翟斌。慕容垂招纳翟斌等部，又招纳故扶余王余蔚及昌黎鲜卑卫驹所率部众，作为恢复燕国的主力，进攻邺城。慕容垂第三子慕容农到列人（河南临漳县境）招兵，乌桓人鲁利、张骧、刘大，屠各人毕聪、卜胜、张延、李白、郭超，东夷人余和、敕勃等人，各率部众数千人归附慕容农。上列诸人中间，除了汉士族王腾一人，其余都是非汉族人。他们生活在乡间，多数已改用汉姓名，一有机会，却能号召本族人数千人起兵。足见他们虽然在汉化，但在本族间仍保持旧关系。

以上是匈奴、羯、鲜卑慕容部的情形，下面说氐羌二族。

氐人苻坚建前秦国，都长安。苻坚攻取并州，掳获三千余户，击败左右贤王，掳获酋豪六千余户，攻晋荆州，掳获一万余户，灭前燕，掳获关东豪强及诸杂夷十万户（其中鲜卑四万余户），伐凉州，掳获豪强七千余户。这些被掳户都被迁徙到长安和关中各地，多至十余万户。同时，他派遣大量氐族人出关镇守关东。苻坚失败后，迁居关东的氐人逐渐并入汉族。

羌人姚苌建后秦国，都长安。姚苌掳获安定居民五千户。姚兴杀苻登，掳获阴密居民三万户，攻洛阳，掳获流民二万余户，又掳获河西居民万余户，汉中流民三千余户。这些被掳户迁徙到长安和关中各地，与羌人杂居。姚氏政权崩溃后，羌人逐渐并入汉族。

四五一年，魏太武帝攻宋盱眙城，给宋守将臧质信里说，攻城东北面的是丁零与胡，攻南面的是氐、羌。你杀死丁零，可减少我常山、赵郡（丁零聚居地）的叛乱；杀死胡，可减少并州的叛乱；杀死氐羌，可减少关中的叛乱，你杀他们，对我没有坏处。足见在魏太武帝时，这些族还保存着，并且遭受鲜卑人的歧视和虐待。他们的境遇，可能比汉族人更恶劣，特别是魏孝文帝迁洛华化以后，汉人地位比以前高了些，这些族势孤力弱，被迫加速他们的融化过程，是可以想见的。到魏末年，十六国时那些旧族名，在黄河流域已经很少见了，只留下汉族与鲜卑拓跋部的对立。五三二年，高欢与尔朱兆大战，高敖曹率乡人部曲王桃汤、东方老、呼衍族等三千人作高欢军左翼。高欢说，高敖曹所率全是汉儿，怕不管用，该配鲜卑兵千余人。高敖曹答，我军战斗不比鲜卑差，我愿单领汉军。王桃汤等三人中，至少呼衍族是匈奴人，高欢高敖曹都把他看作汉人，大抵十六国时旧族，到魏末年才融化完毕。

二　北朝时期

鲜卑拓跋部建魏国，都平城。魏国武力强大，掳掠人口也最贪暴。十六国迁徙民户，是想充实国都和附近地区。魏国掳获人口，充实平城和畿内以外，还强迫很多人作奴隶，比十六国要野蛮得多。但是，也因为魏掳获的人口特别多，到后来，出现一个比十六国规模更大的融化。这个过程可分为三期：第一期，魏孝文帝迁都洛阳以前；第二期，迁洛鲜卑华化及六镇流民内迁；第三期，隋灭周，建立汉族政权。

第一期——鲜卑融化被掳的各族

依据《魏书》本纪等记载，凡掳获记有人数（人数与畜牲数往往合计）或部落来降附的条文，摘录如下：

三八九年，魏道武帝攻破解如部，获男女杂畜十数万。

三九〇年，袭破高车袁纥部，获生口马牛羊二十余万。纥奚部、纥突邻部来降附。

三九八年，徙山东六州民吏及徒何（鲜卑）等杂夷三十六万，百工伎巧十万余口到平城及畿内。

三九九年，徙山东六州二十二郡守宰豪杰吏民二千家到平城。破高车杂夷三十余部，掳获七万余口，又掳获二万余口。

四〇〇年，高车所属小部九百余落来降附。

四〇一年，高车所属小部三十余落来降附。

四〇二年，掳获匈奴残部，徙居平城。

四〇三年，越勤部万余家，尉迟部万余家来降附。

四一三年，魏明元帝攻破越勤部，掳获二万余家。

四一四年，河西胡（匈奴）酋刘遮等率万余家来降附。

四一五年，河西胡刘云等率数万户来降附。

四一八年，徙冀定幽三州徒何于平城。

四二六年，魏太武帝攻夏，掳获万余家归平城。

四二七年，攻破夏都城统万，掳获赫连氏家属和宫女万余人及秦雍人士数千人归平城。

四二九年，大破柔然国，高车诸部前后归降三十余万人，又袭击高车，得降人数十万，迁徙到漠南游牧。

四三九年，灭北凉，徙沮渠氏宗族及吏民三万余家到平城。

四五一年，攻宋，掳获宋民五万余家，分居平城附近。

四八一年，魏孝文帝以南（齐）俘万余口班赐群臣。

魏道武帝攻后燕时（三九六年），除去一部分留守兵，出征兵多至四十余万，足见魏是部落众多的大国。

灭燕以后，掳获人口和降附的大小部落愈益增加。魏太武帝武功更盛，平城、畿内以及漠南容纳人口尤多。自魏文成帝时起，魏渐趋衰弱，无力再迁徙民户到平城一带，相反，还要迁徙一部分鲜卑贫户到山东诸州郡就食。平城和畿内聚居着大量各族被掳人，在鲜卑人势力强大的环境里，他们的语言和习俗，自然要受鲜卑的影响。高欢的曾祖高湖降魏，祖高谧(音密mì)得罪，被迁徙到怀朔镇，到高欢时，一家完全鲜卑化，可见居住在平城一带的各族被掳人，相处既久，逐渐融化成鲜卑人。

第二期——鲜卑人第一次大南迁

四九四年，魏孝文帝率领贵族、文武百官及鲜卑兵二十万，自平城迁都洛阳。这些人连同家属和奴隶，总数当不下一百万人。此后，鲜卑分成迁洛阳和留住(留住在平城一带和六镇)两部分。迁洛部分到六镇内迁时，大体上已汉化完毕。一个统治族前后不过三十年，就融化在被统治族里，这是魏孝文帝坚持融化政策的结果。他希望永久保持拓跋氏政权，也就不得不坚持这种政策。

魏孝文帝禁止鲜卑人胡服。他望见有些妇女还穿着夹领小袖的服装，要问群臣违诏的罪名。又禁止在朝廷上说鲜卑话。三十岁以下诸官，如犯禁一律革官，三十岁以上人，准许从缓改变。又令鲜卑人都自称河南洛阳人，死后葬在邙山，不得还葬北土。鲜卑人被迫用汉衣冠，说汉正音，生称洛阳人，死葬邙山上，日久汉化，是很自然的。

魏孝文帝令鲜卑人改姓，自己改姓元。其他鲜卑姓，全改为类似汉人的姓。皇族如拓跋氏改为长孙氏，达奚氏改为奚氏。皇族凡九姓，与元姓共十姓，不通婚姻。其他贵族改姓，《魏书·官氏志》所记，数在一百以上。其中穆、陆、贺、刘、楼、于、嵇、尉八姓最贵。魏孝文帝又定汉士族的门第高下，承认范阳卢氏、清河崔氏、荥阳郑氏、太原王氏四姓为最高门，与鲜卑八姓地位相等。赵郡李氏、陇西李氏、博陵崔氏门第也很高。其余诸州郡士族，多所升降。士族中有汉魏以来拥有清望的名门旧姓，也有十六国以来声势盛大的坞主豪强，士族中一向存在着清浊高低的争辩，因魏孝文帝订定门第，争辩更见剧烈。魏孝文帝凭借政治力量，终于规定了郡姓，与鲜卑贵姓同称为士族。在政治上按门第高低分享做官权利。当时群臣中有不少人怀疑这种“以贵袭贵，以贱袭贱”的办法，魏孝文帝说，八族（即鲜卑八姓）以上（上疑是下字之误），士人分为九品，九品以外，给小人做的官还有七等。如果小人中真有贤才，不妨提升高位，只怕贤才难得，不可为难得的人乱我典制。他把鲜卑贵姓与汉士族混合成门第高低不同的士族，用意在于依靠这些士族来支持元氏政权。

魏孝文帝为加速融化，实行鲜卑人与汉人通婚。自已取卢崔郑王及陇西李氏女入宫，又强令六个兄弟聘高级士族女为正妃，指定元禧聘陇西李辅女，元干聘代郡穆明安女，元羽聘荥阳郑平城女，元雍聘范阳卢神宝女，元勰聘陇西李冲女，元详聘荥阳郑懿女，原来的正妃降为侧室。皇族和士族开通婚的例，一般鲜卑人和汉人也自然要通婚，少数的鲜卑人很快被融化了。

四九四年，魏孝文帝修建洛阳街坊。五〇一年，魏宣武帝调发民夫五万五千人，筑洛阳三百二十三坊。五二九年，梁将陈庆之入洛阳，战败逃回，对人说，我从前认为大江以北，无非是些戎狄居住的地方，这次到了洛阳，才知道衣冠人物全在中原，江东及不了它。这说明迁洛的鲜卑人，已经完全汉化，洛阳城的繁华景象超过了建康城。洛阳富贵人的腐朽生活，吸引着留住平城一带的鲜卑人。他们陆续内迁，五〇四年，魏宣武帝拨苑地牧地公田分给内迁户。五一三年，又分苑地牧地给无田的内迁户。五一七年，魏明帝下诏停止内迁。内迁户和留住户苦乐悬殊，留住户要求内迁是自然的趋势，六镇起事，就是这个趋势的表现。

第三期——鲜卑人第二次大南迁

魏道武帝魏太武帝掳获大量漠南北的游牧部落人（主要是高车人）和山东诸州人，聚居在平城一带。他们虽然鲜卑化了，可是，仍被拓跋部贵族看作贱人，予以歧视。他们在一部分留住的贵族奴役下，生活很困苦。以怀朔镇人高欢为例。高欢家贫，在平城服役，富家娄氏（娄氏有奴隶千人，牛马以谷计算，不知确数）女爱他美貌，嫁给了他。高欢因此有马，得充函使（送信人）。他来回怀朔洛阳两地，前后六年，觉得还满意。他到洛阳归令史（小吏）麻祥管辖。一次麻祥给他肉吃，照例，应该立着吃表示敬意，他却坐着吃。麻祥怒，笞高欢四十。高欢得娶富家女，是极其偶然的事，没有这种幸遇的贫人，不知有多少。得充函使，又算是个幸遇，坐着吃肉就得笞四十。六镇人被贱视，就这个例可以推知。五二六年，鲜于脩礼率六镇流民在定州起事后，柔玄镇民杜洛周率众进攻内地。五二八年，葛荣吞并杜洛周部，有众号称百万，可见六镇人乘乱大量流入内地。这是鲜卑人第二次大南迁，其中最大部分是被拓跋部掳获的各族人，他们不用武力，是不能迁入中原的。

高欢凭借六镇鲜卑人建立起政权，他和他的继位诸子，预防被汉族融化，都有意保持鲜卑习俗，提倡说鲜卑语及武事。《颜氏家训》说，齐朝有一士大夫（汉士人）曾对我说，我有一儿，年已十七，我教他说鲜卑语及弹琵琶，服事公卿（鲜卑贵人），无不宠爱。《颜氏家训》又说，熟练兵器，能骑马，才算得武夫。现在做官的人（鲜卑人），只要不读书，便自称是武夫家的儿子，实际是个饭囊酒瓮。跟随高欢立武功的鲜卑人，到儿子一辈，不武又不文，只能说鲜卑语，爱听弹琵琶，比起第一次南迁不武能文的鲜卑人来，抵抗被融化的力量更显得薄弱。鲜卑人对汉士族，还有一种自卑感。齐娄太后为博陵王高济娶崔氏女为妃，敕高济说，好好做样子，不可使崔家笑话你。其他功臣得汉士族女为妻，便自觉荣幸。他们依靠政权维持自己的社会地位，高氏政权消灭后，六镇流民也就不见了。

自十六国至隋灭周，中原地区成为各族融化的大熔炉，凡商周秦汉以来前后出现的各族，全部或极大部分合并入汉族。融化各族的炭火，就是汉族的经济和文化。

简短的结论

十六国时期，匈奴、羯、鲜卑慕容部、氐、羌五族，都是久居国境内吸收了汉族封建文化的少数族。它们用武力相继建国，性质是少数族发动的封建割据，虽然长期混战，严重地破坏社会生产力，但对封建制度本身，并不起破坏作用。

鲜卑拓跋部建立魏国，情形和五族不同。魏国是在封建制度社会内部发展奴隶制度的国家，比起五族建立的国家，它是落后的。

拓跋部社会，一向停顿在原始社会的阶段上，到两晋时期，才开始在经济政治方面有显著的变化。酋长猗㐌、猗卢、什翼犍得到汉族士人的辅助，逐渐成为专制国王。国王代表国家统一的新趋向，贵族（诸部落大人）保持原始社会的旧惯例。国王与贵族间存在着矛盾，使得国家形成一次，溃散一次，不能稳定下来。但国王所代表的趋向，终究是拓跋部社会发展的总趋向。

到魏道武帝时，统一的国家稳定下来了。他用被掳掠的人口和财物作奖品，把拓跋部贵族组织成一个坚强的好战集团。这个集团战无不胜，在北方，俘获了大量游牧人，在南方，击灭后燕国，魏国南境扩展到黄河北岸，俘获了大量山东诸州郡人。南北被俘人迁居到平城及附近地区（畿内），拓跋部统治阶级对他们采用两种剥削方式。多数人受田当农户，一部分人（百工伎巧十万余口）被贬为隶户，农户和隶户身分不同，大体上都属于封建关系。另一种是完全的奴隶。魏道武帝本人就是大奴隶主，分配在宫内从事生产的女婢，多至千余人，男奴人数当然更多。其余贵族百官家中，各拥有或多或少的奴隶，从事生产。奴隶制度在魏国发展起来了，不过，从全魏国（包括山东诸州郡）的整体说来，它还是一个封建国家。

魏太武帝消灭十六国割据的残余，统一了整个黄河流域，对中国历史作出了巨大的贡献。腐朽懦弱的南朝汉族政权，是不可能作出这个贡献的。由于魏国武功的极盛，封建制度社会内部，进一步发展了奴隶制度。

魏太武帝死后，魏国开始转入衰弱阶段。魏孝文帝为应付汉族民众的起兵反抗，实行班官俸、立三长、改税制、行均田、迁都洛阳、鲜卑人汉化等一系列的重大措施，来保持元氏政权。均田制的行施，关系尤为重大。均田制一方面从宗主手中争取荫附，使荫附成为自立门户的农民，一方面从奴隶主手中取得奴隶提供的小量的赋税，使奴隶与朝廷也发生一些关系。这对荫附和奴隶，多少都有些好处。

魏末大乱，齐又以鲜卑习俗立国，奴隶制度更有发展。《颜氏家训》说，齐国有一武将，贪积财物，家里已有奴隶八百，还立誓要凑足一千。家里每人一天给饭钱十五文。后来犯法抄家，有麻鞋一屋，破衣数库，其余财宝，多不胜数。看来，麻鞋破衣是给奴隶使用的，无数财宝，多是奴隶生产出来的，宜乎八百不够，想凑足一千了。《颜氏家训·止足篇》说，二十口的家庭，有奴婢二十人，良田十顷，蓄钱数万就够了，超过这个数目就是不知足。颜之推以朴素教训子孙，奴婢二十人主要用在耕种十顷良田，家内服役的只是少数。齐均田制规定八品官以下至庶人（豪强），得占有受田的奴婢六十人。在当时，可见颜之推确实算是最知足的士人，也可见齐国奴隶数量的巨大。不过，奴隶经济比起封建经济来，还是次要的，齐政权依然是封建性质的政权。周国在周武帝以前，也是一个掳掠人口当奴隶的国家，奴隶数量比齐国却少得多。

魏道武帝以来，北朝有所谓杂户的一种人，其中有隶户、营户、百工、伎巧、平齐、僧祇、佛图、驺卒（驺音邹zōu牧子）等名称。统治阶级对杂户，可以进行比对一般民户更残酷的剥削和役使。因此，朝廷与贵族争夺对杂户的占有权。四四四年，魏太武帝禁止王公以下至于庶人（豪强），不得私养金银工匠。家有工匠，必须送给官府，敢违令，全家诛灭。又禁止百工伎巧驺卒家子弟，只许学习父兄的专业，不得私立学校读书，敢违令，全家诛灭。按照这些法令，百工伎巧等人，只许归朝廷役使，而且永远执役，不能有改业仕进的机会。四七二年，魏孝文帝允许工商杂役，兼营农业。统治阶级的腐朽生活，使得工商杂役，很有一些变成富家，虽然杂户的卑贱地位不变，却允许他们兼当地主了。四七七年，魏孝文帝下诏说，工商皂隶，各有他们的身分，现在官司放纵，竟有士流该做的官也让贱人去做。从今以后，占有工役的户（贵族户），给户内的工役做官，最高只许做本官所属诸官中的丞。至于大贵族给户内工役做官，不在此例。这个诏书说明，不知何时起，贵族占有杂户，并可任意给杂户人做官。魏孝文帝的兄弟元禧，甚至娶隶户女为正妃，可见一部分杂户，依附贵族，脱离了朝廷的独占。四八一年，魏孝文帝颁布乞养杂户及户籍的制度五条。贵族以乞养为名，占有杂户，朝廷颁布这个制度，大概是规定些限制。此后，朝廷愈益衰弱，杂户更多地被贵族夺去。高欢纵容武将们贪暴，当然允许他们分占杂户，事实上，齐时杂户已经被私家占夺得所余无几。

周武帝灭齐，东魏残余贵族和齐贵族以及盛大的佛寺，一时都失势，他发出释放奴隶和杂户的诏书，可信基本上实行了。北朝以来在封建制度社会内部有着发展趋势的奴隶制度，受到遏止，杂户也得到普通民户的待遇，这是周武帝对历史的巨大贡献。

魏孝文帝实行均田制以后，北朝经济开始发展，文化也跟着发展起来。首先是佛教艺术，在大量人力物力的耗费下，表现得最为突出。其次是文学，以庾信为代表，综合南朝文学的精华，推动南北两朝文学达到最高峰。不过，佛教艺术是受外来影响后才形成的，文学则是南朝文学的移植，都不算北朝人自力独创。真正独创的文化遗产，要推郦道元的《水经注》和贾思勰的《齐民要术》。这两部巨大著作，规模宏大，切合实用，足以压倒南北两朝的一切著作。

自十六国时起，在黄河流域建立政权的都是汉族以外的少数族人（前凉除外）。一个少数族人立起国来，散居在边境内外的同族人，很自然地集合到本族的政权下，进入中原成为统治族。这个政权崩溃后，遗民难得再迁回原居地，恢复旧生活，日久只能和杂居的汉族人融化。最古老的匈奴、氐、羌等族，以及较后起的乌桓、鲜卑等族，经过十六国北朝将近三百年的时间，此后，基本上不再见它们的活动，也就是说，融化到汉族里去了。《魏书·地形志》说，正光（魏明帝正光元年，五二〇年）以前，户口数比太康（西晋武帝）年间增加了一倍。照一倍计算，魏当有户五百余万，口三千余万。这是东汉末年大乱以后，第一次出现比较可信的巨大户口数，其中一部分，无疑是新增加的各少数族人。融化是自然的趋势，融化也自然要伴随着各族间残酷的斗争，十六国北朝战乱频繁是痛苦的，但又是不可避免的。

隋以前计量单位比较表

一、尺度比较表

时　　代，　　尺　　名	当今尺（米）
战国铜尺（北京历史博物馆藏）	0.230
西汉牙尺（北京历史博物馆藏）	0.233
新莽货布尺（据莽货布泉）	0.231
东汉鎏金镂花铜尺（山东掖县出土）	0.236
魏杜夔律尺（《隋书》十五等尺之五）	0.24185
晋后尺（《隋书》十五等尺之六）	0.24532
赵刘曜浑天仪尺（《隋书》十五等尺之十四）	0.24255
宋骨尺（北京历史博物馆藏）	0.247
梁铜尺（北京历史博物馆藏）	0.2495
后魏中尺（《隋书》十五等尺之八）	0.27974
东魏后尺（《隋书》十五等尺之十）	0.3475
后周玉尺（《隋书》十五等尺之十一）	0.26749
隋万宝常律吕水尺（《隋书》十五等尺之十三）	0.27396

摘自矩斋《古尺考》，《文物参考资料》一九五七年第三期。

二、容量比较表

时　　代	一升合今毫升数①	古　量　今　测②
周	193.7	战国右里升：合今 187 毫升
秦	342.5	始皇廿六年方升：合今 200 毫升
汉	342.5	初元三年上林共府升：合今209毫升
新莽	198.1	新莽嘉量升：合今 199.68 毫升
后汉	198.1	后汉夷道官斛：每升合今207毫升
魏	202.3	
晋	202.3	晋太康三年一斗釜：每升合今245毫升
南齐	297.2	
梁、陈	198.1	
北魏、北齐	396.3	
北周（明帝）	157.2	
北周（武帝天和）	210.5	
隋（开皇）	594.4	
隋（大业）	198.1	大业三年太府寺合：合今 19.91毫升

① 摘自吴承洛著《中国度量衡史》修订本第十三表。原表系据史籍记载参考历代尺的长度推算而成，可供参考。

② 摘自紫溪《古代量器小考》（载《文物》一九六四年第七期）。

三、斤两的重量标准比较表

时　　　代	一两合克数	一斤合克数
周	14.93	228.86
秦	16.14	258.24
汉	16.14	258.24
新莽	13.92	222.73
后汉	13.92	222.73
魏	13.92	222.73
晋	13.92	222.73
南齐	20.88	334.10
梁、陈	13.92	222.73
北魏	13.92	222.73
东魏、北齐	27.84	445.46
北周	15.66	250.56
隋（开皇）	41.76	668.19
隋（大业）	13.92	222.73

摘自吴承洛著《中国度量衡史》修订本第 14 表。案此表系以新莽嘉量及货币为标准，参考史籍推算而成，可供参考。

历 代 纪 年 表

秦汉纪年表

公 元	秦	公 元	汉
前 221	始皇 嬴政26年	前 140	建元 武帝刘彻②
前 209	二世 胡亥	前 134	元光
前 206	秦王子婴 秦亡	前 128	元朔
	汉	前 122	元狩
		前 116	元鼎
前 206	高帝 刘邦①	前 110	元封
前 194	惠帝 刘盈	前 104	太初
前 187	高后 吕雉	前 100	天汉
前 179	文帝 刘恒	前 96	太始
前 163	后元	前 92	征和
前 156	景帝 刘启	前 88	后元
前 149	中元	前 86	始元 昭帝刘弗陵
前 143	后元	前 80	元凤

① 刘邦先称汉王，到前202年称帝。

② 从汉武帝刘彻起，始有年号。

公元	汉	公元	汉
前 74	元平	8	初始 汉亡
前 73	本始 宣帝刘询		
前 69	地节		**新**
前 65	元康	9	始建国 王莽
前 61	神爵	14	天凤
前 57	五凤	20	地皇
前 53	甘露	23	新亡
前 49	黄龙		
前 48	初元 元帝刘奭		**汉**
前 43	永光	23	更始 淮阳王刘玄
前 38	建昭	25	建武 光武帝刘秀
前 33	竟宁	56	建武中元
前 32	建始 成帝刘骜	58	永平 明帝刘庄
前 28	河平	76	建初 章帝刘炟
前 24	阳朔	84	元和
前 20	鸿嘉	87	章和
前 16	永始	89	永元 和帝刘肇
前 12	元延	105	元兴
前 8	绥和	106	延平 殇帝刘隆
前 6	建平 哀帝刘欣①	107	永初 安帝刘祜
前 2	元寿	114	元初
公元 1	元始 平帝刘衎	120	永宁
6	居摄 孺子婴	121	建光

① 前5年6月曾改元“太初元将”，8月复称建平二年。

公　元	汉	公　元	汉
122	延光	158	延熹
126	永建　顺帝刘保	167	永康
132	阳嘉	168	建宁　灵帝刘宏
136	永和	172	熹平
142	汉安	178	光和
144	建康	184	中平
145	永嘉　冲帝刘炳	189	光熹　少帝刘辩
146	本初　质帝刘缵		昭宁
147	建和　桓帝刘志		永汉　献帝刘协
150	和平	190	初平
151	元嘉	194	兴平
153	永兴	196	建安
155	永寿	220	延康　汉亡

三国西晋纪年表

公元	魏	蜀汉	吴
220	黄初 文帝曹丕		
221		章武 昭烈帝刘备	
222			黄武 大帝孙权
223		建兴 后主刘禅	
227	太和 明帝曹叡		
229			黄龙
232			嘉禾
233	青龙		
237	景初		
238		延熙	赤乌
240	正始 齐王曹芳		
249	嘉平		
251			太元
252			神凤
			建兴 吴主孙亮
254	正元 高贵乡公曹髦		五凤
256	甘露		太平
258		景耀	永安 景帝孙休
260	景元 魏主曹兴		
263		炎兴 蜀汉亡	

公元	魏			吴
264	咸熙			元兴 末帝孙浩
265	魏亡			甘露
	晋(西晋)			
265	泰始 武帝司马炎			
266				宝鼎
269				建衡
272				凤凰
275	咸宁			天册
276				天玺
277				天纪
280	太康①			吴亡
290	太熙			
	永熙 惠帝司马衷			
291	永平			
	元康			
300	永康			
301	永宁			
		成(成汉)		
302	太安		**汉(前赵)**	
303		建初 李特		
304	永安	建兴 李雄	元熙 刘渊	
	建武			

① 晋石刻与砖文有作“大康”者、有作“泰康”者。

公元	晋（西晋）	成（成汉）	汉（前赵）	
	永兴			
306	光熙	晏平		
307	永嘉 怀帝司马炽			
308			永凤	
309			河瑞	
310			光兴 刘聪	
311		玉衡	嘉平	
313	建兴 愍帝司马邺			**前凉**
314				永安张寔①
315			建元	
316	西晋亡		麟嘉	

① 前凉自立年号后，仍保存晋建兴年号。直到362年，才改建兴49年为升平6年。

东晋十六国纪年表(一)

公元	晋（东晋）	成（成汉）	汉（前赵）	前凉	后赵
317	建武 元帝 司马睿	玉衡 7年、李雄	麟嘉 2年、刘聪	永安 4年、张寔	
318	大兴		汉昌 刘粲 光初 刘曜①		
319					赵王 石勒②
320				永元 张茂	
322	永昌				
323	太宁 明帝 司马绍				
324				太元 张骏	
326	咸和 成帝 司马衍				
328					太和 石勒
329			前赵亡		

① 刘曜改国号为赵。

② 石勒称赵王，无年号。

公元	晋	成 （成汉）	前　燕	前　凉	后　赵	代
330					建平	
333					延熙 石弘	
335	咸康	玉恒 李期			建武 石虎	
337			燕王 慕容皝①			
338		汉兴 李寿②				建国 什翼犍
343	建元 康帝 司马岳					
344		太和 李势				
345	永和 穆帝 司马聃					
346		嘉宁		永乐 张重华		
347		成亡				
349			燕王 慕容儁③		太宁	
					青龙 石鉴	

① 慕容皝称燕王，无年号。

② 李寿改国号为汉。

③ 慕容儁称燕王，无年号。

公元	晋		前燕	前凉	后赵	代
350					永宁 石祗① 后赵亡	
					魏（冉魏）	
		前秦			永兴 冉闵	
351		皇始 苻健				
352			元玺 慕容儁		魏亡	
354				和平 张祚		
355		寿光 苻生		太始 张玄靓		
357	升平	永兴 苻坚	光寿			
359		甘露				
360			建熙 慕容暐			
362	隆和 哀帝 司马丕					
363	兴宁			太清 张天锡②		
365		建元				

① 350 年冉魏灭后赵，石隽仍据襄国称后赵，351 年为冉魏所灭。

② 前凉一直保存晋建兴年号。361 年改建兴 49 年为晋升平 6 年。张天锡仍保存晋升平年号。

公元	晋	前秦	前燕	前凉		代
366	太和 废帝 司马奕					
370			前燕亡			
371	咸安 简文帝 司马昱					
373	宁康 孝武帝 司马曜					
376	太元			前凉亡		代亡
383	太元 8 年	建元 19 年				

东晋十六国纪年表（二）

公元	晋（东晋）	前秦	后燕	后秦	西燕	西秦	后凉	魏
384	太元9年 孝武帝 司马曜	建元20年 苻坚	燕元 慕容垂	白雀 姚苌	燕兴 慕容泓			
385		太安 苻丕			更始 慕容冲	建义 乞伏国仁		
386		太初 苻登	建兴	建初	昌平 段随 建明 慕容觊 建平 慕容瑶 建武 慕容忠 中兴 慕容永		太安 吕光	登国 道武帝 拓跋珪①

① 拓跋珪正月称代王，四月称魏王。北魏时期的金石文，有称魏者，有称代者，还有称“大代大魏”者。

公元	晋	前秦	后燕	后秦	西燕	西秦	后凉		魏
388						太初 乞伏乾归			
389							麟嘉		
394		延初 苻崇 前秦亡		皇初 姚兴	西燕亡				
		南凉			**北凉**				
396			永康 慕容宝				龙飞		皇始
397	隆安 安帝 司马德宗	太初 秃发乌孤	建始 慕容详 延平 慕容麟		神玺 段业				
								南燕	
398			建平 慕容盛					燕王 慕容德①	天兴
399			长乐	弘始	天玺		承康 咸宁 吕纂		

① 慕容德称燕王，无年号。

公元	晋	南凉	后燕	后秦	北凉	西秦	后凉	南燕	西凉	魏
400		建和 利鹿孤						建平 慕容德	庚子 李暠	
401		弘昌 秃发傉檀	光始 慕容熙		永安 沮渠蒙逊	①	神鼎 吕隆			
402	元兴									
403							后凉亡			
404		②								天赐
405	义熙						夏	太上 慕容超	建初	
407			建始				龙升 赫连勃勃			
			正始 高云							
408		嘉平								
409			后燕亡			更始				永兴 明元帝 拓跋嗣

① 401 年到 408 年西秦无年号。 ② 404 年到 407 年南凉无年号。

公元	晋	南凉	北燕	后秦	北凉	西秦	夏	南燕	西凉	魏
410			太平 冯跋					南燕亡		
412					玄始	永康 乞伏炽磐				
413							凤翔			
414		南凉亡于西秦								神瑞
416				永和 姚泓						泰常
417				后秦亡					嘉兴 李歆	
418							昌武			
419	元熙 恭帝 司马德文						真兴			
420	东晋亡		太平 12年		玄始 9 年	建弘	真兴 2 年		永建 李恂	泰常 5 年

南北朝纪年表

公元	宋	西凉	北凉	北燕	西秦	夏	魏
420	永初 武帝刘裕	永建 李恂	玄始9年 沮渠蒙逊	太平12年 冯跋	建弘 乞伏炽盘	真兴2年 赫连勃勃	泰常5年 明元帝拓跋嗣
421		西凉亡					
423	景平 少帝刘义符						
424	元嘉 文帝刘义隆						始光 太武帝拓跋焘
425						承光 赫连昌	
428			承玄		永弘 乞伏暮末	胜光 赫连定	神䴥
431			义和	太兴 冯弘	西秦亡	夏亡	
432							延和
433			永和 沮渠牧健				

公元	宋	北凉	北燕	魏
435				太延
436			北燕亡	
439		北凉亡		
440				太平真君
451				正平
452				承平 拓跋余
				兴安 文成帝拓跋濬
453	太初 刘劭			
454	孝建 孝武帝刘骏			兴光
455				太安
457	大明			

公元	宋	魏
460		和平
465	永光 废帝刘子业 景和 泰始 明帝刘彧	
466		天安 献文帝拓跋弘
467		皇兴
471		延兴 孝文帝元宏
472	泰豫	
473	元徽 废帝刘昱	
476		承明
477	昇明 顺帝刘準	太和

公元	宋	魏
479	宋亡	
	齐	
	建元 高帝萧道成	
483	永明 武帝萧赜	
494	隆昌 鬱林王萧昭业	
	延兴 海陵王萧昭文	
	建武 明帝萧鸾	
498	永泰	
499	永元 东昏侯萧宝卷	
500		景明 宣武帝元恪
501	中兴 和帝萧宝融	

公元	齐	魏
502	齐亡	
	梁	
	天监 武帝萧衍	
504		正始
508		永平
512		延昌
516		熙平 孝明帝元诩
518		神龟
520	普通	正光
525		孝昌
527	大通	

公元	梁	魏
528		武泰
		建义 孝庄帝元子攸
		永安
529	中大通	
530		建明 东海王元晔
531		普泰 节闵帝元恭
532		太昌 孝武帝元修
		永兴
		永熙 魏分裂

公元	梁	西魏	东魏
534			天平 孝静帝元善见
535	大同	大统 文帝元宝炬	
538			元象
539			兴和
543			武定
546	中大同		
547	太清		
550	大宝 简文帝萧纲		东魏亡
			北齐
			天保 文宣帝高洋
551	天正 豫章王萧栋		

公元	梁	西魏	北齐
552	承圣 元帝萧绎	废帝 元钦①	
554		恭帝 拓跋廓②	
555	天成 萧渊明 绍泰 敬帝萧方智		
556	太平	西魏亡	
557	梁亡		
	陈	**北周**	
	永定 武帝陈霸先	闵帝 宇文觉③ 明帝 宇文毓④	
559		武成 明帝宇文毓	

① 元钦无年号。

② 拓跋廓无年号。

③ 宇文觉无年号。

④ 宇文毓无年号。

公元	陈	北周	北齐
560	天嘉 文帝陈倩		乾明 废帝高殷 皇建 孝昭帝高演
561		保定 武帝宇文邕	太宁 武成帝高湛
562			河清
565			天统 后主高纬
566	天康	天和	
567	光大 临海王陈伯宗		
569	太建 宣帝陈顼		
570			武平
572		建德	
576			隆化

公元	陈	北周	北齐
577			承光 幼主高恒 北齐亡
578		宣政	
579		大成 宣帝宇文赟 大象 静帝宇文衍	
581	太建13年	大定 北周亡	

人名索引

本书第一至第四册，此次重版，补编了人名索引，以备检索。

第二册的人名索引是由田澍、程越编制的。

四　画

五　画

六　画

七　画

七　画

九　画

十　画

十一画

十二画

十 三 画

十四画

十 五 画

十 六 画

十 七 画

二十画